„Protection, Prevention, Prosecution“:
Die Vereinten Nationen und der völkerrechtliche Schutz der Frauen vor sexueller Gewalt in bewaffneten Konflikten

Studien zum Öffentlichen Recht, Völker- und Europarecht

Herausgegeben von Prof. Dr. Eckart Klein

Band 23

PL ACADEMIC RESEARCH

Eliette Mirau-Gondoin

„Protection, Prevention, Prosecution“: Die Vereinten Nationen und der völkerrechtliche Schutz der Frauen vor sexueller Gewalt in bewaffneten Konflikten

PL ACADEMIC RESEARCH

Bibliografische Information der Deutschen Nationalbibliothek
Die Deutsche Nationalbibliothek verzeichnet diese Publikation in der Deutschen Nationalbibliografie; detaillierte bibliografische Daten sind im Internet über http://dnb.d-nb.de abrufbar.

Zugl.: Potsdam, Univ., Diss., 2015

Gedruckt auf alterungsbeständigem,
säurefreiem Papier.

517
ISSN 1437-2037
ISBN 978-3-631-67595-3 (Print)
E-ISBN 978-3-653-06918-1 (E-Book)
DOI 10.3726/978-3-653-06918-1

PL Academic Research ist ein Imprint der Peter Lang GmbH.

Peter Lang – Frankfurt am Main · Bern · Bruxelles · New York · Oxford · Warszawa · Wien

Diese Publikation wurde begutachtet.

www.peterlang.com

Vorwort

Für die Gewährung großer Freiheit bei der Ausgestaltung der vorliegenden Arbeit und die stetige Unterstützung möchte ich Herrn Prof. Dr. Eckart Klein meinen verbindlichen Dank aussprechen. PD Dr. Marcus Schladebach danke ich für die schnelle Ausfertigung des zweiten Gutachtens und für die viele Ratschläge für die Veröffentlichung.

Für die großzügige finanzielle Unterstützung mit einem dreijährigen Vollzeitstipendium möchte ich mich bei der Graduiertenförderkommission der Universität Potsdam und dessen Vorsitzenden Herrn Prof. Dr. Lauterbach bedanken. Dem Lehrstuhl von Prof. Dr. Tilman Bezzenberger möchte ich ein „grand MERCI“ für dieUnterstützung aussprechen. Nicht zuletzt die eigene Schreibtischecke und die aufmunternden Worte haben zum Erfolg dieser Dissertation beigetragen.

Frau Sabine Stolz der UN-Bibliothek der Universität Potsdam möchte ich meine Dankbarkeit für die unermüdliche Unterstützung und wertvollen Hinweise ausdrücken, die mir geholfen haben, mich im Dschungel der UN-Dokumente zurecht zu finden. Prof. Dr. Matthias Becker danke ich für die akribische Korrektur dieser Arbeit.

Das Ausmaß meiner Dankbarkeit für meinen Ehemann kann nicht in Worte gefasst werden. Tausend Dank für die hilfreichen Anregungen, die Geduld und die Zeit und Mühe, die in der Korrektur dieser Arbeit steckt. Die Promotionszeit war eine schwere Zeit, möge ihr Abschluss den Anfang einer neuen Ära einläuten.

Nicht zuletzt möchte ich mich bei meinen zwei kleinen Mäusen bedanken. Ihre gleichzeitige Geburt im Oktober 2009 hat zwar das Voranschreiten dieser Arbeit deutlich verzögert, doch ihre Lebensfreude und ihr Lachen waren jeden Abend eine wunderbare Abwechslung zu dieser Arbeit.

Diese Arbeit wurde am 25. November 2015 von der Juristischen Fakultät der Universität Potsdam angenommen und ist auf dem Stand von Mai 2015. Zur Vervollständigung von dem Exkurs „Sugar Daddies“ muss jedoch auf den im März 2016 veröffentlichten Bericht des Generalsekretärs der Vereinten Nationen „zur Vorbeugung von sexueller Ausbeutung und Mißbrauch durch Mitglieder von Friedensmissionen“ (UN Doc. A/70/729 v. 16.02.2016) und auf die erste Sicherheitsratsresolution diesbezüglich (UN Doc. S/Res/2272 (2016) v. 11.03.2016 hingewiesen werden. Leider war es nicht möglich, diese Dokumente bei der Drucklegung zu berücksichtigen.

Diese Arbeit ist allen Opfern sexueller Gewalt gewidmet. Möge sie dabei geholfen haben, die grausamsten Erfahrungen dieser Frauen ein Stück näher ins Licht zu rücken.

Inhaltsübersicht

Inhaltsverzeichnis

Abkürzungsverzeichnis

AFDL	Alliance des Forces Démocratiques pour la Libération du Congo
AFRC	Armed Forced Revolutionary Council
AU	African Union
BIH	Bosnien und Herzegowina
BINUB	United Nations Integrated Office in Burundi
CAT	Convention against Torture and Other Cruel, Inhuman or Degrading Treatment or Punishment
CDF	Civil Defence Forces
CEDAW	Convention on the Elimination of all Forms of Discrimination against Women
CNDP	Congrès national pour la défense du peuple
CO	Concluding Observations
CPED	Convention for the Protection of All Persons from Enforced Disappearance
CSW	Commission on the Status of Women
DPA,	United Nations Department of Political Affairs
DPKO	Department of Peacekeeping Operations
EAC	East African Community
ECCC	Extraordinary Chambers in the Courts of Cambodia
ECOMOG	ECOWAS Cease-Fire Monitoring Group
ECOWAS	Economic Community of Western African States
FAR	Forces armées rwandaises
FARDC	Forces armées de la République démocratique du Congo
FDLR	Forces Démocratiques de Libération du Rwanda
FPLC	Forces Patriotiques pour la libération du Congo
FRPI/FPJC	Forces de Résistance Patriotiques en Ituri/Front Populaire pour la Justice au Congo
GK	Genfer Konvention(en)
HLKO	Haager Landeskriegsordnung
IASC	Inter-Agency Standing Committee
ICCPR	International Covenant on Civil and Political Rights
ICESCR	International Covenant on Economic, Social and Cultural Rights
ICGLR	International Conference of the Great Lakes Region
ICTR	International Criminal Tribunal for Rwanda
ICTY	International Criminal Tribunal for the former Yugoslavia
IGH	Internationaler Gerichtshof
IMT	International Military Tribunal (at Nuremberg)
IMTFE	International Military Tribunal for the Far East
INSTRAW	United Nations International Research and Training Institute for the Advancement of Women

IRIN	Integrated Regional Information Networks
IStGH	Internationaler Strafgerichtshof
JCE	Joint Criminal Entreprise
LRA	Lord's Resistance Army
M23	Mouvement du 23 mars
MARA	Monitoring, Analysis and Reporting Arrangements
MICT	Mechanism for International Criminal Tribunals
MINUL	United Nations Mission in Liberia
MINURCART	Mission des Nations Unies en République centrafricaine et au Tchad (United Nations Mission in the Central African Republic and Chad)
MINURSO	Mission des Nations Unies pour l'organisation d'un référendum au Sahara occidental (United Nations Mission for the Referendum in Western Sahara)
MINUSCA	United Nations Multidimensional Integrated Stabilization Mission in the Central African Republic
MINUSMA	United Nations Multidimensional Integrated Stabilization Mission in Mali
MINUSTAH	United Nations Stabilization Mission in Haiti
MLC	Mouvement de Libération du Congo
MONUC	United Nations Organization Mission in the Democratic Republic of the Congo
MONUSCO	United Nations Organization Stabilization Mission in the Democratic Republic of the Congo
MOU	Memorandum of Understanding
MPTFO	Multi-Partner Trust Fund Office
NATO	North Atlantic Treaty Organization
NGO	Non-governmental Organization
OAU	Organization of African Unity
OHCA	United Nations Office for Coordination of Humanitarian
OHCHR	Office of the High Commissioner for Human Rights
ONUB	United Nations Operation in Burundi
ONUCI	United Nations Operation in Côte d'Ivoire
OSCE	Organization for Security and Co-operation in Europe
PBSO	United Nations Peacebuilding Support Office
PSC	Prosecution Support Cells
PSEA Task force	Task Force on Protection from Sexual Exploitation and Abuse by our own staff
RCD	Rassemblement Congolais pour la Démocratie
RDC	République Démocratique du Congo
RUF	Revolutionary United Front
SADC	Southern Africa development Community
SCSL	Special Court for Sierra Leone
Sgbv	Sexual and gender-based violence

SOFA	Status of Forces Agreement
TOE	Team of Experts
UN	United Nations
UNAIDS	Joint United Nations Programme on HIV/AIDS
UNAMID	African Union/United Nations Hybrid Operation in Darfur
UNAMIR	United Nations Assistance Mission for Rwanda
UNDP	United Nations Development Programme
UN Women	United Nations Entity for Gender Equality and the Empowerment of Women
UNESCO	United Nations Educational, Scientific and Cultural Organization
UNFPA	United Nations Population Fund
UNHCR	United Nations High Commissioner for Refugees
UNICEF	United Nations Children's Fund
UNIFEM	United Nations Development Fund for Women
UNJHRO	United Nations Joint Human Rights Office
UNMISS	United Nations Mission in the Republic of South Sudan
UNODC	United Nations Office on Drugs and Crime
UNPFA	United Nations Population Fund
UPR	Universal Periodic Review
WHO	World Health Organization
WPA	Women Protection Advisors
ZANU	Zimbabwe African National Union
ZP	Zusatzprotokoll zu den Genfer Konventionen von 1949

Einleitung

[...] 34. Violence against women and girls is ***a form of discrimination*** *prohibited by the Convention and is* ***a violation of human rights****. Conflicts exacerbate existing gender inequalities, placing women at a heightened risk of various forms of gender-based violence by* ***both State and non-State actors****. Conflict-related violence happens* ***everywhere****, such as in homes, detention facilities and camps for internally displaced women and refugees; it happens* ***at any time****, for instance, while performing daily activities such as collecting water and firewood or going to school or work. There are multiple perpetrators of conflict-related gender-based violence. These may include members of government armed forces, paramilitary groups, non-State armed groups, peacekeeping personnel and civilians. Irrespective of the character of the armed conflict, its duration or the actors involved, women and girls are increasingly deliberately targeted for and subjected to various forms of violence and abuse, ranging from* ***arbitrary killings, torture and mutilation, sexual violence, forced marriage, forced prostitution and forced impregnation to forced termination of pregnancy and sterilization.***

35. It is indisputable that, while all civilians are adversely affected by armed conflict, women and girls are primarily and increasingly targeted by the use of sexual violence, "including ***as a tactic of war to humiliate, dominate, instil fear in, disperse and/or forcibly relocate civilian members of a community or ethnic group****", and that this form of sexual violence persists even after the cessation of hostilities.*[1]

Es sind Verbrechen, die Frauen zugrunde richten, Familien zerstören und Gemeinschaften auseinandertreiben. Körper, Seelen zerbrechen daran, Stützen der Gesellschaft knicken ab. Es sind jedoch Verbrechen, die lange vergessen worden sind und teilweise immer noch ignoriert werden, wie etwa der massive Einsatz von sexueller Gewalt im Jahr 2014 im syrischen Konflikt.[2] Sexuelle Gewalt wird seit Jahrhunderten als Kriegswaffe eingesetzt, weil ihre Wirkungen besonders vielseitig und effektiv sind. Wenn Frauen Opfer von Vergewaltigung, erzwungener Schwangerschaft, Zwangsprostitution, sexueller Sklaverei oder anderen sexuellen Verbrechen werden, werden nicht nur Frauen geschändet, Familien werden gedemütigt und ganze Gesellschaften geschwächt. Ob heutzutage in Jugoslawien, Ruanda, Sierra Leone, Demokratische Republik Kongo, Libyen oder in anderen früheren bewaffneten Konflikten: umfassende Dokumentationen haben gezeigt, dass in fast allen

1 General Recommendation 30, Women in Conflict Prevention, Conflict and Post-Conflict Situations, UN Doc. CEDAW/C/GC/30 v. 18.10.2013. (Hervorhebung der Verfasserin).

2 *A. Cojean*, Le viol, arme de destruction massive en Syrie, le Monde, 04.03.2014, S. 20f.

Kriegen, in denen bewaffnete Einheiten auf eine Zivilbevölkerung treffen, sexuelle Gewalt weit verbreitet ist.[3]

Im Jugoslawienkrieg wurden bosnische Frauen von serbischen Soldaten in Lagern interniert, versklavt, erniedrigt und mehrmals am Tag vergewaltigt.[4] Der systematische Einsatz von Vergewaltigung und sexuellen Angriffen war Teil eines durchdachten Angriffs auf die Zivilbevölkerung mit dem Ziel, die muslimische Bevölkerung zu vertreiben: ein Mittel zur „ethnischen Säuberung". Dadurch sollten zudem serbische Kinder geboren werden und tiefe Risse im Zusammenhalt der Gemeinschaft entstehen.

In Ruanda wurden die Frauen auf besonders grausame Weise mittels Stöcken und Waffen vergewaltigt. Damit sollte das weibliche Wesen an sich, die Fortpflanzungsorgane zerstört werden, damit keine Nachkommen erzeugt werden können. Sexuelle Gewalt wurde gezielt zur Vernichtung der Volksgruppe der Tutsi eingesetzt und demnach vom internationalen Gerichtshof für Ruanda als ein integraler Bestandteil der Zerstörung im Rahmen des Völkermords anerkannt.[5]

Im Kongo und in Libyen gingen unzählige Familien zugrunde. Ehemänner und Kinder mussten zusehen, wie Soldaten sich an deren Ehefrauen und Müttern vergingen. Diese sexuellen Übergriffe waren für die Täter Belohnung und Rache für die harten Kämpfe. Zudem dienten sie der Einschüchterung der Bevölkerung. Der Sondergerichtshof für Sierra Leone hat im *RUF*-Urteil festgestellt, dass die Körper der Frauen eine „Verlängerung" des Schlachtfelds darstellen.[6]

Sexuelle Verbrechen im Rahmen bewaffneter Konflikte sind die härtesten Fortsetzungen der alltäglichen Diskriminierungen und führen zu noch größeren Diskriminierungen. Sie haben gravierende, lebensverändernde Folgen für jedes einzelne Opfer. Die Opfer von sexueller Gewalt werden in der Gesellschaft stigmatisiert, von ihr ausgeschlossen. Sie leiden unter schwersten Körperverletzungen und großen psychischen Störungen. Nach einer Vergewaltigung muss eine Frau erst wieder

---

3 *S. Brownmiller*, Gegen unseren Willen: Vergewaltigung und Männerherrschaft, 1980, S. 38.

4 Siehe dazu die Aussagen der Opfer in *G. Mischkowski*, Medica Mondiale (Hrsg.), Damit die Welt es erfährt" sexualisierte Gewalt im Krieg vor Gericht, der Foča-Prozess vor dem internationalen Kriegsverbrechertribunal zum ehemaligen Jugoslawien, 2002, S. 19ff.

5 *Prosecutor vs. Jean-Paul Akayesu*, Trial Judgment, 02.09.1998, ICTR-96-4-T, § 731.

6 *Prosecutor vs. Issan Sesay, Morris Kallon and Augustine Gbao*, Trial Chamber I, Judgment, 02.03.2009, SCSL-04-15T, § 1602.
Frauenkörper als Schlachtfeld ist auch die Überschrift eines übersetzten Artikels der New York Times, in dem Jeffrey Gettleman über das Versagen der UN-Soldaten bei Massenvergewaltigungen im Ostkongo im Juli 2010 berichtet. Dieser Artikel war Ausgangspunkt und ständiger Motivationsbegleiter für die vorliegende Arbeit. Siehe dazu: *Weltkompakt* v. 07.10.2010, S. 7. Originalfassung unter: http://www.nytimes.com/2010/10/04/world/africa/04congo.html?scp=2&sq=&st=nyt abrufbar (Stand Mai 2015).

lernen, das Leben zu schätzen, den Männern wieder zu vertrauen und sich eine neue Lebensgrundlage zu schaffen. Dafür muss sie Gerechtigkeit erfahren. Diese ist die Grundvoraussetzung, damit eine Frau ihre Traumata bewältigt und Zuversicht in die Zukunft schafft.

Die Strafverfolgung der erlebten sexuellen Gewalttaten ist demnach eine der wichtigsten Punkte für einen Neuanfang. Zudem setzt die gerichtliche Verurteilung sexueller Verbrechen ein klares Zeichen gegenüber den Soldaten, dass solche Taten nicht unbestraft bleiben. Damit erhalten die Urteile der nationalen und internationalen Strafgerichtshöfe eine überaus wichtige Bedeutung in der Repression und, als Abschreckungsmittel, in der Prävention sexueller Gewalt in bewaffneten Konflikten. Nur eine enge Verknüpfung von Prävention und Repression kann einen umfassenden Schutz von Frauen vor sexueller Gewalt gewährleisten. Die Vorbeugung der Gräueltaten, vor allem durch die Beseitigung der Ursachen durch die Bekämpfung der Diskriminierungen im Alltag und eine umfassende Aufklärung der Männer, muss von dem politischen Willen der internationalen Staatengemeinschaft begleitet werden, präventiv tätig zu werden. Den Vereinten Nationen als einzige Weltorganisation obliegt hierbei eine Schlüsselposition. Mit ihren Organen, rechtlichen Instrumenten, Kampagnen und Programmen fungieren sie als Brücke zwischen Prävention und Repression. Doch werden sie ihrer Rolle gerecht?

Anfang der neunziger Jahre begannen die Vereinten Nationen sich dieser Problematik zu widmen. Diese Wahrnehmung entsprach einem Reifungsprozess der internationalen Gemeinschaft bezüglich der Frauenrechte. Während 1945 die UN-Charta lediglich die Gleichberechtigung zwischen Mann und Frau forderte, wurde im Laufe der Jahre auf Druck feministischer Bewegungen und Organisationen die Stellung der Frauen in der heutigen Gesellschaft immer genauer erfasst und rechtlich verbessert. Diese Entwicklung gipfelte 2008 mit der Sicherheitsresolution 1820, welche sexuelle Gewalt an Frauen als Kriegsverbrechen und Verbrechen gegen die Menschlichkeit anerkennt und als Hindernis zur Wiederherstellung der internationalen Sicherheit und des Weltfrieden einstuft.[7]

Um bei dem Schutz der Frauen vor sexueller Gewalt voranzukommen, hat sich der Sicherheitsrat zuerst der repressiven Seite des Problems gewidmet und mit der Errichtung der Straftribunale im ehemaligen Jugoslawien und Ruanda die Grundsteine für eine strafrechtliche Verfolgung sexueller Verbrechen gelegt.

Mit dem Beginn des 21. Jahrhunderts und der Ratifizierung der Sicherheitsresolution 1325 kam der Wille der internationalen Gemeinschaft zum Ausdruck, Frauen nicht nur passiv zu beschützen, sondern aktiv die Ursachen von sexueller Gewalt in bewaffneten Konflikten zu bekämpfen und ihnen vorzubeugen. Die internationale Staatengemeinschaft verpflichtete sich somit zur Stärkung und zum Schutz von Frauen und Mädchen in Kriegs- und Krisengebieten, unter anderem durch die Einbeziehung von Frauen in alle Bereiche der Friedens- und Sicherheitspolitik.[8]

7 UN Doc. S/Res/1820 (2008) v. 19.06.2008, Ziff. 1; 4.
8 UN Doc. S/Res/1325 (2000) v. 31.10.2000.

Kurz darauf wurde das Gesamtsystem der Vereinten Nationen in dem Dienst des Schutzes vor sexueller Gewalt unter anderem im Rahmen der „*UN Action*“ gestellt.[9]

Sexuelle Gewalt in bewaffneten Konflikten wird in der Literatur oft sehr einseitig untersucht. Meistens wird die repressive Seite anhand der unterschiedlichen Urteile zu konfliktbezogener sexueller Gewalt erörtert. Die vorliegende Arbeit möchte den Blickwinkel des Schutzes vor sexueller Gewalt erweitern und ergänzt die Erläuterung der internationalen Rechtsprechung zu sexueller Gewalt mit der Darstellung von Maßnahmen aus anderen Bereichen, die entweder den Frauen helfen sollen, Gerechtigkeit vor Ort zu erleben, oder der Prävention sexueller Verbrechen dienen. In diesem Zusammenhang wird ein besonderes Augenmerk auf die Arbeit der internationalen und afrikanischen Menschenrechtsorgane gerichtet. Mit dieser Dissertation wird der Versuch unternommen, anhand der Arbeit der Vereinten Nationen eine Gesamtbestandaufnahme der ausgewählten Wege zum Schutz der Frauen vor konfliktbezogener sexueller Gewalt durchzuführen. Die nachliegenden Recherchen sollen zunächst zeigen, wie sich die internationalen Initiativen zum Schutz vor sexueller Gewalt entwickelt haben. Sie sollen zudem als Ausgangspunkt für die Beobachtung der zukünftigen Entwicklungen in diesem Bereich fungieren.

Zu diesem Zweck wird im ersten Teil der allmählichen Wahrnehmung von sexueller Gewalt im Rahmen bewaffneter Konflikte seit der Gründung der Vereinten Nationen bis zum Jugoslawien-Krieg nachgegangen. Der zweite Teil widmet sich den konstruktiven Maßnahmen der internationalen Organisation gegen sexuelle Gewalt. Dabei werden die wichtigsten Urteile der internationalen Strafgerichtshöfe zu sexueller Gewalt sowie die Resolutionen des Sicherheitsrats und die *UN Action* und der Beitrag der Menschenrechtsorgane herausgearbeitet. Zum Schluss werden die Auswirkungen der Arbeit der Vereinten Nationen auf die afrikanischen Organisationen, die Afrikanische Union und die subregionalen Organisationen erfasst und die relevanten Texte und Initiativen zum Schutz der Frauen vor konfliktbezogener sexueller Gewalt erörtert.

Der in dieser Arbeit verwendete Begriff „sexuelle Gewalt“ umfasst die sexualisierten Verbrechen im weiteren Sinn von der Vergewaltigung über die erzwungene Schwangerschaft, die Zwangssterilisation bis hin zur Nötigung zur Prostitution und Zwangsehe. Abgesehen von dem Teil zur strafrechtlichen Verfolgung von sexueller Gewalt, in dem die unterschiedliche Entwicklung der Tatbestände angesprochen wird, stützt sich diese Arbeit auf die Definition der Tatbestände, wie sie in den Elements of Crime des Römischen Statuts enthalten sind.[10] Gegenstand dieser Arbeit sind demnach lediglich die Verbrechen, die in Verbindung mit einem bewaffneten Konflikt internationaler oder nicht internationaler Natur stehen.

9 Dazu unten S. 149 ff.

10 *Elements of Crimes*, ICC-ASP/1/3 (part II-B) v. 09.09.2002, Art. 7 1) g)-1-bis Art. 7 1) g)-6; Art. 8 2) b) xxii)-1 bis Art. 8 2) b) xxii)-6 und Art. 8 2) e) vi)-1 bis Art. 8 2) e) vi)-6.

Erster Teil: Die allmähliche Wahrnehmung von sexueller Gewalt in bewaffneten Konflikten

26. Juni 1945: Sieben Wochen nach dem Ende des zweiten Weltkriegs in Europa wagen 50 Staaten einen Neuanfang für die Weltgemeinschaft. Mit der Unterzeichnung der Charta der Vereinten Nationen erklären sich die Völker der hiermit neugegründeten internationalen Organisation fest entschlossen „künftige Geschlechter vor der Geißel des Krieges zu bewahren“[11] und dafür „den Weltfrieden und die internationale Sicherheit zu wahren“.[12]

Frauen sollen in dieses Vorhaben von Anfang an einbezogen werden. Vier weibliche Delegierte und Vertreterinnen von 42 akkreditierten NGO sorgten bei der Gründungskonferenz dafür und setzten sich mit Nachdruck und Erfolg für die Berücksichtigung der Frauen in der Charta ein. Als Grundlage dieser internationalen Neuordnung verkündet die Charta der Vereinten Nationen in ihrer Präambel die Gleichberechtigung von Mann und Frau[13] und enthält die erste Antidiskriminierungsklausel aufgrund des Geschlechts in einem internationalen Vertrag.[14]

Bei der Eröffnungssitzung der Generalversammlung am 12. Februar 1946 meldeten sich siebzehn weibliche anwesende Delegierte zu Wort. In einem „offenen Brief an die Frauen der Welt“ hoben sie die aktive und unerlässliche Rolle der Frauen während und nach dem Krieg hervor und forderten die Frauen auf, in dieser Wiederaufbauzeit Verantwortungen für sich und ihr Land zu übernehmen. Nach diesem Ereignis galt es für die Vereinten Nationen zusammen mit den Frauen die Gleichberechtigung durchzusetzen und dafür einen rechtlichen Rahmen zu schaffen.

Da sich Ende der 40er Jahre die rechtliche Stellung der Frau von Land zu Land stark unterschied, mussten die Vereinten Nationen als internationale Organisation eine katalytische Rolle in diesem Zusammenhang spielen und anhand internationaler Verträge versuchen, auf internationaler Ebene eine einheitliche rechtliche Grundlage für die Frauenförderung zu schaffen.

Die Bekämpfung der Gewalt gegen Frauen generell und spezifisch der sexuellen Gewalt wurde vergleichsweise spät in die Gleichstellungsagenda der Vereinten Nationen aufgenommen.[15] Folgendes kann festgestellt werden:

Bis 1975 lag die Priorität der Vereinten Nationen in der rechtlichen Absicherung der Gleichberechtigung zwischen Mann und Frau. Von 1968 bis 1975 infolge des

---

11 Charta der Vereinten Nationen v. 26.06.1945, Präambel Abs. 1.

12 Ebenda, Art. 1 Abs. 1.

13 Ebenda, Präambel, Abs. 2.

14 Ebenda, Art. 1 Abs. 3.

15 *J. Heßbrügge*, Frauen im Krieg, Krieg gegen Frauen, Vereinte Nationen, Heft 5/2009, S. 212.

Sechstagekrieges und des Bangladesch-Krieges tritt das Thema Frauen im Zusammenhang mit bewaffneten Konflikten innerhalb der Vereinten Nationen für das erste Mal in Erscheinung, als zwei rechtlich-unverbindliche Texte dazu verabschiedet wurden.

Mit dem Beginn der Frauendekade 1976 und bis Anfang der 1990er Jahre verschwindet das Thema Frauen und bewaffnete Konflikte vollständig von der Agenda. Der Fokus der Vereinten Nationen lag vor allem auf der Hilfe für die Frauen in den im Zuge der Dekolonisation entstandenen Entwicklungsländern, um ihnen einen Arbeits-, Bildungs- und Gesundheitszugang zu beschaffen.[16] Zur Untermauerung der Gleichberechtigung wurde zudem der Schwerpunkt auf die Bekämpfung der Diskriminierungen und zum Ende der Frauendekade auf die Gewalt gegen Frauen, darunter sexuelle Gewalt, in der Friedenszeit gelegt. Die Verabschiedung der Überkommen zur Beseitigung jeder Form von Diskriminierung der Frau (Convention on the Elimination of all Forms of Discrimination Against Women – CEDAW) kann als größter Erfolg der Frauendekade betrachtet werden.

Erst 1993 ein Jahr nach dem Beginn des Jugoslawienkrieges wurde das Thema Frauen und bewaffnete Konflikte bei der Menschenrechtskonferenz in Wien wiederbelebt. Die Erklärung und das Aktionsprogramm von Wien brachte erstmalig die Verbindung zwischen Frauen, bewaffneten Konflikten und sexueller Gewalt hervor und verurteilt diese als Menschenrechtsverletzung. 1995 ging die vierte UN-Weltfrauenkonferenz in Peking einen Schritt weiter, stellte die Verbindung zwischen sexueller Gewalt in bewaffneten Konflikten und allgemeiner Diskriminierung her und bezeichnete Vergewaltigung als Kriegsverbrechen.

In diesem Teil werden die 1990er Jahre als Schnittpunkt für die Berücksichtigung von sexueller Gewalt im Rahmen bewaffneter Konflikte genommen. Der erste Abschnitt erkundet mögliche Erklärungen der Vernachlässigung des Themas bis in die 1990er Jahre (A). Der darauf aufbauende Abschnitt befasst sich mit der Anerkennung von sexueller Gewalt als Menschenrechtsverletzung (B).

A. Ein vernachlässigtes Thema bis in die 1990er Jahre

Erst nach der ersten internationalen Konferenz über Menschenrechte (22. April-13. Mai 1968) in Teheran erscheint das Thema Frauen und bewaffnete Konflikte auf der Agenda der Vereinten Nationen. Während der gesamten Frauendekade (1976–1985) geht diese Thematik vollständig unter. Dafür rückt die Problematik der Gewalt gegen Frauen in den Vordergrund.

---

16 *United Nations Department of Public Information (Hrsg.), The United Nations and the Advancement of Women 1945–1996*, The United Nations Blue Books Series, Volume VI, 1996, S. 37.

I. 1946–1968: Priorität Gleichberechtigung

Bis 1968 lag das Hauptaugenmerk der Vereinten Nationen bezüglich Frauen bei der Schaffung und Absicherung der rechtlichen Gleichstellung von Frau und Mann in Politik, Beruf, Bildung und in der Ehe. Diese erste Phase der Aktivitäten der Vereinten Nationen wurde hauptsächlich von der Kommission über die Rechtstellung der Frauen (Commission on the Status of Women – CSW) getragen. Dieses zunächst als Unterkommission der Menschenrechtskommission[17] und ab Juni 1946 als eigenständige Institution[18] eingerichtete Gremium hat heute noch die Aufgabe, Berichte und Empfehlungen für den Wirtschafts- und Sozialrat zu verfassen, die sich mit der Förderung von Frauen in Bereich Politik, Wirtschaft, Gesellschaft, Soziales und Bildung befassen. Die Kommission wird des Weiteren bei drängenden Problemen im Hinblick auf Frauenrechte tätig, welche sofortige Aufmerksamkeit benötigen.[19] Die ersten verzeichneten Erfolge dieser wichtigen und eine Zeitlang durchaus umstrittenen Institution[20] bestanden zum einen in der Mitarbeit an der Allgemeinen Erklärung für Menschenrechte und in der Überwachung der Aufnahme einer geschlechtsspezifischen Sprache in diesem Dokument. Zum anderen arbeitete sie verschiedene Übereinkommen zum Wahlrecht der Frauen[21], zu ihrem Status in der Ehe[22], über den Zugang zur Bildung[23] und über die Rechte der Arbeitnehmerinnen[24] aus, die von unzähligen Vorbehalten der Staaten begleitet wurden. Am 7. November 1967 verabschiedete die UN Generalversammlung die Erklärung über die Beseitigung der Diskriminierung der Frau einstimmig.[25] Dieser Erfolg verbarg jedoch enorme Entstehungsschwierigkeiten. Der erste Entwurf dieser knappen Zusammenfassung der bisherigen Arbeit zur Verbesserung der rechtlichen Situation der Frauen wurde zuvor von der Generalversammlung abgelehnt und die von der

17 UN Doc. E/Res/5 (I) v. 16.02.1946.

18 UN Doc. E/Res/2/11 v. 21.06.1946.

19 Ebenda.

20 1980 vor dem Hintergrund der Vervielfältigung frauenspezifischer UN-Agenturen, Kommission und Fonds (UNIFEM-INSTRAW z.B.) forderten manche Staaten ihre Abschaffung. *The United Nations and the Advancement of Women 1945–1996*, 1996, S. 52.

21 Übereinkommen über die politischen Rechte der Frau, UN Doc. A/Res.640 (VII) v. 20.12.1952.

22 Übereinkommen über die Staatsangehörigkeit verheirateter Frauen, UN Doc. A/Res.1040 (XI) v. 29.01.1957.
Übereinkommen über die Erklärung des Ehewillens, das Heiratsmindestalter und die Registrierung von Eheschließungen, UN Doc. A/Res.1763 (XVII) v. 07.11.1962.

23 UNESCO-Übereinkommen gegen Diskriminierung im Bildungswesen v. 14.12.1960.

24 Übereinkommen über die Gleichheit des Entgelts männlicher und weiblicher Arbeitskräfte für gleichwertige Arbeit, ILO-Konvention Nr. 100 v. 29.06.1951.

25 Declaration on the Elimination of Discrimination against Women, UN Doc. A/Res. 2263 (XXII) v. 07.11.1967.

CSW überarbeitete Version wurde in den Verhandlungen noch einmal abgeändert.[26] Diese Unstimmigkeiten besonders in den Bereichen Ehe und Familie und Beruf spiegelten sich in der Ausstrahlung des Dokuments wider, das nur begrenzt Wirkungen verzeichnete. Besonders die Teilnahme an der freiwilligen Berichterstattung über die Umsetzung der Erklärung fiel begrenzt aus.[27]

Das Thema Gewalt gegen Frauen blieb in der Erklärung, abgesehen von einem Artikel zu Menschenhandel und sexueller Ausbeutung,[28] weitestgehend unbeachtet. Dies gibt den seinerseits vorherrschenden Glauben wieder, Frauen seien durch die allgemeinen Menschenrechtsübereinkommen und durch die dort verankerte Gleichstellung und Selbstbestimmung bereits ausreichend vor Gewalt geschützt.[29]

II. 1968–1974: Kurzes Zwischenspiel: Frauen in bewaffneten Konflikten

Infolge des Sechs-Tage-Krieges und des Bangladesch-Kriegs richteten die CSW und die Generalversammlung ihr Augenmerk auf die Situation der Frauen in Krisensituation. Trotz belegter massiver sexueller Übergriffe auf Frauen besonders im Bangladesch-Krieg[30] war die internationale Gemeinschaft nicht bereit, diese Verbrechen öffentlich zu thematisieren.

1. Keine Berücksichtigung sexueller Gewalt in den relevanten Texten

Die erste internationale Konferenz über Menschenrechte wurde 1968 organisiert, um auf 20 Jahre Allgemeine Erklärung der Menschenrechte zurückzublicken und Strategien für die Zukunft zu entwickeln. Insgesamt bestehend aus neunundzwanzig Resolutionen nimmt der Konferenzschlussakt in zwei Resolutionen Bezug auf die Situation der Menschenrechte in Krisensituation. Diese Resolutionen über Achtung und Durchsetzung von Menschenrechten in besetzten Gebieten[31] und Menschenrechten in bewaffneten Konflikten[32] betrafen die Menschenrechtlage in den besetzten arabischen Gebieten nach dem Sechs-Tage-Krieg zwischen Israel und Ägypten,

---

26 *The United Nations and the Advancement of Women 1945–1996*, 1996, S. 30.

27 Ebenda.

28 UN Doc. A/Res.2263 (XXII) v. 07.11.1967. Art. 8, welcher im Kern die jeweils 1949 und 1956 verabschiedete Konventionen zur Unterbindung des Menschenhandels und der Ausnutzung der Prostitution anderer und Zusatzübereinkommen über die Abschaffung der Sklaverei, des Sklavenhandels und sklavereiähnlicher Einrichtungen und Praktiken wiedergibt.

29 *L. Reanda,* Human Rights and Women's Rights: The United Nations Approach, Human Rights Quarterly, Vol. 3, Nr. 2, 1981. S. 13.

30 *S. Brownmiller,* Gegen unseren Willen: Vergewaltigung und Männerherrschaft, 1980, S. 83–90.

31 Schlussakt der Konferenz über Menschenrechte in Teheran, UN Doc. A/CONF.32/41, Resolution I v. 07.05.1968.

32 Ebenda, Resolution XXIII v. 12.05.1968.

Jordanien und Syrien im Juni 1967. Diesen Resolutionen folgten zwei Resolutionen der Generalversammlung zu diesen Themen[33] und gaben den Anstoß zu der ersten Resolution des CSW über die Situation der Frauen in bewaffneten Konflikten.

Die CSW-Resolution 4 (XXII) vom 3. Februar 1969 zum Schutz von Frauen und Kindern in Zeiten eines Notstands oder Krieges, im Kampf um Frieden, nationale Befreiung und Unabhängigkeit[34] ist ein Aufruf an die Frauen, sich für eine friedliche Konfliktlösung einzusetzen und ein Appell an die Vereinten Nationen und das IKRK, den Frauen und Kindern mehr Aufmerksamkeit und Gehör zu schenken. Selbst wenn diese Resolution keine große Resonanz fand, stellt sie einen wichtigen Meilenstein und eine bedeutende Grundlage in der Diskussion um den Schutz von Frauen in bewaffneten Konflikten dar, die besonders nach den Massenvergewaltigungen bengalischer Frauen von pakistanischen Soldaten im Jahre 1971 an Bedeutung gewann.

In den Sitzungen der CSW über Frauen und Kinder in Notstandsituationen zwischen 1970 und 1974 wurde nicht nur besprochen, wie man Frauen schützen kann, sondern ob sie überhaupt einen besonderen Schutz brauchen. Staaten brachten das Argument vor, dass Frauen bereits als Teil der Zivilbevölkerung in den Genfer Konventionen geschützt seien und deswegen keines zusätzlichen Schutzes bedürften.[35] Zudem seien sie in manchen Konflikten selbst Kämpferinnen.[36] Gleichwohl entschied die Kommission, dass Frauen und Kinder häufig Opfer unmenschlicher Handlungen seien und ihnen deshalb ein besonderer Schutz gewährt werden müsse.[37] Diese Einstellung wurde 1974 von der Generalversammlung in ihrer Erklärung vom 14. Dezember 1974 über den Schutz von Frauen und Kindern in Zeiten eines Notstands und im bewaffneten Konflikt bestätigt.[38] Diese Erklärung, welche für die grausame und unmenschliche Behandlung von Frauen und Kindern Strafbarkeit einfordert, nimmt wie die CSW Resolution von 1969 jedoch keinen Bezug auf sexuelle Verbrechen.

2. *Mögliche Erklärungen dieses Defizits*

Politisch motivierte und gesellschaftliche Gründe können das Hinwegsehen über sexuelle Verbrechen erklären.

33 UN Doc. A/Res.2443 und 2444 (XXIII) v. 19.12.1968.

34 CSW Resolution 4 (XXII) Protection of Women and Children in Emergency or War Time, Fighting for Peace, National Liberation and Independence v. 03.02.1969.

35 *The United Nations and the Advancement of Women 1945–1996*, 1996, S. 32 und *J. Gardam/M. J. Jarvis*, Women, Armed Conflict and International Law, 2001, S. 139.

36 Ebenda.

37 *The United Nations and the Advancement of Women 1945–1996*, 1996, S. 32.

38 Declaration on the Protection of Women and Children in Emergency and Armed Conflict, UN Doc. A/Res/3318 (XXIX) v. 14.12.1974.

Zwei Grundprinzipien der Vereinten Nationen spielen in der anfänglichen Zurückhaltung der Vereinten Nationen, sexuelle Gewalt in bewaffneten Konflikten wahrzunehmen, eine Rolle.

Das erste ist das Gewaltverbot. Hauptaufgaben der Vereinten Nationen sind laut Art. 1 Abs. 1 der UN-Charta die Friedensicherung und die friedliche Streitbeilegung. Damit besteht ihr Ziel darin, bewaffnete Konflikte zu verhindern. Wenn ein internationaler bewaffneter Konflikt jedoch ausbrach, dann herrschte bei den Vereinten Nationen die Auffassung, dass in Kriegszeit das Humanitäre Völkerrecht zur Anwendung kam.[39] Demnach wäre eher das IKRK dafür zuständig, neue Regelungen in diesem Bereich zu schaffen oder bestehende Regelungen wie Art. 27 Abs. 2 der vierten Genfer Konvention zu ergänzen.[40]

Des Weiteren hatten manche Staaten gestützt auf Art. 2 Abs. 7 der UN-Charta grundsätzlich große Schwierigkeiten damit, dass die internationale Gemeinschaft Rechte für die Frauen anerkannte und rechtlich verbindlich verankerte. Nach ihrer Auffassung unterstanden Menschenrechtsangelegenheiten dem Prinzip der Nichteinmischung und mussten innerstaatlich festgelegt werden.[41] Dieser grundlegende Mangel an politischem Willen für die rechtliche Verbesserung der Stellung der Frauen ermutigte die CSW nicht, sich für ein so spezifisches Problem einzusetzen. Dazu kam, dass 1970 die Öffentlichkeit (noch) nicht dazu bereit war, Gewalt gegen Frauen und sexuelle Angelegenheiten offen zu besprechen.[42] In der Anfangszeit der Vereinten Nationen war eine Frau vor allem eine Mutter und musste als solche geschützt werden.[43] In der Erklärung der Generalversammlung von 1974 und in der CSW-Resolution von 1969 werden Frauen immer im Zusammenhang mit Kindern betrachtet. Die Erklärung der Generalversammlung betont, dass sie *„im Bewusstsein ihrer Verantwortung für das Schicksal der nachwachsenden Generationen und das Schicksal der Mütter“* verkündet wird. Unter den aufgezählten verbotenen grausamen und unmenschlichen Behandlungen fallen, neben unter anderem Erschießung und Folter, Verbrechen, die sich gegen die Familie richten, wie die Zerstörung von Wohnungen und Zwangsvertreibung. Zu diesem Zeitpunkt wird die Frau in erster Linie als Bezugsperson für das Kind verstanden und alles, was ihr geschieht, fällt unter den Schutz der Privatsphäre. Als eigenständige Menschenrechtsträgerin wird sie nicht wahrgenommen.

---

39 *J. Gardam/M. J. Jarvis*, Women, Armed Conflict and International Law, 2001, S. 174.
40 Dies geschah 1977 mit der Unterzeichnung der Zusatzprotokolle zu den Genfer Konventionen. Siehe dazu unten S. 37 ff.
41 *The United Nations and the Advancement of Women 1945–1996*, 1996, S. 11.
42 *J. Gardam/M. J. Jarvis*, Women, Armed Conflict and International Law, 2001, S. 141.
43 Ebenda, S. 140.

III. 1975–1992 Verfestigung der Gleichberechtigung: Antidiskriminierung und allgemeine Gewalt gegen Frauen

Zwischen 1975 und 1985 fanden drei der bis heute vier von den Vereinten Nationen organisierten Weltfrauenkonferenzen statt.[44] Lediglich die dritte zum Abschluss der Frauendekade veranstaltete Konferenz in Nairobi griff die Themen Gewalt gegen Frauen und Frauen in bewaffneten Konflikten auf.

1. Zwiespältige Bilanz der Frauendekade

1976 unmittelbar nach dem internationalen Jahr der Frau wurde die Frauendekade unter dem Motto „Gleichstellung, Entwicklung und Frieden“ von der Generalversammlung ausgerufen.[45] Die Bilanz dieser der Frauenförderung gewidmeten Jahre ist gespalten. Zwar ermöglichte die Frauendekade, die Aufmerksamkeit der Weltöffentlichkeit auf eine Vielzahl von geschlechtsspezifischen Themen zu lenken und verhalf zum Zusammenschluss und zur Zusammenarbeit von Frauen und NGOs über regionale und nationale Grenzen;[46] doch des Öfteren mussten die Vereinten Nationen feststellen, dass die gesetzten Ziele: Gleichberechtigung, volle Einbeziehung der Frauen in die Entwicklungsprozesse und in die Förderung des Weltfriedens nicht so weit vorangeschritten waren wie erhofft. Die Vereinten Nationen gaben sogar selbst zu, dass *„despite the energy and optimism which had launched the United Nations decade for Women, the campaign had fallen short of achieving significant and sustained progress for many women.“*[47] Bei jeder Weltfrauenkonferenz wurde dieselbe Diagnose gestellt: Neben weiteren Gründen erschwerten vor allem der Mangel an politischem Willen, die mangelnde Anerkennung des Beitrags der Frau in der Gesellschaft, fehlende Kommunikation zwischen Politik und Frauen, und unzureichende Finanzmittel die Umsetzung der Ziele.[48]

Doch der größte Erfolg der Frauendekade ist und bleibt das im Jahre 1979 verabschiedete und 1981 in Kraft getretene Überkommen zur Beseitigung jeder Form von Diskriminierung der Frau.[49] Aufbauend auf die bereits erwähnte Erklärung über die Beseitigung der Diskriminierung der Frau der Generalversammlung von 1967 stellt die Konvention gegenwärtig das maßgebliche internationale Rechtsinstrument

---

44 Die erste Weltfrauenkonferenz fand 1975 in Mexico-City statt, die zweite 1980 in Kopenhagen, die dritte 1985 in Nairobi und die vierte 1995 in Peking.

45 UN Doc. A/Res/3520 (XXX) v. 15.12.1975.

46 *C. Brunch*, Frauenrechte und Geschlechtsintegration in den UN, Vereinte Nationen, Heft 5/2009, S. 198.

47 *The United Nations and the Advancement of Women 1945–1996*, 1996, S. 48. Besonders die wichtigen Bereiche Arbeit, Gesundheit und Bildung hätten keine Verbesserungen erfahren.

48 Ebenda, S. 44, 46.

49 Convention on the Elimination of all Forms of Discrimination Against Women – CEDAW, UN Doc. A/Res/34/180 v. 18.12.1979 am 03.09.1981 in Kraft getreten.

zu Frauenrechten dar.[50] Es ist das erste Instrument, das sich umfassend mit der Situation der Frauen befasst und durch ihre Überwachungsmechanismen mehr als nur ein „statement of good intentions“ darstellt.[51] Über das allgemeine Diskriminierungsverbot und Gleichberechtigungsgebot von Mann und Frau hinaus, die beide in der Charta, in der Allgemeinen Erklärung der Menschenrechte von 1948[52] und den beiden Menschenrechtspakten von 1966[53] verankert sind, berücksichtigt die Konvention spezifische Menschenrechtsverletzungen, die Frauen in allen Lebensbereichen wegen ihres Geschlechts erleiden können.[54] Sie verpflichtet die Staaten, gesetzgeberische und sonstige geeignete Maßnahmen zur Beseitigung von rechtlichen und tatsächlichen Diskriminierungen zu ergreifen und zur tatsächlichen Verwirklichung des Grundsatzes der Gleichberechtigung zu sorgen.[55] Zu den Durchsetzungsmechanismen des Frauenrechtsübereinkommens[56] gehören ein Berichtsverfahren[57], das Verfahren der Staatenbeschwerde[58] und ein Individualbeschwerde- und Untersuchungsverfahren, die durch das im Jahre 2000 in Kraft getretene Fakultativprotokoll geschaffen wurden.[59] Als Überwachungsorgan wurde der Ausschuss für die Beseitigung jeder Form von Diskriminierung der Frau (Frauenrechtsausschuss) eingesetzt. Bestehend aus 23 unabhängigen Sachverständigen

50 *C. Brunch*, Frauenrechte und Geschlechtsintegration in den UN, Vereinte Nationen, Heft 5/2009, S. 197.

51 *L. Reanda*, Human Rights and Women's Rights: The United Nations Approach, Human Rights Quarterly, Vol. 3, Nr. 2, 1981, S. 21. Wonach die früheren Instrumente zum Schutz der Frauen, wegen ihrem begrenzten Anwendungsbereich und dem Mangel an internationalen Überwachungsmechanismen eher Gute Absichts-Erklärungen darstellen.

52 Universal Declaration of Human Rights, UN Doc. A/Res.217 (III) v. 10.12.1948, Art. 2 Nr. 1.

53 International Covenant on Civil and Political Rights – ICCPR, UN Doc. A/Res/2200A (XXI) v. 16.12.1966 am 23.03.1976 in Kraft getreten, Art. 3 und 26; International Covenant on Economic, Social and Cultural Rights – ICESCR, UN Doc. A/Res/2200A (XXI) v. 16.12.1966 am 03.01.1976, Art. 3.

54 *H. B. Schöpp-Schliling*, Bedeutung und Auswirkung des Frauenrechtsübereinkommens in: E. Klein (Hrsg.), 20. Jahre Übereinkommen zur Beseitigung jeder Form von Diskriminierung der Frau, 2000, S. 14–15.

55 CEDAW (Fn. 49), Art. 2.

56 Siehe dazu: *G. Hübner* Die Mechanismen zur Durchsetzung von Frauenrechten im Rahmen der CEDAW und ihres Fakultativprotokolls in S. von Schorlemer (Hrsg.) Die Vereinten Nationen und neuere Entwicklungen der Frauenrechte, 2007, passim.

57 CEDAW (Fn. 49), Art. 17–22.

58 Ebenda, Art. 29.

59 Optional Protocol to the Convention of the Elimination of All Forms of Discrimination against Women, UN Doc. A/Res/54/4 v. 06.10.1999 am 22.12.2000 in Kraft getreten, Art. 2–7 (Individualbeschwerdeverfahren), Art. 8–10 (Untersuchungsverfahren).

kann der Ausschuss neben der Prüfung der Fortschritte bei der Durchführung des Übereinkommens „Allgemeine Empfehlungen“ abgeben.[60]

Entsprechend der damaligen Auffassung nimmt das Übereinkommen wie die Erklärung von 1967 keinen Bezug auf sexuelle Gewalt weder in Kriegszeit, noch in Friedenzeit, weder im privaten noch im öffentlichen Leben. Diese Lücke wurde erst 1992 mit der Veröffentlichung der *Allgemeinen Empfehlung Nr. 19* geschlossen.[61] Allgemeine Empfehlungen dienen der ergänzenden Auslegung des Übereinkommens. Sie haben keinen förmlich rechtsverbindlichen Status, gelten jedoch als richtungsweisend für die Staaten, indem sie die Ziele zum Ausdruck bringen und abstrakte Rechte und Pflichten konkretisieren.[62] In der *Allgemeinen Empfehlung Nr. 19* stuft der Frauenrechtsausschuss die geschlechtsspezifische Gewalt als Form der vom Übereinkommen verbotenen sexuellen Diskriminierung ein.[63] Diese Empfehlung gilt als Grundlage für die ein Jahr später von der Generalversammlung verabschiedete Erklärung über die Beseitigung der Gewalt gegen Frauen.[64]

2. Die Zukunftsstrategien von Nairobi zur Förderung der Frau

Dieser Empfehlung vorangegangen waren die Zukunftsstrategien von Nairobi zur Förderung der Frau bis zum Jahr 2000, welche den ernüchternden Rückblick auf die Ergebnisse der Frauendekade ergänzte.[65] Dieses Dokument ist in zweierlei Hinsicht wichtig: Zum einen bringt es das Thema Frauen und bewaffnete Konflikte wieder auf die Tagesordnung der Vereinten Nationen, zum anderen wird erstmals die Zunahme von Gewalt gegen Frauen, darunter sexuelle Gewalt, anerkannt.

Unterteilt in fünf Kategorien: Gleichstellung, Entwicklung, Frieden, Problembereiche und internationale und regionale Zusammenarbeit sprechen die Zukunftsstrategien die erwähnten Themen hauptsächlich unter der Überschrift Frieden an. In § 258 wird folgendes festgestellt:

> *"Violence against women exists in various forms in everyday life in all societies. Women are beaten, mutilated, burned, sexually abused and raped. Such violence is a major obstacle*

---

60 CEDAW (Fn. 49), Art. 21 Abs. 1.

61 General Recommendation 19, Violence against Women, UN Doc. CEDAW/C/1992/L.1/Add.15 (1992), UN Doc. A/47/38 v. 29.01.1992. Deutsche Übersetzung der Allgemeinen Empfehlungen Nr. 1–25 in: Deutsches Institut für Menschenrechte (Hrsg.), Die General Comments zu den VN-Menschenrechtsverträgen. Deutsche Übersetzung und Kurzeinführungen, 2005.

62 *S. E. Merry*, Human Rights and Gender Violence, 2006, S. 75.

63 Allgemeine Empfehlung Nr. 19 (Fn. 61), Ziff. 6.

64 Declaration on the Elimination of Violence against Women, UN Doc. A/Res/48/104 v. 20.12.1993.

65 The Nairobi Forward-looking Strategies for the Advancement of Women, UN Doc. A/CONF.116/28/Rev.1 v. 26.07.1985.

to the achievement of peace and the other objectives of the Decade and should be given special attention."[66]

Zu dieser erstmaligen ausdrücklichen Anerkennung von Gewalt gegen Frauen wird zudem eine Verbindung zwischen Gewalt gegen Frauen in der Familie und in der Gesellschaft und die Gefährdung des Weltfriedens hergestellt. Dieser Ansatz wird sich in den folgenden Jahren bestätigen.[67] Die Konferenz geht nicht so weit, dass Gewalt gegen Frauen als eine Menschenrechtsverletzung anerkannt wird, gleichwohl werden die Regierungen aufgefordert, im Hinblick auf die steigende geschlechtsspezifische Gewalt, *„[to] affirm the dignity of women, as a priority action.“*[68]

Im Zusammenhang mit bewaffneten Konflikten wird die Situation der Frauen weiterhin mit derjenigen der Kinder in Betracht gezogen. Die Zukunftsstrategien beschränken sich darauf, die einschlägigen Texte zum Thema Frauen und bewaffnete Konflikte, wie die Genfer Konventionen und ihre Zusatzprotokolle und die Erklärung der Generalversammlung vom 1974 in Erinnerung zu rufen und die Konsequenzen des Konflikts auf das materielle, kulturelle und wirtschaftliche Leben der Frauen und Kinder wie den Zugangsverbot zu Bildung und Gesundheitsleistungen anzusprechen.[69]

Dennoch bleibt festzuhalten: Ab 1985 ist das Tabu gebrochen und Gewalt gegen Frauen wird zu einem öffentlichen Thema. Zu dieser Zeit ändern die Vereinten Nationen ihre Herangehensweise bezüglich der Frauenförderung. Nunmehr werden Frauenangelegenheiten nicht mehr getrennt betrachtet, sondern sollen in einem breiteren Zusammenhang gesehen werden.[70] Ab diesem Zeitpunkt verbindet man den sozialen Aufstieg der Frauen mit anderen Themen unter anderem Menschenrechte, Frieden und Sicherheit.[71]

B. Die Anerkennung von sexueller Gewalt als Menschenrechtsverletzung ab den 1990er Jahren

1993 stellt einen Wendepunkt in den Frauen- und Menschenrechtbewegungen dar. Auf der Weltkonferenz über Menschenrechte in Wien kreuzen sich ihre Wege und Frauenrechte werden als Menschenrechte anerkannt. Ab diesem Zeitpunkt werden sich die rechtlichen und diplomatischen Instrumente zur Bekämpfung und Vorbeugung der Gewalt gegen Frauen vervielfältigen und die Situation der Frauen in bewaffneten Konflikten wird vor dem Hintergrund der tragischen Ereignisse in

66 Ebenda, § 258.

67 Dazu unten S. 149 ff.

68 Zukunftsstrategien von Nairobi zur Förderung der Frau (Fn. 65), § 288.

69 Ebenda, § 261.

70 *The United Nations and the Advancement of Women 1945–1996*, 1996, S. 52.

71 Auch Umwelt und Entwicklung (Weltgipfel 1992 in Rio de Janeiro), Bevölkerung und Entwicklung (Weltgipfel 1994 in Kairo), Soziale Entwicklung (Weltgipfel 1995 in Kopenhagen), Nahrung (Weltgipfel 1996 in Rom).

Bosnien-Herzegowina und Ruanda sowie später Sierra Leone und Kongo nie wieder von der UN-Agenda verschwinden.

I. Der medienwirksame Schock von Bosnien und Herzegowina als Auslöser

Die Thematisierung sexueller Gewalt im Krieg bei der Wiener Menschenrechtskonferenz ist auf mehrere Faktoren zurückzuführen.

Wie bereits angedeutet hatte die Frauendekade zur Bildung neuer internationaler Netzwerke von Frauen geführt, und als der Krieg im ehemaligen Jugoslawien ausbrach, konnten die Frauenbewegungen diese neu entstandenen Nachrichtenkanäle gezielt für die Veröffentlichung der Massenvergewaltigungen und die Berichterstattung über die Lage der betroffenen Frauen nutzen.[72] Die Öffentlichkeit wurde zwangsweise mit diesen Verbrechen konfrontiert und konnte nicht mehr wegsehen. Dazu kam, dass nach zwei Jahrzehnten intensiver Auseinandersetzungen mit Vergewaltigungen in patriarchalen Gesellschaften und in Militärregimen besonders in Südamerika die Feministinnen dazu bereit und intellektuell darauf vorbereitet waren, über die Konsequenzen von Vergewaltigungen öffentlich zu diskutieren.[73] Dieser Medienpräsenz der Frauenorganisationen, dieser feministischen Lobbyarbeit für die Vergewaltigungsopfer im ehemaligen Jugoslawien ist es zu verdanken, dass sexuelle Gewalt in bewaffneten Konflikten auf politischer Ebene wahrgenommen und die systematische Vergewaltigung im Krieg als Menschenrechtsverletzung anerkannt wurde.

II. Von Wien nach New York über Peking: der Weg zur vollständigen Anerkennung sexueller Gewalt im Krieg

Von der Empfehlung des CEDAW-Ausschusses über die Erklärung der Generalversammlung über die Beseitigung der Gewalt gegen Frauen bis zur Resolution des Sicherheitsrats über sexuelle Gewalt im Krieg: Die Verbindlichkeit der rechtlichen Instrumente zum Thema sexueller Gewalt ist parallel exponentiell zum Aufmerksamkeitsgrad diesbezüglich gestiegen.

Der Ausschuss zur Überwachung des Übereinkommens zur Beseitigung jeder Form von Diskriminierungen wagte den ersten Schritt zur rechtlichen Anerkennung von Gewalt gegen Frauen, indem er in seiner *Allgemeinen Empfehlung Nr. 19* erklärte, die Definition der Diskriminierung umfasse geschlechtsbezogene gewalttätige Handlungen.[74] Damit wurde Gewalt gegen Frauen zum Gegenstand der Staatenberichte und alle Vertragsparteien wurden dazu aufgefordert, alle geeigneten Maßnahmen zur Bekämpfung jeder Form der geschlechtsbezogenen Gewalt zu ergreifen.

72 *K. Greve*, Vergewaltigung als Völkermord, 2008, S. 66.
73 Ebenda, S. 66f.
74 Allgemeine Empfehlung Nr. 19 (Fn. 61), Ziff. 6.

Der Frauenrechtsausschuss betonte, dass diese Diskriminierung die im allgemeinen Völkerrecht und in Menschenrechtkonventionen verankerte Inanspruchnahme der Menschenrechte und Grundfreiheiten durch die Frau beinträchtige und vereitele.[75] Sexuelle Gewalt in Form von Vergewaltigung, Zwangssterilisation, Abtreibung und andere sexuelle Übergriffe bleibt nicht unerwähnt, taucht jedoch hauptsächlich im Zusammenhang mit dem Ehe- und Familienleben auf.[76] Lediglich im Rahmen des Art. 6 bezüglich der Abschaffung des Frauenhandels und der Ausbeutung der Prostitution wird festgestellt, dass Kriege und bewaffnete Konflikte häufig zu einer Zunahme von sexuellem Missbrauch von Frauen führen.[77] Auf diesen Punkt geht der Ausschuss indes nicht weiter ein.

Anders die Erklärung und das Aktionsprogramm von Wien, welche 1993 nach der zweiten Menschenrechtskonferenz verabschiedet wurden. Geprägt von den bereits skizzierten Entwicklungen innerhalb der Vereinten Nationen bezüglich der rechtlichen Stellung der Frauen und von der weltweiten Berichterstattung der Geschehnisse im ehemaligen Jugoslawien bezeichneten sie einen allmählichen Wandel. Der erste politische Durchbruch wurde erzielt, als die Erklärung und das Aktionsprogramm als erste internationale Dokumente explizit festlegten, dass Frauenrechte ein unveräußerlicher, integraler und untrennbarer Bestandteil der allgemeinen Menschenrechte darstellen.[78] Darin gipfelten 50 Jahre Überzeugungsarbeit von Frauenorganisationen. Ein weiterer Höhepunkt war die Anerkennung, dass

> *"Violations of the human rights of women in situations of armed conflict are violations of the fundamental principles of international human rights and humanitarian law. All violations of this kind, including in particular murder, systematic rape, sexual slavery, and forced pregnancy, require a particularly effective response."*[79]

Die im selben Jahr von der Generalversammlung verabschiedete Erklärung über die Beseitigung der Gewalt gegen Frauen untermauert diese Neuerungen bezüglich sexueller Gewalt im Krieg leider nicht.[80] Angelehnt an die *Allgemeine Empfehlung Nr. 19* des Frauenrechtsausschusses beschränkt sie sich drauf, in der Präambel zu erwähnen, dass Frauen in einem bewaffneten Konflikt besonders leicht Opfer von Gewalt werden können. Selbst wenn diese Erklärung als Ausdruck der gesamten internationalen Gemeinschaft durchaus als eines der wichtigsten Instrumente zur Bekämpfung von Gewalt angesehen werden kann,[81] hat es die Generalversammlung

---

75 Ebenda, Ziff. 7.

76 Ebenda, Ziff. 22–23.

77 Ebenda, Ziff. 16.

78 Vienne Declaration and Programme of Action, UN Doc A/CONF.157/23 v. 12.07.1993, Teil I, § 18 Abs. 1.

79 Ebenda, Teil II, § 38.

80 Declaration on the Elimination of Violence against Women, UN Doc. A/Res/48/104 v. 20.12.1993.

81 *S. E. Merry*, Human Rights and Gender Violence, 2006, S. 76. Es ist in der Tat das erste Instrument mit einer so hohen Legitimität, das Staaten dazu auffordert, Gewalt

als maßgebendes Organ der Vereinten Nationen versäumt, die von den Frauenbewegungen in Wien hart erkämpfte Anerkennung von sexueller Gewalt im Krieg *„feierlich“ (grundlegend)* zu bekräftigen. Denn am gleichen Tag der Verabschiedung der Erklärung verurteilte sie in einer abgesonderten Resolution über Vergewaltigung und Misshandlungen an Frauen in Ex-Jugoslawien energisch diese Verbrechen als Kriegsverbrechen.[82] Dies erfolgte allerdings nur situationsbezogen.

Die vierte und bis heute größte und letzte Weltfrauenkonferenz 1995 in Peking etabliert dauerhaft die Thematik Frauenrechte und Frauen in bewaffneten Konflikten auf der UN-Agenda. Unterteilt in zwölf Punkten erfasst die Aktionsplattform Frauenrechte in den unterschiedlichsten Bereichen von Armut, Bildung und Gesundheit über Wirtschaft, Medien und Umwelt bis zur Gewalt gegen Frauen und Frauen in bewaffneten Konflikten. Aufgrund der politischen Stärke der Gegner von Frauenrechten war bis zum letzten Konferenztag unklar, ob die Aktionsplattform angenommen werden könnte.[83] Besonders die streng katholischen und muslimischen Länder versuchten die Menschenrechte unter Hinweis auf kulturelle Besonderheiten, Tradition oder Religion auszuhöhlen, dank dem Druck der Frauenorganisationen jedoch ohne Erfolg.[84] Die Erklärung und Aktionsplattform wurden am 15. September 1995 verabschiedet.[85] Sie setzen die Arbeit der Menschenrechtskonferenz von Wien fort und suchen nach Ursachen für sexuelle Verbrechen im Krieg. Aufbauend auf der Erklärung der Generalversammlung über die Beseitigung der Gewalt gegen Frauen, welche explizit festhielt, dass *„Gewalt gegen Frauen eine Ausdrucksform der historisch gesehen ungleichen Machtverhältnisse zwischen Männern und Frauen ist, die zur Beherrschung und Diskriminierung der Frauen durch die Männer geführt und den Frauen volle Chancengerechtigkeit vorenthalten haben, und dass die Anwendung von Gewalt gegen Frauen einer der maßgeblichen sozialen Mechanismen ist, durch den Frauen gezwungen werden, sich dem Mann unterzuordnen“*[86] schafft die Konferenz einen Kausalzusammenhang zwischen sexueller Gewalt in bewaffneten Konflikten und ihrem Platz in der Gesellschaft.[87] Dies unterstreicht, wie wichtig die Vorarbeit der Vereinten Nationen zur Förderung der Frauen in der Gesellschaft, zur Bekämpfung von Diskriminierungen für die Vorbeugung von sexueller Gewalt im Krieg ist und wird. Das 150-seitige umfangreiche UN-Dokument zum Thema Frauen bekräftigt

---

gegen Frauen zu verurteilen und keinerlei Brauch, Tradition oder religiöse Erwägung geltend zu machen, um sich ihre Verpflichtungen im Hinblick auf die Beseitigung dieser Art von Gewalt zu entziehen (Art. 4 der Erklärung).

82 UN Doc. A/Res/48/143 v. 20.12.1993, § 1.

83 *A. L. Barstow*, The United Nations' Role in defining War Crimes against Women, in: A. L. Barstow (Hrsg.), War's dirty secret: rape, prostitution, and other crimes against women, 2000, S. 239.

84 Ebenda.

85 Beijing Declaration and Platform for Action, UN Doc. A/CONF.177/20/Rev.1 v. 15.09.1995.

86 Declaration on the Elimination of Violence against Women (Fn. 64), Präambel.

87 Beijing Declaration and Platform for Action (Fn. 85), § 135.

unter dem Punkt E „Frauen und bewaffnete Konflikte“ alle Aussagen der Wiener Menschenrechtskonferenz und betont zudem, dass Vergewaltigung im Krieg nicht nur als Menschenrechtsverletzung betrachtet,[88] sondern als Kriegsverbrechen und unter Umständen als Verbrechen gegen die Menschlichkeit und Völkermordhandlung angesehen werden kann und als solche verfolgt und verurteilt werden soll.[89]

Diese Sichtweise wurde erst 2008 von dem Sicherheitsrat in der ersten Resolution ausschließlich zum Schutz der Frauen vor sexueller Gewalt in bewaffneten Konflikten, der Resolution 1820, bestätigt.[90] Mit der Anerkennung von sexueller Gewalt in bewaffneten Konflikten als Kriegsverbrechen und Verbrechen gegen die Menschlichkeit setzte der Sicherheitsrat mit dieser Resolution diese Gräueltaten an der Spitze aller Verbrechen und beendet damit jahrzehntelanges Wegsehen. Mit Resolution 1820 (2008) geht eine Pflicht der Staaten einher, die Täter strafrechtlich zu verfolgen. Der Sicherheitsrat schafft sich zudem eine allgemeine Grundlage dafür, selbst im Rahmen der Strafverfolgung tätig zu werden und Tatbestände sexueller Gewalt gemäß Art. 13 lit. (b) des Römischen Statuts dem Internationalen Strafgerichtshof unterbreiten zu können.[91]

Zuvor hatte der Sicherheitsrat im Jahre 2000 eine Grundsatzresolution zum Thema „Frauen, Frieden und Sicherheit“ beschlossen und darin erstmals den Schutz der Frauen vor sexueller Gewalt in Situationen bewaffneter Konflikte gefordert.[92] Der Generalsekretär ließ dieses Thema in keinem seiner Berichte zur Umsetzung der Resolution 1325 außer Acht und wies sogar auf die Unfähigkeit der internationalen Gemeinschaft, Gewaltakten gegen Frauen in Zeiten bewaffneter Konflikte vorzubeugen, hin, indem er betonte

> *"(a)lthough the occurrence of violence against women in armed conflict is now increasingly acknowledged and widely documented, our collective response, as measured against the magnitude of this violence, remains inadequate"*[93].

2007 rief er deshalb die „Aktion der Vereinten Nationen gegen sexuelle Gewalt in Konflikten“ (*UN Action*) ins Leben.[94]

---

88 Ebenda, § 131.
89 Ebenda, § 145 d).
90 UN Doc. S/Res/1820 (2008) v. 19.06.2008.
91 *J. Heßbrügge*, Frauen im Krieg, Krieg gegen Frauen, Vereinte Nationen, Heft 5/2009, S. 215.
92 UN Doc. S/Res/1325 (2000) v. 31.10.2000, Ziff. 10.
93 UN Doc. S/2004/814 v. 13.10.2004, § 76.
94 Dazu unten S. 149 ff.

Zweiter Teil: Konstruktive Maßnahmen gegen sexuelle Gewalt

Zwei der im Art. 1 der UN-Charta verankerten Ziele der Vereinten Nationen sind die Sicherung des Weltfrieden und der internationalen Sicherheit sowie die Achtung der Menschenrechte. Dafür verfügen die Vereinten Nationen über eine Reihe von Organen, Nebenorganen, rechtlichen und unverbindlichen Instrumenten, die zur Bekämpfung von sexueller Gewalt in bewaffneten Konflikten eingesetzt werden können. Inwieweit die Vereinten Nationen alle ihr zur verfügungsstehenden Möglichkeiten ausschöpfen und den Erwartungen an ihre Schlüsselposition im Rahmen der Prävention und der Repression gerecht werden, wird in diesem Teil eingehend beleuchtet. Nach einer Untersuchung der internationalen Rechtsprechung zu sexueller Gewalt (A.), werden die unterschiedlichen relevanten Resolutionen des Sicherheitsrates erläutert (B.) und ihre Umsetzung anhand der *UN Action* geschildert (C.). Ein zusätzliches Augenmerk wird auf die Menschenrechtsorgane der Vereinten Nationen gerichtet, die heute keine Hemmungen mehr haben, sich mit Angelegenheiten zu beschäftigen, die im Rahmen von bewaffneten Konflikten stattfinden.

A. Die Repression: Der Beitrag der Vereinten Nationen zur Präzisierung und Fortentwicklung des Völkerstrafrechts

Die Repression, in Form der Verfolgung und Bestrafung der Täter aufgrund ihrer individuellen strafrechtlichen Verantwortlichkeit, stellt einen wichtigen Meilenstein im Schutz der Frauen vor sexueller Gewalt dar. Zum einen ermöglicht sie vielen Opfern von sexueller Gewalt eine schnellere Verarbeitung der Ereignisse, zum anderen hat sie eine überaus wichtige Abschreckungsfunktion.

Wie soeben dargestellt, obliegt dem Sicherheitsrat, als Hauptverantwortlicher für die Wahrung des Weltfriedens und der internationalen Sicherheit, die Pflicht, sich für die Repression von sexuellen Verbrechen einzusetzen. Als er im Jahre 1993 und 1994 beschloss, internationale Strafgerichtshöfe zur Verfolgung der Verantwortlichen für die seit 1991 im Hoheitsgebiet des ehemaligen Jugoslawien begangenen schweren Verstöße gegen das humanitäre Völkerrecht (International Criminal Tribunal for the former Yugoslavia- ICTY)[95] und für Völkermord und andere schwere Verstöße gegen das humanitäre Völkerrecht im Hoheitsgebiet Ruandas zwischen dem 1. Januar 1994 und dem 31. Dezember 1994 (International Criminal Tribunal for Rwanda- ICTR)[96] als Maßnahme im Rahmen des Kapitels VII der UN-Charta

95 UN Doc. S/Res/808 (1993) v. 22.02.1993.
96 UN Doc. S/Res/955 (1994) v. 08.11.1994.

einzurichten, stellte dieser Schritt einen Wendepunkt in der Wahrnehmung von sexueller Gewalt auf völkerrechtlicher Ebene dar. Zuvor wurde das Thema sexuelle Gewalt zwar oft thematisiert aber nur selten angeklagt und noch nie auf internationaler Ebene verurteilt.

Das ICTY und ICTR verurteilten in mehreren Prozessen sexuelle Verbrechen als Kriegsverbrechen, als schwere Verletzung der Genfer Konventionen, als Verbrechen gegen die Menschlichkeit und sogar als Genozide. Dies geschah, obwohl das ICTY-Statut lediglich Vergewaltigung als Verbrechen gegen die Menschlichkeit (Art. 5 g ICTY) und das ICTR-Statut Vergewaltigung sowohl als Verbrechen gegen die Menschlichkeit (Art. 3 g ICTR-Statut) und als Verstoß gegen den gemeinsamen Art. 3 der Genfer Konventionen und Zusatzprotokoll II (Art. 4 e ICTR- Statut) auflisteten.[97] Durch eine erweiterte Auslegung der Straftatbestände seitens der Anklagebehörde und die Bereitschaft der Richter, die Statuten unter Einbeziehung neuer Rechtsauffassungen zu interpretieren, konnten sexuelle Verbrechen erstmals in der Geschichte als schwerste Gewaltverbrechen angeklagt und verurteilt werden.

Einigkeit besteht darüber, dass erst die Einsetzung und Tätigkeiten der beiden *ad hoc*-Tribunale die Bestrebungen der internationalen Gemeinschaft zur Errichtung eines Internationalen Strafgerichtshofs (IStGH) den entscheidenden Antrieb gaben.[98] Weil parallel zu den ersten Prozessen und Urteilen der Gerichtshöfe am Römischen Statut und an den Verbrechenselementen gefeilt wurde, hat die Einrichtung der Gerichtshöfe seitens der Vereinten Nationen den Weg zu einer völligen Neuinterpretation und Kronkretisierung der Tatbestände zu sexueller Gewalt im Völkerstrafrecht geebnet.

Die Arbeiten des ICTY und ICTR neigen sich dem Ende entgegen. Der internationale Residualmechanismus für die *ad hoc*-Strafgerichtshöfe (Mechanism for International Criminal Tribunals – MICT), der vom Sicherheitsrat kraft Kapitel VII der Charta der Vereinten Nationen geschaffen wurde, um die verbliebenen Aufgaben des ICTY und ICTR zu erfüllen,[99] hat am 01.07.2012 (Abteilung für den ICTR) beziehungsweise am 01.07.2013 (Abteilung für den ICTY) seine Tätigkeit aufgenommen.[100] Der Internationale Strafgerichtshof hat zehn Jahre nach seiner

97 Im Art. 4 e ICTR-Statut wird zudem Zwangsprostitution als Verstoß gegen den gemeinsamen Artikel 3 der Genfer Abkommen und gegen deren Zusatzprotokoll II benannt.

98 *R. Heinsch*, Die Weiterentwicklung des humanitären Völkerrechts durch die Strafgerichtshöfe für das ehemalige Jugoslawien und Ruanda, 2007, S. 243.

99 UN Doc. S/Res/1966 (2010) v. 22.12.2010.

100 Der Mechanismus wurde damit beauftragt, die Gerichtsbarkeit, die Rechte und Pflichten und die wesentlichen Aufgaben der Internationalen Strafgerichtshöfe weiterzuführen (UN Doc. S/Res/1966 (2010) v. 22.12.2010, Ziff. 4) Somit ist er für die Strafverfolgung und Verurteilung der letzten Flüchtigen (Art. 1 Abs. 2 und 3 MICT-Statut, UN Doc. S/Res/1966 (2010) v. 22.12.2010, Anlage 1) oder im Falle von Missachtung des Gerichts (Art. 1 Abs. 4 (a) des Status) und Falschaussage (Art. 1 abs. 4 (b)) sowie für die Berufungs- und Wiederaufnahmeverfahren (Art. 23

Arbeitsaufnahme seine ersten Urteile erlassen und in acht der neun Situationen, die zur Zeit (Stand November 2014) vor dem Gericht anhängig sind, wird und wurde wegen sexueller Verbrechen ermittelt beziehungsweise angeklagt. Sowohl der MICT als auch der internationale Strafgerichtshof können sich in ihrer Arbeit auf eine solide Vorarbeit des ICTY und ICTR sowohl im Bereich der Rechtsprechung als im Umgang mit den Überlebenden stützen.

Nach einer Einführung zum Stand des humanitären Völkerrechts vor der Errichtung der *ad hoc*-Straftribunale werden die grundlegenden Urteile des ICTY und ICTR zu sexueller Gewalt sowie die Aufnahme von sexuellen Tatbeständen und spezifische Regelungen zum Schutz der Opfer und Zeugen im Zusammenhang mit sexueller Gewalt in das Römische Statut erörtert. Untersucht werden zudem die ersten Urteile des IStGHs in Hinsicht auf sexuelle Gewalt. Die Entwicklung des Völkerstrafrechts zu sexueller Gewalt durch das ICTY und ICTR sowie die mögliche internationale Strafverfolgung sexueller Verbrechen vor dem IStGH im Lichte des Praxis des ICTY und ICTR wurden in der Literatur bereits vielfach tiefgründig erforscht.[101] Dieser Teil zielt demnach nicht auf eine detaillierte Analyse der Rechtsprechung der Gerichtshöfe, möchte vielmehr deren wesentlichen Erkenntnissen zwar vermitteln, jedoch darauf aufbauend und ergänzend auf Hindernisse, Erfolge und Niederlagen im Allgemeinen und in bestimmten Verfahren hinweisen. Sehr hilfreich bei der Analyse der Rechtsprechung war die Vorarbeit von *Magali Maystre* und *Nicole Rangel.*[102]

Zum Schluss wird das Augenmerk auf das Sondergericht für Sierra Leone (Special Court for Sierra Leone- SCSL) gerichtet. Dieses Gericht ist von allen hybriden Gerichten das Gericht, das einem internationalen Gericht am nächsten kommt.[103]

---

und 24) zuständig, welche nach seiner Tätigkeitsaufnahme beantragt wurden. Weitere wichtige Aufgaben des MICT sind die Überwachung von Verfahren, die in die Zuständigkeit der nationalen Gerichtsbarkeit der jeweiligen Länder übertragen wurden beziehungsweise werden (Art. 6), sowie die Unterstützung der nationalen Strafverfolgungsbehörden bei Verfahren, die in Zusammenhang mit den Verfahren des ICTY und des ICTR stehen (Art. 28). Darüber hinaus obliegen dem MICT unter anderem Aktivitäten zum Schutz von Zeugen und Opfern aus ITCY- und ICTR-Verfahren (Art. 20), die Überwachung des Vollzugs der durch die drei Institutionen verhängten Urteile (Art. 25) sowie die Verwaltung ihrer Archive (Art. 27).

101 *A.-M. de Brouwer*, Supranational Criminal Prosecution of Sexual Violence, 2005; *K. Greve*, Vergewaltigung als Völkermord, 2008.

102 *M. Maystre/N. Rangel*, Analytical and Comparative Digest of the ICTY, ICTR and SCSL Jurisprudence on international Sex Crimes, in: M. Bergsmo/A. Butenschøn Skre/E. J. Wood (Hrsg.), Understanding and Proving International Sex Crimes, 2012, S. 511–878.

103 Der IGH in seiner Entscheidung Case concerning the Arrest Warrant of 11 April 2000, Democratic Republic of Congo vs. Belgium vom 14.02.2002, definiert ein internationals Gericht als ein" unabhängiges, außerhalb einer nationalen Rechtsordnung stehendes Strafgericht, welches einen unabhängigen Ankläger, keine Dominanz nationaler Richter in den Strafkammern hat und menschenrechtliche

Seine Rechtsprechung legte Grundsteine besonders in Bezug zu der Auslegung und Bestrafung von Verbrechen der sexuellen Sklaverei und Zwangsheiraten.

Im Zusammenhang mit sexueller Gewalt vor den hybriden Gerichten werden auch häufig die Außerordentlichen Kammern an den Gerichten von Kambodscha (Extraordinary Chambers in the Courts of Cambodia – ECCC auch Rote Khmer Tribunal genannt) erwähnt. Dieses Gericht entstand im Mai 2003 nach beschwerlichen Verhandlungen zwischen den Vereinten Nationen und Kambodscha[104] und ist dafür zuständig, die von 1975 bis 1979 von den Roten Khmer begangenen Verbrechen zu untersuchen und abzuurteilen.[105] Bezüglich sexueller Gewalt zeichnet sich dieses Gericht besonders dadurch aus, dass es das erste internationalisierte Gericht ist, das den Opfern die Möglichkeit gibt, aktiv als Nebenkläger mittels Beweisanträge, Fragerecht und Akteneinsicht an den Prozessen teilzunehmen. Ein weiteres Merkmal dieses Gerichts ist der mangelnde Wille der Anklagebehörde, die massenhaften Zwangsehen und Vergewaltigungen zu ermitteln und anzuklagen.[106] Dieses Gericht wird im Rahmen der folgenden Untersuchung ergänzend herangezogen.

In einem Exkurs „Wenn die Justiz versagt: die Frauentribunale“ werden Initiativen der Zivilgesellschaft hervorgehoben, welche mit dem Ziel ins Leben gerufen worden sind, Frauen eine Stimme zu geben, die bereits vor mehreren Jahrzehnten Opfer von sexueller Gewalt gewesen sind und noch keine Gerechtigkeit erfahren haben. Diese oftmals mit der Unterstützung der Vereinten Nationen eingerichteten Frauentribunale tragen mit ihren symbolischen Urteilen dazu bei, der Weltöffentlichkeit zu zeigen, dass man diese Verbrechen hätte verurteilen können beziehungsweise noch verurteilen könnte.

Mindeststandards gewährleistet (Ziff. 61 ff.).Während die hybriden Gerichte in Kosovo, Osttimor, Bosnien-Herzegowina und Kambodscha in den jeweiligen Rechtssystem integriert sind, ist das Sondergericht für Sierra Leone nicht Bestandteil des Rechtssystems des Landes. Im Unterschied zu dem Hariri-Tribunal für Libanon, das ausschließlich nach libanesischem Strafrecht urteilt, darf das Gericht sowohl internationales als auch nationales Recht anwenden. Siehe zu der Rechtsnatur der hybriden Gerichte, *S. Schulz*, Transitional Justice und hybride Gerichte, 2009, S. 65–79.

104 Siehe dazu: *S. Williams*, The Cambodian extraordinary Chambers: a dangerous precedent for international justice?, International and Comparative Law Quarterly, Vol. 53 (1), 2004, S. 229; *S. Schulz*, Das Rothe-Khmer Strafgericht in Kambodscha, DIAS-Analyse, Juni 2009, S. 5.

105 Art. 1 ECCC Law on the Establishment of the Extraordinary Chambers, with inclusion of amendments as promulgated on 27 October 2004.

106 *S. Studzinsky*, Victims of Sexual and Gender Based Crimes before the Extraordinary Chambers in the Courts of Cambodia: Challenges of Rights to Participation and Protection, in: A.-M. de Brouwer et al. (Hrsg.), Sexual Violence as an International Crime: Interdisciplinary Approaches, 2013, S. 175, 181.

I. Sexuelle Gewalt im humanitären Völkerrecht vor der Errichtung des ICTY und des ICTR

Obgleich frühere Militärcodes bereits 1385 bei Richard II. und 1419 bei Henry V Kriegsvergewaltigungen mit der Todesstrafe verboten,[107] half das bis zum ersten Kodifikationswerk jahrhundertelang lediglich gewohnheitsrechtlich geltende Verbot der Vergewaltigung als Kriegshandlung wenig, um Frauen vor deren Grausamkeit zu schützen. Der Glaube daran, dass sexuelle Gewalt vor einer Schlacht die Aggression der Soldaten steigere und nach der Schlacht dabei helfen würde, die Spannungen zu lösen, führte dazu, dass diese Verbrechen als unvermeidbares Nebenprodukt von Kriegen eingestuft und demnach ignoriert wurden.[108] In dem im Jahr 1474 als erster in der Rechtsgeschichte bekanntgewordenen internationalen Kriegsverbrecherprozess[109] wurde der Ritter Peter von Hagenbach wegen durch seine Untergegebenen begangener Vergewaltigungen während eines Angriffs auf Breisach zum Tode verurteilt, allerdings nur weil diese Taten im Rahmen eines unerklärten Krieges stattgefunden hatten. Wäre der Krieg ordnungsgemäß erklärt worden, wären die Vergewaltigungen erlaubt gewesen.[110] Vielmehr galten Frauen noch lange Zeit danach immer noch als Kriegstrophäe, und Vergewaltigungen und Schändungen der Frauen waren eine viel zu effektive Kriegswaffe, um ausdrücklich verboten und demnach bestraft zu werden.[111]

Erst Ende des 18. und im Laufe des 19. Jahrhunderts nach vorausgegangenen Arbeiten von Philosophen und Juristen wie Hugo Grotius, Emmerich van Vattel oder Jean-Jacques Rousseau, welche sich für eine Schonung der Zivilisten[112] und besonders der Frauen, Kinder und alten Männer einsetzten,[113] erscheinen die ersten internationalen Werke, welche Vorschriften zur Kriegsführung zusammenfassten

107 *T. Meron*, Rape as a Crime under International Humanitarian Law, American Journal of International Law, Vol. 87, 1993, S. 425.

108 *K. D. Askin*, Women and International Humanitarian Law, in: K. D. Askin/D. M. Koenig (Hrsg.), Women and International Human Rights Law, Vol. 1, 1999, S. 50.

109 Das Gericht bestand aus 28 Richtern aus alliierten Staaten des Heiligen Römischen Reichs.

110 *K. D. Askin*, War Crimes against Women, 1997, S. 29.

111 Siehe dazu eine ausführliche historische Untersuchung von Vergewaltigungen in Kriegszeiten von der Antike bis zum Vietnamkrieg in: *S. Brownmiller*, Gegen unseren Willen: Vergewaltigung und Männerherrschaft, 1980, S. 38–114.

112 *J. J. Rousseau*, Du contrat social, 1762, Livre I, chapitre IV «*[...] La fin de la guerre étant la destruction de l'État ennemi, on a droit d'en tuer les défenseurs tant qu'ils ont les armes en main ; mais sitôt qu'ils les posent et se rendent, cessant d'être ennemis ou instruments de l'ennemi, ils redeviennent simplement hommes et l'on n'a plus de droit sur leur vie. [...]*»

113 *H. Grotius*, De jure belli ac pacis, 1625, Drittes Buch, 4. Kap. XIX, Ziff. 1 „*[...] Richtiger haben andere die Tat [Gewattat gegen die Unschuld der Frauen] nicht nur als solche körperliche Schädigung angesehen, sondern als Ausfluß einer zügellosen Begierde, die weder mit der Sicherheit noch mit der Bestrafung etwas zu tun habe*

und den Schutz der Ehre der Frauen und der Familien erwähnen.[114] 1863 erschien das erste als solches anerkannte Kodifikationswerk der gewohnheitsrechtlichen Vorschriften zur Kriegsführung, der Lieber Code. Diese innerstaatliche amerikanische Instruktion, die als die bedeutendste Grundlage für die spätere Ausarbeitung des Kriegsrechts auf internationaler Ebene gilt, listete nach Art. 44 Vergewaltigung als Kapitalverbrechen auf.[115] Auf internationaler Ebene fanden zwischen 1815 und 1910 148 Konferenzen statt, um die Gesetze und Gebräuche des Krieges zu kodifizieren.[116] Daraus ist kein einziger internationaler Text entstanden, der ausdrücklich Vergewaltigungen und andere Formen sexueller Gewalt verbietet. Lediglich die Landkriegsordnung (HLKO) als Anlage des IV Haager Abkommens betreffend die Gesetze und Gebräuche des Landkrieges vom 18. Oktober 1907 ordnete in Art. 46 an, „die Ehre und die Rechte der Familie zu achten", was nach zeitgenössischer Auffassung zu Beginn des Jahrhunderts sexuelle Angriffe auf die Frau einschließlich Vergewaltigung verbot.[117] Als der Erste Weltkrieg ausbrach, war dementsprechend

---

und deshalb im Kriege wie im Frieden nicht straflos bleiben darf. Diese Ansicht ist auch in das Völkerrecht, wenigstens bei den besseren Nationen, übergangen. [...]" *E. de Vattel*, Le droit des gens ou principes de la Loi Naturelle appliqués à la conduite et aux affaires des nations et souverains, 1758, Buch III, Kapitel VIII, § 145 *„Frauen, Kinder, Greise und Kranke werden zu den Feinden gerechnet (§§70 u. 72) ; [...]Sie sind aber Feinde, die keinen Widerstand leisten, daher hat man auch kein Recht, sie schlecht zu behandeln, Gewalt gegen sie zu gebrauchen oder ihnen sogar das Leben zu nehmen (§140). [...] Sollte sich mitunter ein zuchtloser Soldat dazu hinreißen lassen, Frauen und Mädchen zu vergewaltigen (...), so sind dies Ausschreitungen, die gewöhnlich den Offizieren viel Kummer bereiten, denen sie nach Möglichkeit vorbeugen und die von einem weisen und menschlichen Befehlshaber bestraft werden. [...]"* Siehe auch *A. Antonioni*, Le viol et le Droit de la guerre dans la doctrine: de Vitoria à Vattel, Journal of the History of International Law, Vol. 4 (2002), S. 100ff.

114 Z. B. The Treaty of Amity and Commerce (1785); Order N°20, supplement to the U.S. Rules and Articles of War (1847); die Brüsseler Deklaration (1874), the Oxford Manual (1880) zitiert in: *K. D. Askin*, War crimes against Women, 1997, S. 34.

115 Art. 44 lautet: *"All wanton violence committed against persons in the invaded country, all destruction of property not commanded by the authorized officer, all robbery, all pillage or sacking, even after taking a place by main force, all rape, wounding, maiming, or killing of such inhabitants, are prohibited under the penalty of death, or such other severe punishment as may seem adequate for the gravity of the offense. A soldier, officer or private, in the act of committing such violence, and disobeying a superior ordering him to abstain from it, may be lawfully killed on the spot by such superior."*

116 *K. D. Askin*, War Crimes against Women, 1997, S. 40.

117 *K. D. Askin*, Women and international humanitarian Law, in: K. D. Askin/D. M. Koenig (Hrsg.), Women and International Human Rights Law, Vol. 1, 1999, S. 51. Dies wird dadurch bestätigt, dass der IKRK Kommentar zu Art. 27. der vierten Genfer Konvention vom 12. August 1949 zum Schutz von Zivilpersonen in Kriegszeiten, der in seinem zweiten Absatz ein klares Vergewaltigungsverbot beinhaltet, bei der Auslegung des ersten Absatzes und der Achtung der Familienrechte auf Art. 46

zumindest Vergewaltigung als Verbrechen gegen die Ehre durch das Haager Recht verboten. Diese Erkenntnis wurde bei dem ersten Versuch, auf völkerrechtlicher Ebene einen Verantwortlichen für die Gräueltaten seiner Soldaten zur Verantwortung zu ziehen, berücksichtigt.

Während des Ersten Weltkriegs wurde sexuelle Gewalt als Terrormittel gegen die Zivilbevölkerung eingesetzt. Auch wenn das Ausmaß der Gewalttaten sich durch den Propagandamissbrauch nur schlecht ermitteln ließ,[118] konnte die nach dem Ersten Weltkrieg eingerichtete Untersuchungskommission genug Beweise über Vergewaltigungen belgischer und französischer Frauen durch deutsche Soldaten sammeln, um in seinem Kriegsverbrechenskatalog „Notzucht“ und „die Verschleppung von jungen Mädchen und Frauen, um sie der Prostitution auszuliefern“, aufzunehmen.[119]

Nach Art. 227 und 228 des Friedensvertrags von Versailles vom 28. Juni 1919 sollten Kaiser Wilhelm II. und weitere Personen, die gegen Gesetze und Gebräuche des Krieges sowie Gesetze der Menschlichkeit verstoßen hatten, vor einem internationalen Gerichtshof angeklagt werden. Doch die Verweigerung der Niederlande, Wilhelm II. auszuliefern, und die ablehnende Haltung der Vereinigten Staaten gegenüber einem internationalen Gerichtshof setzten der Hoffnung einer erstmaligen Strafverfolgung und Verurteilung von sexuellen Gewaltverbrechen auf internationaler Ebene ein Ende.[120]

1. *Sexuelle Gewalt im Rahmen der Prozesse von Nürnberg und Tokio und in den einzelstaatlichen Nachfolgeprozessen*

Die Straflosigkeit sexueller Kriegsverbrechen bestand nach der Einrichtung der Militärgerichtshöfe von Nürnberg (IMT) und Tokio (IMTFE) nach dem Zweiten Weltkrieg fort. Sexuelle Gewalt fand während des Zweiten Weltkriegs in unterschiedlichen Formen und Ausmaßen statt: von den brutalen Massenvergewaltigungen der sowjetischen Armee und der japanischen Soldaten über die vereinzelten Vergewaltigungen der westlichen Alliierten während ihres Vormarsches nach Berlin bis hin zur sexuellen Versklavung der Frauen im asiatisch-pazifischen Raum und Zwangsprostitution in den Wehrmachtsbordellen und in den Konzentrationslagern;

HLKO verweist und ausdrücklich betont, *„Respect for familiy life ist also covered by the clause prohibiting rape and other attacks on women's honour as stated in the next paragraph.“* In: *J. S. Pictet (Hrsg.),* Commentary on IV Geneva Convention Relative to the Protection of Civilians in Time of War, 1958, S. 202.

118 Siehe dazu *G. Mischkowski*, Sexualisierte Gewalt im Krieg, eine Chronik, in: Medica mondiale, K. Griese (Hrsg.), Sexualisierte Kriegsgewalt und ihre Folgen, 2006, S. 19–21.

119 *C.* Möller, Sexuelle Gewalt im Krieg, in: J. Hasse et al., Humanitäres Völkerrecht, 2001, S. 285.

120 *K. D. Askin*, War Crimes against Women, 1997, S. 44.

alle Parteien des Konflikts waren an sexuellen Verbrechen beteiligt.[121] Doch in einer Zeit, wo die Welt um über 15 Millionen zivile Kriegsopfer trauerte, sind diese Taten in den Hintergrund gerückt. Während in Nürnberg trotz vorhandener unmissverständlicher Beweise[122] kein sexuelles Verbrechen zur Anklage kam, befasste sich das internationale Militärtribunal in Tokio mit den Vergewaltigungen während der Eroberung von Nanking. Das Gericht verurteilte die Vergewaltigungen von 20 000 Frauen und Mädchen als „unmenschliche Behandlung", „Misshandlung" und „Nichtbeachtung der Rechte und Ehre der Familie" als Kriegsverbrechen und verhing gegen einen General der japanischen Armee und den zur Tatzeit amtierenden japanischen Außenminister Koki Hirota unter anderem für diese Taten die Todesstrafe.[123] Die Vernachlässigung der sexuellen Verbrechen in den Statuten und Urteilen der internationalen Militärtribunale erklärt sich damit, dass der Fokus ihrer Arbeit auf der Verfolgung der Verbrechen gegen den Frieden und Verbrechen gegen die Menschlichkeit an den Juden lag. Doch die internationale Gemeinschaft hatte diese Taten zur Kenntnis genommen und ihnen zumindest bei der Ausarbeitung der Genfer Konventionen Rechnung getragen (siehe infra).[124]

Die Taten blieben dennoch auf nationaler Ebene nicht ohne Konsequenzen. In einzelstaatlichen Nachfolgeprozessen in Asien und in Europa erfolgten spezifische Verurteilungen auf der Grundlage sexueller Gewalt. Das Kontrollratsgesetz Nr. 10 wurde am 20. Dezember 1945 erlassen, um „in Deutschland eine einheitliche Rechtsgrundlage zu schaffen, welche die Strafverfolgung von Kriegsverbrechern und anderen Missetätern dieser Art, mit Ausnahme derer, die von dem Internationalen Militärgerichtshof abgeurteilt werden", zu ermöglichen.[125] Auf dieser Grundlage

---

121 Vgl. dazu: *G. Mischkowski*, Sexualisierte Gewalt im Krieg, eine Chronik, in: Medica mondiale, K. Griese (Hrsg.), Sexualisierte Kriegsgewalt und ihre Folgen, 2006, S. 21–29.

122 Eine Auflistung der dem Gericht vorgelegten Beweistücken findet sich in: *K. D. Askin*, War Crimes against Women, 1997, S. 53, Fn. 183. Darunter befand sich die sog. „Molotow-Note". Die vom 6. Januar 1942 datierte Note des Volkskommissars für auswärtige Angelegenheiten der UdSSR an die Allierten berichtet zu dem Thema: „Frauen und Mädchen werden in allen besetzen Gebieten auf gemeinste Weise vergewaltigt" zitiert in: *S. Brownmiller*, Gegen unseren Willen: Vergewaltigung und Männerherrschaft, 1980, S. 60. Eine Äußerung des französischen Anklägers zu den Vergewaltigungen von 54 französischen Frauen im Rahmen deutscher Vergeltungsmaßnahme als Antwort auf die Aktivität des Maquis: „ Das hohe Gericht wird mir verzeihen, wenn ich es mir versage, die scheußlichen Einzelheiten zu zitieren" zeigt deutlich, dass sexuelle Verbrechen 1945 keine Chance hatten, verhandelt zu werden und ein Tabu darstellten. Siehe *Ebenda*, S. 61, 62.

123 *G. Mischkowski*, Sexualisierte Kriegsgewalt – Strafverfolgung und Wahrheitsfindung, in: Medica mondiale, K. Griese (Hrsg.), Sexualisierte Kriegsgewalt und ihre Folgen, 2006, S. 98.

124 *J. S. Pictet (Hrsg.)*, Commentary on IV Geneva Convention Relative to the Protection of Civilians in Time of War, 1958, S. 205.

125 Kontrollratsgesetz Nr. 10, 20. Dezember 1945, Präambel.

sollten in den Besatzungszonen Kriegsverbrecher vor Gericht stehen, welche nicht die primären Architekten des Kriegs waren.[126] Im Unterschied zum Nürnberger Statut listete Art. 2 des Gesetzes Vergewaltigung explizit als Verbrechen gegen die Menschlichkeit auf. Offenbar kam es zumindest in den zwölf Nachfolgeprozessen in Nürnberg zu keinen Urteilen auf der Grundlage sexueller Gewalt.[127] Allerdings steht eine ausführliche geschlechtsspezifische Analyse dieser Prozesse noch aus.[128] Im asiatisch-pazifischen Raum dagegen erfolgten mehrere spezifische Verurteilungen auf der Grundlage sexueller Gewalt. So wurden zum Beispiel 1948 neun Angehörige der japanischen Armee wegen Vergewaltigung und Zwangsprostitution an 35 niederländischen Frauen von dem Militärgericht von Batavia verurteilt. Sie hatten die Frauen Anfang 1944 aus unterschiedlichen Internierungslagern verschleppt und mehrere Monate lang in vier japanischen Offizierclubs in Seamarang und Java gefangen gehalten und sexuell versklavt.[129] Obgleich dieser Prozess sich mit sexuellen Verbrechen an lediglich 35 Frauen beschäftigte, geht man davon aus, dass zwischen 100 und 200 holländische und mehrere zehntausende asiatische Frauen betroffen waren.[130] Des Weiteren wurde vor einem chinesischen Kriegsverbrechertribunal ein Militärkommandant wegen Folterung einer Schwangeren, Vergewaltigung und Verstümmelung mehrerer Frauen des Kriegsverbrechens und Verbrechens gegen die Menschlichkeit schuldig gesprochen.[131] Diese letztere Verurteilung ist besonders aufschlussreich, denn sie stellt einen der seltenen Fälle dar, in dem Art. 46 der Haager Landeskriegsordnung als verletzt angesehen wurde.[132] Dies bestätigt die oben dargestellte Auslegung des Artikels[133] und zeigt zudem, dass die während des Zweiten Weltkriegs begangenen sexuellen Verbrechen wohl hätten angeklagt und verurteilt werden können, hätte es einen entsprechenden Willen gegeben. Das Internationale Komitee des Roten Kreuzes gehörte zu den Institutionen, welche das Ausmaß der sexuellen Gewalt wahrgenommen hatte. Dies spiegelt sich in den am 12. August 1949 abgeschlossenen Genfer Konventionen wider.

---

126 *K. D. Askin*, War Crimes against Women, 1997, S. 122.

127 *R. Mühlhäuser*, Sexuelle Gewalt als Kriegsverbrechen: eine Herausforderung für die internationale Strafgerichtsbarkeit, in: J.-R. Ahrens et al.(Hrsg.), Frauen im Militär, 2005, S. 250.

128 *G. Mischkowski*, Sexualisierte Kriegsgewalt-Strafverfolgung und Wahrheitsfindung, in: Medica mondiale, K. Griese (Hrsg.), Sexualisierte Kriegsgewalt und ihre Folgen, 2006, S. 97.

129 Ebenda, S. 99.

130 *K. D. Askin*, War Crimes against Women, 1997, S. 86.

131 Diese und weitere Verurteilungen in: *C. Möller*, Sexuelle Gewalt im Krieg, in: J. Hasse et al. (Hrsg.), Humanitäres Völkerrecht, 2001, S. 286f.

132 Ebenda.

133 Siehe supra Text zu Fn. 117.

2. *Sexuelle Gewalt in den Genfer Konventionen von 1949 und ihre Protokolle*

1949 ist zu dem sog. Haager Recht, das die Methoden der Kriegsführung regelt, das sog. Genfer Recht hinzugestoßen. Bestehend aus vier Konventionen[134] und drei ergänzenden Protokollen,[135] befasst sich das Genfer Recht mit dem Verhalten der Parteien gegenüber nicht oder nicht mehr am Kampf beteiligten Personen. Lediglich einzelne Vorschriften des Genfer Rechts verbieten ausdrücklich ausgewählte Formen von sexueller Gewalt.

Von den insgesamt 576 Artikeln dieses Gesamtkorpus beschäftigen sich 42 Artikel mit Frauen im Kontext des bewaffneten Konflikts.[136] Judith Gardam und Michelle J. Jarvis bemängeln in ihrer kritischen Auseinandersetzung mit dem humanitären Völkerrecht in Bezug zu Frauen, dass trotz des niedergeschriebenen Grundsatzes der Gleichberechtigung zwischen Frauen und Männern allgemeine Diskriminierungen in der Gesellschaft in Friedenszeit sich in den Vorschriften des humanitären Völkerrechts widerspiegeln.[137] Vorwiegend müsse die Ehre einer westlichen christlichen (Ehe)Frau als Schwangere oder Mutter geschützt werden.[138] In der Tat dienen 19 der 42 sich auf Frauen bezugnehmenden Vorschriften bezüglich Frauen letztlich dem Schutz der Kinder.[139] Bezüglich sexueller Gewalt verbieten vier einzelne Vorschriften

---

134 – I. Genfer Abkommen vom 12. August 1949 zur Verbesserung des Loses der Verwundeten und Kranken der Streitkräfte im Felde (GK I).
– II. Genfer Abkommen vom 12. August 1949 zur Verbesserung des Loses der Verwundeten, Kranken und Schiffbrüchigen der Streitkräfte zur See (GK II).
– III. Genfer Abkommen vom 12. August 1949 über die Behandlung der Kriegsgefangenen (GK III).
– IV. Genfer Abkommen vom 12. August 1949 um Schutz von Zivilpersonen in Kriegszeiten (GK IV).
Abrufbar unter: http://www.icrc.org/ihl.nsf/CONVPRES?OpenView (Stand Mai 2015).

135 – Zusatzprotokoll vom 8. Juni 1977 zu den Genfer Abkommen vom 12.August 1949 über den Schutz der Opfer internationaler bewaffneter Konflikte (ZP I).
– Zusatzprotokoll vom 8. Juni 1977 zu den Genfer Abkommen vom 12.August 1949 über den Schutz der Opfer nichtinternationaler bewaffneter Konflikte (ZP II).
– Zusatzprotokoll vom 8. Dezember 2005 zu den Genfer Abkommen vom 12. August 1949 über die Annahme eines zusätzlichen Schutzzeichens (Protokoll III).
Abrufbar unter: http://www.icrc.org/ihl.nsf/CONVPRES?OpenView (Stand Mai 2015).

136 *J. Gardam/M. J. Jarvis*, Women, Armed Conflict and International Law, 2001, S. 96.

137 Ebenda, S. 134.

138 Ebenda, S. 107.

139 *C. Möller*, Sexuelle Gewalt im Krieg, in: J. Hasse et al. (Hrsg.), Humanitäres Völkerrecht, 2001, S. 282. Siehe z.B. Art. 23 GK IV (Freier Durchlass für unentbehrliche Lebensmittel für Schwangere und Wöchnerinnen, Art. 89 GK IV (Zusatzration für Schwangere und Wöchnerinnen) ....

ausdrücklich Vergewaltigung und Zwangsprostitution. Während sich Art. 27 Abs. 2 GK IV sowie Art. 75 Abs. 2 b und 76 Abs. 1 ZPI von dem in der Haager Landeskriegsordnung unterschwelligen Vergewaltigungsverbot als Familienehrverbrechen in internationalen bewaffneten Konflikten distanzieren und den Schutz der Frauen „vor jedem Angriff auf ihre Ehre und namentlich Vergewaltigung, Nötigung zur Prostitution und jeder unzüchtigen Handlung" fordern, untersagt Art. 4 Abs. 2 e ZPII die „Beeinträchtigung der persönlichen Würde, insbesondere entwürdigende und erniedrigende Behandlung, Vergewaltigung, Nötigung zur Prostitution und unzüchtige Handlungen jeder Art" im Falle eines bewaffneten Konflikt ohne internationalen Charakter.

Zu diesen vier unmissverständlichen Verboten von sexueller Gewalt können Art. 12 der ersten und zweiten Konventionen, Art. 14 der dritten Konventionen sowie den gemeinsamen Art. 3 der vier Genfer Konventionen herangezogen werden. In Art. 12 GK I und GK II und Art. 14 GK III sollen Frauen „mit aller ihrem Geschlecht gebührenden Rücksicht behandelt werden." Diese Rücksicht umfasst a) Schwäche, b) Ehre und Scham, c) Schwangerschaft und Geburt.[140] Erst bei der Auslegung der Begriffe „Ehre und Scham" kommt zum Vorschein, dass auch diese Vorschriften dazu dienen sollen, Frauen vor Vergewaltigung, Zwangsprostitution und sexuelle Nötigung zu schützen.[141] Das Gleiche gilt für den gemeinsamen Artikel 3 der Konventionen, der die Minderschutzbestimmungen im Falle eines nicht-internationalen Konflikts regelt und auf dem ersten Blick keinen besonderen Schutz für Frauen vorsieht. Art. 3 Abs. 1 c beinhaltet „the fundamental Principle underlying the four Geneva Conventions"[142]: der Grundsatz der Nicht-Beeinträchtigung der persönlichen Würde, namentlich erniedrigende und entwürdigende Behandlung. Dieser Artikel müsse im Sinne der in anderen Artikeln beinhaltenden Verbote, wie im Art. 27 GK IV, ausgelegt werden.[143] Demnach kann daraus geschlossen werden, dass bereit 1949 der Schutz vor sexueller Gewalt auf internationaler Ebene sowohl im Rahmen eines internationalen als auch nicht internationalen bewaffneten Konfliktes berücksichtigt wurde und die Zusatzprotokolle diese Vorschriften konkretisieren – Art. 4 Abs. 2 e ZPII konkretisiert den gemeinsamen Art. 3 der Genfer Konventionen – oder ergänzen – Art. 76 ZPI erweitert den Personenkreis der begünstigten Personen auf alle Frauen, die sich auf dem Territorium der Konfliktpartien befinden. Nach Ansicht des IKRK gehört heutzutage das Verbot von Vergewaltigungen und andere Formen von sexueller Gewalt sowohl im Rahmen internationaler als auch nicht internationaler bewaffneter Konflikte dem Gewohnheitsrecht an.[144] Eine

---

140 *J. S. Pictet (Hrsg.)*, Commentary on III Geneva Conventions Relative to the Treatment of Prisoners of War, 1958, S. 147.

141 Ebenda.

142 *J. S. Pictet (Hrsg.)*, Commentary on IV Geneva Convention Relative to the Protection of Civilians in Time of War, 1958, S. 38.

143 Ebenda, S. 40.

144 *J.-M. Henckaerts/L. Doswald-Beck*, Droit international humanitaire coutumier, Vol. 1: Règles, 2006, règle 93, S. 427.

Schwachstelle des humanitären Völkerrechts im Schutz vor sexueller Gewalt liegt jedoch in dem Versäumnis, dieses Verbot als schwere Verletzung (insbesondere in Art. 147 GK IV und Art. 85 ZPI in Bezug zu der Zivilbevölkerung) aufgenommen zu haben. Eine schwere Verletzung stellt erhöhte Anforderungen an die Vertragsparteien hinsichtlich der Strafverfolgung der Täter und verpflichtet sie dazu, diese entweder vor Gericht zu stellen oder an einen anderen Staat auszuliefern, der dies tun will.[145] Die Aufnahme von sexuellen Verbrechen in der Auflistung der schweren Verletzungen hätte spätestens 1977 mit der Annahme der zwei Zusatzprotokolle ein deutliches Zeichen für die Strafverfolgung dieser Verbrechen gesetzt und hätte sie auf einer Stufe mit den anderen Verbrechen gestellt. Obgleich diese Gelegenheit nicht wahrgenommen wurde, schaffte 1992 ein Aide-Mémoire des IKRK zu der Situation in Bosnien-Herzegowina Klarheit bezüglich Art. 147 GK IV und betont:

> *"Grave breaches (...) shall be those involving any of the following acts, if committed against persons or property protected by the present Convention: (...) wilfully causing great suffering or serious injury to body or health (...)". This definition obviously covers not only rape, but also any other attack on a woman's dignity."*[146]

Dies ist deshalb wichtig zu betonen, weil der Begriff „schwere Verletzung der Genfer Konventionen" durchgängig in den Resolutionen der Sicherheitsrats zu den Konflikten in Bosnien und Herzegowina zu finden ist und eine wichtige Rolle in der Rechtsprechung der internationalen Strafgerichtshöfe spielt. Zu bemängeln bleibt zudem, dass die Genfer Konventionen die sexuellen Verbrechen stets als Ehrverbrechen und nie als Gewaltverbrechen verstanden haben. Diese Wahrnehmung der sexuellen Verbrechen wird sich mit der Rechtsprechung der internationalen Strafgerichtshöfe ändern.

II. Sexuelle Gewalt bei der Errichtung der *ad hoc*-Straftribunale

1. Hintergründe und Vergleich der Sicherheitsresolutionen 808 (1993), 827 (1993) und 955 (1994)

Die vom Sicherheitsrat zwischen September 1991 und April 1992 angestrebte friedliche Streitbeilegung im Jugoslawien-Konflikt scheiterte endgültig, als am 6. April 1992 die jugoslawische Volksarmee Bosnien und Herzegowina angriff. Bereits am 7. August des Jahres verurteilte der Sicherheitsrat nachdrücklich die begangenen Übergriffe gegen die Zivilbevölkerung.[147] Eine Woche später zeigte er sich „höchstbeunruhigt angesichts der fortgesetzten Berichte über weitverbreitete Verstöße gegen das humanitäre Völkerrecht im Hoheitsgebiet des ehemaligen

145 Art. 49 Abs. 2 GK I, Art. 50 Abs. 2 GK II, Art. 129 Abs. 2 GK. III, art. 146 Abs. 2 GK IV.

146 *IKRK*, Aide-Mémoire, 03.12.1992, § 2.

147 UN Doc. S/Res/769 (1992) v. 07.08.1992.

Jugoslawien"[148] und des Weiteren so bestürzt über Meldungen betreffend massiver organisierter und systematischer Vergewaltigungen und Internierungen von Frauen, insbesondere muslimischer Frauen, in Bosnien und Herzegowina, dass er eine Resolution nur dafür erließ, diese Taten mit Nachdruck zu verurteilen.[149] Als der Sicherheitsrat am 2. Februar 1993 beschloss, einen internationalen Strafgerichtshof für die Situation im ehemaligen Jugoslawien als Maßnahme zur Wiederherstellung und Wahrung des Friedens im Rahmen des Kapitel VII der Charta einzurichten,[150] begleitete ihn das Thema sexuelle Verbrechen beziehungsweise Gewaltverbrechen an Frauen demnach von Anfang an. In der entscheidenden Resolution 808 zur Errichtung des Tribunals bezieht er sich auf einen Bericht der Mission der Europäischen Gemeinschaft zur Untersuchung der Behandlung muslimischer Frauen im ehemaligen Jugoslawien, deren Mandat hauptsächlich darin bestand, sexuelle Übergriffe auf diese Frauen zu untersuchen.[151] Diese Mission kam zu dem Schluss, dass die Vergewaltigungen als systematisch einzustufen sind und somit als ein Bestandteil einer Kriegsstrategie betrachtet werden können.[152] Des Weiteren seien die sexuellen Übergriffe wegen ihrem Ausmaß und ihrem Zweck eindeutig als Kriegsverbrechen einzuordnen.[153] Dieser eindeutige Verweis in der Resolution zur Errichtung des ICTY zeigt, dass sexuelle Verbrechen von vornherein eine entscheidende Rolle in der Rechtsprechung des internationalen Strafgerichtshofs spielen sollten. Dies wird dadurch bestätigt, dass die Resolution 827, welche die Einrichtung bestätigt und das Statut verabschiedet, ein weiteres Mal ausdrücklich auf die massive, organisierte und systematische Internierung und Vergewaltigung von Frauen hinweist.[154] Ergänzend dazu muss hinzugefügt werden, dass der Sicherheitsrat diese Seite des Konflikts nicht übersehen konnte und durfte. Zahlreiche Berichte zu den Menschenrechtsverletzungen und Verstöße gegen das humanitäre Völkerrecht im ehemaligen Jugoslawien wurden von UN-Organen, Menschenrechtsorganisationen, im Auftrag der EU und von den Medien verfasst und haben mit Nachdruck dafür gesorgt, dass diese Verbrechen nicht unvergessen und unbestraft bleiben konnten.[155]

---

148 UN Doc. S/Res/771 (1992) v. 13.08.1992.

149 UN Doc. S/Res/798 (1992) v. 18.12.1992.

150 UN Doc. S/Res/808 (1993) v. 22. 02.1993.

151 UN Doc. S/Res/808 (1993), Präambel, Abschnitt 11; UN Doc. S/ 25240 (1993) v. 03.02.1993, Anlage I, § 9.

152 UN Doc. S/ 25240 (1993) v. 03.02.1993, Anlage I, § 13.

153 Ebenda, § 42.

154 UN Doc. S/Res/827 (1993) v. 25.05.1993, Präambel, Abschnitt 3.

155 Siehe: Interim Report of the Commission of Experts etablished pursuant to Security Council Resolution 780, UN Doc. S/25274 (1993) v. 26.01.1993, §§ 58, 66 c; Report of the Situation of Human Rights in the Territory of the former Yugoslavia, UN Doc. E/CN.4/1993/50 v. 10.02.1993, §§ 60–62; Des Weiteren *Human Rights Watch*, War Crimes in Bosnien-Hercegovina, Vol. 2 v. 01.04.1993, S. 20–23; S. 163–186; *Amnesty International*, Bosnia-Herzegovina: Rape and sexual abuse by armed forces v. 21.01.1993.

Vor diesem Hintergrund erscheint es als umso bemerkenswerter, dass der Einsatz von sexueller Gewalt in der Resolution zur Errichtung des ICTR nicht berücksichtigt wurde. Auf Ersuchen der ruandischen Regierung wurde am 8. November 1994 die Schaffung eines internationalen Tribunals zur Aufklärung der zwischen dem 1. Januar und 31. Dezember 1994 begangenen Verbrechen erneut auf Grundlage des Kapitels VII der UN-Charta beschlossen.[156] Sexuelle Gewalt wird in der Resolution und in den Berichten der von den Vereinten Nationen ernannten Expertinnen und Experten zu der Situation in Ruanda nicht erwähnt.[157] Während von Anfang an klar schien, dass es bei der Errichtung des ICTY unter anderem auch um die Verfolgung der in Bosnien-Herzegowina eingesetzten und verübten sexuellen Gewalt an Frauen ging, könnte man zunächst an einer derartigen Motivation für die Aufarbeitung des Völkermords in Ruanda zweifeln. Unterschiedliche Erklärungsgründe wurden vorgebracht. Zum einen wurde argumentiert, dass sexuelle Gewalt im Vergleich zu dem Ausmaß des Tötens als zweitrangiges Verbrechen behandelt wurde.[158] Des Weiteren würden „kulturelle Differenzen" in zweierlei Hinsicht eine Rolle in diesem Wahrnehmungsunterschied spielen. Die internationale Gemeinschaft würde

156 UN Doc. S/Res/955 (1994) v. 08.11.1994.

157 In beiden Konflikten forderte der Sicherheitsrat den Generalsekretär der Vereinten Nationen auf, Kommissionen zur Untersuchung der schwereren Verletzungen der Genfer Konventionen und anderen Verstöße gegen das humanitäre Völkerrecht zu berufen (Jugoslawien: UN Doc. S/Res/780 (1992) v. 06.10.1992; Ruanda: UN Doc. S/Res/935 (1994) v. 01.07.1994. Keine der sog. Expertenkommissionen wurde damit beauftragt, Hinweise auf Vergewaltigungen und andere Formen von sexueller Gewalt zu ermitteln. Doch jede Expertenkommission verstand ihren Auftrag anders. Die Expertenkommission des ICTY entschied eigenmächtig ihren Schwerpunkt auf Hinweise für Völkermord, ethnische Säuberung und systematische sexuelle Gewalt zu legen und konnte dank großen persönlichen Engagements ihres Leiters eine Datenbank mit bereits untersuchtem Material erstellen, welche nach der Auflösung der Kommission der Anklagebehörde übergehen worden ist. In dem am 30. Mai 1995 veröffentlichten 3300-seitigen Abschlussbericht mit 22 Anhängen setzte sich eine Anlage ausführlich mit der Begehung sexueller Gewalt auseinander. (Final report of the United Nations Commission of Experts established pursuant to Security Council resolution 780 (1992), Annex IX: Rape and Sexual Assault, UN Doc. S/1994/674/Add.2 (Vol. V) v. 31.05.1995). Eine andere Anlage setzte sich mit dem damaligen Stand des Völkerrechts bezüglich sexueller Verbrechen auseinander (Final Report, Annex II: Rape and Sexual Assault: A legal study, UN Doc. S/1994/674/Add.2 (Vol. I) v. 31.05.1995). Im Gegensatz dazu überging die Expertenkommission des ICTR in ihrem vorläufigen Bericht die begangene sexuelle Gewalt (Preliminary report of the Independent ComMission of Experts established in accordance with Security Council resolution 935 (1994), UN Doc. S/1994/1125 v. 04.10.1994) und erwähnt sie lediglich am Rande ihres Abschlussberichts (Final Report of the Commission of Experts established pursuant to Security Council resolution 935 (1994), UN Doc. S/1994/1405 v. 09.12.1994, §§ 136–146. Siehe dazu *K.* Greve, Vergewaltigung als Völkermord, 2008, S. 73–80.

158 *J. Gardam/M. J. Jarvis*, Women, Armed Conflict and International Law, 2001, S. 154.

Vergewaltigungen von schwarzen Frauen durch schwarze Männer nicht so ernst wie Vergewaltigungen von weißen Frauen durch weiße Männer nehmen und die kulturellen Tabus in Afrika wären so stark, dass afrikanische Frauen aus Scham schweigen würden.[159] Ein weiteres Argument bestand darin, dass dem Krieg in Bosnien feministische Bewegungen seit über 20 Jahre vorausgegangen waren und dies bei der Medienpräsenz, bei dem Druck auf die internationale Gemeinschaft, diese Verbrechen zu stoppen, eine Rolle gespielt hat.[160] Zum Schluss soll die Tatsache, dass der systematische Einsatz von sexueller Gewalt als Bestandteil einer Kriegsstrategie, die gegen die ganze muslimische Bevölkerung angewandt wurde, dafür gesorgt haben, dass sexuelle Gewalt in beiden Konflikten anders wahrgenommen worden ist.[161] Ob die obengenannten kulturellen Differenzen dazu beigetragen haben, dass der Sicherheitsrat den Einsatz von sexueller Gewalt in seinen Resolutionen zu der Situation in Ruanda nicht ansprach, erscheint zweifelhaft. Als Organ einer internationalen Organisation, welche in der ganzen Welt für Toleranz, Gleichberechtigung der Völker wirbt und gegen Diskriminierungen kämpft, wäre es besorgniserregend, sollte der Sicherheitsrat Vergewaltigungen von weißen Frauen anders bewerten als Vergewaltigungen von schwarzen Frauen. Deutlich aussagekräftiger erscheint das Argument, dass die Konflikte an sich anders wahrgenommen wurden und dies einen Einfluss auf die Einstellung des Sicherheitsrats zu sexueller Gewalt gehabt haben könnte. Während der Konflikt im ehemaligen Jugoslawien sorgfältig durchdacht wurde, Frauen in Lagern versammelt, vergewaltigt, geschwängert und in diesen Lagern solange gefangen gehalten wurden, bis sie nicht mehr abtreiben konnten, ging es in Ruanda eher darum, mit allen zur Verfügung stehenden Mitteln die Tutsi zu vernichten. Als erstes wurde in Ruanda das gegenseitige Abschlachten unter den Konfliktparteien wahrgenommen, erst später kam die sexuelle Komponente des Konflikts ans Licht. Zudem haben sicherlich die Berichte der Expertenkommission, welche die begangene sexuelle Gewalt mit keinem Wort erwähnte, und die fehlenden Berichte von Menschenrechtsorganisationen über die Situation in Ruanda, die zu dieser Zeit aus Sicherheitsgründen nur mit großen Schwierigkeiten Untersuchungen durchführen konnten,[162] dazu geführt, dass der Sicherheitsrat nicht vollständig informiert wurde und daher dieses Thema nicht ansprach. Es erscheint demnach eher zutreffend, dass der Sicherheitsrat sich von diesen unterschiedlichen Eindrücken bei der Wahrnehmung von sexueller Gewalt geleitet haben kann.

Gleichwohl wurden die zwischen 250.000 und 500.000 geschätzten begangenen Vergewaltigungen in Ruanda[163] nicht vollständig ignoriert, da Vergewaltigung sowie

159 Ebenda, S. 155 f.

160 Ebenda, S. 157 f.

161 Ebenda, S. 158 f.

162 *K. Greve*, Vergewaltigung als Völkermord, 2008, S. 27.

163 *Human Rights Watch*, Shattered Lives, 1996, S. 17; *Amnesty International*, Rwanda: "Marked for Death", 2004, S. 2.

verschiedene Formen sexueller Gewalt Einzug in das ICTR-Statut gefunden haben. Dies ist den Experten zu verdanken, welche sich bei der Verfassung des Statuts weniger von der in den Medien vorgegebenen Richtung der Berichterstattung haben beeinflussen lassen und sich eher an dem ICTY-Statut orientiert haben und, was sexuelle Gewalt betrifft, dieses sogar verfeinert haben. Bevor genauer auf die Rechtsprechung der internationalen Strafgerichtshöfe eingegangen wird, soll ein Überblick über die Berücksichtigung von sexueller Gewalt in den Rechtgrundlagen der internationalen Strafgerichtshöfe gegeben werden.

2. Sexuelle Gewalt in den Rechtsgrundlagen der Straftribunale

Die Verbrechen im ehemaligen Jugoslawien können laut Statut des ICTY als schwere Verletzungen der Genfer Konventionen (Art. 2), Verstöße gegen die Gesetze und Gebräuche des Krieges (Art. 3), Völkermord (Art. 4) und als Verbrechen gegen die Menschlichkeit (Art. 5) geahndet werden. Als Gerichtsinstanz zuständig für Verbrechen im Rahmen eines nicht internationalen bewaffneten Konflikts hatte der ICTR laut Statut Kompetenz darüber, die Verbrechen als Völkermord (Art. 2), Verbrechen gegen die Menschlichkeit (Art. 3) und Verstöße gegen den gemeinsamen Art. 3 der Genfer Konventionen und deren Zusatzprotokoll II (Art. 4) zu verfolgen.

Trotz unterschiedlicher Wahrnehmung vom Einsatz sexueller Gewalt in beiden Konflikten seitens der Vereinten Nationen ist festzustellen, dass das ICTR-Statut die Verfolgung von mehr sexuellen Verbrechen noch deutlicher ermöglicht als das ICTY-Statut. Während Art. 5 g des ICTY-Statuts Vergewaltigung lediglich als Verbrechen gegen die Menschlichkeit auflistet (Pendant zu dieser Vorschrift ist Art. 3 g ICTR-Statut), werden im ICTR-Statut durch Art. 4 e nicht nur Vergewaltigung, sondern zudem jede Beeinträchtigung der persönlichen Würde insbesondere Zwangsprostitution und unzüchtige Handlungen jeder Art als Verstoß gegen den gemeinsamen Art. 3 der Genfer Konventionen und das Zusatzprotokoll II bestraft. Ein ausdrücklicher Hinweis auf die Bestrafung sexueller Verbrechen als schwere Verletzungen der Genfer Konventionen von 1949 enthält der Art. 2 des ICTY-Statuts nicht.

Der Mitwirkungsanteil der Vereinten Nationen bei der Erarbeitung der Verfahrensordnung und Beweisregeln fällt eher gering aus. Die Richterinnen und Richter, welche diese Regelungen ausarbeiten, werden zwar von der UN Generalversammlung nach einer Vorauswahl des Sicherheitsrats gewählt, stehen jedoch nach der Wahl in einem Unabhängigkeitsverhältnis zu den Vereinten Nationen. Dennoch sollen besondere Vorschriften zum Schutz von Opfer und Zeugen sexueller Gewalt nicht unerwähnt bleiben.

Um zu einer Verurteilung von Tätern sexueller Verbrechen zu gelangen, ist die Anklagevertretung auf Aussagen von Opfern und Zeugen angewiesen. Doch vor einem internationalen Gericht auszusagen, setzt sie Gefahren aus. Beide Gruppen können Opfer von Vergeltungsmaßnahmen werden und beim Wiedererleben des

Verbrechens eine Retraumatisierung erleben.[164] Aus diesen Gründen wurden zusätzlich zu den „allgemeinen Regeln" der Verfahrens- und Beweisführungsordnung, die für alle Opfer und Zeugen gelten, wie der Schutz der Identität der Opfer vor der Öffentlichkeit[165] (Regel 69, 75, 79 ICTY- und ICTR-Verfahrensordnung) sowie die Ermöglichung von Lobbyarbeit durch Amicus-curiae Schriftsätze (Regel 74 ICTY- und ICTR-Verfahrensordnung), spezifische Normen für Fälle von Sexualverbrechen ausgearbeitet (Regel 96 ICTY-, ICTR- Verfahrensordnung). So schränken Art. 96 ii und iii die Zulässigkeit der Diskussion einer mutmaßlichen Einwilligung des Opfers ein, Regel 96 i schließt das Erfordernis einer Bestätigung der Aussage des Opfers sexueller Gewalt aus und Regel 96 iv untersagt die Thematisierung des früheren Sexuallebens des Opfers. Selbst wenn diese prozessualen Regelungen keine völlige Neuheit für Verfahren vor internationalen Gremien und das Völkerrecht darstellen, stellen sie in ihrer umfassenden Berücksichtigung der verschiedenen, insbesondere geschlechtsspezifischen Aspekte einer Aussage im Falle eines sexuellen Verbrechens einen wichtigen Fortschritt für das internationale Strafrecht dar.[166] Diese Regelungen der Verfahrens- und Beweisordnungen sollen die Frauen vor Demütigungen schützen, ihnen ein Gefühl der Sicherheit geben, und sie somit zur Aussage ermutigen. Allerdings mussten das ICTY und ICTR aufgrund der fehlenden internationalen Präzedenzfälle bezüglich sexueller Gewalt und der damit verbundenen mangelnden Erfahrung in der Ermittlung und in der Strafverfolgung solcher Verbrechen ihren Weg finden, um die den Aussagen zugrundenliegenden Verbrechen zunächst erfolgreich anzuklagen und später zu verurteilen.

III. Die Rechtsprechung des ICTY und ICTR zu sexueller Gewalt

Nach eigenen Angaben hatte das ICTY bis Februar 2014 78 Personen oder 48 % der 161 Angeklagten wegen sexuellen Verbrechen angeklagt. 30 wurde wegen sexueller Gewalt verurteilt und 14 wurden von allen Vorwürfen bezüglich sexueller Gewalt

164 *G. Mischkowski*, Rechte, Schutz und Beratung von Opfern und Zeuginnen in internationalen Strafprozessen, in: Medica mondiale, K. Griese (Hrsg.), Sexualisierte Kriegsgewalt und ihre Folgen, 2006, S. 418 ff.

165 Durch Löschen der Namen und Angaben, welche die Identität erkennen lassen aus den Akten, die Nicht-Veröffentlichung von Protokollen, die das Opfer oder der Zeuge identifizieren sowie die Abhaltung nichtöffentlichen Verfahrens, die Abgabe von Zeugenaussagen mittels bild- und stimmverändernder Mechanismen oder interner Fernsehübertragung und die Zuweisung eines Pseudonyms.

166 *K. Greve*, Vergewaltigung als Völkermord, 2008, S. 128. Insbesondere der Ausschluss einer Thematisierung der mutmaßlichen Einwilligung des Opfers war bereit in der Volkermordkonvention, in der Folterkonvention der Vereinten Nationen und in der Konvention zur Unterbindung des Menschenhandels und der Ausnutzung der Prostitution anderer verankert.

freigesprochen. Zur Zeit werden noch vier erstinstanzliche Prozesse und 10 Berufungsfälle mit Bezügen zu sexuellen Verbrechen verhandelt.[167]

Die Bilanz des ICTR bezüglich sexueller Verbrechen fällt angesichts der hohen Verbreitung von sexueller Gewalt während des Völkermordes eher bescheiden aus. Aus den am 30. Januar 2014 veröffentlichten Statistiken bezüglich der Anklagen und Verurteilung sexueller Verbrechen vor dem ICTR[168] ließ sich entnehmen, dass von den 35 abgeschlossenen Individualverfahren mit Bezug zu sexueller Gewalt lediglich 7 zu einer endgültigen erfolgreichen Strafverfolgung sexuellen Verbrechen geführt hatten. Dagegen endeten 22 davon mit einem Freispruch. Zudem führten vier Schuldbekenntnisse und zwei Änderungen der Anklageschriften zum Wegfall der Vorwürfe bezüglich sexueller Gewalt, so dass bezüglich dieser abgeschlossenen Verfahren insgesamt 80% der Angeklagten straffrei davon gekommen sind.

1. Hindernisse für erfolgreiche Anklage

Das Problem bezüglich der Anklagen sexueller Verbrechen lag weniger in der schwierigen Herleitung der rechtlichen Grundlagen als in der mangelnden Erfahrung des Personals der Anklagebehörde im Umgang mit den Überlebenden. Dass die ICTY- und ICTR-Statuten lediglich Vergewaltigung als Verbrechen gegen die Menschlichkeit (und Zwangsprostitution für das ICTR-Statut) explizit aufführte, hinderte die Anklagebehörde nicht daran, durch eine erweiterte Auslegung der Straftatbestände eine vollumfängliche Verfolgung von sexueller Gewalt in all ihren Aspekten (u. a. sexuelle Sklaverei, erzwungene Schwangerschaft...) nach allen Tatbeständen der Statute zu ermöglichen.[169] So wurden sexuelle Verbrechen wie folgt angeklagt:

- als schwere Verletzung der Genfer Konventionen von 1949 unter den Tatbeständen der Folter oder unmenschliche Behandlung (Art. 2 b ICTY-Statut) und vorsätzliche Zufügung großen Leids (Art. 2 c ICTY-Statut),
- als Verstoß gegen die Gesetze oder Gebräuche des Krieges (Art. 3 ICTY-Statut) bzw. als Verstöße gegen den gemeinsamen Artikel 3 der Genfer Konventionen und gegen deren Zusatzprotokoll II (Art. 4 e ICTR-Statut unter Folter, grausame Behandlung, Verletzung der persönlichen Würde sowie Vergewaltigung,
- als Völkermord (art. 4 Abs. 2 b, c ICTY-Statut und Art. 2 Abs. 2 b ICTR-Statut) und

---

167 *ICTY, Office of the Prosecutor,* Crimes of Sexual Violence, Prosecuting wartime sexual violence: http://www.icty.org/sid/10586 (Stand Mai 2015).

168 Statistics from the ICTR's Rape and Sexual Violence Cases, in: *ICTR (Hrsg.),* Prosecution of sexual violence, Best Practices Manual for the Investigation and Prosecution of sexual Violence Crimes in Post-Conflict Regions: Lessons Learned from the Office of the Prosecutor for the International Criminal Tribunal for Rwanda, 2014, Annex B.

169 *K. Greve,* Vergewaltigung als Völkermord, 2008, S. 154.

- als Verbrechen gegen die Menschlichkeit unter Versklavung, Folter, Vergewaltigung, Verfolgung und andere unmenschliche Behandlung (Art. 5 c, f, g, h, i ICTY-Statut, Art. 3 c, f, g, h, i ICTR-Statut).[170]

Doch viele Anklagen sexueller Gewalt besonders vor dem ICTR scheiterten aufgrund von inkonsistenten Ermittlungen, fehlenden Anklagestrategien oder an der Glaubwürdigkeit der Aussagenden.

a) *Fehlende Anklagestrategien und mangelnde Erfahrung im Umgang mit den Opfern und Aussagenden*

Die unterschiedliche personelle Ausstattung beider Gerichte machte sich in diesem Zusammenhang bemerkbar. Während das ICTY auf Nachdruck der NGO von Beginn an das Amt einer Rechtsberaterin für geschlechtsspezifische Verbrechen (*Legal Advisor to the Office of the Prosecutor for Gender –related Crimes*) schuf, mit der Aufgabe eine Genderpolitik innerhalb der Anklagebehörde und Anklagestrategien hinsichtlich sexueller Gewalt zu entwickeln,[171] reagierte das ICTR erst 2007 auf seine niedrige Erfolgsquote bezüglich sexueller Gewalt mit der Errichtung eines *Committee for the Review of Investigation and Prosecution of Sexual Violence.*[172] Aufgabe dieses Komitees war die Untersuchung der Erfolge und Versagen bei der Strafverfolgung von sexuellen Verbrechen. Die vom Komitee entworfenen Best Practices Manuals bezüglich der Ermittlung und Strafverfolgung sexueller Gewaltverbrechen in Konfliktsituationen[173] und des Umgangs mit den Opfern und Zeugen[174] wurden 2012 im Rahmen eines internationalen Workshops mit 100 Experten besprochen. Aus der umfassenden Introspektion entsprang 2014 das *Best Practices Manual for the Investigation and Prosecution of Sexual Violence Crimes in Post-Conflict Regions: Lessons Learned from the Office of the Prosecutor for the International Criminal Tribunal for Rwanda*, welches für jede Verfahrensstufe Empfehlungen für eine effiziente strafrechtliche Verfolgung sexueller Verbrechen enthält. Eine der ersten Empfehlungen

---

170 Ebenda, S. 164f. Siehe auch *M. Maystre/N. Rangel*, Analytical and Comparative Digest of the ICTY, ICTR and SCSL Jurisprudence on international Sex Crimes, in: M. Bergsmo et al. (Hrsg.), Understanding and Proving International Sex Crimes, 2012, S. 511–878.

171 *R. J. Goldstone*, Prosecuting Rape as a War Crime, Case Western Reserve Journal of International Law, 2002, S. 280.

172 *L. Blanchi*, The Prosecution of Rape and Sexual Violence: Lessons from Prosecutions at the ICTR, in: A.-M. de Brouwer et al. (Hrsg.), Sexual Violence as an International Crime: Interdisciplinary Approaches, 2013, S. 129.

173 *ICTR (Hrsg.)*, Best Practices Manual for the Investigation and Prosecution of Sexual Violence Crimes in Situations of Armed Conflicts, 2008.

174 *ICTR (Hrsg.)*, Best Practices Manual on the Handling of Victims and Witnesses of Sexual Violence Testifying in International Criminal Tribunals, 2011.

betraf die Notwendigkeit einer klaren „von oben" gesteuerten globalen Strategie.[175] Dazu gehören unter anderem, dass (1) sexuellen Verbrechen dieselbe Priorität wie anderen Verbrechen eingeräumt wird (Ziff. 28), (2) eine effektive Zusammenarbeit zwischen Ermittlern und Staatsanwälten (Ziff. 28) sowie (3) ein im Bereich sexueller Gewalt ausgebildetes Personal auf allen Ebenen, vom obersten Staatsanwalt bis zu den Dolmetschern (Ziff. 31–46).[176]

Vor dem ICTY achtete Patricia Viseur-Sellers als erste Rechtsberaterin für geschlechtsspezifische Verbrechen nicht nur darauf, dass die Anklagen sexueller Gewalt vorangetrieben wurden, sie schenkte zudem besondere Aufmerksamkeit den Ermittlungen sexueller Gewalttaten und dem Umgang der Ermittler mit den Überlebenden und Zeugen.[177] Die Ermittler mit Hilfe der Übersetzer konstruieren den Zugang zu den Aussagen der Zeugen. Sie müssen Beweismaterial sammeln und zudem gewährleisten, dass dieses Beweismaterial die Anklage wegen sexueller Gewalttaten belegt und der eingehenden Überprüfung vor Gericht standhält.[178] Denn "*The cases are only as good as the witnesses' ability to remember, describe and testify honestly*".[179] Um Frauen dazu zu bringen, von vor mehreren Jahren begangenen Übergriffen auf ihre intimste Sphäre zu erzählen, muss ein zuverlässiges und zugleich professionelles Vertrauensverhältnis zwischen Ermittlern und Zeugen aufgebaut werden.[180] Das ICTY sorgte frühzeitig für die Einstellung von Ermittlern und vor allem Ermittlerinnen, die bereits Erfahrungen mit der Aufklärung sexueller Gewalttaten besaßen, um sicherzugehen, dass diese grundlegenden Beweisquellen sachkundig und zugleich mit dem nötigen Feingefühl untersucht und aufgenommen werden. Genau dieses Personal fehlte anscheinend beim ICTR, denn für das

---

175 *ICTR (Hrsg.),* Prosecution of sexual violence, Best Practices Manual for the Investigation and Prosecution of sexual Violence Crimes in Post-Conflict Regions: Lessons Learned from the Office of the Prosecutor for the International Criminal Tribunal for Rwanda, 2014, Ziff. 19–83.

176 Weitere Komponente der globalen Strategie sind (4) die Förderung der Geschlechtsparität innerhalb des Gerichts und besonders in den Führungspositionen (Ziff. 48), (5) ein umfangreiches Programm zum Schutz und Sicherheit der Opfer und Zeugen vor, während und nach dem Prozess (Ziff. 50–57) sowie zur gesundheitlichen Versorgung der Opfer (Ziff. 58–71), die öfter unter Posttraumatische Belastungsstörungen leiden und in manchen Fällen infolge des Verbrechens an HIV erkrankt sind (siehe unten S. 213 ff.) aber auch des eigenen Personals (Ziff. 72). Denn das Aufnehmen und Aufarbeiten grausamsten Vorfälle stellt eine enorme psychische Belastung für die Ermittler und Mitarbeiter der Anklagebehörde dar, die öfter nach am Zusammenbruch sind. (6). Für die Umsetzung der globalen Strategie sollte eine Arbeitsgruppe oder Koordinationseinheit geschaffen werden (Ziff. 74–81).

177 *P. Kuo,* Prosecuting Crimes of Sexual Violence in an International Tribunal, Case Western Reserve Journal of International Law, 2002, S. 311.

178 *P. Viseur-Sellers,* Die anderen Stimmen, Mittelweg 36, Nr. 1, 2009, S. 56.

179 *P. Kuo,* ehemalige Staatsanwältin am ICTY (Fn. 177), S. 317.

180 *P. Viseur-Sellers,* Die anderen Stimmen, Mittelweg 36, Nr. 1, 2009, S. 57.

Committee for the review of investigation and prosecution of sexual violence beim ICTR lag eine der Gründe für die niedrige Zahl der Verurteilung von sexueller Gewalt in den mangelhaften Ermittlungsmethoden. Nach der Einschätzung der Vorsitzenden und Gründungsmitgliedes des Komitees, Laura Blanchi, mangelte es nicht an Beweisen, sondern eher an Verständnis und Fachwissen (Know-How) in diesem Bereich, was wiederum auf eine unzureichende Ausbildung über die Ermittlung von sexuellen Verbrechen im Kontext des ruandischen Genozids zurückzuführen sei.[181] Ermittler seien oft nicht in der Lage gewesen, die Wortauswahl der ruandischen Frauen zu entschlüsseln („er hat mich geheiratet" statt „er hat mich vergewaltigt"), und hätten zu wenig das kulturelle Umfeld berücksichtigt und besonders die Tatsache, dass Frauen nicht mit Männern über sexuelle Übergriffe sprechen. So seien viele Verbrechen im Rahmen der Ermittlungen übersehen worden und erst später ans Licht gekommen.[182]

Besonders symptomatisch dafür sind die allerersten Anklagen vor dem ICTY und ICTR. Sowohl die ursprüngliche Anklageschrift von *Dragan Nikolic*[183] als auch die von *Jean-Paul Akayesu*[184] mussten auf Anregung der Strafkammer geändert werden, nachdem im Laufe der Anhörungen Zeuginnen von sexuellen Übergriffen erzählten und zwei Richterinnen dieses Thema auffingen und nachfragten.[185] Zweifel an die Glaubwürdigkeit der Aussagenden, Schwierigkeiten bei der Identifikation des Täters, Unstimmigkeiten und Widersprüche in der Aussage führten zudem vor beiden Gerichten zu zahlreichen Freisprüchen bezüglich sexueller Verbrechen.[186] Um solche Freisprüche zu vermeiden, müssten die Ermittler sich mehr Zeit für

---

181 *L. Blanchi*, The Prosecution of Rape and Sexual Violence: Lessons from Prosecutions at the ICTR, in: A.-M. de Brouwer et al. (Hrsg.), Sexual Violence as an International Crime: Interdisciplinary Approaches, 2013, S. 131.

182 Ebenda, S. 132.

183 *Prosecutor vs. Dragan Nikolić*, Initial Indictment, 04.11.1994, IT-94-2-I.

184 *Prosecutor vs. Jean Paul Akayesu*, Initial Indictment, 13.02.1996, ICTR-96-4-I.

185 *K. Greve*, Vergewaltigung als Völkermord, 2008, S. 174 ff.

186 Im Foča-Prozess scheiterten etwa die Anklagepunkten 5 bis 8 (Folter und Vergewaltigung als Verbrechen gegen die Menschlichkeit sowie Folter und Vergewaltigung als Verstoß gegen die Gesetze oder Gebräuche des Krieges), gegen *Kunarac* wegen oraler und vaginaler Vergewaltigung einer Frau und die Anklagepunkten 21 bis 24 (Folter und Vergewaltigung als Verbrechen gegen die Menschlichkeit und Folter und Vergewaltigung als Verstoß gegen die Gesetze oder Gebräuche des Krieges gegen *Zoran Vuković* für die Vergewaltigung zweier Frauen. *Siehe Prosecutor vs. Dragoljub Kunarac et al.*, Trial Judgment, 22.02.2001, IT-96-23 und IT-96-23/1, §§ 688–698 und 784–797.
Der Kapitain der forces armées rwandaises, verantwortlich für militärische und geheimdienstliche Operationen, wurde aufgrund von nicht zuverlässigen Aussagen von allen Anklagepunkten bezüglich sexueller Gewalt freigesprochen. Siehe *Prosecutor vs. Ildephonse Nizeyimana*, Trial Judgment, 19.06.2012, ICTR-200-55C-T, §§ 55–68, 405, 537, 1050. Die Staatsanwaltschaft hat in diesem Fall Berufung gegen die Freisprüche bezüglich sexueller Gewalt eingelegt.

die Aufnahme der Aussage nehmen und dafür sorgen, dass die Aussagenden sich wohl und in Sicherheit fühlen und besser auf die Hauptverhandlungen vorbereitet werden.[187] Zudem müsste das Spektrum der aussagenden Quellen erweitert und der Fokus nicht nur auf die Aussage der Opfer gelegt werden.[188]

Vor dem ICTR konnten in manchen Fällen keine Verurteilungen wegen sexueller Gewalt erfolgen, weil nicht ausreichende Beweise vorhanden waren.[189] Fünf Angeklagte wurden etwa bereits vor den Hauptverhandlungen aufgrund von Art. 98bis Verfahrens- und Beweisordnung des ICTR wegen fehlender Beweise von den Vorwürfen sexueller Gewalt freigesprochen.[190] Eine klare Strategie und effiziente Zusammenarbeit zwischen den Ermittlern und den Staatanwälten, damit die Ermittler auf die Bedürfnisse der Anklage achten und relevante Beweise sammeln, habe in manchen Fällen gefehlt.[191] Die Ermittlungen des ICTR seien großenteils zielorientiert (target-based) statt verbrechensorientiert (crime-based) gewesen. Während der verbrechensorientierte Ansatz zunächst auf das Verbrechen fokussiert und dann nach Tätern sucht, konzentrieren sich die Ermittler im Rahmen einer zielorientierten Ermittlung zuerst auf einen höchstwahrscheinlichen Täter und dann auf mögliche von ihm begangene Verbrechen.[192] Dieser Ansatz führte allerdings im Falle von hochrangigen Angeklagten, die nicht unmittelbar an sexuelle Verbrechen beteiligt waren, dazu, dass die Ermittler keine Beweise zu sexuellen Verbrechen gegen diese Täter erhoben, weil sie nicht direkt mit dem Angeklagten in Verbindung gebracht werden konnten.[193]

---

187 *ICTR (Hrsg.)*, Prosecution of Sexual Violence, Best Practices Manual (Fn. 175), Ziff. 127–151, 159–182.

188 Ebenda, Ziff. 94.

189 *Prosecutor vs. Jean de Dieu Kamuhanda*, Trial Judgment, 22.01.2004, ICTR-99-54A-T, §§ 495–497, 507, 711–713, 719–720, 746, 748, 750.
Prosecutor vs. Simon Bikindi, Trial Judgment, 2.12.2008, ICTR-01-72-T, §§ 337–350, 365–366, 408–416, 441.

190 *Prosecutor vs. Casimir Bizimungu, Justin Mugenzi, Jérôme-Clément Bicamumpaka, Prosper Mugiraneza*, Decision on Defence motions pursuant to Rule 98 bis, 22.11.2005, ICTR-99-50-T, §§ 96, 110.
Prosecutor vs. Jean-Bosco Barayagwiza, Reasons for oral Decision of 17. September 2002 on the Motions for Acquittal: Rule 98 bis of the Rules of Procedures and Evidence, 25.09.2002, ICTR-99-52-T.

191 *L. Blanchi*, The Prosecution of Rape and Sexual Violence: Lessons from Prosecutions at the ICTR, in: A.-M. de Brouwer et al. (Hrsg.), Sexual Violence as an International Crime: Interdisciplinary Approaches, 2013, S. 132.

192 *ICTR (Hrsg.)*, Prosecution of Sexual Violence, Best Practices Manual (Fn. 175), Ziff. 90.

193 Ebenda, Ziff. 92.

Dies erklärt auch teilweise, warum die Anklagen von militärischen Befehlshabern oder anderen Vorgesetzten wegen sexueller Gewalt (Art. 7 Abs. 3 ICTY-Statut, Art. 6 Abs. 3 ICTR-Statut) vor beiden Gerichten besonders hindernisreich und wenig erfolgreich waren.[194]

b) *Schwierigkeit bei der Herstellung einer Verbindung zwischen Straftat und Vorgesetzten bzw. zwischen Straftat und hochrangigen Politikern und militärischen Befehlshabern*

Die Anklage muss im Falle der „superior responsibility" beweisen, dass der Vorgesetzte wusste oder hätte wissen müssen, dass der Untergebene diese Verbrechen beging oder zu begehen im Begriff war. Sie muss beweisen, dass der Vorgesetzte Kenntnis von dem Risiko, von der Wahrscheinlichkeit des Verbrechens hatte. Dies

194 *L. Blanchi*, The Prosecution of Rape and Sexual Violence: Lessons from Prosecutions at the ICTR, in: A.-M. de Brouwer et al. (Hrsg.), Sexual Violence as an International Crime: Interdisciplinary Approaches, 2013, S. 134; *M. Jarvis/E. Martin Salgado*, Future Challenges to Prosecuting Sexual Violence Under International Law: Insights from ICTY Practice, in: A.-M. de Brouwer et al. (Hrsg.), Sexual Violence as an International Crime: Interdisciplinary Approaches, 2013, S. 108.
Nach eigenen Angaben des ICTY wurden lediglich vier Angeklagten aufgrund von Art. 7 Abs. 3 wegen sexuellen Gewalttaten verurteilt: der Leiter des Čelebići-Lager: *Zdravko Mucić, Prosecutor vs. Zejnil Delalić et al.*, Trial Judgment, 16.11.1998, IT-96-21-T, §§ 722–775 sowie drei Verantwortlichen im Keraterm Lager: *Duško Sikirika, Damir Došen und Dragan Kolundžija, Prosecutor vs. Duško Sikirika et al.*, Sentencing Judgment, 13.11.2001, IT-95-8-S, § 18.
Gestützt auf die Vorarbeit von *M. Mystre/N. Rangel* (Fn. 170) wurde bezüglich des ICTR herausgerechnet, dass eine Verurteilung nach Art. 6 Abs. 3 ICTR-Statut in 20 Verfahren betreffend 31 Angeklagte angestrebt wurde. Lediglich 8 Angeklagte wurden in der ersten Instanz unter anderem nach Art. 6 Abs. 3 verurteilt, 5 Fälle sind jedoch noch vor der Berufungskammer anhängig. Die endgültigen Verurteilungen betreffen: der Directeur de cabinet des ruandischen Verteidigungsminister: *Théoneste Bagora*: *Prosecutor vs. Théoneste Bagosora et al.*, Judgment and Sentence, 18.12.2008, ICTR-98-41-T, §§ 938f., 988f., 1920ff., 2201 ff., 2123ff., 2129, 2132ff., 2158, 2210ff., 2252ff.
Idelphonse Hategekimana, Oberleutnant der FAR: *Prosecutor vs. Idelphonse Hategekimana*, Judgment and Sentence, 06.12.2010, ICTR-00-55B-T, §§ 459–464, 665, 725–730 und.
Ferdinand Nahimana, Gründer der radio télévision libre des milles collines, *Prosecutor vs. Ferdinand Nahimana et al.*, Appeal Judgment, 28.11.2007, ICTR-99-52-A, § 996.

wurde eng ausgelegt[195], und in manchen Fällen erwies es sich überhaupt schwierig, die Befehlskette nachzuweisen.[196].

Die Gerichthöfe haben zudem eine gewisse Zurückhaltung bei der Verurteilung hochrangiger Politiker oder militärischer Befehlshaber wegen sexueller Gewalt nach Art. 6 Abs. 1 ICTY-Statut und Art. 7 Abs. 1 ICTR-Statut anhand der Theorie der Beteiligung an einem gemeinsamen kriminellen Unternehmen (Joint Criminal Entreprise – JCE) geübt.[197] Diese von der Berufungskammer im Verfahren gegen *Duško Tadić* geschaffenen Zurechnungsfigur begründet die völkerstrafrechtliche Verantwortlichkeit für ein Völkerrechtsverbrechen, wenn jemand als Teil einer Personenmehrheit auf der Grundlage eines gemeinsamen Tatplans, der die Begehung eines Völkerrechtsverbrechens beinhaltet, einen tatplangemäßen Beitrag erbringt, das zugerechnete Verbrechen objektiv zumindest vorhersehbare Folge der Tatplanverwirklichung war und das Risiko der Begehung des zugerechneten Verbrechens subjektiv zumindest in Kauf genommen wurde.[198] Damit muss zunächst nachgewiesen werden, dass sexuelle Gewalt Teil eines gemeinsamen verbrecherischen Plans war, an dem der Angeklagte teilgenommen hat (JCE- Stufe I und II) oder dass sexuelle Gewalt zwar nicht zum gemeinsamen verbrecherischen Plan gehörte, aber eine natürliche und vorhersehbare Konsequenz der Ausführung des Plans darstellte (JCE-Stufe III).[199]

Das ICTR hat lediglich *Edouard Karemera*, ehemaliger ruandischer Innenminister vom Mai bis Juli 1994, und *Mathieu Ngirumpatse*, Vorsitzender der MRND-Partei, mithilfe der JCE wegen Völkermord und Verbrechen gegen die Menschlichkeit für Vergewaltigungen, die aufgrund ihrer systematischen Natur eine natürliche und vorhersehbare Konsequenz der genozidalen Kampagne waren, erfolgreich angeklagt.[200]

---

195 *Prosecutor vs. Milorad Krnojelac*, Appeal Judgment, 17.09.2003, IT-97-25-A, § 155.
Prosecutor vs. Rasim Delić, Trial Judgment, 15.09.2008, IT-04-83-T, § 514.
Prosecutor vs. Juvénal Kajelijeli, Judgment and Sentence, 01.12.2003, ICTR-98-44-A-T, §§ 917–925, 943.

196 *Prosecutor vs. Tharcisse Muvunyi*, Trial Judgment, 12.09.2006, ICTR-2000-55A-T, §§ 408, 409; *Prosecutor vs. Tharcisse Muvunyi*, Appeal Judgment, 28.09.2008, ICTR-2000-55A-A, §§ 168, 169.
Prosecutor vs. Dragoljub Kunarac et al., Trial Judgment, 22.02.2001, IT-96-23 und IT-96-23/1, §§ 628–629.

197 *M. Jarvis/E. Martin Salgado*, Future Challenges to Prosecuting Sexual Violence Under International Law: Insights from ICTY Practice, in: A.-M. de Brouwer et al. (Hrsg.), Sexual Violence as an International Crime: Interdisciplinary Approaches, 2013, S. 111.

198 *Prosecutor vs. Duško Tadić*, Appeal Judgment, 15.07.1999, IT-94-1-A, §§ 195–229. Definition, §§ 227f.

199 Vgl. dazu *C. Barthe*, Joint Criminal Enterprise, 2009, S. 27ff.

200 *Prosecutor vs. Edouard Karemera & Mathieu Ngirumpatse*, Trial Judgment, 02.02.2012, ICTR- 98-44-T, §§ 1456, 1490.

Trotz aller Schwierigkeiten gelang es dem ICTY in mehreren Verfahren, hohe Politiker und Militärbefehlshaber für sexuelle Verbrechen zu verurteilen, obwohl diese Personen bei der Tatbegehung nicht dabei waren. Die Berufungskammer befand den Vorsitzenden des Krisenstabs der Gemeinde Prijedor *Milomir Stakić* wegen während der ethnischen Säuberung von Prijedor begangener sexueller Verbrechen des Verbrechens gegen die Menschlichkeit nach Art. 7 Abs. 1 JCE-Stufe I für schuldig.[201] Der damalige Präsident des Parlaments der Serben in Bosnien-Herzegowina, leitendes Mitglied der Serbischen Demokratischen Partei von Bosnien-Herzegowina, Mitglied des Nationalen Sicherheitsrats und des Gremiums der Staatspräsidenten der Serbischen Republik in Bosnien- Herzegowina *Momčilo Krajišnik* wurde in erster Instanz unter anderem wegen Anwendung sexueller Gewalt gegen nicht-serbische Zivilisten während und nach ihrer Inhaftierung schuldig gesprochen. Er hatte trotz Kenntnisse dieser Verbrechen die Verfolgungskampagne gegen bosnische Muslime, bosnische Kroaten oder andere nicht-serbische Einwohner zahlreicher Gemeinden fortgesetzt.[202] Diese Verurteilung wurde jedoch von der Berufungskammer aufgrund unzureichender Angaben aufgehoben.[203] *Radislav Krstić*, Brigadegeneral des Drina-Corps der Armee der Serbischen Republik wurde wegen Vergewaltigungen von bosnischen muslimischen Flüchtlingen, die als eine natürliche und vorhersehbare Konsequenz der Durchführung des gemeinsamen verbrecherischen Unternehmens betrachtet wurden, im vorliegenden Fall der Vertreibung nicht-serbischer Zivilisten aus Srebrenica mittels einer humanitären Krise am 12. und 13. Juli 1995, mithilfe von JCE-Stufe III verurteilt.[204] Die Leitung des Omarska Lagers in Prijedor wurde ebenfalls im Fall *Kvočka et al.* aufgrund sexueller Übergriffe gegen und Vergewaltigungen von Frauen in dem Gefangenenlager wegen Verbrechen gegen die Menschlichkeit verurteilt.[205] Sowohl die Strafkammer als auch die Berufungskammer stellten fest, dass die sexuellen Übergriffe als natürliche und vorhersehbare Konsequenzen des gemeinsamen verbrecherischen Plans (hier die Verfolgung nicht serbischen Zivilisten mittels Gewalt und Demütigungen) jedem Teilnehmer dieses verbrecherischen Unternehmens zugerechnet werden kann, wenn sie in der Zeit geschehen sind, in dem der Angeklagte an dem gemeinsamen verbrecherischen Unternehmen teilgenommen hat[206], und wenn es dem Angeklagten bewusst war, dass die Taten über das gemeinsame Unternehmen hinausgingen, aber für ihn eine natürliche

---

201 *Prosecutor vs. Milomir Stakić*, Appeal Judgment, 22.03.2006, IT-97-24-A, §§ 62, 78, 85, 104.

202 *Prosecutor vs. Momčilo Krajišnik*, Trial Judgment, 27.09.2006, IT-00-39-T, §§ 789, 800, 803–806, 965–966, 972, 1034, 1105, 1126, 1145, 1182.

203 *Prosecutor vs, Momčilo Krajišnik*, Appeal Judgment, 17.03.2009, IT-00-39-A, §§ 163–178, 284, 820.

204 *Prosecutor vs. Radislav Krstić*, Trial Judgment, 02.08.2001, IT-98-33-T, §§ 45–46, 150, 513, 517–518, 616–618, 653, 727.

205 *Prosecutor vs. Miroslav Kvočka et al.*, Trial Judgment, 02.11.2001, IT 98-30/1-T, §§ 752, 755, 758, 761, 764.

206 Ebenda, § 327.

und vorhersehbare Konsequenz davon darstellten.[207] Im *Milutinović*-Fall, in dem der damalige serbische Präsident *Milan Milutinović* zusammen mit dem Premierminister der Föderalistischen Republik Jugoslawien *Nikola Šainović* und andere hochrangigen Militärbefehlshaber wegen der Vertreibung von ungefähr 800 000 albanischen Zivilisten aus dem Kosovo durch eine allgemeine oder systematische Kampagne des Schreckens und der Gewalt gegen die albanische Zivilbevölkerung einschließlich des Einsatzes von sexueller Gewalt vor Gericht stand, wurde lediglich *Nebojša Pavković*, Kommandant der 3. Armee, nach Art. 7 Abs. 1 (JCE-Stufe III) verurteilt.[208] Gegen die Freisprüche von *Nikola Šainović* und *Sreten Lukić* bezüglich deren Verantwortlichkeit für sexuelle Verbrechen im Rahmen von JCE-Stufe III hatte die Anklage Berufung eingelegt.[209] Die Berufungskammer erkannte zwar diesbezüglich einen Rechtsfehler seitens des Gerichts, verzichtete jedoch darauf, eine neue Schuldigererklärung auszusprechen.[210] Schliesslich behalf sich das Gericht im Fall *Prlić et al.* mit der dritten Variante der Theorie der Beteiligung an einem gemeinsamen kriminellen Unternehmen, um Minister und Militärs des De-Facto-Regimes „Kroatische Gemeinschaft Herceg-Bosna“ (1991–1993, ab 1993 „Kroatische Republik Herceg-Bosna“) für die während der Verfolgung von Nicht-Kroaten und „ethnischen Säuberung“ ihres Gebiets begangenen sexuellen Verbrechen zu bestrafen. Das Gericht betrachtete alle Vergewaltigungen und sexuellen Verbrechen nicht als Teil des gemeinsamen kriminellen Unternehmens, sondern als natürliche und vorhersehbare Konsequenzen des gemeinsamen verbrecherischen Plans[211] und verurteilte *Jadranko Prlić, Bruno Stojić*, Milivoj Petković und Valentin Ćorić nach Art. 7 Abs. 3 (JCE-Stufe III).[212] Weitere Verurteilungen unter anderem von *Radovan Karadžić* und *Ratko Mladić* könnten auf dieser Grundlage bald folgen.[213]

---

207 *Prosecutor vs. Miroslav Kvočka et al.*, Appeal Judgment, 28.02.2005, IT-98-30/1-A, § 86. Die Berufungskammer sah nicht als bewiesen, dass die sexuellen Übergriffe in der Zeit begangen wurden, in der Kvočka dort arbeitete und hob seine Verurteilung diesbezüglich auf. §§ 334, 339.

208 *Prosecutor vs. Milan Milutinović et al.*, Trial Judgment, 26.02.2009, IT-05-87-T, Vol. III, §§ 766, 785, 788, 1210.

209 *Prosecutor vs. Nikola Šainović et al.*, Notice of Filing of Public Redacted Version of Prosecution Appeal Brief, 21.08.2009, IT-05-87-A, §§ 60–82.

210 *Prosecutor vs. Nikola Šainović et al.*, Appeal Judgment, 23.01.2014, IT-05-87-A, § 1604.

211 *Prosecutor vs. Jadranko Prlić et al.*, Trial Judgment, 29.05.2013 (Vol. 4), IT-04-74-T, §§ 70, 72.

212 Ebenda § 288 (*Jadranko Prlić*), § 450 (*Bruno Stojić*), §§ 834, 853 (*Milivoj Petković*), § 1021 (*Valentin Ćorić*).

213 *Prosecutor vs. Radovan Karadžić*, 27.02.2009, Third Amended Indictment, IT-95-5/18-I, §§ 6–31 i. V. m. §§ 40 b) und c) §§ 53–54, 60 c); *Prosecutor vs. Ratko Mladić*, 16.12.2011, Fourth Amended Indictment, IT-09-92, §§ 5–28 i. V. m. 39 b) und c) und §§ 52–53, 59 c).

2. *Definition und Präzisierung von Tatbeständen*

a) Vergewaltigung

Als die ersten Anklagen wegen Vergewaltigung und anderer Formen sexueller Gewalt den Strafkammern vorlagen, mussten diese feststellen, dass ein Verbrechen, dass seit Jahrhunderten begangen wird und zweifellos ausdrücklich durch das humanitäre Völkerrecht verboten ist, auf internationaler Ebene noch nicht definiert wurde.[214] Die Richter im *Akayesu*-Fall wiesen auf einen fehlenden völkerrechtlichen Konsens hin,[215] während die Strafkammer im *Furundžija*-Fall zu der Erkenntnis kam, dass abgesehen von den Vergewaltigungsverboten von Art. 27 GK IV und Art. 4 Abs. 2 e) ZPII und der kurz zuvor erarbeiteten Definition im *Akayesu*-Urteil keine weiteren Elemente einer Definition von Vergewaltigung aus Vertrags- oder Gewohnheitsrecht oder aus allgemeinen Grundsätzen des Völkerstrafrechts oder des Völkerrechts entnommen werden können.[216] Im Laufe ihrer Rechtsprechung entwickelten die Richter der Internationalen Strafgerichtshöfe drei Definitionen des Tatbestandsmerkmals Vergewaltigung. Eine breitere Definition betrachtet Vergewaltigung als einen sexuellen Ausdruck von Aggression (*Akayesu*-Definition). Die detaillierte Definition im *Furundžija*-Urteil ist auf das im Rahmen bewaffneter Konflikte entscheidende Zwangs-Element fokussiert, während die letzte Definition eher auf das Einverständnis des Opfers abstellt (*Kunarac*-Definition). Durch die notwendige Auslegung von Vergewaltigung leisteten die Richter einen entscheidenden Beitrag zur Entwicklung des humanitären Völkerrechts.[217]

Um den auch im Völkerstrafrecht geltenden Bestimmtheitsgrundsatz zu genügen, legten die Richter im *Furundžija*-Fall nach Analyse von Bestimmungen verschiedener nationaler Rechtsordnungen folgende Definition von Vergewaltigung fest:

> "*(i) the sexual penetration, however slight:*
>
> *(a) of the vagina or anus of the victim by the penis of the perpetrator or any other object used by the perpetrator; or*
>
> *(b) of the mouth of the victim by the penis of the perpetrator;*
>
> *(ii) by coercion or force or threat of force against the victim or a third person.*"[218]

Mit dieser aus objektiven Elementen bestehenden Definition wählte die Strafkammer einen anderen als den zuvor für die als konzeptionell beschriebene Definition von Vergewaltigung im *Akayesu*-Fall ausgewählten Ansatz.[219]

---

214 *Prosecutor vs. Zejnil Delalić et al.*, Trial Judgment, 16.11.1998, IT-96-21-T, § 476.

215 *Prosecutor vs. Jean-Paul Akayesu*, Trial Judgment, 02.09.1998, ICTR-96-4-T, § 596.

216 *Prosecutor vs. Anto Furundjiža*, Trial Judgment, 10.12.1998, IT-95-17/1-T, § 177.

217 *R. Heinsch*, Die Weiterentwicklung des humanitären Völkerrechts durch die Strafgerichtshöfe für das ehemalige Jugoslawien und Ruanda, 2007, S. 47, 198–203, 385.

218 *Prosecutor vs. Anto Furundjiža*, Trial Judgment, 10.12.1998, IT-95-17/1-T, § 185.

219 *R. Heinsch*, Die Weiterentwicklung des humanitären Völkerrechts durch die Strafgerichtshöfe für das ehemalige Jugoslawien und Ruanda, 2007, S. 199.

In diesem Fall waren die Richter der Ansicht:

> *"[R]ape is a form of aggression and that the central elements of the crime of rape cannot be captured in a mechanical description of objects and body parts"*[220]

und definierten Vergewaltigung in abstrakter Weise als

> *„a physical invasion of a sexual nature, committed on a person under circumstances which are coercive."*[221]

Diese Urteile, beide im Jahre 1998 ergangen, bildeten die Grundlage aller anderen Urteile in Verbindung mit sexueller Gewalt und trugen zu fruchtbaren Auseinandersetzungen mit diesem Tatbestand bei.

Beide Definitionen schließen sich grundsätzlich nicht aus, da sich die mechanischen Elemente der *Furundžija*-Definition auch in der konzeptionellen Definition des *Akayesu*-Urteils finden und die körperliche Invasion präzisieren.[222] Deswegen und aufgrund der Reichweite ihres Vergewaltigungstatbestands, die sich besonders in Grenzfällen als nützlich erwiesen hatte,[223] wurde die *Akayesu*-Definition in mehreren Urteilen bevorzugt und ohne weitere Änderungen übernommen, wie in den Fällen *Čelebići*, *Musema* oder *Muhimana*.[224]

Die *Furundžija*-Definition hingegen erfuhr im Foča-Fall eine Abweichung bezüglich des Elements des Zwangs. Nach ausführlicher Auseinandersetzung mit nationalen Präzedenzfällen und Gesetzgebungen hob die Strafkammer im *Kunarac*-Urteil hervor, dass sexuelle Handlungen nicht nur in Begleitung von Gewalt oder Gewaltandrohung bestraft werden, sondern auch wenn das Einverständnis des Opfers negiert wird.[225] Sie definierte daher Vergewaltigung folgendermaßen:

> *"the actus reus of the crime of rape in international law is constituted by: the sexual penetration, however slight:*

---

220 *Prosecutor vs. Jean-Paul Akayesu*, Trial Judgment, 02.09.1998, ICTR-96-4-T, § 687.

221 Ebenda, § 688.

222 *Prosecutor vs. Mikaeli Muhimana*, Trial Judgment, 28.04.2005, ICTR-95-1B-T, §§ 549–550, *Prosecutor vs. Tharcisse Muvunyi*, Trial Judgment, 12.09.2006, ICTR-2000-55A-T, §§ 520–522.

223 *N. Lamp*, Der Beitrag der Vereinten Nationen zur Entwicklung des Völkerstrafrechts zu sexueller Gewalt, in: S. von Schorlemer (Hrsg.), Die Vereinten Nationen und neuere Entwicklungen der Frauenrechte, 2007, S. 416ff. Nur die Definition aus dem *Akayesu*-Urteil ermöglicht z. B. die Verurteilung eines Täters, der zwei Personen zum Geschlechtsverkehr zwingt.

224 *Prosecutor vs. Zejnil Delalić et al.*, Trial Judgment, 16.11.1998, IT-96-21-T, § 496, *Prosecutor vs. Alfred Musema*, Trial Judgment, 27.01.2000, ICTR-96-13-T, § 227, *Prosecutor vs. Mikaeli Muhimana*, Trial Judgment, 28.04.2005, ICTR-95-1B-T, § 551.

225 *Prosecutor vs. Dragoljub Kunarac et al.*, Trial Judgment, 22.02.2001, IT-96-23 und IT-96-23/1, §§ 457–459.

(a) of the vagina or anus of the victim by the penis of the perpetrator or any other object used by the perpetrator; or
(b) of the mouth of the victim by the penis of the perpetrator;
where such sexual penetration occurs without the consent of the victim.

Consent for this purpose must be consent given voluntarily, as a result of the victim's free will, assessed in the context of the surrounding circumstances.

The mens rea is the intention to effect this sexual penetration, and the knowledge that it occurs without the consent of the victim."[226]

Von da an wurde die *Akayesu*-Definition vernachlässigt und auf die *Kunarac*-Definition in zahlreichen Fällen vor dem ICTY (*Kvočka et al, Stakić, Brđanin, Milutinović et al...*)[227] und auch mehrheitlich vor dem ICTR (*Semanza, Kajelijeli, Kamuhanda, Gacumbitsi, Bagosora et al., Renzaho, Ndindiliyimana et al., Pauline Nyiramasuhuko et al., Ngirabatware ...*) abgestellt.[228] Ein wichtiger Grund dafür war, dass diese Definition die Berücksichtigung von mehr Situationen ermöglicht im Vergleich zu einer Definition, die ein bestimmtes Maß an Gewalt oder Gewaltandrohung verlangt.[229] Doch die Einbeziehung des Elements „Einverständnis" stößt in der Literatur zu Recht auf wenig Zustimmung. Als Hauptargument wurde vorgebracht, dass das Element des Nichts-Einverständnisses bei Vergewaltigungen zwar ein in vielen nationalen Gesetzen enthaltenes sinnvolles Element ist, die Vergewaltigungsdefinition dieser Gesetze jedoch für die Friedenzeit entworfen wurde. Eine Übertragung des Einverständnis-Elements ins Völkerstrafrecht sei angesichts

---

226 Ebenda, § 460.

227 *Prosecutor vs. Miroslav Kvočka et al.*, Trial Judgment, 02.11.2001, IT 98-30/1-T, § 177; *Prosecutor vs. Milomir Stakić*, Trial Judgment, 31.07.2003, IT-97-24-T, §§ 755–756, *Prosecutor vs. Radoslav Brđanin*, Trial Judgment, 01.09.2004, IT-99-36-T, §§ 1008–1009, *Prosecutor vs. Milan Milutinović et al.*, Trial Judgment, 26.02.2009, IT-05-87-T, Vol. III, § 203 Siehe dazu die ausführliche Rechtsprechungsuntersuchung zu sexueller Gewalt in: *M. Maystre/N. Rangel* (Fn. 170).

228 *Prosecutor vs. Laurent Semanza*, Trial Judgment, 15.05.2003, ICTR-97-20-T, § 345; *Prosecutor vs. Juvénal Kajelijeli*, Trial Judgment, 01.12.2003, ICTR-98-44A-T, § 915; *Prosecutor vs. Jean de Dieu Kamuhanda*, Trial Judgment, 22.01.2004, ICTR-99-54-A-T, § 634; *Prosecutor vs. Sylvestre Gacumbitsi*, Appel Judgment, 07.07.2006, ICTR-01-64-A, § 152; *Prosecutor vs. Théoneste Bagosora et al.*, Trial Judgment, 18.12.2008, ICTR-98-41-T, § 2199; *Prosecutor vs. Tharcisse Renzaho*, Trial Judgment, 14.07.2009, ICTR-97-31-T, §§ 791–792; *Prosecutor vs. Augustin Ndindiliyimana et al.*, Trial Judgment, 17.05.2011, ICTR-00-56-T, § 2122; *Prosecutor vs. Pauline Nyiramasuhuko et al*, Trial Judgment, 24.06.2011, ICTR-98–42-T, § 6075; *Prosecutor vs. Augustin Ngirabatware*, Trial Judgment, 20.12.2012, ICTR-99-54-T, § 1381. Siehe dazu die ausfürhliche Rechtsprechungsuntersuchung zu sexueller Gewalt in *M. Maystre/N. Rangel* (Fn. 170).

229 *M. Eriksson*, Defining Rape: Emerging Obligations for States under International Law?, 2011, S. 390.

der Gewalt und Zwangsumstände im Rahmen bewaffneter Konflikte überflüssig.[230] Diese Meinung hatte bereits 1998 noch vor der *Kunarac*-Definition Gay Mc Dougall in ihrem UN Sonderbericht über „Moderne Formen der Sklaverei: systematische Vergewaltigung, sexuelle Sklaverei und sklavereiähnliche Praktiken in bewaffneten Konflikten"geäußert, als sie betonte:

> *„The manifetly coercive circumstances that exist in all armed conflict situations establish a [rebuttable] presumption of non-consent and negates the need for the prosecution to establish a lack of consent as an element of the crime."*[231]

Dieser Standpunkt wird auch von dem IStGH im Urteil gegen *Germain Katanga* vertreten, wobei es sich hier um eine unwiderlegbare Vermutung handelt.[232]

b) Sexuelle Gewalt

Das *Akayesu*-Urteil leistete jedoch darüber hinaus einen weiteren entscheidenden Beitrag zur Definition und Präzisierung von Tatbeständen, als es erstmalig eine Definition von sexueller Gewalt festlegte. Die Kammer betrachtet sexuelle Gewalt, welche Vergewaltigung einschließt, als

> *"any act of a sexual nature which is committed on a person under circumstances which are coercive. Sexual violence is not limited to physical invasion of the human body and may include acts which do not involve penetration or even physical contact."*[233]

Im vorliegenden Fall etwa ging es um den an Frauen und Mädchen gerichteten Befehl, sich auszuziehen und vor einer Menschenmenge Gymnastik zu machen.

Im Urteil unterstrich die Kammer, dass eine Zwangslage nicht durch körperliche Gewalt entstehen muss. Drohungen, Einschüchterungen und andere Formen der Nötigung, die auf das Erzeugen von Angst, oder Verzweiflung ausgerichtet sind, können Zwang darstellen.[234] Im Čelebići- Urteil stellten ferner die Richter erstmals fest, dass Zwangsumstände bewaffneten Konflikten inhärent sind.[235]

---

230 *A.-M. de Brouwer*, Supranational Criminal Prosecution of Sexual Violence, 2005, S. 102.

231 Report of the Special Rapporteur on systematic rape, sexual slavery and slavery-like practices during armed conflict, UN Doc. E/CN.4/Sub.2/1998/13 v. 22.06.1998, § 25. Diesem Bericht wird Einfluss auf die Vergewaltigungsdefinition im *Akayesu*- Urteil und bei der Konferenz von Rom nachgesagt, *M. Boot* revised by C. K Hall, Article 7, in: O. Triffterer (Hrsg.), Commentary on the Rome Statute of the International Criminal Court, 2008, S. 209.

232 *Prosecutor vs. Germain Katanga*, Trial Chamber II, Judgment, 07.03.2014, ICC-01/04–01/07, § 965f. Siehe auch unten S. 98 ff.

233 *Prosecutor vs. Jean-Paul Akayesu*, Trial Judgment, 02.09.1998, ICTR-96-4-T, § 688.

234 Ebenda, §§ 598, 688.

235 *Prosecutor vs. Zejnil Delalić et al.*, Trial Judgment, 16.11.1998, IT-96-21-T, § 495.

3. *Anerkennung von sexueller Gewalt als Gewaltverbrechen*

a) Völkermord

Die im Art. 2 ICTR- und Art. 4 ICTY-Statut verankerten Tatbestände des Völkermords basieren auf der in der Konvention über die Verhütung und Bestrafung des Völkermordes von 1948 enthaltenen Definition.

Demnach ist Völkermord:

> *„jede der folgenden Handlungen, die in der Absicht begangen wird, eine nationale, ethnische, rassische oder religiöse Gruppe als solche ganz oder teilweise zu zerstören:*
> *(a) Tötung von Mitgliedern der Gruppe;*
> *(b) Verursachung von schwerem körperlichem oder seelischem Schaden an Mitgliedern der Gruppe;*
> *(c) vorsätzliche Auferlegung von Lebensbedingungen für die Gruppe, die geeignet sind, ihre körperliche Zerstörung ganz oder teilweise herbeizuführen;*
> *(d) Verhängung von Maßnahmen, die auf die Geburtenverhinderung innerhalb der Gruppe gerichtet sind;*
> *(e) gewaltsame Überführung von Kindern der Gruppe in eine andere Gruppe."*[236]

Obwohl weder sexuelle Gewalt als verbotene Handlung noch Gruppen aufgrund des Geschlechts von der Konvention von 1948 ausdrücklich erwähnt und geschützt werden,[237] können fast alle aufgezählten Tathandlungen so ausgelegt werden, dass sie sexuelle Gewaltverbrechen mitdecken.[238] Dies soll im Folgenden näher erläutert werden.

Das *Akayesu*-Urteil gilt diesbezüglich erneut als bahnbrechendes Urteil. Genau 50 Jahre nach der Annahme der Völkermordkonvention und nachdem die vom UN-Sicherheitsrat eingesetzte Expertenkommission zur Untersuchung der Verletzungen des humanitären Völkerrechts in Ruanda in ihrem Abschlussbericht auf die Möglichkeit hingewiesen hatte, systematische Vergewaltigungen als Völkermord zu verfolgen,[239]

---

236 Konvention über die Verhütung und Bestrafung des Völkermordes, UN Doc. A/Res/260(III) A v. 09.12.1948. Art. II.

237 Zu deren Nichtberücksichtigung in den travaux préparatoires der Konvention siehe *A.-M. de Brouwer*, Supranational Criminal Prosecution of Sexual Violence, 2005, S. 43f.

238 *J. Gardam/M. J. Jarvis*, Women, Armed Conflict and International Law, 2001, S. 191f.; Ausführlicher *A.-M. de Brouwer*, Supranational Criminal Prosecution of Sexual Violence, 2005, S. 48–60.

239 Final report of the Commission of Experts established pursuant to Security Council resolution 935 (1994), UN Doc. S/1994/1405 v. 09.12.1994, Annex, § 145 "*There are clear cases where rape, which undoubtedly constitutes "serious bodily or mental harm", is perpetrated under a responsible command as a systematic policy alongside or as part of a larger policy that is "committed with intent to destroy, in whole or in part, a national, ethnic, racial or religious group, as such". The Commission of Experts recommends that the Prosecutor explore fully the relation between the policy*

verurteilte eine Strafkammer des ICTR den Bürgermeister der Kommune von Taba unter anderem wegen Völkermord, weil er sexuelle Gewalttaten gegen Tutsi-Frauen unterstützt (kein Verhindern der Taten, keine Bestrafung der Täter) und zu diesen angestiftet hatte.[240] Die Richter kamen zu dem Schluss, dass Vergewaltigung und andere Formen von sexueller Gewalt, wenn sie mit der Absicht begangen werden, eine nationale, ethnische, rassische oder religiöse Gruppe als solche ganz oder teilweise zu zerstören, den Tatbestand des Völkermords erfüllen können.[241]

Im vorliegenden Fall wurde sexuelle Gewalt gezielt zur Zerstörung der Volksgruppe der Tutsi eingesetzt. Dies zeige sich besonders dadurch, dass nur Tutsi-Frauen, deren ethnische Herkunft bekannt war, vergewaltigt wurden, mit der Absicht der Tutsi-Gemeinschaft schweres Leid zuzufügen.[242] Die Strafkammer hob dabei besonders *"the sexualized representation of ethnic identity graphically"* hervor.[243]

Mit diesem Urteil erkennt die Strafkammer erstmalig an, dass das Verbrechen des Völkermords durch sexuelle Gewalthandlungen aus ethnischen und auch aus geschlechtsspezifischen Gründen geschehen kann. Durch diese flexiblere Interpretation des Verbrechens, leisten die Urteile des ICTR einen entscheidenden Beitrag zugunsten einer Erweiterung der Völkermord-Definition. In der feministischen Literatur wird in der Tat zunehmend eine Anpassung der Definition von Völkermord bezüglich einerseits der Aufnahme von sexueller Gewalt in den aufgezählten Tathandlungen und andererseits der Erweiterung der geschützten Gruppen um die Gruppe „Gender" verlangt.[244] Für ihre Befürworter würde eine Integration der Gruppe „Geschlecht" in der Völkermorddefinition anerkennen, dass Frauen allein aufgrund dessen angegriffen werden, dass sie Frauen sind. Es wurde vorgebracht, dass die sexuellen Übergriffe im Rahmen eines Völkermords das Ziel haben, die Reproduktionsfähigkeiten der Frauen zu beeinträchtigen, zu kontrollieren sowie zu manipulieren und dass somit die Zerstörung der Frauen die Beseitigung der nationalen, rassischen, religiösen oder ethnischen Gruppe sichern würde.[245] Dem wurde zu Recht entgegengebracht, dass Angriffe gegen die Reproduktionsfähigkeiten der Frauen eher eine Frage des Überlebens der nationalen, rassischen, religiösen

---

of systematic rape under a responsible command as a crime against humanity on the one hand, and such a policy as a crime of genocide, on the other."

240 *Prosecutor vs. Jean-Paul Akayesu*, Trial Judgment, 02.09.1998, ICTR-96-4-T, §§ 731–734.

241 Ebenda, § 731.

242 Ebenda, § 732. Nach der Hutu Propaganda galten Tutsi Frauen als besonders verführerisch und unzugänglich und betrachten sich selbst als zu gut, um Hutu-Männer zu heiraten. Vgl. Dazu: *S. L. Russell-Brown*, Rape as an Act of Genocide, Berkeley Journal of International Law, 2003, S. 372.

243 *Prosecutor vs. Jean-Paul Akayesu*, Trial Judgment, 02.09.1998, ICTR-96-4-T, § 732.

244 *A.-M. de Brouwer*, Supranational Criminal Prosecution of Sexual Violence, 2005, S. 79ff.; *K. D. Askin*, War Crimes against Women, 1997, S. 342f.; *J. Gardam/M. J. Jarvis*, Women, Armed Conflict and International Law, 2001, S. 197.

245 *K. D. Askin*, War Crimes against Women, 1997, S. 342f.

oder ethnischen Gruppe ist, der sie angehören, und dass solche Angriffe nicht gegen die Frauen als solche sondern gegen die Gruppe, der sie angehören, gerichtet sind.[246] Auch das auf dem *Akayesu*-Urteil gestützte Argument, die Verfasser der Völkermordkonvention hätten alle „permanenten" und „stabilen" Gruppen schützen wollen,[247] was auf eine Gruppe, die aufgrund ihres Geschlechts verfolgt wird, zutreffen würde,[248] muss zurückgewiesen werden. Diese Rechtsprechung hat in späteren Entscheidungen der internationalen Tribunale keine Bestätigung gefunden.[249]

Die Tatsache, dass sexuelle Verbrechen unter drei der fünf aufgezählten Tathandlungen der Völkermorddefinition subsumiert werden können, steht allerdings einer Aufnahme von Vergewaltigung, sexuelle Sklaverei, Zwangsprostitution, erzwungene Schwangerschaft, Zwangssterilisation oder jeder anderen Form sexueller Gewalt in den Tathandlungen der Völkermorddefinition nicht entgegen. Eine solche Ergänzung würde zum einen die Ernsthaftigkeit der Verbrechen anerkennen und zum anderen die Völkermorddefinition im Einklang mit den Definitionen von Verbrechen gegen die Menschlichkeit und Kriegsverbrechen des Römischen Statuts bringen, die ihrerseits ausdrücklich solche Verbrechen auflisten.[250] Zusammenfassend würde eine Erweiterung der Tathandlungen in der Definition des Völkermordes um sexuelle Gewalt der Realität dieser Gräueltaten sowie der Anerkennung dieser Verbrechen auf internationaler Ebene Rechnung tragen und die Konvention den heutigen Gegebenheiten anpassen. Die Erweiterung der geschützten Gruppen um die Gruppe „Geschlecht" erscheint hingegen angesichts der Tatsache, dass im Rahmen eines Völkermords sexuelle Übergriffe nicht gegen die Frauen als solche sondern als Teil einer bestimmten Gruppe begangen werden, nicht sinnvoll. Die mögliche Überschneidung zwischen „Geschlecht" und einer in der Konvention geschützten Gruppe, wie im *Akayesu*-Urteil festgestellt, sollte man jedoch nie aus den Augen verlieren.

Auch wenn die meisten Verurteilungen wegen Völkermord wegen sexueller Gewalt als *„Verursachung von schwerem körperlichem oder seelischem Schaden an Mitgliedern der Gruppe"* (Art. 2 Abs. 2 (2) ICTR-Statut) interpretiert wurden,[251] ist

---

246 *W. A. Schabas*, Genocide in International Law, 2009, S. 168.

247 Permanente und stabile Gruppe gekennzeichnen sich dadurch, dass ihre Mitgliedschaft durch Geburt erworben wird. *Prosecutor vs. Jean-Paul Akayesu*, Trial Judgment, 02.09.1998, ICTR-96-4-T, §§ 511, 516.

248 *J. Gardam/M. J. Jarvis*, Women, Armed Conflict and International Law, 2001, S. 197.

249 *G. Werle*, Völkerstrafrecht, 2012, Rn. 779.; *W. A. Schabas*, Article 6, in: O.Triffterer (Hrsg.), Commentary on the Rome Statute of the International Criminal Court, 2008, S. 149.

250 *A.-M. de Brouwer*, Supranational Criminal Prosecution of Sexual Violence, 2005, S. 80.

251 Siehe infra Verurteilung von *Akayesu, Gacumbitsi und Muhimana* (Fn. 260) sowie *Prosecutor vs. Alfred Musema*, Trial Judgment, 27.01.2000, ICTR-96-13-T, § 933–936; *Prosecutor vs. Tharcisse Renzaho*, Trial Judgment, 14.07.2009, ICTR-97-31-T, §§ 776–779; *Prosecutor vs Emmanuel Rukundo*, Trial Judgment, 27.02.2009, ICTR-01-70-T,

es den Kammern, sowohl aufgrund des Tatorts (in der Nähe von Massengräbern) als auch der Begehungsweise (mittels scharfer Gegenstände, begleitet von Verstümmelungen), nicht entgangen, dass die Vergewaltigungen vor allem in Ruanda mit der Absicht begangen wurden, die Frauen als Teil der Tutsi-Gruppe im Sinne von Art. 2 Abs. 2 (1) ICTR-Statut zu töten. [252]

> *"In this respect, it appears clearly to the Chamber that the acts of rape and sexual violence, as other acts of serious bodily and mental harm committed against the Tutsi, reflected the determination to make Tutsi women suffer and to mutilate them even before killing them, the intent being to destroy the Tutsi group while inflicting acute suffering on its members in the process."*[253]

Die Vergewaltigungen im Rahmen des Völkermords im ehemaligen Jugoslawien sind hingegen eher mit der Absicht begangen worden, serbische Kinder zu zeugen und dienten damit als *„Maßnahmen, die auf die Geburtenverhinderung innerhalb der Gruppe gerichtet sind*" nach Art. 4 Abs. 2 d) ICTY-Statut.[254] Sexuelle Übergriffe können zum einen bei den vergewaltigten Frauen ein solches Trauma hervorrufen, was ihnen unerträglich macht, eine sexuelle Beziehung zu führen und Kinder zu bekommen.[255] Zum anderen und besonders in patriarchalischen Gesellschaften schließt die Tatsache, dass eine Frau von einem Mann aus einer anderen Gruppe geschwängert wurde, automatisch das Kind aus der Gruppe der Mutter aus[256] und führt zur Zerstörung von Familien.

Eine Vergewaltigung trägt zudem zu der *„vorsätzlichen Auferlegung von Lebensbedingungen für die Gruppe, die geeignet sind, ihre körperliche Zerstörung ganz oder teilweise herbeizuführen"* bei.[257] Die vorsätzliche Übertragung von HIV/AIDS durch Vergewaltigung wie in Ruanda, wo sie massiv zum Einsatz kam, gehört, obgleich

§§ 574–576. Im *Seromba*-Urteil beschreibt die Berufungskammer Vergewaltigung als Kernbeispiel („quintessential example") für schwere körperliche Schaden und bemerkt, dass beinahe alle Verurteilungen wegen Verursachung von schwerem körperlichem oder seelischem Schaden Vergewaltigung und Tötung beinhalten. *Prosecutor vs. Athanase Seromba*, Appeal Judgment, 12.03.2008, ICTR-01-66-A, § 46.

252 *A.-M. de Brouwer*, Supranational Criminal Prosecution of Sexual Violence, 2005, S. 48ff.; *N. Lamp*, Der Beitrag der Vereinten Nationen zur Entwicklung des Völkerstrafrechts zu sexueller Gewalt, in: S. von Schorlemer (Hrsg.), Die Vereinten Nationen und neuere Entwicklungen der Frauenrechte, 2007, S. 405.

253 *Prosecutor vs. Jean-Paul Akayesu*, Trial Judgment, 02.09.1998, ICTR-96-4-T, § 733.

254 *S. L. Russell-Brown*, Rape as an Act of Genocide, Berkeley Journal of International Law, 2003, S. 355. Prosecutor vs. Radovan Karadžić and Ratko Mladić, Review of the indictments pursuant to Rule 61 of the Rules of Procedure and Evidence, 11.07.1996, IT-95-5-R61, IT95-18-R61, §§ 64, 94.

255 *Prosecutor vs. Jean-Paul Akayesu*, Trial Judgment, 02.09.1998, ICTR-96-4-T, § 508.

256 Ebenda, § 507.

257 *The Prosecutor vs. Clément Kayishema and Obed Ruzindana*, Trial Judgment, 21.05.1999, ICTR-95-1-T, § 116.

sie vor den internationalen Strafgerichtshöfen noch nicht behandelt wurden, auch zu den Lebensbedingungen, die geeignet sind, eine Gruppe zu zerstören.[258]

Die Untersuchung von *Magali Maystre* und *Nicole Rangel* hat ergeben, dass beinahe alle Anklageschriften vor dem ICTR Vorwürfe des Völkermords, Verschwörung zur Begehung von Völkermord oder Teilnahme am Völkermord durch Vergewaltigung oder andere Formen sexueller Gewalt enthalten.[259] Doch lediglich drei Verfahren (*Akayesu, Gacumbitsi* und *Muhimana*)[260] schließen endgültig mit einer Verurteilung bezüglich dieses Verbrechens ab und dies obwohl im *Muhimana*-Fall sexuelle Gewalt als Tathandlung vom Völkermord nicht angeklagt wurde. Drei erstinstanzliche Verurteilungen sind vor der Berufungskammer anhängig[261] und ebenso viele wurden von der Berufungskammer aufgehoben. Im *Musema*-Fall sah die Berufungskammer die dem Verbrechen zugrundeliegende Vergewaltigung der Opfer nicht als zweifelsfrei erwiesen an.[262] Im Fall von *Emmanuel Rukundo* erschien der sexuelle Übergriff auf eine junge Frau in einem Priesterseminar den Richtern eher als ein ungeplanter und spontaner Akt, ohne „genozidale" Absicht.[263] Die Verurteilung von *Tharcisse Renzaho* wurde ihrerseits wegen der Ungenauigkeit der Anklageschrift bezüglich der Identität der Opfer und der Umstände der behaupteten Vergewaltigung aufgehoben.[264]

Vor dem ICTY haben die Richter im Fall *Radislav Krstić* erstmalig die Verbindung zwischen Vergewaltigungen und Genozid hergestellt, indem sie die Vergewaltigungen als natürliche und vorhersehbare Konsequenz der ethnischen Säuberung

---

258 *A.-M. de Brouwer*, Supranational Criminal Prosecution of Sexual Violence, 2005, S. 57.

259 *M. Maystre/N. Rangel*, Analytical and Comparative Digest of the ICTY, ICTR and SCSL Jurisprudence on international Sex Crimes, in: M. Bergsmo et al. (Hrsg.), Understanding and Proving International Sex Crimes, 2012, S. 649, 657, 667, 674, 649, 691, 694, 713, 714, 721, 723, 822.

260 *Prosecutor vs. Jean-Paul Akayesu*, Trial Judgment, 02.09.1998, ICTR-96-4-T, § 734; *Prosecutor vs. Sylvestre Gacumbitsi*, Trial Judgment, 17.06.2004, ICTR-2001-64-T, §§ 291–293. Die Berufungsanträge von *Akayesu* und *Gacumbitsi* wurden zurückgewiesen: *Prosecutor vs. Sylvestre Gacumbitsi*, Appel Judgment, 07.07.2006, ICTR-01-64-A; *Prosecutor vs. Jean-Paul Akayesu*, Appeal Judgment, 01.06.2001, ICTR-96-4-A; *Prosecutor vs. Mikaeli Muhimana*, Trial Judgment, 28.04.2005, ICTR-95-1B-T, §§ 513 c), 517–519. Verurteilung wegen Genozig in Berufung bestätigt: *Prosecutor vs. Mikaeli Muhimana*, Appeal Judgment, 21.05.2007, ICTR-95-1B-A.

261 *Augustin Bizimungu, Édouard Karemera und Mathieu Ngirumpatse*, Stand Nov. 2014. Die Daten werden aus der Internetseite des MICT abgeleitet.

262 *Prosecutor vs. Alfred Musema*, Appeal Judgment, 16.11.2001, ICTR-96-13-A, §§ 189–194.

263 *Prosecutor vs Emmanuel Rukundo*, Appeal Judgment, 20.10.2010, ICTR-01-70-A, § 236.

264 *Prosecutor vs Tharcisse Renzaho*, Appeal Judgment, 01.04.2011, ICTR-97-31-A, §§ 109–129.

einstuften[265] und zudem erklärten *„there are obvious similarities between a genocidal policy and the policy commonly known as ‚ethnic cleansing'"*.[266] Doch keine der sieben Anklagen zum ICTY wegen Völkermord durch sexuelle Gewaltverbrechen hat bis heute zu einer Verurteilung geführt. Allen Angeklagten wurde Verursachung von schwerem körperlichem oder seelischem Schaden wegen sexueller Gewalt an Muslimen in den Gefangenenlagern vorgeworfen.[267] Im Fall *Duško Sikirica* und *Biljana Plavšić* wurden die Anklagepunkten diesbezüglich aufgrund einer Plea-Agreement, einer Vereinbarung über eine Schuldigerklärung, zurückgezogen.[268] *Milomir Stakić, Radoslav Brđanin und Momčilo Krajišnik* wurden bezüglich dieser Anklagepunkte freigesprochen, weil ihnen keine Absicht nachgewiesen werden konnte, die muslimischen Bosnier auszulöschen.[269] Der Ausgang der Verfahren gegen *Radovan Karadžić und Ratko Mladić* ist noch offen.[270]

b) Verbrechen gegen die Menschlichkeit

Die Verurteilungen vor den *ad hoc*-Straftribunalen wegen Verbrechen gegen die Menschlichkeit erfolgten aufgrund von Art. 5 ICTY- und Art. 3 ICTR-Statut.

Trotz unterschiedlicher Formulierungen bestätigen beide Artikel die im Art. 6 c) IMT- bzw. Art. 5 c) IMTF-Statut enthaltene und später von dem Kontrollratsgesetz Nr. 10 um Vergewaltigung, Freiheitsberaubung und Folterung ergänzte Definition[271] sowie die von den Militärgerichten entwickelte Rechtsprechung, wonach Mord, Ausrottung, Versklavung, Deportation, Verfolgung oder andere unmenschliche Handlungen, soweit sie während eines bewaffneten Konfliktes gegen eine

---

265 *Prosecutor vs. Radislav Krstić*, Trial Judgment, 02.08.2001, IT- 98-33-T, § 616.

266 Ebenda, § 562.

267 *M. Maystre/N. Rangel*, Analytical and Comparative Digest of the ICTY, ICTR and SCSL Jurisprudence on international Sex Crimes, in: M. Bergsmo et al. (Hrsg.), Understanding and Proving International Sex Crimes, 2012, 2012, S. 568, 572, 576, 589, 595, 645, 646.

268 *Prosecutor vs. Duško Sikirika et al.*, Trial Judgment, 13–11.2001, IT-95-8-S, § 15; Prosecutor vs. *Biljana Plavšić*, Sentencing Judgment, 27.02.2003, IT-00-39&40/1-S, § 5.

269 *Prosecutor vs. Milomir Stakić*, Trial Judgment, 31.07.2003, IT-97-24-T, §§ 544–561; *Prosecutor vs. Radoslav Brđanin*, Trial Judgment, 01.09.2004, IT-99-36-T, §§ 989–991, 1152; *Prosecutor vs. Momčilo Krajišnik*, Trial Judgment, 27.09.2006, §§ 867, 869, 1125, 1181.

270 *Prosecutor vs. Radovan Karadžić*, Third Amended Indictment, 27.02.2009, IT-95-5/18-I, §§ 40 b) und c); *Prosecutor vs. Ratko Mladić*, Fourth Amended Indictment, IT-09-92, 16.12.2011, 39 b) und c). Am 28.06.2012 wurde Radovan Karadžić im Anschluss an der Beweisvorführung auf Grundlage von Art. 98 bis von der Strafkammer wegen Völkermord freigesprochen. Diese Entscheidung wurde jedoch am 11 Juli 2013 aufgehohen. *Prosecutor vs. Radovan Karadžić*, 11.07.2013, IT-9S-SI18-AR98bis.l, § 117.

271 Art. II (1)(c) Kontrollratsgesetz Nr. 10.

Zivilbevölkerung aus politischen, rassischen oder religiösen Gründen begangen worden sind und der Täter wusste, dass seine Tat Teil eines breit angelegten oder systematischen Angriffs gegen die Zivilbevölkerung war, als Verbrechen gegen die Menschlichkeit strafbar sind.[272]

Die erste Verurteilung wegen Vergewaltigung und anderer Formen sexueller Gewalt als Verbrechen gegen die Menschlichkeit in der Geschichte des Völkerstrafrechts erfolgte am 2. September 1998 vor dem ICTR im *Akayesu*-Fall.

Während vor dem ICTR beinahe alle Angeklagten wegen *Vergewaltigung* als Verbrechen gegen die Menschlichkeit (Art. 3 g) ICTR-Statut) angeklagt wurden,[273] erfolgten aufgrund der bereits erwähnten Schwierigkeiten bezüglich der Beweisaufnahme verhältnismäßig wenige Verurteilungen.[274]

Vor dem ICTY hingegen lag der Schwerpunkt der Anklage weniger in dem einzigen ausdrücklich erwähnten Tatbestand zu sexueller Gewalt. Vielmehr wurden die zahlreichen sexuellen Verbrechen in den Gefangenenlagern und anderswo als Verbrechen gegen die Menschlichkeit unter dem Tatbestand der *Verfolgung aus politischen, rassischen und religiösen Gründen* (Art. 5 h) ICTY-Statut) angeklagt und verurteilt.[275] Aus den in den *Tadić*- und *Kupreškić*-Urteilen erarbeiteten Definitionen von „Verfolgung" muss dafür eine Rechtsverletzung durch verbotene Handlungen und mit Diskriminierungsabsicht gegen eine Person begangen werden. Außerdem muss diese Person als Angehörige einer politischen, rassischen und religiösen Gruppe identifizierbar sein.[276] Sexuelle Misshandlungen sind verbotene Handlungen und stellen eindeutig Rechtverletzungen dar. Im Jugoslawienkonflikt wurden

---

272 *T. Meron*, Rape as a Crime under International Humanitarian Law, American Journal of International Law, Vol. 87, 1993, S. 428. Siehe auch *K. Greve*, Vergewaltigung als Völkermord, 2008, S. 248 ff.

273 *M. Maystre/N. Rangel*, Analytical and Comparative Digest of the ICTY, ICTR and SCSL Jurisprudence on international Sex Crimes, in: M. Bergsmo et al. (Hrsg.), Understanding and Proving International Sex Crimes, 2012, S. 649, 657, 667, 674, 679, 691, 695, 700, 714, 723, 725, 743, 755, 763, 769, 777, 812, 813, 814, 815, 818, 819, 821.

274 28 Angeklagten: 11 Veurteilungen vor dem ICTR: *Akayesu, Semanza, Gacumbitsi, Muhimana, Bagosora, Karemera, Hategekimana, Augustin Bizimungu, Nyiramasuhuko, Ntahobali, Ngirumpatse* (*Renzahos* und *Musemas* Verurteilungen wurden in Berufung aufgehoben.) Vor dem ICTY erfolgten Verurteilungen wegen Vergewaltigung als Verbrechen gegen die Menschlichkeit (Art. 5 g ICTY-Statut) gegen *Kunarac, Kovač, Vukovič, Nikolić, Zelenović, Prlić, Stojić, Petković* und *Ćorić.*

275 *Krstić, Prcać, Kos, Mlađo Radić, Žigić, Sikirica, Plavšić, Stakić, Nikolić, Pavković, Prlić, Stojić, Praljak, Petković, Ćorić, Pušić, Mićo Stanišić, Župljanin,* (Berufung ist im Fall *Prlić, et al* sowie *Mićo Stanišić* und *Župljanin* noch anhängig). Die erstinstanzliche Verurteilung von *Žigić, Kvočka, Brđanin und Krajišnik* wurde von der Berufungskammer aufgehoben. *Đorđević* wurde erst von der Berufungskammer verurteilt.

276 *Prosecutor vs. Duško Tadić, Trial Jugement*, 07.05.1997, IT-94-1-T, §§ 697, 715.

sie hauptsächlich an Musliminnen bzw. an der „nicht-serbischen" Bevölkerung begangen und erfüllen somit die Voraussetzung der diskriminierenden Absicht.

Vor dem ICTR kam es in zwei Verfahren zu Verurteilungen wegen sexueller Gewalt als Teil der Tutsi-Verfolgung. Im *Media*-Prozess wurden die Gründer der Radio télévision libre des mille collines (RTLM) *Ferdinand Nahimana* und *Jean-Bosco Barayagwiza* sowie der Chefredakteur der Zeitung *Kangura*, *Hassan Ngeze* wegen Verleumdung und Verunglimpfung der Tutsi-Frauen der Verfolgung aus politischen und rassischen Gründen (Art. 3 h) ICTR-Statut) schuldig gesprochen.[277] Dabei unterstrich die Kammer:

> *The Chamber notes that Tutsi women, in particular, were targeted for persecution. The portrayal of the Tutsi woman as femme fatale, and the message that Tutsi women were seductive agents of the enemy was conveyed repeatedly by RTLM and Kangura. The Ten Commandments, broadcast on RTLM and published in Kangura, vilified and endangered Tutsi women [..]. By defining the Tutsi woman as an enemy in this way, RTLM and Kangura articulated a framework that made the sexual attack of Tutsi women a foreseeable consequence of the role attributed to them.*[278]

Im Fall *Bagosora et al.* wurde der Kabinettsdirektor des ruandischen Verteidigungsministers wegen Vergewaltigungen an Straßensperren in Kigali, im Saint Josephine Zentrum sowie in der Kirchengemeinde Gikondo der Verfolgung aus politischen und rassischen Gründen schuldig gesprochen.[279]

Drei Jahre nach dem *Akayesu*-Urteil folgte die erste Verurteilung von sexuellen Verbrechen als Verbrechen gegen die Menschlichkeit vor dem ICTY im *Foča*-Fall. Das zweite Verfahren ausschließlich über sexuelle Gewalt nach dem *Furundžija*-Verfahren brachte zwei Neuerungen für das Völkerstrafrecht: die erste Verurteilung sexueller Verbrechen als Verbrechen gegen die Menschlichkeit unter dem Tatbestand der *Folter* (Art. 5 f) ICTY-Statut) sowie der *Versklavung* (Art. 5 c)-ICTY-Statut).[280] *Dragoljub Kunarac* und *Radomir Kovač* hatten während der serbischen Besatzung der bosnischen Stadt Foča muslimische Frauen monatelang in Privatwohnungen festgehalten, kontinuierlich vergewaltigt und wie Privatbesitz behandelt. Diesen Mädchen und Frauen wurde jegliche Kontrolle über ihr Leben versagt, sie mussten allen Anordnungen gehorchen und Hausarbeiten errichten. Drei der Opfer wurden

---

277 *Prosecutor vs. Ferdinand Nahimana et al.*, Trial Judgement, 03.12.2003, ICTR-99-52-T, § 1081–1084 Lediglich die Verurteilung von *Nahimana* wurde in der Berufung bestätigt. *Prosecutor vs. Ferdinand Nahimana et al.*, Appeal Judgment, 28.11.2007, ICTR-99-52-A, §§ 996 f., 1014.

278 Ebenda, § 1079.

279 *Prosecutor vs. Théoneste Bagosora et al.*, Trial Judgment, 18.12.2008, ICTR-98-41-T, § 2210–2213.

280 Für die Subsumierung sexueller Gewalt unter dem Tatbestand der Folter siehe unten S. 75 ff.

sogar von *Kovač* an andere Soldaten verkauft.[281] Nach ausführlicher Untersuchung von internationalen Konventionen und Urteilen kommt die Kammer zu dem Schluss, dass zum Zeitpunkt der Tat die gewohnheitsrechtliche Definition der Versklavung der Definition der Sklaverei-Konvention von 1926 entspricht und die demnach durch Ausübung von Eigentumsrechten über eine andere Person gekennzeichnet ist.[282] Diese könne sich nach Ansicht der Kammer aus folgenden Faktoren ergeben: Kontrolle über die Bewegungsfreiheit einer Person, Kontrolle der äußeren Umgebung, psychologische Kontrolle, Maßnahmen zur Verhinderung einer Flucht, Gewalt oder Androhung von Gewalt, grausame Behandlung und Missbrauch, Geltendmachung von Exklusivrechten, Dauer, Kontrolle der Sexualität, Zwangsarbeit.[283] In der Berufung betonte die Berufungskammer, dass das fehlende Einverständnis und die lange Dauer der Versklavung allenfalls Indizien für die Versklavung darstellen und nicht nachzuweisen seien.[284] Bis zu diesem Urteil wurde Versklavung hauptsächlich im Zusammenhang mit Zwangsarbeit gesehen.[285] Die Erweiterung der Merkmale, die unter Versklavung fallen, um fortgesetzte sexuelle Gewalt ist demnach zu begrüßen, selbst wenn im vorliegenden Fall die Richter die Tatsache, dass die Frauen und Mädchen primär zum Zweck der sexuellen Ausbeutung versklavt wurden, deutlicher hätten hervorheben können. Sie hätten etwa die Taten, angelegt an dem Maßstab des zum Zeitpunkt des Urteils bereits angenommenen ICC-Statuts, als sexuelle Sklaverei charakterisieren können,[286] auch wenn klar ist, dass eine Verurteilung als solche nicht möglich war, da zum Zeitpunkt der Tat der Tatbestand der sexuellen Sklaverei noch nicht anerkannt war.

Wegen *anderer unmenschlicher Behandlungen* (Art. 5 i) ICTY-, Art. 3 i) ICTR-Statut) wurden *Jean-Paul Akayesu* und *Milan Martić* verurteilt. Der erste, weil er Frauen gezwungen hatte, sich auszuziehen und sich in den Schlamm zu setzen, nackt durch die Straße zu laufen oder vor anderen Menschen Turnübungen zu machen.[287]

---

281 *Prosecutor vs. Dragoljub Kunarac et al.*, Third indictment, 08.11.99, IT-96-23-PT, Anklagepunkte 18 und 22.

282 *Prosecutor vs. Dragoljub Kunarac et al.*, Trial Judgment, 22.02.2001, IT-96-23 und IT-96-23/1, § 539.

283 Ebenda, § 543.

284 *Prosecutor vs. Dragoljub Kunarac et al.*, Appeal Judgment, 12.06.2002, IT-96-23 und IT-96-23/1-A, §§ 120, 121.

285 *Prosecutor vs. Dragoljub Kunarac et al.*, Trial Judgment, 22.02.2001, IT-96-23 und IT-96-23/1, § 515–538, 541.

286 *K. D. Askin*, Prosecuting Wartime Rape and Other Gender-Related Crimes under International Law: Extraordinary Advances, Enduring Obstacles, Berkeley Journal of International Law, 2003, S. 340.

287 *Prosecutor vs. Jean-Paul Akayesu*, Trial Judgment, 02.09.1998, ICTR-96-4-T §§ 692–697.

Der zweite, weil er Männer zum oralen Geschlechtsverkehr miteinander und zur gegenseitigen Masturbation gezwungen hatte.[288]

c) *Kriegsverbrechen*

Unter den Begriff Kriegsverbrechen fallen vor den *ad hoc*-Tribunalen drei Arten von Verbrechen: Schwere Verletzungen der Genfer Konventionen von 1949 (Art. 2 ICTY-Statut), Verstöße gegen die Gesetze und Gebräuche des Krieges (Art. 3 ICTY-Statut) und Verstöße gegen den gemeinsamen Art. 3 GK und gegen das Zusatzprotokoll II (Art. 4 ICTR-Statut). Lediglich Art. 4 e) ICTR-Statut listet sexuelle Verbrechen in Form von Vergewaltigung, Zwangsprostitution oder anderen unzüchtigen Handlungen auf. Art. 3 ICTY-Statut hat seine Basis im Haager Recht.[289] Obwohl Art. 46 LKO sexuelle Gewalt in internationalen Konflikt verbietet, gehören zu den explizit aufgezählten Verstößen von Art. 3 ICTY-Statut keine Verbrechen, worunter Vergewaltigung als Tathandlung interpretiert werden könnte. Gleichwohl wurden vor dem ICTY die meisten Kriegsverbrechen unter Art. 3 angeklagt. Denn dieser ursprünglich als allgemeine Zuständigkeitsklausel, als Auffangartikel für alle Verletzungen, die weder unter Art. 2 noch unter Art. 4 oder 5 des Statuts fallen, vorgesehene Artikel[290] umfasst nicht nur Verletzungen des Haager Rechts sondern des ganzen humanitären Völkerrechts,[291] welches wie bereits geschildert zweifellos Vergewaltigung verbietet.[292] Zudem wird in Art. 3 im Gegensatz zu Art. 2 ICTY-Statut die sachliche Zuständigkeit des Tribunals nicht durch die Notwendigkeit eines internationalen bewaffneten Konflikts eingeschränkt. Art. 3 verlangt lediglich, dass die Tat entweder im Rahmen eines internationalen oder internen Konflikts

288 Prosecutor vs. *Milan Martić*, Trial Jugdgement, 12.06.2007, IT-95-11-T, § 228 (Fn. 899), §§ 413–415.

289 Report of the Secretary-General pursuant to paragraph 2 of Security Council Resolution 808 (1993), UN Doc. S/25704 v. 03.05.1993, § 41.

290 *Prosecutor vs. Duško Tadić*, Decision on the Defence Motion for Interlocutory Appeal on Jurisdiction, 02.10.1995, § 91: *"Article 3 thus confers on the International Tribunal jurisdiction over any serious offence against international humanitarian law not covered by Article 2, 4 or 5. Article 3 is a fundamental provision laying down that any "serious violation of international humanitarian law" must be prosecuted by the International Tribunal. In other words, Article 3 functions as a residual clause designed to ensure that no serious violation of international humanitarian law is taken away from the jurisdiction of the International Tribunal. Article 3 aims to make such jurisdiction watertight and inescapable."*

291 Ebenda, § 90. Zu den Auslegungsmethoden der Kammer, um zu diesem Ergebnis zu gelangen siehe dazu: *R. Heinsch*, Die Weiterentwicklung des humanitären Völkerrechts durch die Strafgerichtshöfe für das ehemalige Jugoslawien und Ruanda, 2007, S. 138ff.

292 Siehe oben S. 37 ff.

und in enger Verbindung mit dem bewaffneten Konflikt stattgefunden hat.[293] Die Natur des bewaffneten Konflikts im Ehemaligen Jugoslawien befand sich in einem Graubereich zwischen eines internen und internationalen Konflikts.[294] Aus diesem Grund erfolgten die meisten Anklagen wegen sexueller Gewalt als Kriegsverbrechen unter Art. 3 ICTY-Statut.[295] Im Verhältnis zu Art. 5 ICTY-Statut Verbrechen gegen die Menschlichkeit müssen die Taten, um als Kriegsverbrechen verurteilt zu werden, nicht systematisch und im größeren Umfang begangen worden sein. Vereinzelte Akte reichen aus.[296]

Weil weder Art. 2 noch Art. 3 ICTY-Statut Vergewaltigung und sexuelle Gewalt explizit auflisten, half sich die Anklagebehörde zunächst mit Auffangtatbeständen wie unmenschliche Behandlung, grausame Behandlung und Beeinträchtigung der persönlichen Würde oder verfolgte sexuelle Gewalt als Element anderer Tatbestände, insbesondere Folter.[297] Erst 1999, nachdem das Gericht im *Čelebići*-Fall feststellte, dass es keinen Zweifel an einem ausdrücklichen Verbot von Vergewaltigung im humanitären Völkerrecht gibt,[298] und im Fall *Furundjiža* erklärte: *"it is indisputable, that rape and other serious assaults in armed conflicts entail the criminal liability of the perpetrators."*[299] wurde Vergewaltigung als Kriegsverbrechen nach Art. 3 des ICTY-Statuts ohne Rekurs auf kodifizierte Auffangtatbestände im *Kunarac*-Fall angeklagt[300] und später erfolgreich verurteilt.[301] Dieses Urteil sollte jedoch eine

---

293 *Prosecutor vs. Duško Tadić,* Decision on the Defence Motion for Interlocutory Appeal on Jurisdiction, 02.10.1995, § 94.

294 Ebenda, § 77. Die Berufungskammer sprach in ihrer Jurisdiktionsentscheidung dem Konflikt sowohl internationale als auch interne Aspekte zu. Zu der Natur des Konflikts im ehemaligen Jugoslawien siehe *R. Heinsch*, Die Weiterentwicklung des humanitären Völkerrechts durch die Strafgerichtshöfe für das ehemalige Jugoslawien und Ruanda, 2007, S. 135ff.

295 *A.-M. de Brouwer*, Supranational Criminal Prosecution of Sexual Violence, 2005, S. 176; *M. Maystre/N. Rangel*, Analytical and Comparative Digest of the ICTY, ICTR and SCSL Jurisprudence on international Sex Crimes, in: M. Bergsmo et al. (Hrsg.), Understanding and Proving International Sex Crimes, 2012, S. 516, 518, 524, 527, 528, 547, 551, 556, 567, 570, 585, 592, 594, 603, 609, 611, 613, 617, 642, 644, 648.

296 *Prosecutor vs. Zejnil Delalić et al.*, Trial Judgment, 16.11.1998, IT-96-21-T, § 178.

297 *N. Lamp*, Der Beitrag der Vereinten Nationen zur Entwicklung des Völkerstrafrechts zu sexueller Gewalt, in: S. von Schorlemer (Hrsg.), Die Vereinten Nationen und neuere Entwicklungen der Frauenrechte, 2007, S. 381.

298 *Prosecutor vs. Zejnil Delalić et al.*, Trial Judgment, 16.11.1998, IT-96-21-T, § 476.

299 *Prosecutor vs. Anto Furundjiža*, Trial Judgment, 10.12.1998, IT-95-17/1-T, § 169.

300 *Prosecutor vs. Dragoljub Kunarac et al.*, Third Amended Indictment, 02.12.1999, IT-96-23-PT, Anklagepunkte 4, 8, 10, 12, 16, 20, 24. Zu dem Entwichkungsvorgang bis dahin siehe *N. Lamp*, Der Beitrag der Vereinten Nationen zur Entwicklung des Völkerstrafrechts zu sexueller Gewalt, in: S. von Schorlemer (Hrsg.), Die Vereinten Nationen und neuere Entwicklungen der Frauenrechte, 2007, S. 379–396.

301 *Prosecutor vs. Dragoljub Kunarac et al.*, Trial Judgment, 22.02.2001, IT-96–23 und IT-96–23/1, § 883: Verurteilung bezüglich den Anklagepunkten 4, 10, 12, 20.

Ausnahme bleiben. Vergewaltigung als Verstoß gegen die Gesetze und Gebräuche des Krieges wurde zwar als solches in drei weiteren Verfahren (*Zelenović*,[302] *Haradinaj et al.*,[303] *Rasim Delić*[304]) angeklagt. Diese führten jedoch zu keiner Verurteilung. Im Fall *Dragan Zelenović* wurden die Anklagepunkten 8, 16, 44 und 50 aufgrund eines Plea-Agreements von der Anklage zurückgezogen.[305] *Ramush Haradinaj, Idriz Balaj* und *Lahi Brahimaj* wurden am Ende des Verfahrens von allen Vorwürfen beziehungsweise für *Lahi Brahimaj* von allen Vorwürfen bezüglich sexueller Gewalt freigesprochen,[306] während *Rasim Delić* bereits im Vorfeld aufgrund von Art. 98bis der Beweis- und Verfahrensordnung entlastet wurde, weil keine ausreichende Beweise vorgelegt wurden.[307]

Viel sicherer erschien es den Anklägerinnen und Anklägern, eine Verfolgung von sexueller Gewalt als Kriegsverbrechen über Auffangtatbestände wie Beeinträchtigung der persönlichen Würde oder unmenschliche Behandlung und den Tatbestand der Folter zu gewährleisten.[308]

Die erste völkerrechtliche Anerkennung von Vergewaltigung als Folter erfolgte im *Čelebići*-Urteil.[309] Nach der Untersuchung von Entscheidungen der Inter-Amerikanischen Menschenrechtskommission, des Europäischen Gerichtshofs für Menschenrechte sowie Berichten des UN-Sonderberichterstatters für Folter[310] übernahmen zunächst die Richter die in der UN Anti-Folter-Konvention festgehaltene Definition von Folter -jede Handlung, durch die einer Person vorsätzlich große körperliche oder seelische Schmerzen oder Leiden zur Erreichung verschiedener Zwecke wie Aussagen, Geständnis, Einschüchterung oder Diskriminierung unter Beteiligung einer amtlichen Person zugefügt werden-[311] und fügen hinzu:

---

302 *Prosecutor vs. Dragan Zelenović*, Amended Indictment, 05.10.1999, IT-96-23-I, Anklagepunkte: 8, 16, 44, 50.

303 *Prosecutor vs. Ramush Haradinaj et al.*, fourth amended Indictment, 16.10.2007, IT 04-84-I, Anklagepunkt 36.

304 *Prosecutor vs. Rasim Delić*, amended indictment, 11.11.2005, IT-04-83-PT, Anklagepunkt 3.

305 *Prosecutor vs. Dragan Zelenović*, Sentencing Judgment, 04.04.2007, IT-96-23/2-S, § 13.

306 *Prosecutor vs. Ramush Haradinaj et al.* Trial Judgment, 03.04.2008, It-04-84T, §§ 502–504.

307 Anhörung bezüglich einem Freispruchgesuch vom 26.02.2008 nach Art. 98 bis Verfahrensordnung, S. 6890–6893 zitiert in: *Prosecutor vs. Rasim Delić*, 15.09.2008, IT-04-83-T, § 21.

308 Siehe dazu *N. Lamp*, Der Beitrag der Vereinten Nationen zur Entwicklung des Völkerstrafrechts zu sexueller Gewalt, in: S. von Schorlemer (Hrsg.), Die Vereinten Nationen und neuere Entwicklungen der Frauenrechte, 2007, S. 382–390.

309 *Prosecutor vs. Zejnil Delalić et al.*, Trial Judgment, 16.11.1998, IT-96-21-T, § 496.

310 Ebenda, §§ 480–493.

311 Art. I Übereinkommen gegen Folter und andere grausame, unmenschliche oder erniedrigende Behandlung oder Strafe, UN Doc. A/Res/39/46 v. 10.12.1984. *Prosecutor vs. Zejnil Delalić et al.*, Trial Judgment, 16.11.1998, IT-96-21-T, § 494.

"The Trial Chamber considers the rape of any person to be a despicable act which strikes at the very core of human dignity and physical integrity. The condemnation and punishment of rape becomes all the more urgent where it is committed by, or at the instigation of, a public official, or with the consent or acquiescence of such an official. Rape causes severe pain and suffering, both physical and psychological. The psychological suffering of persons upon whom rape is inflicted may be exacerbated by social and cultural conditions and can be particularly acute and long lasting. Furthermore, it is difficult to envisage circumstances in which rape, by, or at the instigation of a public official, or with the consent or acquiescence of an official, could be considered as occurring for a purpose that does not, in some way, involve punishment, coercion, discrimination or intimidation. In the view of this Trial Chamber this is inherent in situations of armed conflict."[312]

Im vorliegenden Fall wurden beide Opfer von *Hazim Delić*, einem Leiter des *Čelebići*-Lagers und demnach Vertreter der bosnischen Autoritäten, vergewaltigt, um zu Informationen zu gelangen, sie zu bestrafen und einzuschüchtern sowie weil sie Frauen waren.[313] Mit dieser letzten Feststellung erkannte die Strafkammer gestützt auf die allgemeine Empfehlung Nr. 19 des Frauenrechtsausschusses und den UN Bericht über systematische Vergewaltigung, sexuelle Sklaverei und sklavereiähnliche Praktiken in bewaffneten Konflikten[314] „Geschlecht" als Diskriminierungsgrund bei Folter an.[315]

Diese erstmalige völkerrechtliche Anerkennung von Vergewaltigung als Folter führte zu der ersten Verurteilung von Vergewaltigung als schwere Verletzung der Genfer Konventionen und eröffnete hiermit das Weltrechtsprinzip für die Verfolgung von Vergewaltigungen als Kriegsverbrechen. Dabei handelte es sich um eines der seltenen Urteile, in dem Vergewaltigung als Folter im Sinne der schweren Verletzungen der Genfer Konventionen nach Art. 2 b) ICTY-Statut erfolgreich verurteilt wurde. Als Vorgesetzter wurde *Zdravko Mućic* im selben Verfahren für die von *Hazim Delić* begangenen sexuellen Verbrechen verurteilt.[316] *Radoslav Brđanin* wurde in erster Instanz wegen Beihilfe zu zahlreichen Vergewaltigungen in den Lagern in Keraterm, Trnopolje und Omarska im Juni und Juli 1992 verurteilt.[317] Die Verurteilung wurde allerdings von der Berufungskammer aufgehoben.[318] Schließlich

312 Ebenda, § 495.

313 Ebenda, §§ 941f., 963.

314 Report of the Special Rapporteur on systematic rape, sexual slavery and slavery-like practices during armed conflict, UN Doc. E/CN.4/Sub.2/1998/13 v. 22.06.1998, § 55.

315 *Prosecutor vs. Zejnil Delalić et al.*, Trial Judgment, 16.11.1998, IT-96-21-T, § 493.

316 Ebenda, § 1010.

317 *Prosecutor vs. Radoslav Brđanin*, Trial Judgment, 01.09.2004, IT-99-36-T, §§ 512–518, 523–524, 538.

318 *Prosecutor vs. Radoslav Brđanin*, Appeal Judgment, 03.04.2007, IT-99-36-A, AJ, §§ 265–289.

wurde *Miroslav Bralo* aufgrund eines Plea-Agreements nach Art. 2 b) ICTY-Statut verurteilt.[319]

Unter Art. 3 ICTY-Statut wurde Folter zwanzig Mal angeklagt[320] (vier Verfahren sind noch nicht abgeschlossen)[321] und führte zu acht erstinstanzlichen Verurteilungen (*Mućic, Hasim Delić, Furundžija, Kunarac, Vuković, Mlađo Radić, Bralo, Martić*)[322] wobei zwei davon in der Berufung aufgehoben wurden (*Mućic, Delić*).[323] Während die Richter im *Furundžija*-Urteil keinen Grund sahen, sich von der im *Čelebići*-Urteil vor allem auf Menschenrechtsvereinbarungen gestützten erarbeiteten Definition von Folter abzuwenden,[324] wandte sich die Strafkammer im *Kunarac*-Urteil von dieser Definition ab, indem sie zum ersten Mal den Versuch unternahm, Folter völkerstrafrechtlich zu definieren.[325] Dabei problematisierte die Kammer vor allem das Erfordernis einer Beteiligung einer in amtlicher Eigenschaft handelnden Person. Dieses Tatbestandelement sei in einem menschenrechtlichen Kontext darauf zurückzuführen, dass das Menschenrechtsregime in erster Linie die Bevölkerung vor der Ausübung staatlicher Willkür schützen soll. Demgegenüber ziehe das Völkerstrafrecht Individuen direkt für die Begehung von Straftaten zur Verantwortung.[326] Im Kontext eines Krieges liegen demnach die charakteristischen Merkmale von Folter „eher in der Natur der begangenen Handlung als im Status der Person, die diese

319 *Prosecutor vs. Mirislav Bralo*, Trial Judgment, 07.12.2005, IT-95-17-S, §§ 3, 5, 15–16.

320 Angeklagt wurden *Zejnil Delalić, Zdravko Mucić, Hazim Delić, Anto Furundjiža, Dragoljub Kunarac, Zoran Vuković, Mlađo Radić, Miroslav Bralo, Dragan Zelenović, Milan Martić, Mile Mrkšić, Miroslav Radić, Veselin Šljivančanin, Ramush Haradinaj, Idriz Balaj, Lahi Brahimaj, Mićo Stanišić, Stojan Župljanin, Vojislav Šešelj, Goran Hadžić M. siehe dazu: Maystre/N. Rangel*, Analytical and Comparative Digest of the ICTY, ICTR and SCSL Jurisprudence on international Sex Crimes, in: M. Bergsmo et al. (Hrsg.), Understanding and Proving International Sex Crimes, 2012, S. 518, 524, 528ff., 556, 592, 603ff., 609, 611, 613f., 643, 644, 648.

321 In den Verfahren gegen *Vojislav Šešelj* (IT-03-67) und *Goran Hadžić* (IT-04-75) wurden noch kein Urteil gefällt. Das Verfahren gegen *Stojan Župljanin* und *Mićo Stanišić* (IT-08-91) befindet sich im Berufunsgsstadium. (Stand Nov. 2014).

322 *Prosecutor vs. Zejnil Delalić et al.*, Trial Judgment, 16.11.1998, IT-96-21-T, §§ 943, 1253, 1262, 1285 (*Hazim Delić*), §§ 1010–1011 (*Zdravko Mucić*); *Prosecutor vs. Dragoljub Kunarac et al.*, Trial Judgment, 22.02.2001, IT-96-23 und IT-96-23/1, §§ 685, 715 *(Dargoljub Kunarac)*, § 822 *(Zoran Vuković); Prosecutor vs. Anto Furundjiža*, Trial Judgment, 10.12.1998, IT-95-17/1-T, § 269; *Prosecutor vs. Miroslav Kvočka et al.*, Trial Judgment, 02.11.2001, IT 98-30/1-T, § 578 (*Mlađo Radić); Prosecutor vs. Miroslav Bralo,* Sentencing Judgment, 7.12.2005, IT 95-17-S, (Plea Agreement); Prosecutor vs. *Milan Martić*, Trial Jugdgement, 12.06.2007, IT-95-11-T, §§ 415, 480.

323 *Prosecutor vs. Zejnil Delalić et al.*, Appeal Judgment, 20.02.2001, IT-96-21-A, § 427.

324 *Prosecutor vs. Anto Furundjiža*, Trial Judgment, 10.12.1998, IT-95-17/1-T, §160.

325 *Prosecutor vs. Dragoljub Kunarac et al.*, Trial Judgment, 22.02.2001, IT-96-23 und IT-96-23/1, §§ 478–497.

326 Ebenda, § 470 i).

beging."[327] Nach Durchsicht völkerrechtlicher Dokumente und Rechtsprechung zur Folter-Definition hielten am Ende die Richter folgende Definition fest:

> *(i) The infliction, by act or omission, of severe pain or suffering, whether physical or mental.*
> *(ii) The act or omission must be intentional.*
> *(iii) The act or omission must aim at obtaining information or a confession, or at punishing, intimidating or coercing the victim or a third person, or at discriminating, on any ground, against the victim or a third person.*[328]

Dieser Definition wurde im *Kvočka*-[329] und *Martić* Urteile[330] gefolgt.

Weitere Verurteilungen erfolgten vor dem ICTY aufgrund von Art. 2 b) (unmenschliche Behandlung)[331], Art. 2 c) (vorsätzliche Verursachung großer Leiden oder schwere Beeinträchtigung der körperlichen Unversehrtheit oder der Gesundheit... .)[332] oder wegen grausamer Behandlung, Verletzung der Menschenwürde als Verstoß gegen die Gesetze und Verstöße nach Art. 3.[333] Weil es selbstverständlich

---

327 Ebenda, § 495.

328 Ebenda, § 497.

329 *Prosecutor vs. Miroslav Kvočka et al.*, Trial Judgment, 02.11.2001, IT 98-30/1-T, § 225.

330 Prosecutor vs. *Milan Martić*, Trial Judgment, 12.06.2007, IT-95-11-T, § 76.

331 *Prosecutor vs. Duško Tadić*, Appeal Judgment, 15.07.1999, IT-94-1-A, § 170 (allerdings wegen sexueller gewalt gegen Männer), *Prosecutor vs. Zejnil Delalić et al.*, Trial Judgment, 16.11.1998, IT-96-21-T, §§ 1047, 1072. (*Zdravko Mucić*); *Prosecutor vs. Tihomir Blaškić*, Trial Judgment, 03.03.2000, IT-95-14-T, §§ 692, 695, 700, 720–725, 731–734; *Prosecutor vs. Jadranko Prlić et al.*, Trial Judgment, 29.05.2013, IT-04-74-T, §§ 772, 774, 776, 780 (Vol. 3) i.V.m. § 288 (Vol. 4) (*Jadranko Prlić*), § 450 (Vol. 4)(*Bruno Stojić*), §§ 830, 834, 853 (Vol. 4)(*Milivoj Petković*), §§ 1014, 1021 (Vol. 4) (*Valentin Ćorić*).

332 *Prosecutor vs. Duško Tadić*, Appeal Judgment, 15.07.1999, IT-94-1-A, § 170; *Prosecutor vs. Zejnil Delalić et al.*, Trial Judgment, 16.11.1998, IT-96-21-T, § 1047. (*Zdravko Mucić*); *Prosecutor vs. Mladen Naletilić and Vinko Martinović*, Trial Judgment, 31.03.2003, IT-98-34-T, § 450 (*Mladen Naletilić*).

333 Grausame Behandlung: *Prosecutor vs. Duško Tadić*, Trial Judgment, 7.05.1997, IT-94-1-T, § 726 (allerdings wegen sexueller gewalt gegen Männer), *Prosecutor vs. Zejnil Delalić et al.*, Trial Judgment, 16.11.1998, IT-96-21-T, § 1047. (*Zdravko Mucić*); *Prosecutor vs. Tihomir Blaškić*, Trial Judgment, 03.03.2000, IT-95-14-T, §§ 692, 695, 700, 720–725, 731–734; *Prosecutor vs. Ranko Češić*, Sentencing Judgment, 11.03.2004, IT-95-10/1-S, §§ 4, 13–14, 33, 35–36, 107 (Auch wegen sexueller Gewalt gegen Männer. Plea-Agreement). Die Verurteilungen von *Zdravko Mucić* und *Tihomir Blaškić* wurden von der Berufungkammer aufgehoben); *Prosecutor vs. Zejnil Delalić et al.*, Appeal Judgment, 20.02.2001, IT-96-21-A, § 42; *Prosecutor vs. Tihomir Blaškić*, Appeal Judgment, 29.07.2004, IT-95-14-A, § 634.
Beeinträchtigung der persönlichen Würde: *Prosecutor vs. Anto Furundjiža*, Trial Judgment, 10.12.1998, IT-95-17/1-T, § 275; *Prosecutor vs. Dragoljub Kunarac et al.*, Trial Judgment, 22.02.2001, IT-96-23 und IT-96–23/1, §§ 782, 886 (*Radomir Kovač*); *Prosecutor vs. Mirislav Bralo*, Trial Judgment, 07.12.2005, IT-95-17-S, § 5 (Plea Agreement).

erscheint, dass sexuelle Verbrechen mindestens unter diese Tatbestände subsumiert werden können, wird auf diese Verurteilungen nicht näher eingegangen, da eine Untersuchung aller Verurteilungen den Rahmen dieser Arbeit sprengen würde.

Vor dem ICTR wurden sexuelle Kriegsverbrechen entweder unter Art. 4 e) ICTR-Statut (Beeinträchtigung der persönlichen Würde, insbesondere entwürdigende und erniedrigende Behandlung, Vergewaltigung und sexuelle Nötigung) oder mehrheitlich unter Art. 4 a) (Angriffe auf das Leben, die Gesundheit oder das körperliche oder geistige Wohlbefinden von Personen insbesondere entwürdigende und erniedrigende Behandlung) angeklagt.[334] Von den achtzehn Angeklagten wurden bis jetzt lediglich fünf der Verletzung vom gemeinsamen Art. 3 der Genfer Konventionen und des ZP II schuldig gefunden (*Semanza, Bagosora, A. Bizimungu, Nyiramasuhuko und Ntahobali*).[335] Die Subsumtion der Taten unter Art. 3 ICTR-Statut war nicht problematisch, da kein Zweifel besteht, dass sexuelle Gewalttaten eine Beeinträchtigung der persönlichen Würde darstellen.[336] Vielmehr scheiterte es in mehreren Fällen an der Ungenauigkeit der Anklageschrift bezüglich sexueller Gewalttaten,[337]

---

334 Angeklagt unter Art. 4 e) wurden: *Jean-Paul Akayesu, Alfred Musema, Laurent Semanza, Juvénal Kajelijeli, Jean de Dieu Kamuhanda, Thénoeste Bagosora, Gratien Kabiligi, Aloys Ntabakuze, Anatole Nsengiyumva, Tharcisse Renzaho, Augustin Bizimungu, François-Xavier Nzuwonemeye, Innocent Sagahutu, Pauline Nyiramasuhuko, Arsène Shalom Ntahobali, Casimir Bizimungu, Idelphonse Nizeyimana, Augustin Bizimana.* Siehe dazu: *M. Maystre/N. Rangel*, Analytical and Comparative Digest of the ICTY, ICTR and SCSL Jurisprudence on international Sex Crimes, in: M. Bergsmo et al. (Hrsg.), Understanding and Proving International Sex Crimes, 2012, S. 649, 657, 667, 679, 691, 723, 725, 743, 769, 777, 812, 815, 819.
Angeklagt unter Art. 4 a) wurden: *Eliézer Niyitegeka, Juvénal Kajelijeli, Jean de Dieu Kamuhanda, Thénoeste Bagosora, Gratien Kabiligi, Aloys Ntabakuze, Anatole Nsengiyumva, Pauline Nyiramasuhuko, Arsène Shalom Ntahobali.* Siehe dazu: *M. Maystre/N. Rangel*, Analytical and Comparative Digest of the ICTY, ICTR and SCSL Jurisprudence on international Sex Crimes, in: M. Bergsmo et al. (Hrsg.), Understanding and Proving International Sex Crimes, 2012, S. 674, 679, 691, 723, 725, 777.

335 Alle nach Art. 4 e) ICTR-Statut. *Prosecutor vs. Laurent Semanza*, Appeal Judgment, 20.05.2005, ICTR-97-20-A, §§ 370–371; *Prosecutor vs. Théoneste Bagosora et al.*, Trial Judgment, 18.12.2008, ICTR-98-41-T, § 2254 (*Théoneste Bagosora*); *Prosecutor vs. Augustin Ndindiliyimana et al.*, Trial Judgment, 17.05.2011, ICTR-00-56-T, § 2162 (*Augustin Bizimungu*); *Prosecutor vs. Pauline Nyiramasuhuko et al*, Trial Judgment, 24.06.2011, ICTR-98-42-T, § 6183 (*Pauline Nyiramasuhuko*), § 6185 (*Arsène Ntahobali*). Die erstintanzliche Verurteilung von *Tharcisse Renzaho* wurde von der Berufungskammer aufgehoben. *Prosecutor vs. Tharcisse Renzaho*, Trial Judgment, 14.07.2009, ICTR-97-31-T, § 811; *Prosecutor vs Tharcisse Renzaho*, Appeal Judgment, 01.04.2011, ICTR-97-31-A, § 129.

336 *Prosecutor vs. Jean-Paul Akayesu*, Trial Judgment, 02.09.1998, ICTR-96-4-T, § 688.

337 *Prosecutor vs. Pauline Nyiramasuhuko et al*, Trial Judgment, 24.06.2011, ICTR-98-42-T, Fn. 14709 bezüglich der Anklage unter Art. 4 a); *Prosecutor vs Tharcisse Renzaho*, Appeal Judgment, 01.04.2011, ICTR-97-31-A, § 129.

an unzureichenden Beweisen[338] oder weil die Anklage die Verbindung zwischen den Taten und den bewaffneten Konflikten nicht genügend nachgewiesen hatte. Nach Auffassung der Richter im *Akayesu*-Fall hatte die Anklage nicht über allen Zweifeln bewiesen, dass *Akayesu* entweder ein Staatsbediensteter oder ein Mitglied der Streitkräfte oder von der Regierung zu seinen Taten beauftragt war, um eine Verurteilung nach Art. 4 des Statuts zu rechtfertigen.[339] Dieser Punkt wurde zwar von der Berufungskammer widerlegt, änderte jedoch nichts an dem Freispruch bezüglich Art. 4. ICTR-Statut.[340] Eine Verbindung zwischen den Taten und dem bewaffneten Konflikt konnte zudem weder im *Musema* noch im *Kamahuhanda*-Fall festgestellt werden.[341]

d) Zwischenfazit

Mit der Errichtung beider *ad hoc*-Tribunale signalisierte der Sicherheitsrat, dass die Verfolgung von Kriegsverbrechen Bestandteil seines friedenssichernden oder friedenschaffenden Auftrags unter Kapitel VII der UN-Charta ist und übernahm hiermit eine wichtige Rolle bei der Durchsetzung des humanitären Völkerrechts.[342] Obwohl die Statute der *ad hoc*-Tribunale lediglich Vergewaltigung und Zwangsprostitution als Verbrechen gegen die Menschlichkeit bzw. als Verletzung des gemeinsamen Art. 3 der Genfer Konventionen und des ZP II vorsahen, konnten sexuelle Gewalttaten darüber hinaus als schwere Verletzungen der Genfer Konventionen und als Völkermord angeklagt und verurteilt werden. Diese Erfolge sind zum Teil engagierten Frauen wie der Chefanklägerin Louise Arbour, der Richterinnen Navanethem Pillay (ICTR), Elizabeth Odio Benito (ICTY) und Gabrielle Kirk McDonald (ICTY) zu verdanken[343] Diese Frauen führten danach ihren Einsatz für den Schutz der Frauen vor sexueller Gewalt fort, indem sie hohe Ämter im Bereich der Menschenrechte und des Völkerstrafrechts bekleideten. Louise Arbour wurde 2003 Hohe Kommissarin

---

338 *Prosecutor vs. Juvénal Kajelijeli*, Decision on Kajelijeli's Motion for Partial Acquittal Pursuant to Rule 98 Bis, ICTR-98-44-A-T, § 11;, *Prosecutor vs. Théoneste Bagosora et al.*, Trial Judgment, 18.12.2008, ICTR-98-41-T, § 2255 (*Gratien Kabiligi*), § 2256 (*Aloys Ntabakuze*), § 2257 (*Anatole Nsengiyumva*), *Prosecutor vs. Laurent Semanza*, Trial Judgment, 15.05.2003, ICTR-97-20-T, § 539 bezüglich der Vergewaltigungen in der Kirche von Musha, auf dem Hügel von Mwulire und bei der Moschee voon Mabare.

339 *Prosecutor vs. Jean-Paul Akayesu*, Trial Judgment, 02.09.1998, ICTR-96-4-T, §§ 638–644.

340 *Prosecutor vs. Jean-Paul Akayesu*, Appeal Judgment, 01.06.2001, ICTR-96-4-A, §§ 425–446.

341 *Prosecutor vs. Alfred Musema*, Trial Judgment, 27.01.2000, ICTR-96-13-T, §§ 974, 975; *Prosecutor vs. Jean de Dieu Kamuhanda*, Trial Judgment, 22.01.2004, ICTR-99-54A-T, § 746 i.V.m.743.

342 *T. Meron*, Rape as a Crime under International Humanitarian Law, American Journal of International Law, Vol. 87, 1993, S. 424.

343 Siehe dazu *K. Greve*, Vergewaltigung als Völkermord, 2008, S. 282–291.

der Vereinten Nationen für Menschenrechte, und ihre Nachfolgerin von 2008 bis 2014 war niemand anderes als Navy Pillay. Elisabeth Odio Benito konnte sich neun Jahre lang als Richterin bzw. Vize-Präsidentin des Internationalen Strafgerichtshofs für die Gerechtigkeit gegenüber Frauen einsetzen und die damalige Anklägerin und Rechtsberaterin für geschlechtsspezifische Verbrechen Patricia Viseur Sellers wurde 2012 von der Chefanklägerin des ISGH Internationalen Strafgerichtshofs zur Sonderberaterin für Anklagestrategien im Völkerstrafrecht ernannt.[344]

Einen entscheidenden Beitrag in der Entwicklung des humanitären Völkerrechts haben die Richter in der Auslegung von einzelnen Tatbestandsmerkmalen des humanitären Völkerrechts geleistet. Durch die erstmalige Erarbeitung einer völkerrechtlichen Vergewaltigungsdefinition und einer völkerstrafrechtlichen Definition von Folter schrieben die Strafgerichthöfe für das ehemalige Jugoslawien und Ruanda Rechtsgeschichte. Die Rechtsprechung der internationalen Strafgerichthöfe hat vor allem eins erreicht: Sie hat der Straflosigkeit von sexuellen Verbrechen auf internationaler Ebene ein Ende gesetzt und den nationalen, internationalen und internationalisierten Gerichten den Weg zu einer effektiven Verfolgung und Bestrafung sexueller Verbrechen im Rahmen bewaffneter Konflikte geebnet. Die Aufnahme eines detaillierten tatbestandlichen Verbots sexueller Gewalt im Römischen Statut (und umfangreiche Schutzmaßnahmen für die Opfer), die eine Aburteilung sexueller Gewalt unter ihrem eigenen Namen ermöglicht, macht aus dem Internationalen Strafgerichtshof das bisher am besten ausgestatte Gericht, um Frauen einen umfassenden Schutz vor sexueller Gewalt in bewaffneten Konflikten zu bieten. Inwieweit die ersten Urteile des IStGH dies bestätigen oder wiederlegen, wird zusammen mit einer Untersuchung der Urteile des SCSL Gegenstand des nächsten Teils sein.

IV. Die Verfestigung einer Bestrafung bei sexueller Gewalt im Völkerstrafrecht

1. Der Internationale Strafgerichtshof

Am 11. März 2003 nahm der Internationale Strafgerichtshof (IStGH) mit Sitz in Den Haag seine Arbeit auf. Im Unterschied zu den ICTY-und ICTR-Straftribunalen, die durch Resolutionen des UN-Sicherheitsrats errichtet wurden, wurde er durch einen multilateralen Vertrag, das Römische Statut, geschaffen.[345] Mit ihm ist der IStGH auch das erste internationale Gericht, das über eine präzise und umfangreiche Grundlage zur Verfolgung und Bestrafung von sexuellen Verbrechen verfügt.

Die Zuständigkeit des IStGH bezieht sich auf Verbrechen, welche zum Zeitpunkt seines Abschlusses das Völkergewohnheitsrecht widerspiegeln.[346] Das Römische

---

344 *ICC*, ICC Prosecutor Fatou Bensouda appoints Patricia Sellers, Leila Sadat and Diane Marie Amann as Special Advisers, Pressemitteilung v. 12.12.2012.

345 Rome Statut of the International Criminal Court, UN Doc. A/CONF.183/9 v. 17.07.1998 am 01.07.2002 in Kraft getreten.

346 *G. Werle*, Völkerstrafrecht, 2012, Rn. 167.

Statut kodifiziert nicht nur einen Teil der Rechtsprechung der *ad hoc*-Strafgerichtshöfe bezüglich sexueller Gewalt, es ergänzt sie um neue Tatbestände.[347] Mit der Aufnahme eines breiten, detaillierten Verbots von sexuellen Verbrechen trägt es entscheidend zur Weiterentwicklung des bestehenden humanitären Völkerrechts bei. Nach einer kurzen Schilderung der Neuerungen im Hinblick auf die Strafbarkeit der Anwendung sexueller Gewalt im Römischen Statut und in der Verfahren- und Beweisordnung des Gerichts werden die ersten Urteile und die Herausforderungen des Gerichtshofs erläutert sowie das Verhältnis zwischen dem Gericht und den Vereinten Nationen näher betrachtet.

a) Weiterentwicklung des Völkerstrafrechts

aa) Materielles Recht

Die Grausamkeiten während des Jugoslawienkriegs und des Völkermords in Ruanda sowie das Engagement von Frauenrechtsorganisationen, besonders von *The Women's Caucus for Gender Justice,* in den Verhandlungen haben die Vorbereitungen zur Errichtung des Internationalen Strafgerichtshofs erheblich beeinflusst.[348] Die Tatbestände von Kriegsverbrechen und Verbrechen gegen die Menschlichkeit wurden schrittweise in den unterschiedlichen Statusentwürfen um weitere Formen sexueller Gewalt erweitert. Während der Entwurf der International Law Commission von 1994 sexuelle Kriegsverbrechen ignorierte und lediglich Vergewaltigung als Verbrechen gegen die Menschlichkeit auflistete, enthält der Vertrag von Rom ein umfassendes Verbot sexueller Verbrechen in Form von nicht nur Vergewaltigung sondern auch sexueller Sklaverei, Nötigung zur Prostitution, erzwungener Schwangerschaft, Zwangssterilisation oder jeder anderen Form sexueller Gewalt.[349] Dabei können diese Verbrechen erstmalig ausdrücklich entweder als schwerer Verstoß gegen die Genfer Abkommen im Rahmen eines internationalen bewaffneten Konflikts nach Art. 8 Abs. 2 lit. b) (xxii) ISGH-Statut, als schwerer Verstoß gegen den gemeinsamen Artikel 3 der vier Genfer Konventionen im Rahmen eines internen bewaffneten Konflikts nach Art. 8 Abs. 2. lit. e) vi) (vi) oder als Verbrechen gegen die Menschlichkeit nach Art. 7 Abs. 1 lit. g) verfolgt werden. Geschlechtsspezifische Komponente enthalten zudem die Verbrechen der Verfolgung nach Art. 7 Abs. 1 lit. h) oder der Versklavung Art. 7 Abs. 1 lit. c) i. V. m. Art. 7 Abs. 2 lit. c).

Wie die Statuten der *ad hoc*-Gerichte definiert das Römische Statut Völkermord nach den Bestimmungen der Völkermordkonvention und enthält demnach

347 *K. Ambos*, Sexuelle Gewalt in bewaffneten Konflikten und Völkerstrafrecht, Zeitschrift für Internationale Strafrechtsdogmatik, Heft 5/2011, S. 289 ff.

348 *K. D. Askin*, Crimes within the Jurisdiction of the International Criminal Court, Criminal Law Forum 10 (1999), S. 45.

349 Zur geschichtlichen Erfassung sexueller Gewalt in den unterschiedlichen Entwürfen siehe *C. Möller*, Sexuelle Gewalt im Krieg, in: J. Hasse et al. (Hrsg.), Humanitäres Völkerrecht, 2001, S. 293ff.

keine Bewertung sexueller Gewalt als Völkermordhandlungen.[350] Entsprechend der *Akayesu*-Rechtsprechung werden jedoch Vergewaltigungen und sexuelle Gewalttaten in den nach Art. 9 des Statuts vorgesehenen Verbrechenselementen ausdrücklich als mögliche schwere körperliche oder seelische Schäden im Sinne von Art. 6 lit. b) des Statuts benannt.[351]

Während Vergewaltigung und Zwangsprostitution bereits in internationalen Verträgen wie der IV. Genfer Konvention und dem Zweiten Zusatzprotokoll aufgelistet wurden, stellen die Tatbestände „erzwungene Schwangerschaft, Zwangssterilisation, sexuelle Sklaverei" und der Auffangtatbestand „sexuelle Gewalt" als eigenständige Begehungsverbrechen Neuschöpfungen der Vertragsparteien des Internationalen Strafgerichtshofs. Von allen sexuellen Verbrechen ist das Verbrechen der *erzwungenen Schwangerschaft* das einzige, das im Statut legal definiert ist. Nach Art. 7 Abs. 2 lit. f) wird darunter *„die rechtswidrige Gefangenhaltung einer zwangsweise geschwängerten Frau in der Absicht, die ethnische Zusammensetzung einer Bevölkerung zu beeinflussen oder andere schwere Verstöße zu begehen"* verstanden. Diese Definition ist sehr umstritten, einerseits, weil sie nicht alle Situationen einer erzwungenen Schwangerschaft Rechnung trägt[352], und andererseits, weil sie die Gender-Identität der Ethnizität der Frau unterordnet.[353]

Alle anderen Verbrechen werden in den Verbrechenselementen definiert. Die Verbrechenselemente sollen nach Art. 9 des Römischen Statuts dem Gerichtshof bei der Auslegung und Anwendung der Artikel 6, 7 und 8 helfen. Sie wurden im September 2002 von der Versammlung der Mitgliedstaaten angenommen und konnten somit die Urteile der *ad hoc*-Straftribunale bis zu diesem Datum berücksichtigen.[354] Bezüglich der Definitionen von sexuellen Verbrechen sind jedoch keine Abweichungen zwischen dem endgültigen Entwurf vom 30. Juni 2000[355] und der

---

350 *D. M. Koenig/K. D. Askin*, International Criminal Law and The International Court Statute: Crimes against Women, in: K. D Askin/D. M. Koenig (Hrsg.), Women and International Human Rights Law. Vol. 2, 2000, S. 25.

351 Report of the Preparatory Commission for the International Criminal Court, Addendum, Part II Finalized Draft Text of the Elements of Crimes, UN Doc. PCNICC/2000/1/Add.2 v. 30.06.2000, Fn. 3.

352 Besonders Vergewaltigungen von Frauen, die nicht unbedingt gefangen gehalten werden, damit sie Kinder des Feindes gebären werden nicht berücksichtigt. Siehe dazu: *A.-M. de Brouwer*, Supranational Criminal Prosecution of Sexual Violence, 2005, S. 146.

353 *N. Lamp*, Der Beitrag der Vereinten Nationen zur Entwicklung des Völkerstrafrechts zu sexueller Gewalt, in: S. von Schorlemer (Hrsg.), Die Vereinten Nationen und neuere Entwicklungen der Frauenrechte, 2007, S. 425.

354 *R. Heinsch*, Die Weiterentwicklung des humanitären Völkerrechts durch die Strafgerichtshöfe für das ehemalige Jugoslawien und Ruanda, 2007, S. 248.

355 Report of the Preparatory Commission for the International Criminal Court, Addendum, Part II Finalized Draft Text of the Elements of Crimes, UN Doc. PCNICC/2000/1/Add.2 v. 30.06.2000.

angenommenen Version der Verbrechenselemente festzustellen.[356] Sie sind unverbindlich.

Der Einfluss der Rechtsprechung der *ad hoc*-Straftribunale ist besonders in der Definition der *Vergewaltigung* und des Auffangtatbestands *jede andere Form sexueller Gewalt* spürbar.

Die in den Verbrechenselementen enthaltene Definition von Vergewaltigung ist ein Kompromiss zwischen den beiden bereits dargestellten Ansätzen.[357] Sie stellt einerseits auf die objektiven Elemente der *Furundžija* und später *Kunarac*-Definition ab:

> *„The perpetrator invaded the body of a person by conduct resulting in penetration, however slight, of any part of the body of the victim or of the perpetrator with a sexual organ, or of the anal or genital opening of the victim with any object or any other part of the body"*

und übernimmt, ergänzt und konkretisiert die im *Akayesu*-Urteil geschaffene Definition von Zwangslage:

> *"The invasion was committed by force, or by threat of force or coercion, such as that caused by fear of violence, duress, detention, psychological oppression or abuse of power, against such person or another person, or by taking advantage of a coercive environment, or the invasion was committed against a person incapable of giving genuine consent.[**]".* [358]

Durch den auf das Eindringen und auf die Zwangslage gelegten Schwerpunkt unterstützen die Verbrechenselemente die auf das Nicht-Einverständnis des Opfers abgestellte Definition des *Kunarac*-Urteils und der ihm folgenden Urteile nicht. Dadurch, dass sie nicht so breit wie die *Akayesu*-Definition ist, ermöglicht sie eine bessere Abgrenzung zu den anderen sexuellen Verbrechen, und mit der Betonung der Zwangslage und dem damit verbundenen Ausschluss des Einverständnisses passt sie sich der Realität dieses Verbrechen als Völkermordhandlung, Verbrechen gegen die Menschlichkeit und Kriegsverbrechen besser an.[359]

Auch der Auffangtatbestand *jede andere Form sexueller Gewalt* ist an die *Akayesu*-Rechtsprechung angelehnt. Nach den Verbrechenselementen muss der Täter an mindestens einer Person eine sexuelle Handlung vornehmen oder diese durch Ausübung von Gewalt oder Zwang veranlassen, sich auf sexuelle Handlungen einzulassen. Das Verhalten muss in seiner Schwere mit den in Art. 7 Abs. 1 lit. g) aufgelisteten Handlungen vergleichbar sein.[360] Nach der Rechtsprechung der *ad hoc*-Straftribunale fielen darunter die Vornahme sexueller Handlungen an

---

356 Elements of Crimes, ICC-ASP/1/3 (part II-B) v. 09.09.2002.

357 *K. Dörmann*, Elements of crimes, 2004, S. 327. Siehe oben S. 59 ff.

358 Elements of Crimes, ICC-ASP/1/3 (part II-B) v. 09.09.2002, Art. 7 1) g)-1, Art. 8 2) b) xxii)-1, Art. 8 2) e) vi)-1.

359 *A.-M. de Brouwer*, Supranational Criminal Prosecution of Sexual Violence, 2005, S. 136.

360 Elements of Crimes, ICC-ASP/1/3 (part II-B) v. 09.09.2002, Art. 7 1)g)-6, Art. 8 2) b)xxii)-6. Art. 8 2) e) vi)-6.

Leichnamen,[361] die Anordnung, sich zu entkleiden und Nacktgymnastik vor einer Menschenmenge zu treiben,[362] oder sexuelle Verstümmelung.[363] Es bleibt jedoch abzuwarten, ob die Richter der umstrittenen Rechtsprechung bezüglich der Schändung von Leichnamen folgen werden.[364] Sollten sie zudem den Auffangtatbestand eng auslegen, könnten Verbrechen wie Zwangsentblößung die Hürde der vergleichbaren Schwere nicht erreichen.[365]

Das Römische Statut ermöglicht erstmalig die Strafverfolgung von *sexueller Sklaverei* unter ihrem eigenen Namen. Zu der Zwangsausführung einer sexuellen Handlung übernehmen die Verbrechenselemente die Begriffsmerkmale der in Art. 7 Abs. 2 lit. c) Römisches Statut enthaltenen Definition von Versklavung: *„die Ausübung von mit einem Eigentumsrecht verbundenen Befugnissen“* und ergänzen sie um eine beispielhafte Aufzählung *„such as by purchasing, selling, lending or bartering such a person or persons, or by imposing on them a similar deprivation of liberty.“*[366] Trotz Erweiterung der Definition mit einer Fussnote, welche den Einschluss von Zwangsarbeit unter Freiheitsentzug klarstellt, wurde moniert, dass mit dieser Definition der Eindruck enstehe, hauptsächlich kommerzielle Formen der Sklaverei würden unter diesen Tatbeständen fallen, was die Realität der modernen Freiheitsberaubungen wie Kidnapping oder Entführungen nicht klar wiedergibt.[367]

Eine ähnliche Kritik wurde bezüglich der Tatbestandelemente für das Verbrechen der *Zwangsprostitution* geäußert. Zusätzlich zu der *„Ausübung von Gewalt oder Androhung von Gewalt oder Zwang, um zu veranlassen, dass eine oder mehrere Personen sich auf sexuelle Handlungen einlassen“*, verlangen der Verbrechenselemente *„die Erwartung oder den Erhalt für den Täter oder eine andere Person von einem finanziellen Vorteil für oder in Verbindung mit den sexuellen Handlungen.“*[368] Aus dem Zweiten Weltkrieg ist jedoch bekannt, dass die Einrichtung von Bordellen im

361 *Prosecutor vs. Théoneste Bagosora et al.*, Trial Judgment, 18.12.2008, ICTR-98-41-T, § *Prosecutor vs. Eliézer Niyitegeka*, Trial Judgment, 16.05.2003, ICTR-96-14-T, § 465; *Prosecutor vs. Juvénal Kajelijeli*, Judgment and Sentence, 01.12.2003, ICTR-98-44-A-T, §§ 934, 936.

362 *Prosecutor vs. Jean-Paul Akayesu*, Trial Judgment, 02.09.1998, ICTR-96-4-T, § 688.

363 *Prosecutor vs. Juvénal Kajelijeli*, Judgment and Sentence, 01.12.2003, ICTR-98-44-A-T, §§ 935, 936.

364 Vgl. *G. Werle*, Völkerstrafrecht, 2012, Rn. 964. Wonach fraglich ist, ob Schändungen von Leichnamen als Gewalt erfasst werden können.

365 *A.-M. de Brouwer*, Supranational Criminal Prosecution of Sexual Violence, 2005, S. 150.

366 Elements of Crimes, ICC-ASP/1/3 (part II-B) v. 09.09.2002, Art. 7 1) g)-2, Art. 8 2) b)xxii)-2, Art. 8 2) e) vi)-2.

367 *C. Möller*, Sexuelle Gewalt im Krieg, in: J. Hasse et al. (Hrsg.), Humanitäres Völkerrecht, 2001, 2001, S. 300.

368 Art. 7 1) g)-3, Art. 8 2) b) xxii)-3, Art. 8 2) e) vi)-3.

Rahmen bewaffneter Konflikte nicht auf Gewinnstreben beruht, sondern viel mehr der Stärkung der Truppenmoral oder gar der Unterhaltung der Soldaten dient.[369]

Das Verbot von *Zwangssterilisation* definiert in Art. 7 Abs. 1 lit. g)-5, Art. 8 Abs. 2 lit. b) xxii)-5 und Art. 8 abs. 2 lit e) vi)-5 der Verbrechenselemente entstammt ebenfalls der Erfahrungen aus dem Zweiten Weltkriegs in Form von grausam durchgeführten medizinischen Experimenten an Gefangenen in den Konzentrationslagern.[370] Die dauerhafte Beraubung der biologischen Fortpflanzungsfähigkeiten kann jedoch auch solche Fälle einschließen, wo die Frau so brutal vergewaltigt worden ist, dass ihre Fortpflanzungsorgane völlig zerstört sind.

Diese Auflistung der einzelnen Tatbestände ermöglicht in Zukunft eine Aburteilung sexueller Gewalt als solche und nicht mehr nur unter Rückgriff auf Auffangtatbestände, was eine Verfolgung dieser Verbrechen eindeutig erleichtern wird. Mit der Auflistung von sexuellen Verbrechen und deren Einordnung unter den schweren Verletzungen der Genfer Konventionen haben die Vertragspartien zudem ein deutliches Zeichen gesetzt: die Charakterisierung von sexuellen Verbrechen unter den Ehrverbrechen ist endgültig vorbei. Sexuelle Gewalt gehört zu den schwersten Verbrechen, die analog zu Art. 146 der IV. Genfer Konvention nach dem Weltrechtprinzip geahndet werden müssen.

bb) Rechtsschutz im Verfahren

„Ich habe überlebt und ich habe die merkwürdigen Fragen des ICTR beantwortet. Wenn man sagt, man wurde vergewaltigt, ist das etwas, was man verstehen kann. Wie oft muss man es sagen? ... Als ich zurückkam, wusste jeder, dass ich ausgesagt hatte. Mein Verlobter weigerte sich, mich zu heiraten, als er erfuhr, dass ich vergewaltigt worden war... Heute würde ich nicht mehr aussagen, würde nicht noch einmal traumatisiert werden wollen. Keiner hat sich bei mir entschuldigt... Mein Haus wurde angegriffen. Mein Verlobter hat mich verlassen. Ich bin quasi schon tot.“[371]

Viele Opfer reagieren sehr zögernd und zurückhaltend gegenüber einer Aussage vor Gericht. Denn vor Gericht auszusagen bedeutet für die Frauen nicht nur eine große psychische Belastung durch das Wiederaufleben von traumatischen Erlebnissen und die Gegenüberstellung mit den Verantwortlichen der Ereignisse, es kann ferner eine Bedrohung ihrer Sicherheit vor, während und nach der Aussage darstellen. Um solchen Gefahren vorzubeugen, enthalten das Römische Statut und die Verfahrenund Beweisordnung des Internationalen Strafgerichtshofs eine Reihe besondere Verfahrensvorschriften zur Rücksichtnahme auf Opfer und Zeugen sexueller Gewalt.

---

369 *C. Möller*, Sexuelle Gewalt im Krieg, in: J. Hasse et al. (Hrsg.), Humanitäres Völkerrecht, 2001, S. 301.

370 *G. Werle*, Völkerstrafrecht, 2012, Rn. 963.

371 Eine Überlende des ruandischen Völkermords. Zitiert in *UN Women (Hrsg.)*, Progress of the World's Women: in Pursuit of justice, 2011–2012, S. 10.

Im Vorfeld wird jedoch einigen Bestimmungen zur Organisation des Gerichts Aufmerksamkeit gewidmet. Denn je mehr ein Gericht „gender sensitiv“ aufgebaut ist, je mehr Frauen an der Arbeit des Gerichts beteiligt sind, desto höher sind die Chancen, dass umfangreiche einfühlsame Ermittlungen und Verfolgungen sexueller Verbrechen geschehen. Nach Art. 36 Abs. 8 lit. a) (iii) und Art. 44 Abs. 2 IStGH-Statut ist bei der Auswahl der Richter und des Personals auf eine ausgewogene Vertretung beider Geschlechter Rücksicht zu nehmen. Diese Regelungen führten dazu, dass 2011 eine Mehrheit von Frauen innerhalb der Richterschaft (10 Richterinnen und 8 Richter) und in der Kanzlei tätig waren.[372] In der Anklagebehörde, deren Leitung einer Frau obliegt, überwiegten jedoch die Männer (54%).[373] Besorgniserregend gering war die Frauenquote unter denjenigen Personen, die die ersten Kontakte zu den Opfern sexueller Gewalt aufnehmen. Von den 28 beruflichen Ermitteln war nur eine von ihnen eine Frau (3,5%).[374] Ob diese Zahlen sich deutlich geändert haben, lässt sich leider anhand der neuen Berichte der *Women's Initiative for Gender Justice* nicht ermitteln.

Juristische Fachkenntnisse insbesondere auf dem Gebiet der Gewalt gegen Frauen werden zudem von den Richtern und dem Fachpersonal verlangt (Art. 36 Abs. 8 lit. b) und Art. 44 abs. 2 IStGH-Statut) und nach Art. 42 Abs. 9 ernennt der Ankläger Berater mit juristischen Fachkenntnisse insbesondere auf dem Gebiet der sexuellen und geschlechtsspezifischen Gewalt. Von November 2008 bis Juni 2012 bekleidete die amerikanische Anwältin und Rechtsprofessorin Catharine MacKinnon das Amt der Sonderberaterin für geschlechtsspezifische Verbrechen.[375] Nachfolgerin wurde ab August 2012 die Geschäftsführerin der internationalen Menschenrechtsorganisation für einen geschlechtergerechten internationalen Strafgerichtshof *Women's Initiatives for Gender Justice.*[376]

Seit 2003 unterstützt eine weitere Einheit die Anklagebehörde in der Ermittlung und Strafverfolgung von sexuellen Verbrechen. *The Gender und Children Unit* setzt sich aus Juristen und Soziopsychologen zusammen und berät alle Abteilungen der Anklagebehörde, sobald sie an Verbrechen in Verbindung mit sexueller Gewalt oder an Kindern arbeiten. Weiterhin koordiniert sie mit der im Art. 43 Abs. 6 des Römischen Statuts vorgesehenen *Abteilung für Opfer und Zeugen* die Beratungen

---

372 *Women's Initiatives for Gender Justice (Hrsg.),* Gender Report Card on the International Criminal Court, 2012, S. 14. Stand Mai 2015: 6 Richterinnen für 11 Richter (Eine Stelle ist unbesetzt).

373 Ebenda, S. 14.

374 Ebenda, S. 26.

375 *ICC,* "Prosecutor appoints Prof. Catharine A. MacKinnon as Special Adviser on Gender Crimes", Pressemitteilung v. 26.11.2008.

376 *ICC,* "Prosecutor Fatou Bensouda Appoints Brigid Inder, Executive Director of the Women's Initiatives for Gender Justice, as Special Gender Advisor", Pressemitteilung v. 21.08.2012.

und den Beistand für die Opfer und Zeugen sexueller Gewalt.[377] Die *Abteilung für Opfer und Zeugen* hat zur Aufgabe, die Sicherheit der Aussagenden gegebenenfalls durch Schutzmaßnahmen und Sicherheitsvorkehrungen zu gewährleisten und sie während der Verhandlungen sowohl verfahrenstechnisch (Teilnahme an den Hauptverhandlungen erleichtern, sicherstellen, dass sie die Bekanntmachungen, die Entscheidungen des Gerichts rechtzeitig bekommen) als auch psychologisch zu begleiten.[378]

Damit eine Aussage vor dem Internationalen Strafgerichtshof keine Re-Traumatisierung, keine Stigmatisierung der Opfer zur Folge hat und keine Gefahr für ihr Leben darstellt, werden diese Mechanismen durch zahlreiche besondere prozessuale Maßnahmen für die Opfer sexueller Gewalt in dem Römischen Statut und in der Verfahrens- und Beweisordnung ergänzt.

Im Rahmen der Ermittlungen wird der Ankläger im Art. 54 Abs. 1 lit. b) IStGH-Statut aufgefordert, alle geeigneten Maßnahmen zur wirksamen Ermittlung und Strafverfolgung der Verbrechen zu ergreifen und dabei besondere Rücksicht auf die Interessen, Lebensumstände und die Art des Verbrechen, insbesondere wenn es mit sexueller Gewalt verbunden ist, zu nehmen. Im Juni 2014 veröffentlichte die IStGH-Chefanklägerin Fatou Bensouda ein Strategiepapier über sexuelle und geschlechtsspezifische Verbrechen zur Konkretisierung ihres Strategieplans 2012–2015.[379] Der Strategieplan 2012–2015 wurde im Oktober 2013 bekannt gegeben und das dritte Strategieziel sieht vor „[to] *enhance the integration of a gender perspective in all areas of our work and continue to pay particular attention to sexual and gender based crimes and crimes against children*“.[380] Dafür möchte die Anklagebehörde zukünftig im Rahmen der Ermittlung und Strafverfolgung von sexuellen Verbrechen innovativ sein, ihre Mitarbeiter schulen und besonders auf den Umgang mit den Opfern sexueller Gewalt achten.[381] Dabei will sie unter anderem mittels Zwischenpersonen Kontakte und Netzwerke vor Ort aufbauen, um die Opfer und Zeugen vor Ort auf die kommenden Ermittlungen vorzubereiten,[382] ihr Personal mit den lokalen Traditionen und Sitten sowie sprachlichen Besonderheiten im Vorfeld der Ermittlungen

---

377 *F. Bensouda*, Gender and Sexual Violence Unter the Rome Statute, in: E. Decaux et al. (Hrsg.), From Human Rights to International Criminal Law, FS Laïti Kama, 2007, S. 413.

378 Rule 16–19 Rules of Procedure and Evidence v. 09.09.2002, ICC-ASP/1/3 (Part.II-A).

379 *ICC, Office of the Prosecutor*, Policy Paper on Sexual and Gender Based Crimes, 05.06.2014, http://www.icc-cpi.int/iccdocs/otp/OTP-Policy-Paper-on-Sexual-and-Gender-Based-Crimes--June-2014.pdf (Stand Mai 2015).

380 *ICC, Office of the Prosecutor*, Strategic plan June 2012–2015, 11.10.2013, §§ 58–63. http://www.icc-cpi.int/en_menus/icc/structure%20of%20the%20court/office%20of%20the%20prosecutor/policies%20and%20strategies/Documents/OTP-Strategic-Plan-2012-2015.pdf (Stand Mai 2015).

381 *ICC, Office of the Prosecutor*, Policy Paper on Sexual and Gender Based Crimes, 05.06.2014, § 37.

382 Ebenda, §§ 55f.

vertraut zu machen[383] sowie die Anwesenheit eines Psychologen zur Unterstützung der Aussagenden und der Ermittler während der Befragung anzubieten.[384] Falls nötig gibt Regel 112 Abs. 4 IStGH-Verfahrens- und Beweisordnung dem Ankläger die Möglichkeit, die Befragung aufzunehmen, um eine erneute Aussage des Opfers vor Gericht zu vermeiden. Um den Druck auf die Frauen und die Risiken eines neuen Trauma zu verringern, will die Anklagebehörde die Aussage der Betroffenen um weitere Beweise wie Gutachter, ärztliche Befunde, Daten aus NGO-und UN-Berichte ergänzen,[385] selbst wenn nach Abs. 4 von Regel 63 die Beweise von sexuellen Verbrechen nicht erhärtet werden müssen. Die Anklagebehörde äußert zudem ihre Absicht, die Erlaubnis für die Vorbereitung der Zeugen auf die Hauptverhandlungen systematisch bei den Kammern zu beantragen.[386]

Die Gefährdung des körperlichen und geistigen Wohlergehens ist für die Aussagenden während des Prozesses am größten, deswegen sehen Art. 64 Abs. 2 lit. c), Abs. 6 lit. c) und lit. e) und Art. 68 Abs. 1 und Abs. 2 des Römischen Statuts sowie Regel 81 Abs. 4, Regel 87 IStGH-Verfahrens-und Beweisordnung besondere Schutzmaßnahmen vor, darunter das Verbot des Weitergebens der Identität der Aussagenden, der Ausschluss der Öffentlichkeit (Zuschauer und Presse) während der Aussage, die Videoübertragung der Aussage, mit oder ohne Änderung des Bildes, der Stimme oder die Aussage in „one-way closed circuit television", damit die Aussagenden den Angeklagten nicht sehen...[387] Nach Regel 88 Abs. 1 und 2 kann zum Beispiel die Aussage vor dem Gericht durch einen Familienbeistand erleichtert werden, und nach Regel 88 Abs. 5 muss die Kammer mit Wachsamkeit die Durchführung des Kreuzverhörs verfolgen, damit keine Einschüchterungen oder Belästigungen der Zeugen durch peinliche und irrelevante Fragen entstehen. Irrelevant sind etwa Beweise bezüglich des früheren oder späteren sexuellen Verhaltens des Opfers oder von Zeugen (Regel 71 IStGH-Verfahrens-und Beweisordnung) oder des Einverständnisses des Opfers, wenn die sexuellen Übergriffe vor dem Hintergrund von Zwangsumständen stattgefunden haben (Regel 70 lit. a)). Ferner kann das Einverständnis des Opfers nicht aus seinen Worten oder seinem Verhalten abgeleitet werden, wenn es, aufgrund seines Alters oder geistiger Fähigkeiten, willensunfähig war (Regel 70 lit. b)) oder wenn das Opfer wort- und widerstandlos die Angriffe über sich hat ergehen lassen (Regel 70 lit. c)). Sollte jedoch die Verteidigung Beweise des Einverständnisses vorbringen wollen, entscheidet zunächst die Kammer nach Regel 72 IStGH-Verfahrens-und Beweisordnung nach Anhörung der Anklage, der Verteidigung und des Opfers unter Ausschluss der Öffentlichkeit über die Bedeutung

383 Ebenda, §§ 57f.
384 Ebenda, § 61.
385 Ebenda, § 65.
386 Ebenda, § 84.
387 Das Ganze nach Art. 64 Abs. 2, 68 Abs. 1 und 5 und 69 Abs. 2 IStGH-Statut unter Beachtung der im Art. 67 Römisches Statut verankerte Rechte des Angeklagten auf eine öffentliche Verhandlung, auf Befragung der Belastungszeugen.

und die Zulassung der Beweise. In ihrem Strategiepapier hat die Anklagebehörde angekündigt, sich vehement die Zulassung solcher Beweise zu widersetzen.[388]

Weitere wichtige Neuerungen im Völkerstrafrecht geben den Opfern erstmals die Möglichkeit, an dem Prozess aktiv durch schriftliche oder mündliche Interventionen oder durch gewisse Mitwirkungsrechte teilzunehmen[389]- Beispiel, das von dem ECCC übernommen worden ist-.[390] Neu ist auch die Schaffung eines umfassenden Reparationregimes mit Treuhandfonds zugunsten der Opfer und deren Angehörigen.[391]

Zusammenfassend lässt sich feststellen, dass mit dem Inkrafttreten des Römischen Statuts der Schutz vor sexueller Gewalt ein vollwertiger Tatbestand des humanitären Völkerrechts geworden ist, der den Frauen auf internationaler Ebene umfassenden rechtlichen Schutz bietet. Leider konnten bis heute keine Opfer von sexueller Gewalt Gerechtigkeit durch das erste universelle Strafgericht erfahren.

b) Freisprüche in den ersten Urteilen

Zurzeit weisen acht der neun Situationen vor dem Internationalen Strafgerichtshof Bezüge zu sexueller Gewalt auf.[392] In 70% der anhängigen Verfahren wurde sexuelle Gewalt angeklagt, gegen 17 der 31 Angeklagten wurde unter anderem wegen sexueller Verbrechen Anklage erhoben, darunter gegen ein ehemaliges und ein noch amtierendes Staatsoberhaupt *Laurent Gbagbo* und *Umar Hasan Ahmad al-Baschir.*[393] Die Anklage erlitt im Dezember 2014 eine schwere Niederlage, als sie den Entschluss fassen musste, die Vorwürfe gegen Kenias Staatspräsidenten *Uhuru Kenyatta* (unter anderem wegen sexueller Verbrechen) zurückzuziehen.[394] *Uhuru Kenyatta* und sein Vizepräsident *William Ruto* wurden wegen der Gewaltausbrüche nach den Wahlen

388 *ICC, Office of the Prosecutor,* Policy Paper on Sexual and Gender Based Crimes, 05.06.2014, § 96.

389 Etwa Art. 15 Abs. 3, Art. 19 Abs. 3, Art. 68 Abs. 3, Art. 75 Abs. 3, Art. 82 Abs. 4 IStGH-Statut. Vgl. *A.-M. de Brouwer,* Supranational Criminal Prosecution of Sexual Violence, 2005, S. 301 ff.

390 *S. Studzinsky,* Victims of Sexual and Gender Based Crimes before the Extraordinary Chambers in the Courts of Cambodia: Challenges of Rights to Participation and Protection, in: A.-M. de Brouwer et al. (Hrsg.), Sexual Violence as an International Crime: Interdisciplinary Approaches, 2013, S. 175.

391 Art. 75, Art. 79 Römisches Statut, Regel 94–99 IStGH-Beweis und Verfahrensordnung. Vgl. *A.-M. de Brouwer,* Supranational Criminal Prosecution of Sexual Violence, 2005, S. 410 ff.

392 Uganda, RDC, Zentralafrikanische Republik I und II, Darfur, Kenia, Elfenbeinküste und Mali. (Mali und Zentralafrikanische Republik II sind noch im Ermittlungsstadium). Stand November 2014.

393 *Women's Initiative for Gender Justice (Hrsg.),* Gender Report Card on the International Criminal Court, 2013, S. 59f.

394 *The Prosecutor vs. Uhuru Muigai Kenyatta,* Notice of withdrawal of the charges against Uhuru Muigai Kenyatta, 05.12.2014, ICC-01/09-02/11-983.

2007–2008 zur Rechenschaft gezogen.[395] Anfang Dezember hatten die Richter den Antrag der Anklage auf eine erneute Vertagung abgelehnt.[396] Aus diesem Grund und angesichts des Beweisstandes, der unter anderem wegen Tod und Rückzug wichtiger Zeugen und der Nicht-Kooperation der keniasichen Regierung gelitten hatte, sah sich die Anklagebehörde gezwungen, das Verfahren einzustellen.[397]

Der Internationaler Strafgerichtshof hat bis heute drei Urteile gefällt, alle zu der Situation in der Demokratischen Republik Kongo.[398] In zwei davon wurde sexuelle Gewalt angeklagt.[399] In beiden Verfahren wurden Freisprüche bezüglich der sexuellen Verbrechen verkündet.

In den Verfahren gegen *Germain Katanga* und *Mathieu Ngudjolo Chui* ging es um den am 24. Februar 2003 stattgefundenen Angriff der FNI (Front des nationalistes et intégrationnistes – Nationalistische Kräfte für Integration) und FRPI (Force de résistance patriotique en Ituri – Patriotischen Widerstandskräfte in Ituri) Milizen auf das Dorf Bogoro im kongolesischen Distrikt Ituri. Dabei wurden über 200 Zivilisten brutal ermordet, Hunderte von Frauen vergewaltigt, zur sexuellen Sklaverei gezwungen und Kinder zwangsrekrutiert und eingesetzt.[400] *Ngudjolo* und *Katanga*

---

395 *The Prosecutor vs. Uhuru Muigai Kenyatta,* Decision on the Confirmation of Charges Pursuant to Article 61(7)(a) and (b) of the Rome Statute, 23.01.2012, ICC-01/09-02/11-382-Red; *The Prosecutor vs. William Samoei Ruto and Joshua Arap Sang,* Decision on the Confirmation of Charges Pursuant to Article 61(7)(a) and (b) of the Rome Statute, 23.01.2012, ICC-01/09-01/11-373.

396 *The Prosecutor vs. Uhuru Muigai Kenyatta,* Decision on Prosecution's application for a further adjournment, 03.12.2014, ICC-01/09-02/11-981.

397 *ICC, Office of the Prosecutor,* Statement of the Prosecutor of the International Criminal Court, Fatou Bensouda, on the withdrawal of charges against Mr. Uhuru Muigai Kenyatta, 05.12.2014, http://www.icc-cpi.int/en_menus/icc/press%20and%20media/press%20releases/Pages/otp-statement-05-12-2014-2.aspx (Stand Mai 2015).

398 *The Prosecutor vs. Thomas Lubanga Dyilo,* Judgment pursuant to Article 74 of the Statute, 14.03.2012, ICC-01/04-01/06-2842.
The Prosecutor vs. Mathieu Ngudjolo Chui, Judgment pursuant to Article 74 of the Statute, 18.12.2012, ICC-01/04-02/12-3.
Le Procureur vs. German Katanga, Jugement rendu en application de l'article 74 du Statut, 07.03.2014, ICC-01/04-01/07-3436.

399 *Germain Katanga* und *Mathieu Ngudjolo Chui* wurde der Vergewaltigung und der Sexuelle Sklaverei als Kriegsverbrechen und Verbrechen der Menschlichkeit nach Art. 8 Abs. 2 lit. b) (xxii) oder Art. Art. 8 Abs. 2 lit. e) und Art. 7 Abs. 1 lit. g) i.V. m. Art. 25Abs. 3 lit. a) or b) IStGH-Statut angeklagt. *The Prosecutor vs. Germain Katanga and Mathieu Ngudjolo Chui,* Pre-Trial Chamber I, Amended Document Containing the Charges Pursuant to Article 61(3)(a) of the Statute, 26.06.2008, ICC-01/04-01/07-649-Anx1A, Anklagepunkte, 6, 7, 8, 9.

400 *The Prosecutor vs. Germain Katanga and Mathieu Ngudjolo Chui,* Pre-Trial Chamber I, Document Containing the Charges Pursuant to Article 61(3)(a) of the Statute. 26.06.2008, §§ 87–89.

sollen in ihrer Position als Oberste Befehlshaber jeweils der FNI und der FRPI eine maßgebende Rolle in der Planung und Umsetzung dieses Angriffes gespielt haben. Sie werden zudem beschuldigt, ihren Untergebenen den Befehl gegeben zu haben, jenen Angriff auszuführen.[401]

Mathieu Ngudjolo wurde am 18. Dezember 2012 von allen Vorwürfen freigesprochen. Im Mittelpunkt des Urteils steht die strafrechtliche Verantwortlichkeit des Angeklagten. Es hätte nachgewiesen werden müssen, dass *Mathieu Ngudjolo* zum Zeitpunkt des Massakers am 24. Februar 2003 schon die Befehlsgewalt über die FNI innehatte. *Ngudjolo* trat jedoch im März 2003 erstmals offiziell als Kommandierender der Rebellengruppe auf.[402] Die drei Hauptzeugen der Anklage, auf welche die Anklage sich fast ausschließlich gestützt hatte,[403] hatten sich in vielen Punkten widersprochen und unklare Aussagen gemacht, so dass sie schlussendlich als unglaubwürdig erklärt wurden.[404] Im Urteil betonten die Richter, dass sie nicht ausschließen können, dass *Ngudjolo* bereits im Februar Befehlsinhaber der Rebellen war, sie konnten jedoch nicht über jeden Zweifeln hinaus davon überzeugt werden.[405] Wie schwer sich die Kammer mit diesem Urteil getan haben muss, ist am Anfang des Urteils zu lesen. Die Kammer legt wert darauf zu unterstreichen, dass den Angeklagten für nicht schuldig zu erklären, nicht notwendigerweise heißt, dass seine Unschuld festgestellt wird und besonders dass das Vorliegen der Verbrechen in Frage gestellt wird.[406] Angesichts dieser Tatsache sah jedoch die Kammer keine Notwendigkeit sich mit den Tatbeständen der Verbrechen auseinanderzusetzen.[407]

Dies tat sie im Urteil gegen *Germain Katanga*, wo sie, trotz ausdrücklicher Anerkennung der während des Angriffs begangenen sexuellen Verbrechen als Kriegsverbrechen und Verbrechen gegen die Menschlichkeit,[408] den Angeklagten von diesen Vorwürfen frei sprach.[409] Nach neuer Qualifizierung der individuellen strafrechtlichen Verantwortlichkeit vom indirekten Mittäter nach Art. 25 Abs. 3 lit. a) Römisches Statut zur Beihilfe durch eine mit einem gemeinsamen Ziel handelnde Gruppe von Personen nach Art. 25 Abs. 3 lit. d) kommt sie zu dem Schluss, dass

> *« bien que les actes de viol et de mise en esclavage aient fait intégralement partie du projet de la milice de s'en prendre à la population civile principalement hema de Bogoro, la Chambre ne peut toutefois pas conclure, sur la base des éléments de preuve dont elle*

401 Ebenda, §§ 90–94.

402 *The Prosecutor vs. Mathieu Ngudjolo Chui*, Judgment pursuant to Article 74 of the Statute, 18.12.2012, ICC-01/04-02/12-3, § 500. (Hervorhebung der Verfasserin).

403 Ebenda, § 124.

404 Ebenda, §§ 159, 190, 219, 496.

405 Ebenda, § 501.

406 Ebenda, § 36.

407 Ebenda, § 112.

408 *Le Procureur vs. German Katanga*, Jugement rendu en application de l'article 74 du Statut, 07.03.2014, ICC-01/04-01/07-3436, § 999.

409 Ebenda, § 1693.

dispose, que l'objectif criminel poursuivi le 24 février 2003 comprenait ***nécessairement*** *la commission des crimes spécifiques prévus aux articles 7-1-g et 8-2-e-vi du Statut. Dès lors et pour l'ensemble de ces raisons, la Chambre ne saurait retenir les viols et l'esclavage sexuel comme relevant du dessein commun.*[410]

Sie besitze in der Tat nicht genügende Beweise, um feststellen zu können, dass die Vergewaltigungen und die sexuelle Sklaverei zahlreich und wiederholt am 24. Februar 2003 begangen wurden oder dass solche Taten zwangsläufig für die Auslöschung von Bogoro verübt wurden, um zu dem Schluss zu kommen, dass diese Verbrechen dem gemeinsamen Ziel dienten.[411] Ferner sei nicht bewiesen worden, dass die Angreifer vor diesem Angriff als Täter sexueller Verbrechen bekannt waren.[412] Schließlich bediente sich die Kammer des fragwürdigen Arguments, dass die Opfer sexueller Gewalt durch Verleugnung ihrer ethnischen Zugehörigkeit vom Tod verschont geblieben waren, um ihren Freispruch bezüglich der Vorwürfe von sexueller Gewalt zu begründen.[413] Am 25. Juni 2014 teilten die Anklagebehörde und Germain Katangas Anwälte mit, dass sie ihre Berufungsanträge vollständig zurücknahmen.[414] Hiermit ist dieses Urteil rechtskräftig.

Dieses Urteil wird jedoch in die Geschichte des Internationalen Strafgerichtshofs als das erste Urteil eingehen, das die Tatbestände der sexuellen Verbrechen auslegt.

Die Richter blieben der *Vergewaltigung*sdefinition der Verbrechenselemente treu. Zum ersten objektiven Element, dem Eindringen, betonten die Richter, dass dieses auch erfüllt sei, wenn der Täter nicht selbst eindringe, sondern eingedrungen werde oder er das Eindringen verursache.[415] Zum zweiten objektiven Tatbestand, den Zwangsumständen, bekräftigen sie, dass das fehlende Einverständnis des Opfers nicht bewiesen werden muss. Vielmehr reicht es, dass einer der aufgezählten Zwangsumstände gegeben sei, damit aus einem Eindringen eine Vergewaltigung wird, was im Regel 70 IStGH-Beweis und Verfahrensordnung bestätigt wird.[416] Dies könnte eine endgültige Abkehr der *Kunarac*-Definition darstellen. Die Kammer fügt zudem hinzu, dass nicht die Vergewaltigungen selbst ausgedehnt und systematisch sein, vielmehr Teil eines ausgedehnten oder systematischen Angriffs gegen die Zivilbevölkerung sein müssen, um als Verbrechen gegen die Menschlichkeit verfolgt

---

410 Ebenda, § 1664. (Hervorhebung der Verfasserin).

411 Ebenda, § 1663.

412 Ebenda.

413 Ebenda.

414 Notice of Discontinuance of the Prosecution's Appeal against the Article 74 Judgment of Conviction of Trial Chamber II dated 7 March 2014 in relation to Germain Katanga, 25.06.2014, ICC-01/04-01/07; Defence Notice of Discontinuance of Appeal against the 'Jugement rendu en application de l'article 74 du Statut' rendered by Trial Chamber II on 7 April 2014, 25.06.2014, ICC-01/04-01/07.

415 *Le Procureur vs. German Katanga*, Jugement rendu en application de l'article 74 du Statut, 07.03.2014, ICC-01/04-01/07-3436, § 963.

416 Ebenda, §§ 965, 966.

zu werden,[417] und in Verbindung mit einem bewaffneten Konflikt stehen müssen, um als Kriegsverbrechen strafbar zu sein.[418] Die *mens rea* richtet sich nach dem Art. 30 IStGH-Statut.

Die Ausführungen zu dem Verbrechen der *sexuellen Sklaverei* sind in der Hinsicht bemerkenswert, dass sie einerseits die Rechtsprechung vom *Foča*-Fall und des Sondergerichts für Sierra Leone bezüglich des Inhalts der Ausübung von mit einem Eigentumsrecht verbundenen Befugnissen gegenüber einer Person bestätigen.[419] Andererseits klären sie die innerhalb des Sondergerichts für Sierra Leone entstandenen Meinungsverschiedenheiten bezüglich der Subsumtion von Zwangsheiraten unter dem Tatbestand sexuelle Sklaverei.[420] Die Richter folgten die Ansicht der Sonderberichterstatterin über systematische Vergewaltigung, sexuelle Sklaverei und Sklaverei ähnliche Praktiken in bewaffneten Konflikten[421] und der Richter des Sondergerichts in der ersten Instanz des *AFRC*-Verfahrens und des *Taylor*-Verfahrens[422]:

> *« elle considère que la notion d'esclavage sexuel est, notamment, susceptible de recouvrir les situations dans lesquelles des femmes et des jeunes filles se voient contraintes de partager l'existence d'une personne avec laquelle elles doivent se livrer à des actes de nature sexuelle ».*[423]

Was das subjektive Element sexueller Sklaverei betrifft, war die Kammer der Auffassung, dass in dieses Verbrechen zwar mehrere Täter verwickelt sein können, dass jedoch die Anwendung von Art. 30 IStGH-Statut für jeden Einzelnen festgestellt werden muss.[424]

Besonders hervorgehoben werden muss zum Schluss das Verständnis der Richter für die hochempfindliche Situation der Opfer und Zeugen sexueller Gewalt und deren besondere Verletzlichkeit,[425] ihren verständnisvollen Umgang mit diesen und ihre Nachsichtigkeit bezüglich deren Widersprüche oder Ungenauigkeiten.[426]

---

417 Ebenda, §§ 967, 1165.

418 Ebenda, §§ 968, 1233.

419 Ebenda, § 976. Dazu oben S. 71 ff. und unten S. 119 ff.

420 Siehe unten S. 119 ff.

421 Report of the Special Rapporteur on systematic rape, sexual slavery and slavery-like practices during armed conflict, UN Doc. E/CN.4/Sub.2/1998/13 v. 22.06.1998, § 30.

422 Siehe unten S. 119 ff.

423 *Le Procureur vs. German Katanga*, Jugement rendu en application de l'article 74 du Statut, 07.03.2014, ICC-01/04-01/07-3436, § 978.

424 Ebenda, § 982.

425 Ebenda, §§ 204–212, 338.

426 Ebenda, §§ 988, 992, 994, 1010.

c) Ausblick und Herausforderungen

Für die Freisprüche von *Germain Katanga* bezüglich der Vergewaltigungen und sexueller Sklaverei ernteten die Richter weltweite Kritik. Brigid Inder von der *Women's Initiative for Gender Justice* sprach von einer „verheerenden Entscheidung für die Überlebenden des Angriffs und alle anderen Opfer in der Region."[427] Sie nannte das Urteil schlicht und ergreifend inkohärent und prangerte die Tatsache an, dass alle anderen während des Eingriffs verübten Verbrechen abgesehen von den sexuellen Verbrechen verurteilt worden sind, und vermutete dahinter eine höhere Beweisanforderungen seitens der Richter für diese Verbrechen.[428] Dieses Urteil ist zudem ein bedauerliches Zeichen dafür, dass sexuelle Verbrechen im Rahmen bewaffneter Konflikte weiterhin als kollaterale Verbrechen empfunden werden, und zeigt, wie schwierig der zielgerichtete Einsatz von sexueller Gewalt seitens der Hauptverantwortlichen zu beweisen ist. Ihre Verurteilung wird somit auf internationaler Ebene nur bedingt möglich sein. Die IStGH-Chefanklägerin ist sich dessen bewusst und änderte deshalb 2013 die Anklagepolitik des Gerichts. In ihrem Strategieplan 2012–2015 kündigte sie an, aufgrund der begrenzten Ermittlungsmöglichkeiten vor Ort, der mangelnden Kooperation der Staaten und der hohen Beweisanforderungen das Prinzip der fokussierten Ermittlungen, wonach so wenig Zeugen wie möglich und notwendig für den Prozess angesprochen wurden, durch das Prinzip der tiefgehenden, offenen Ermittlungen zu ersetzen.[429] Von nun an werde die Anklagebehörde ihre Ermittlungen und Strafverfolgungen auf Täter mittlerer Ebene konzentrieren, um dann je nachdem, wo die Ermittlungen hinführen, zu den Hauptverantwortlichen zu gelangen.[430] Hiermit verspricht sie sich mehr „Rentabilität" gegenüber den jetzigen erfolgslosen Strafverfolgungen oder gar dem Fehlen von Strafverfolgung der Hauptverantwortlichen.[431] Konkret ist zur Zeit die strafrechtliche Verfolgung von Hauptverantwortlichen unter anderem wegen sexueller Gewalt gegen elf Verdächtige nicht möglich,[432] entweder weil sie unauffindbar sind wie *Joseph Kony* oder weil Staaten – darunter Vertragsparteien des Römischen Statuts – ihre Pflicht zur

---

427 *Women's Initiatives for Gender Justice*, Katanga Partial Conviction – Acquittal for Sexual Violence, Statement v. 07.03.2014. http://www.iccwomen.org/images/Katanga-Judgement-Statement-corr.pdf (Stand Mai 2015).

428 Ebenda.

429 *ICC, Office of the Prosecutor*, Strategic plan June 2012–2015 v. 11.10.2013, (Fn. 380), § 22.

430 Ebenda.

431 Ebenda.

432 Darfur, Sudan: *Omar Hassan Ahmad Al Bashir, Ahmad Muhammad Harun (« Ahmad Harun »), Ali Muhammad Ali Abd-Al-Rahman (« Ali Kushayb »), Abdel Raheem Muhammad Hussein*; Uganda: *Joseph Kony, Vincent Otti, Okot Odhiambo, Dominic Ongwen*; Elfenbeinküste: *Simone Gbagbo, Charles Blé Goudé*; RDC: *Sylvestre Mudacumura.*

Auslieferung nicht erfüllen wie im Fall des sudanischen Staatspräsidenten *Oumar Hassan Ahmad Al Bashir*.[433]

Dennoch hat die Weltgemeinschaft mit der Aufnahme von Vergewaltigung, sexueller Sklaverei, Nötigung zur Prostitution, erzwungener Schwangerschaft, Zwangssterilisation oder jeder anderen Form sexueller Gewalt im Römischen Statut eine entscheidende präventive Signalwirkung an alle potenzielle Täter und amtierende Staatsoberhäupter gesendet. Sexuelle Übergriffe gehören zu den schwersten Verletzungen des Humanitären Völkerrechts, und ihr Einsatz als Kriegswaffe wird nunmehr konsequent verfolgt. Die positive Entwicklung des Völkerstrafrechts im Umgang mit den Überlebenden durch die Errichtung von speziellen Abteilungen innerhalb des Gerichts, durch Verfahrensregeln, die verhindern, dass Frauen durch ihre Aussage erneut gedemütigt werden oder durch die Einführung eines Fonds zur Entschädigung der Opfer sind wichtige Fortschritte für den Weg der Frauen auf der Suche nach Gerechtigkeit. Frauenrechtsorganisationen wie *Medica Mondiale*, die vor Ort Überlebenden sexueller Gewalt medizinische, psychologische und rechtliche Unterstützung bieten, haben jedoch trotz dieser Entwicklung eine enorme Kluft zwischen den internationalen Gerichtshöfen und den Frauen vor Ort festgestellt.[434] Ein Urteil des IStGH bringt den Frauen vor Ort angesichts fortdauernder Gewalt gegen Frauen, den gesundheitlichen Folgen von Kriegsgewalt sowie ökonomischen und familiären Zwängen höchstens eine symbolische Anerkennung ihres Leids. Eine Reportage der Deutschen Welle nach der Verkündung des *Katanga*-Urteils hob hervor, wie wenig die Bevölkerung vor Ort von den Abläufen am Internationalen Strafgerichtshofs verstehen.[435] Um diese Kluft zu schließen, bedarf es mehr Kommunikation, Kooperation und Information vor Ort. Zunächst müssten die Frauen über die unterschiedlichen Möglichkeiten, welche die internationalen Recht- und Menschenrechtsinstrumente Frauen in Kriegsländern bieten, aufgeklärt werden.[436] Ferner müssten die Urteile, Beschlüsse und Verfahren der Gerichtshöfe dokumentiert, in eine allgemeine verständliche Sprache übersetzt und verbreitet werden, damit die Fortschritte im internationalen Strafrecht verfolgt werden können.[437] Unterstützung für die Umsetzung dieser Maßnahme könnte der Internationale Strafgerichtshof

433 *UN News*, „La RDC n'a pas coopéré quant à l'arrestation d'Omar Al Bashir, selon la CPI" v. 10.04.2014; *UN News*, „ICC informs Security Council about Malawian failure to arrest Sudanese leader" v. 12.12.2011.

434 *R. Schäfer/G. Mischkowski/B. Keller/M. Bode*, Auf der Suche nach Gerechtigkeit, Medica mondiale (Hrsg.), 2009, S. 22.

435 *P. Sandner, S. Duckstein*, Hilft das Katanga-Urteil den Menschen vor Ort?, DW, 07.03.2014, http://www.dw.de/hilft-das-katanga-urteil-den-menschen-vor-ort/a-17482637 (Stand Mai 2015).

436 *R. Schäfer/G. Mischkowski/B. Keller/M. Bode*, Auf der Suche nach Gerechtigkeit, Medica mondiale (Hrsg.), 2009, S. 25.

437 Ebenda.

von den an der *UN Action Against Sexual Violence in Conflict* teilnehmenden Programmen der Vereinten Nationen bekommen.[438]

d) UN-IStGH: Frieden durch Gerechtigkeit

Mit einem eigenständigen völkerrechtlichen Vertrag als Grundlage ist der Internationale Strafgerichtshof nicht Teil des Systems der Vereinten Nationen. Doch bereits Art. 2 des Römischen Statuts beschäftigt sich mit dem Verhältnis des Gerichtshofs zu den Vereinten Nationen und fordert den Abschluss eines Beziehungsabkommens zwischen beiden Institutionen. Am 4. Oktober 2004 in Kraft getreten, stellt dieses Abkommen eine allgemeine Kooperations- und Koordinationspflicht zwischen den Vereinten Nationen und dem Internationalen Strafgerichtshof (Art. 3) dar und regelt ihre funktionelle Umsetzung.[439] Wesentliche Punkte dieser Zusammenarbeit stellen der Informationenaustausch (Art. 5), das Verhältnis zwischen dem Sicherheitsrat und dem Internationalen Strafgerichtshof (Art. 17) sowie die Unterstützung der Anklagebehörde durch die Vereinten Nationen (Art. 18) dar. Zur Zeit befinden sich Friedensmissionen der Vereinten Nationen in sechs der neun Länder, in denen Situationen bestehen, mit denen der Gerichtshof sich beschäftigt.[440] Die Berichte der Missionen über die Lage vor Ort sind wichtige Informationsquellen für die Anklage. Die United Nations Joint Human Rights Office, die eigene Ermittlungen führen, das Team of Experts, das die Staaten zur Verbesserung ihrer Ermittlungsmethoden zur Seite steht, sowie alle Mechanismen, die im Rahmen der *UN Action* errichtet worden sind, und vieles andere, tragen zur Vervollständigung der Beweise im Rahmen der Ermittlungen bei und können zudem auch zu den Hinweisen zählen, die der Ankläger braucht, um *proprio motu* Ermittlungen nach Art. 13 lit. c) Römisches Statut einzuleiten. In ihrem *Policy Paper on Sexual and Gender Based Crimes* bezeichnet die Anklagebehörde die Schaffung des Amtes der Sonderbeauftragten des Generalsekretärs für sexuelle Gewalt in Konflikten als „entscheidenden Durchbruch" in der Bekämpfung der Straflosigkeit gegenüber sexuellen Verbrechen[441]. Anfang 2014 bestätigte sie, ein „sehr gutes Arbeitsverhältnis" mit den Vereinten Nationen zu haben.[442] Dieses dürfte sich also mit der Zeit zum Positiven geändert haben, betrachtet man die 2002 und 2003 verabschiedeten Resolutionen zum einjährigen Moratorium auf Strafverfolgungsmaßnahmen durch den Internationalen Strafgerichtshof gegen

---

438 Siehe unten S. 149 ff.

439 Negotiated Relationship Agreement between the International Criminal Court and the United Nations, ICC-ASP/3/Res.1 v. 07.06.2004.

440 Mali, RDC, Darfur, Sudan, Elfenbeinküste, Zentralafrikanische Republik.

441 *ICC, Office of the Prosecutor*, Policy Paper on Sexual and Gender Based Crimes (Fn. 379), 05.06.2014, § 106.

442 Interview von Fatou Bensouda, Vereinte Nationen, Heft 1/2014, S. 20.

Blauhelme aus Ländern, die dem Statut nicht beigetreten sind,[443] und die Verweigerung der Zustimmung zur Akteneinsicht im *Lubanga*-Verfahren.[444]

Das Römische Statut und Art. 17 des Beziehungsabkommens räumen dem Sicherheitsrat erhebliche Mitwirkungsrechte ein, wovon der Sicherheitsrat bereits Gebrauch gemacht hat. Durch sein Unterbreitungsrecht (Art. 13 lit. b) IStGH-Statut) kann der Sicherheitsrat im Rahmen von Kapitel VII durch die Überweisung einer Situation an dem IStGH-Ankläger Ermittlungen iniitieren.[445] Diese Ermittlungen können Verbrechen betreffen, die sowohl auf dem Gebiet einer Vertragspartei als auch auf dem Staatsgebiet eines Drittstaats begangen worden sind.[446] Der Sicherheitsrat setzte dieses Recht zwei Male um, als er 2005 die Situation in Darfur (Sudan) und 2011 die Situation in Libyen dem Ankläger des Internationalen Strafgerichtshofs unterbreitete.[447] Diese Einigkeit bezüglich der Unterbreitung beider Situationen[448] fehlt bei der dramatischen Situation in Syrien. Trotz Berichten über den Einsatz von Chemiewaffen und über die Anwendung von sexueller Gewalt als Vergeltungsmittel scheiterte am 22. Mai 2014 ein Resolutionsentwurf zugunsten einer Überweisung der Situation an den Internationalen Strafgerichtshof an dem Veto von Russland und China.[449] Unstimmigkeiten innerhalb des Sicherheitsrats im Hinblick auf den Internationalen Strafgerichtshof fanden auch im November 2013 wegen des in Art. 16 Römisches Statut verankerten Rechts des Sicherheitsrats, Ermittlungen oder Strafverfolgungen für einen Zeitraum von 12 Monaten aufzuschieben, statt. Mit der Unterstützung der Präsidentin der Kommission der Afrikanischen Union und aller AU-Mitglieder reichte Kenia ein Ersuchen zum Aufschub des Verfahrens gegen ihren Staatspräsident *Uhuru Kenyatta* (unter anderem wegen sexueller Verbrechen) und Vizepräsidenten *William Ruto* ein.[450] Kenia begründete die Notwendigkeit eines solchen Aufschubs mit der Vorbeugung einer Verschlechterung der Friedens- und Sicherheitssituation in der Region nach dem tödlichen terroristischen Attentat auf

443 UN Docs. S/Res/1422 v. 12.07.2002; S/Res/1987 v. 12.06.2003; S/Res/1497 v. 1.08.2003.

444 *M. Hiéramente*, Der Internationale Strafgerichtshof und die Vereinten Nationen: ein ungeklärtes Verhältnis, Vereinte Nationen, Heft 6/2010, S. 256.

445 *J. Pichon*, Internationaler Strafgerichtshof und Sicherheitsrat der Vereinten Nationen, 2011, S. 7.

446 *S. A. Williams/W. A. Schabas*, Article 13, in: O.Triffterer (Hrsg.), Commentary on the Rome Statute of the International Criminal Court, 2008, S. 569.

447 UN Doc. S/Res/1593 (2005) v. 31.03.2005 (Darfur, Sudan) ; UN Doc. S/Res/1970 (2011) v. 26.02.2011 (Libyen).

448 Bei der Unterbreitung der Situation in Libyen sind sich alle Sicherheitsratsmitglieder einig gewesen. Bei der Unterbreitung der Situation in Darfur (Sudan) haben sich vier Sicherheitsratsmitglieder enthalten (Algerien, Brasilien, China und die USA).

449 UN Doc. S/2014/348 v. 22.05.2014.

450 UN Doc. S/2013/624 v. 22.10.2013.

ein Einkaufzentrum in Nairobi zwei Monate zuvor. Trotz sieben JA-Stimmen scheiterte den Resolutionsentwurf[451] dank acht Enthaltungen.[452]

Der Sicherheitsrat hat weiterhin die Möglichkeit einzuschreiten, wenn Staaten mit dem Internationalen Strafgerichtshof nicht zusammenarbeiten. Nach Art. 87 des Römischen Statuts kann der Gerichtshof bei Verwehrung der Unterstützung seitens eines Vertragsstaats (Abs. 7) oder einer Nicht-Vertragspartei (Abs. 5 lit. a), lit.b), den Sicherheitsrat unterrichten. Eine Aufforderung zur Kooperation kann allerdings im Falle von Nichtvertragsstaaten nur ausgesprochen werden, wenn der Nichtvertragsstaat entweder eine Vereinbarung mit dem Internationalen Strafgerichtshof getroffen hat oder der Sicherheitsrat diesen Staat mithilfe einer Resolution zur Zusammenarbeit verpflichtet hat.[453] Im Fall von Darfur beschwerte sich allerdings die IStGH-Chefanklägerin mehrmals über die Untätigkeit des Sicherheitsrats angesichts der Nicht-Verhaftung von *Omar Hassan Ahmad Al Bashir*, der weiterhin ohne Hindernisse in mehrere afrikanischen Staaten, Vertragsparteien des Römischen Statuts, reisen kann.[454]

Früher wurde ein Spannungsverhältnis zwischen der Friedenschaffung und Friedenserhaltung als Aufgaben der Vereinten Nationen und der Strafverfolgung als Mission des IStGHs erkannt. Es wurde befürchtet, dass die Zusammenarbeit der Vereinten Nationen mit dem IStGH zum Neutralitätsverlust der Friedensmissionen und zur Störung der Friedensverhandlungen führte.[455] Heute kann man eine deutliche Einstellung der Vereinten Nationen zugunsten der Kooperation ihrer Organe und Missionen mit dem Internationalen Strafgerichtshof feststellen. Die Tatsache, dass jede zuletzt verlängerte oder geschaffene Friedensmission, die in einem Land im Einsatz ist, mit dessen Situation der Internationale Strafgerichtshof beschäftigt ist, einen ausdrücklichen Auftrag zur Unterstützung des Internationalen Strafgerichtshof erhalten hat und die Staaten ausdrücklichen zur Mitarbeit mit dem IStGH aufgefordert wurden,[456] bekräftigt die Strategie der Vereinten Nationen, den Frieden durch Gerechtigkeit zu sichern. In seiner letzten Resolution zu sexueller Gewalt in Konflikten betonte der Sicherheitsrat:

---

451 UN Doc. S/2013/660 v. 15.11.2013.

452 Un Doc. SC/11176 v. 15.11.2013.

453 *J. Pichon*, Internationaler Strafgerichtshof und Sicherheitsrat der Vereinten Nationen, 2011, S. 54.

454 *UN News*, « Security Council must urgently take action to end impunity in Darfur – ICC prosecutor » v. 05.06.2013; *UN News*, « La Procureur fustige l' «inaction» du Conseil de sécurité devant la situation au Darfour » (Security Council must urgently take action to end impunity in Darfur – ICC prosecutor) v. 11.12.2013.

455 *M. Hiéramente*, Der Internationale Strafgerichtshof und die Vereinten Nationen: ein ungeklärtes Verhältnis, Vereinte Nationen, Heft 6/2010, S. 258.

456 MONUSCO : UN Doc. S/Res/2147 (2014) v. 28.03.2014, Ziff. 4 lit d) und 24; UNOCI : UN Doc. S/Res/2153 (2014) v 29.04.2014, Päambel, Abschnitte 17 und 18 ; MINUSCA : UN Doc. S/Res/2149 (2014) v. 10.04.2014, Ziff. 12, 29 lit. f) i), 38; MINUSMA: UN Doc. S/Res/2100 (2013) v. 25.04.2013, Ziff. 16 lit. g), 27.

„dass der Kampf gegen die Straflosigkeit für die schwersten Verbrechen von internationalem Belang, die gegen Frauen und Kinder begangen werden, durch die Arbeit des Internationalen Strafgerichtshofs, der ad hoc- und gemischten Gerichtshöfe sowie der Sonderkammern in nationalen Gerichten gestärkt wurde; [und] erklärt erneut seine Absicht, die Straflosigkeit auch weiterhin energisch zu bekämpfen und die Rechenschaftspflicht mit geeigneten Mitteln zu wahren.“[457]

2. Das Sondergericht für Sierra Leone

Das Sondergericht für Sierra Leone hat am 1. Juli 2002 seine Arbeit aufgenommen. Seine Errichtung geht auf eine Anfrage der Regierung von Sierra Leone zur Herstellung und Sicherung des Friedens in Sierra Leone und Westafrika zurück.[458] Im Anschluss daran erteilte der Sicherheitsrat dem Generalsekretär der Vereinten Nationen den Auftrag, mit der Regierung von Sierra Leone ein Abkommen über die Einrichtung einer gemischten Gerichtsbarkeit auszuhandeln, welche die in diesem Land während dem 10-jährigen Bürgerkrieg begangenen Gräueltaten verfolgen soll.[459] Diese Vereinbarung wurde am 16. Januar 2002 zeitgleich mit dem Statut des Sondergerichts unterzeichnet.[460] Nach Art. 1 Abs. 1 des Statuts ist das Sondergericht dafür zuständig, die Verantwortlichen der schlimmsten Verletzungen des humanitäres Völkerrechts und der Gesetze von Sierra Leone zu verfolgen, welche auf dem Gebiet des Landes seit dem 30. November 1996 (Unterzeichnung des Friedensabkommen von Abidjan) begangen wurden.[461] In diesem nicht-internationalen bewaffneten Konflikt[462] kämpften die vom damaligen liberianischen Staatspräsident *Charles Taylor* unterstützten Rebellen der Revolutionären Einheitsfront (*Revolutionary United Front- RUF*) gegen die Soldaten der sierra-leonischen Armee (*Armed Forced Revolutionary Council- AFRC*) und die aufseiten der Regierung stehenden lokalen Milizen der Verteidigungskräfte (*Civil Defence Forces- CDF*). Das Vorgehen aller drei in den Bürgerkrieg verwickelten bewaffneten Gruppen zeichnete sich durch den Einsatz von Tausenden von Kindersoldaten und durch Grausamkeiten

---

457 UN Doc. S/Res/2106 (2013) v. 24.06.2013, Ziff. 3. (Übersetzung des deutschen Übersetzungsdienstes der Vereinten Nationen).

458 UN Doc. S/2000/786, Annex.

459 UN Doc. S/Res/1315 (2000) v. 14.08.2000, Ziff. 1 und 2.

460 Agreement between the United Nations and the Government of Sierra Leone on the Establishment of a Special Court for Sierra Leone v. 16.01.2002. Abrufbar unter: http://www.rscsl.org/Documents/scsl-agreement.pdf (Stand Mai 2015).

461 Statut of the Special Court of Sierra Leone v. 16.01.2002. Abrufbar unter: http://www.rscsl.org/Documents/scsl-statute.pdf (Stand Mai 2015).
Der Generalsekretär entschied sich aufgrund einer zu großen Belastung des Gerichts die Zuständigkeit ratione temporis des Gerichts nicht mit dem Beginn des Bürgerkriegs (23.03.1991) übereinstimmen zu lassen. UN Doc. S/2000/915, v. 04.10.2000, § 26.

462 Strittig, Vgl. *O. Njikam*, The Contribution of the Special Court for Sierra Leone to the Development of International Humanitarian Law, 2013, S. 146ff.

wie das Abhacken von Gliedmaßen, insbesondere bei Frauen und Kindern, aus.[463] Doch auch sexuelle Verbrechen wie Vergewaltigung, sexuelle Sklaverei, erzwungene Schwangerschaften waren an der Tagesordnung. Schätzungsweise wurden 250 000 Frauen in diesem Bürgerkrieg Opfer sexueller Gewalt. Diese Zahl entspricht 33% der gesamten weiblichen Gesamtbevölkerung Sierra Leones.[464]

Als hybrides Gericht besitzt das Sondergericht für Sierra Leone bezüglich seiner Gerichtsbarkeit und Zusammensetzung nationale und internationale Elemente.[465] Zwei Drittel der Richter in erster Instanz und drei der fünf Berufungsrichter werden vom Generalsekretär der Vereinten Nationen ernannt (Art. 5 SCSL-Statut).

Nach internationalem Recht werden Verbrechen gegen die Menschlichkeit (Art. 2 SCSL-Statut), Verletzungen des gemeinsamen Art. 3 der Genfer Konventionen sowie der Bestimmungen des zweiten Zusatzprotokolls (Art. 3 SCSL-Statut) und anderer schlimmer Verletzungen des humanitären Völkerrechts (Art. 4 SCSL- Statut) verfolgt. Nach sierra-leonischem Recht werden unter anderem der Missbrauch von Mädchen und die vorsätzliche Zerstörung von Eigentum geahndet (Art. 5 SCSL-Statut).

Das Statut des Sondergerichts wurde kurz vor dem Inkrafttreten des Römischen Statuts und der mit ihm verbundenen weltweiten Anerkennung der notwendigen Bestrafung von sexueller Gewalt ausgearbeitet. Dies erklärt, warum das Sondergericht eine deutlich breitere Palette an sexuellen Verbrechen als die anderen *ad hoc*-Tribunale aufweist. Als Verbrechen gegen die Menschlichkeit und Kriegsverbrechen wird nicht nur Vergewaltigung, sondern zudem sexuelle Sklaverei, Nötigung zur Prostitution, erzwungene Schwangerschaft und jede andere Form sexueller Gewalt (Art. 2 g und Art. 3 e SCSL-Statut) verfolgt. Verbrechen wie Angriffe auf Peacekeeping-Missionen oder Zwangsrekrutierung von Kindersoldaten (Art. 4 b, c SCSL-Statut) haben auch erstmalig Eingang in das Statut eines *ad hoc*-Tribunale gefunden. Mit neun Verurteilungen in vier Verfahren (der sog. *AFRC*-Fall,[466] der

463 Zu den Hintergründen des Konflikts siehe *A. Trittin/N. Weiß*, Das Sondergericht in Sierra Leone, MenschenRechtsMagazin, 2003, S. 173f.; *S. Wharton*, The Evolution of International Criminal Law: Prosecuting „New" Crimes before the Special Court for Sierra Leone, International Criminal Law Review, 2011, S. 219ff.; *O. Njikam*, The Contribution of the Special Court for Sierra Leone to the Development of International Humanitarian Law, 2013, S. 34ff.

464 *Amnesty International*, Sierra Leone: Getting reparations right for survivors of sexual violence, 2007; *Human Rights Watch*, "We 'll kill you if you cry" Sexual violence in the Sierra Leone conflict, 2003, S. 25.

465 Zur Etablierung, Rechtnatur und Verhältnis der hybriden zu anderen völkerstrafrechtlichen Gerichten siehe *S. Schulz*, Transitional Justice und Hybride Gerichte, 2009, S. 61–98.

466 *Prosecutor vs. Alex Tamba Brima, Brima Bazzy Kamara and Santigie Borbor Kanu*, Trial Chamber II, Judgment, 20.06.2007, SCSL-04-16-T.
Prosecutor vs. Alex Tamba Brima, Brima Bazzy Kamara and Santigie Borbor Kanu, Appeals Chamber, Judgment, 22.02.2008, SCSL-04-16-A.

CDF-Fall,[467] der *RUF*-Fall[468] und *Taylor*-Fall[469]) darunter sieben Verurteilungen wegen sexueller Verbrechen, einschließlich der ersten Verurteilung eines ehemaligen Staatchefs, schloss das Sondergericht am 31.Dezember 2013 seine Arbeit ab.[470]

a) Keine Anklage von sexuellen Verbrechen im CDF-Fall

Da sexuelle Verbrechen von allen Konfliktpartien begangen wurden, machte sich die Anklage deren Bestrafung zur Aufgabe und bemühte sich in allen drei Prozessen gegen Anhänger der jeweiligen Gruppen und im Prozess gegen *Charles Taylor* die sexuellen Verbrechen anzuklagen.[471] Im Unterschied zu den Statuten der anderen *ad hoc*-Tribunale sah Art. 15 Abs. 4 SCSL-Statut vor, dass das Anklageteam aus erfahrenen Ermittlern und Anklägern im Bereich sexueller Gewalt besteht. Eine erfolgreiche Anklage sexueller Verbrechen gelang allerdings nur in drei Fällen. Zu den Anklageerhebungen im *CDF*-Fall im März und Juni 2003[472] besaß in der Tat der Chefankläger nicht ausreichende Beweise über die sexuellen Verbrechen, um sie ordentlich anzuklagen.[473] Als im Februar 2004 vier Monate vor Beginn der Hauptverhandlungen, die Anklage eine Änderung der Anklageschrift beantragte, um sie um die Verbrechen der Vergewaltigung, Zwangsprostitution und Zwangsheiraten zu ergänzen, wurde diese abgelehnt.[474] In ihrer Entscheidung warfen die Richter der Anklage vor, die Änderung erst jetzt zu beantragen, obwohl sie bereits im Juni 2003 Beweise für sexuelle Verbrechen hatte.[475] Sie waren zudem der Auffassung, dass eine

---

467 *Prosecutor vs. Moinina Fofana and Allieu Kondewa*, Trial Chamber I, Judgment, 02.08.2007, SCSL-04-14-T.
Prosecutor vs. Moinina Fofana and Allieu Kondewa, Appeals Chamber, Judgment, 28.05.2008, SCSL-04-14-A.

468 *Prosecutor vs. Issan Sesay, Morris Kallon and Augustine Gbao*, Trial Chamber I, Judgment, 02.03.2009, SCSL-04-15T.
Prosecutor vs. Issan Sesay, Morris Kallon and Augustine Gbao, Appeals Chamber, Judgment, 26.09.2009, SCSL-04-15A.

469 *Prosecutor vs. Charles Taylor*, Trial Chamber II, Judgment, 18.05.2012, SCSL-03-01-T.
Prosecutor vs. Charles Taylor, Appeals Chamber, Judgment, 26.09.2013, SCSL-03-01-A.

470 Verurteilt wurden: *Alex Tamba Brima, Brima Bazzy Kamara and Santigie Borbor Kanu, Issan Sesay, Morris Kallon and Augustine Gbao, Charles Taylor.*

471 *V. Oosterveld*, Lessons from the Special Court for Sierra Leone on the Prosecution of Gender-Based Crimes, Journal of Gender, Social Policy & the Law, 2009, S. 408.

472 Erst am 5. März 2004 wurde eine gemeinsame Anklage gegen *Norman, Fofana und Kondewa* erhoben, nachdem das Gericht sich für ein gemeinsames Verfahren entschieden hatte.

473 *M. Staggs Kelsall/S. Stepakoff*, "When We Wanted to Talk About Rape": Silencing Sexual Violence at the Special Court for Sierra Leone, The International Journal of Transitional Justice, Vol. 1, 2007, S. 360.

474 *Prosecutor vs. Moinina Fofana and Allieu Kondewa*, Decision on Prosecution request for leave to amend the indictment, 20.05.2004.

475 Ebenda, § 55.

solche Änderung das Recht des Angeklagten ohne unangemessene Verzögerung verurteilt zu werden, verletzen würde, denn die Verteidigung müsste unter anderem ihrerseits Ermittlungen aufnehmen.[476] Diese Niederlage hinderte die Anklage nicht daran, Beweise sexueller Gewalt unter andere Verbrechen (unmenschliche Behandlung als Verbrechen gegen die Menschlichkeit, Art. 2 i SCSL-Statut, Anklagepunkt 3 und grausame Behandlung als Kriegsverbrechen, Art. 3 SCSL-Statut, Anklagepunkt 4) einführen zu wollen. Im Vorfeld und ab dem ersten Tag der Hauptverhandlungen sprach der Ankläger offen über sexuelle Gewalt und ließ wissen, dass Zeugen über sexuelle Gewalt unter Anklagepunkt 3 und 4 aussagen würden.[477] Als die ersten Frauen begannen auszusagen, erhob jedoch die Verteidigung Einspruch. Da die Anklage Zeugen geladen hatte, die ausschließlich zu sexueller Gewalt aussagen sollten, bat sie die Kammer, sich dazu zu äußern, in welchem Umfang Beweise über sexuelle Gewalt zugelassen werden.[478] Die Anklage erlitt einen erneuten Rückschlag, als die Kammer sich im Mai 2005 nicht bereit erklärte, Beweise über sexuelle Gewalt überhaupt zuzulassen.[479] Diese Entscheidung begründeten die Richter damit, dass die Anklagepunkte 3 und 4 keinen Vorwurf sexueller Gewalt beinhalteten[480] und dass das Zulassen solcher Beweise an einem so späten und entscheidenden Punkt des Prozesses das Recht der Angeklagten, sofort und in Detail über die gegen ihn behaupteten Vorwürfe in einer Sprache, die sie verstehen, informiert zu werden, verletzen würde.[481] Das Gericht verwehrte überdies der Anklage, Berufung einzulegen.[482] Im Berufungsurteil nahm die Berufungskammer zu diesem Sachverhalt Stellung und stellte einen Rechtfehler fest.[483] Das vom Richter *Itoe* vorgebrachte und vom Angeklagten *Fofana* übernomme Argument *„gender evidence amounts to "prejudicial evidence" because it is of a nature as to cast a dark cloud on the image of innocence that the accused enjoys under the law until the contrary is proved"*[484]

---

476 Ebenda, § 63.

477 *M. Staggs Kelsall/S. Stepakoff*, Silencing Sexual Violence at the Special Court for Sierra Leone, The International Journal of Transitional Justice, The International Journal of Transitional Justice, Vol. 1, 2007, S. 363.

478 *Prosecutor vs. Moinina Fofana and Allieu Kondewa*, Urgent prosecution motion for ruling on the admissibility of evidence, 15.02.2005.

479 *Prosecutor vs. Moinina Fofana and Allieu Kondewa*, Reasoned majority decision on Prosecution motion for a ruling on the admissibility of evidence, SCSL-04-14-T-434, 24.05.2005. Begründung im Juni 2005 veröffentlicht.

480 Ebenda, § 19 i-iii.

481 Ebenda, § 19 viii.

482 *Prosecutor vs. Moinina Fofana and Allieu Kondewa*, Majority decision on request for leave to appeal decision on Prosecution motion for a ruling on admissibility of evidence and dissenting opinion of Justice Pierre Boutet, 09.12.2005, SCSL-04-14-T-515, § 11.

483 *Prosecutor vs. Moinina Fofana and Allieu Kondewa*, Appeals Chamber, Judgment, 28.05.2008, SCSL-04–14-A, §§ 446, 450.

484 *Prosecutor vs. Moinina Fofana and Allieu Kondewa*, Reasoned majority decision on Prosecution motion for a ruling on the admissibility of evidence, Separate

unterstützte die Berufungskammer nicht und zeigte deutlich, dass Beweise zu geschlechtsspezifischer Gewalt nicht von Natur aus nachteiliger als andere Arten von Beweisen für die Angeklagten sind.[485] Gleichwohl waren die Berufungsrichter der Auffassung, dass die Nicht-Zulassung von Beweisen sexueller Gewaltanwendung keinen Grund darstellte, um das Urteil außer Kraft zu setzen.[486]

Nach dem vielversprechenden ersten Urteil des Sondergerichts im *AFRC*-Fall, das zwar -wie nachfolgend erläutert- zu keiner Verurteilung bezüglich sexueller Sklaverei und Zwangsheiraten führte, jedoch überaus wichtige Diskussionen über die Verbindung beider Tatbestände innerhalb des Gerichts auslöste, kam dieser Rückschlag überraschend. Eine mögliche Erklärung für die schwierigen Ermittlungen der Anklage in Bezug zu sexueller Gewalt und für die Weigerung der Richter, diese Schwierigkeiten anzuerkennen, wurde darin gesehen, dass *CDF*-Soldaten von vielen als Helden angesehen wurden, was ein zusätzliches Maß an Zurückhaltung mit sich brachte.[487] Nach dem Urteil erster Instanz hatte *Amnesty International* bereits die Gutmütigkeit des Gerichts gegenüber diesen Soldaten in Form von relativ niedrigen Strafen kritisiert und besonders die Begründung der Richter für die Strafmilderung, die Verbrechen seien für die Wiederherstellung der Demokratie also für eine „eindeutig gerechte und verteidigungswürdige Sache" begangen worden,[488] scharf verurteilt.[489]

b) *Vergewaltigung, Sexuelle Sklaverei und Zwangsheiraten in der Rechtsprechung des Sondergerichts*

Im Unterschied zum *CFD*-Fall gelang es der Anklage im *AFRC*-, *RUF*-, und *Charles Taylor*-Verfahren sexuelle Verbrechen von vorn herein anzuklagen. Unter dem Abschnitt sexuelle Gewalt werden Vergewaltigung und sexuelle Sklaverei als

---

concurring Opinion of Ho. Justice Benjamin Mutanga Itoe, 24.05.2005, SCSL-04-14-T-434, § 78.

485 *Prosecutor vs. Moinina Fofana and Allieu Kondewa*, Appeals Chamber, Judgment, 28.05.2008, SCSL-04-14-A, § 446.

486 Ebenda, § 451.

487 *V. Oosterveld*, Lessons from the Special Court for Sierra Leone on the Prosecution of Gender-Based Crimes, Journal of Gender, Social Policy & the Law, 2009, S. 422.

488 *Prosecutor vs. Moinina Fofana and Allieu Kondewa*, Judgement on the sentencing of Moinina Fofana and Allieu Kondewa, 09.10.2007, SCSL-04-14-T-796, § 86. *"However, although the commission of the crimes transcends acceptable limits, albeit in defending a cause that is palpably just and defendable, such as acting in defence of constitutionality by engaging in a struggle or a fight that was geared towards the restoration of the ousted democratically elected Government of President Kabbah, it certainly, in such circumstances, constitutes a mitigating circumstance in favour of the two Accused Persons."*

489 *Amnesty International*, Länderbericht, Sierra Leone, 2008. Abrufbar unter: http://www.amnesty.de/jahresbericht/2008/sierra-leone?destination=node%2F3009 (Stand Mai 2015).

Verbrechen gegen die Menschlichkeit und/oder als Beeinträchtigung der persönlichen Würde als Kriegsverbrechen verfolgt.[490] Im *AFRC*- und *RUF*-Verfahren ließen zudem die Richter eine Änderung der Anklageschrift zu, um Zwangsheiraten als Verbrechen gegen die Menschlichkeit unter „andere unmenschliche Behandlung" (Art. 2 i SCSL-Statut) hinzuzufügen.[491] Während die Rechtsprechung des Sondergerichts zur Entwicklung und Verfestigung der Auslegung von sexueller Sklaverei beitrug, half sie nicht bei der Festlegung einer einheitlichen Definition von Vergewaltigung auf internationale Ebene. Als erstes internationales Gericht musste sich zudem das Sondergericht mit dem Verbrechen des Zwangsheiratens auseinandersetzen.

aa) Vergewaltigung

Das erste Urteil, das zu einer Verurteilung wegen Vergewaltigung vor dem SCSL führte, das *AFRC*-Urteil, übernahm die Vergewaltigungsdefinition des *Kunarac*-Urteils. Das letzte Urteil des Sondergerichts, das *Taylor*-Urteil, gefällt von derselben Kammer, blieb dieser Wahl treu. Die Richter folgten dem mechanischen Ansatz mit Betonung des fehlenden Einverständnisses des Opfers.[492]

Die Kammer im *RUF*-Fall ließ ihrerseits eine neue Definition auf internationaler Ebene entstehen.

---

490 *Prosecutor vs. Alex Tamba Brima*, Indictment, 07.03.2003, SCSL-2003-06-I, §§ 38–42 (Anklagepunkte 6–8); *Prosecutor vs. Brima Bazzy Kamara*, Indictment, 26.05.2003, SCSL-2003-10-I-001, §§ 40–45 (Anklagepunkte 6–8); *Prosecutor vs. Santigie Borbor Kanu*, Indictment, 15.09.2003, SCSL-03-13-I, §§ 40–45 (Anklagepunkte 6–8); *Prosecutor vs Issan Sesay*, Indictment, 03.03.2003, SCSL-2003-05-I-001, §§ 38–42 (Anklagepunkte 6–8); *Prosecutor vs. Morris Kallon*, Indictment, 03.03.2003, SCSL-2003-07-I, §§ 38–42 (Anklagepunkte 6–8); *Prosecutor vs. Augustine Gbao*, Indictment, 16.04.2003, SCSL 2003-09-I-009, §§ 40–44 (Anklagepunkte 6–8); *Prosecutor vs. Charles Taylor*, Indictment, SCSL-2003-01-I, 03.03.2003, §§ 39–43 (Anklagepunkte 6–8).

491 *Prosecutor vs. Alex Tamba Brima, Brima Bazzy Kamara and Santigie Borbor Kanu*, further amended consolidated indictment, 18.02.2005, SCSL-04-16-PT, §§ 51–57 (Anklagepunkte 6–9); *Prosecutor vs. Issan Sesay, Morris Kallon and Augustine Gbao*, corrected amended consolidated indictment, 02.08.2006, SCSL-2004-15-PT, §§ 54–60 (Anklagepunkte 6–9); *Prosecutor vs. Charles Taylor*, Prosecution's second amended indictment, 29.05.2007, SCSL-03-01-PT, §§ 14–17 (Anklagepunkte 4–6).

492 *"i. The non-consensual penetration, however slight, of the vagina or anus of the victim by the penis of the perpetrator or by any other object used by the perpetrator, or of the mouth of the victim by the penis of the perpetrator; and.*
ii. The perpetrator must have the intent to effect this sexual penetration, and the knowledge that it occurs without the consent of the victim."
Prosecutor vs. Alex Tamba Brima et al., Trial Chamber II, Judgment, 20.06.2007, SCSL-04-16-T, § 693; *Prosecutor vs. Charles Taylor*, Trial Chamber II, Judgment, 18.05.2012, § 415.

(i) The Accused invaded the body of a person by conduct resulting in penetration, however slight, of any part of the body of the victim or of the Accused with a sexual organ, or of the anal or genital opening of the victim with any object or any other part of the body;

(ii) The invasion was committed by force, or by threat of force or coercion, such as that caused by fear of violence, duress, detention, psychological oppression or abuse of power against such person or another person or by taking advantage of a coercive environment, or the invasion was committed against a person incapable of giving genuine consent;

(iii) The Accused intended to effect the sexual penetration or acted in the reasonable knowledge that this was likely to occur; and

(iv) The Accused knew or had reason to know that the victim did not consent.[493]

Hiermit übernimmt die Kammer die *actus reus*-Elemente der Vergewaltigungsdefinition der Verbrechenselementen des Internationalen Strafgerichtshofs wörtlich und führt ein neues *mens rea*-Element ein: die Absicht, die sexuelle Penetration auszuführen. Mit dieser Definition nimmt das Gericht Abstand von den *mens rea*-Elementen der Verbrechenselemente, die eher auf dem gesamten Kontext abstellen und fokussiert vielmehr auf dem Individualakt.[494] In der Literatur wurden die *mens rea*-Elemente dieser Definition unterschiedlich ausgelegt. Zum einen wurde behauptet, dass das fehlende Einverständnis von Punkt (iv) sich auf die Personen von Punkt (ii) bezieht, die aufgrund von Krankheiten, Alter oder Behinderungen unfähig sind, der Handlung zuzustimmen.[495]

Andere hingegen sahen in den Punkten (iii) und (iv) der *RUF*-Definition eine deutliche Abwendung des Sondergerichts von der Definition der Verbrechenselemente und eine eindeutige Anknüpfung an die *Kunarac*-Definition.[496] Das Urteil selbst gibt über diesen Punkt keinen Aufschluss.

bb) Sexuelle Sklaverei und Zwangsheiraten

Im Unterschied zu den anderen *ad hoc*-Tribunalen listet das Statut des Sondergerichts für Sierra Leone sexuelle Sklaverei ausdrücklich als Verbrechen gegen die Menschlichkeit (Art. 2 g) und Verstöße gegen den gemeinsamen Art. 3 der Genfer Konventionen und gegen das Zusatzprotokoll II (Art. 3 e) auf. Zwangsheiraten wird in dem Statut nicht aufgeführt.

493 *Prosecutor vs. Issan Sesay et al.*, Trial Chamber I, Judgment, 02.03.2009, SCSL-04-15T, § 145.

494 *O. Njikam*, The Contribution of the Special Court for Sierra Leone to the Development of International Humanitarian Law, 2013, S. 122.

495 *V. Oosterveld*, The Gender Jurisprudence of the Special Court of Sierra Leone: Progress in the Revolutionary United Front Judgments, Cornell International Law Journal, 2011, S. 57.

496 *M. Eriksson*, Defining Rape: Emerging Obligations for States under International Law, 2011, S. 401.

Im März 2009 verurteilte das SCSL, als erstes internationales Gericht, die Angeklagten im *RUF*-Fall zu Haftstrafen von 15 bis 52 Jahren unter anderem wegen sexueller Sklaverei und Zwangsheiraten (letztere unter dem Aspekt der unmenschlichen Behandlung) als Verbrechen gegen die Menschlichkeit.[497] Diese in der Berufung bestätigten Verurteilungen vollendeten die Vorarbeit des Gerichts bezüglich der Auslegung des Tatbestands der sexuellen Sklaverei und der Einordnung des Verbrechens Zwangsheiraten im *AFRC*-Verfahren.

Im *AFRC*-Verfahren hatte die Anklagebehörde sexuelle Sklaverei unter Anklagepunkt 7 „sexuelle Sklaverei und andere Formen sexueller Gewalt" angeklagt.[498] Es kam jedoch zu keiner Verurteilung, weil die Richter den Anklagepunkt in vollem Umfang wegen unzulässiger Vermischung von Anklagepunkten (duplicity) zurückwiesen.[499] Im *RUF*-Verfahren stellte sich das Problem wieder, doch die Kammer entschied, dass *"the appropriate remedy is to proceed on the basis that the offence of sexual slavery is properly charged within Count 7 and to strike out the charge of "any other form of sexual violence", the Chamber will here consider only the elements of the offence of "sexual slavery".*[500] In der zweiten geänderten Anklageschrift wurde *Charles Taylor* nur der sexuellen Sklaverei angeklagt.[501]

Die in den *AFRC*- und *RUF*- und *Taylor*-Verfahren berücksichtigte Definition der sexuellen Sklaverei richtet sich nach der in den Verbrechenselementen des Römischen Statuts enthaltenen Definition. Dementsprechend wird sexuelle Sklaverei wie folgt definiert:

> *(i) The Accused exercised any or all of the powers attaching to the right of ownership over one or more persons, such as by purchasing, selling, lending or bartering such a person or persons, or by imposing on them a similar deprivation of liberty;*
>
> *(ii) The Accused caused such a person or persons to engage in one or more acts of a sexual nature; and*
>
> *(iii) The Accused intended to exercise the act of sexual slavery or acted in the reasonable knowledge that this was likely to occur.*[502]

---

497 *Prosecutor vs. Issan Sesay et al.,* Trial Chamber I, Judgment, 02.03.2009, SCSL-04-15T, Dispositions. Des Weiteren erfolgten die ersten Schuldsprüche wegen Angriffen auf UN-Friedenssoldaten und dem Einsatz von Kindersoldaten.

498 *Prosecutor vs. Alex Tamba Brima et al.,* further amended consolidated indictment, 18.02.2005, SCSL-04-16-PT.

499 *Prosecutor vs. Alex Tamba Brima et al.,* Trial Chamber II, Judgment, 20.06.2007, SCSL-04-16-T, §§ 92–95.

500 *Prosecutor vs. Issan Sesay et al.,* Trial Chamber I, Judgment, 02.03.2009, SCSL-04-15T, § 153.

501 *Prosecutor vs. Charles Taylor,* Prosecution's second amended indictment, 29.05.2007, SCSL-03-01-PT, Anklagepunkt 5. In der ursprünglichen Fassung wurde er der sexuellen Sklaverei und andere Formen sexueller Gewalt angeklagt.

502 *Prosecutor vs. Charles Taylor,* Trial Chamber II, Judgment, 18.05.2012, SCSL-03-01-T, § 418; *Prosecutor vs. Issan Sesay et al.,* Trial Chamber I, Judgment, 02.03.2009,

Angelehnt an die *Kunarac*-Urteile[503] betrachtete die Kammer des Sondergerichts im *Taylor*-Fall, dass der *actus reus* von sexueller Sklaverei aus einem Versklavungselement (Ausübung von Eigentumsrechten) und einem sexuellen Element (sexuelle Handlungen) besteht und dass die *mens rea* durch die vorsätzliche Ausübung der aus dem Eigentumsrecht abgeleiteten Befehlsgewalt über das Opfer gebildet wird.[504] Der Indizienkatalog für die Ausübung der Eigentumsrechte über eine Person (Kontrolle über die Bewegungsfreiheit, psychologische Kontrolle...)[505] entnahmen sie ebenfalls aus dem *Kunarac*-Urteil.[506] Durch diese Einigkeit trägt die Rechtsprechung des Sondergerichts entscheidend zur Verfestigung der Definition dieser erst vor kurzem als solche kodifizierten verbotenen Handlung im internationalen Strafrecht bei.[507]

So einig die Richter sich bezüglich sexueller Sklaverei waren, umso gespaltener waren sie bezüglich des Verbrechens Zwangsheiraten.

Der sierra-leonische Konflikt ist im Hinblick auf Frauen besonders dadurch gekennzeichnet, dass Frauen entführt und mit Soldaten höheren Rangs zwangsverheiratet wurden. Dabei mussten die „Buschfrauen" unter anderem den Haushalt machen, das Eigentum ihrer „Ehemänner" schützen und wurden regelmäßig sexuell missbraucht.[508]

Da Zwangsheiraten keinen Eingang in das Statut des Sondergerichts gefunden hatte, verfolgte die Anklage im *AFRC*-Verfahren es als Verbrechen gegen die Menschlichkeit unter „andere unmenschliche Behandlung" und als Kriegsverbrechen der „Beeinträchtigung der persönlichen Würde". In diesem Verfahren entstand ein Konflikt zwischen der ersten Instanz und der Berufungskammer bezüglich der systematischen Einordnung dieses Tatbestands.

In erster Instanz waren die Richter der Auffassung, dass die Tatbestände von Zwangsheiraten unter das Verbrechen der sexuellen Sklaverei vollständig subsumiert

---

SCSL-04-15T, § 158; *Prosecutor vs. Alex Tamba Brima et al.*, Trial Chamber II, Judgment, 20.06.2007, SCSL-04-16-T, § 708.

503 *Prosecutor vs. Dragoljub Kunarac et al.*, Trial Judgment, 22.02.2001, IT-96-23 und IT-96-23/1, § 540; *Prosecutor vs. Dragoljub Kunarac et al.*, Appeal Judgment, 12.06.2002, IT-96-23 und IT-96-23/1-A, § 122.

504 *Prosecutor vs. Charles Taylor*, Trial Chamber II, Judgment, 18.05.2012, SCSL-03-01-T, § 419.

505 Siehe oben S. 71 ff.

506 *Prosecutor vs. Charles Taylor*, Trial Chamber II, Judgment, 18.05.2012, SCSL-03-01-T, § 420; *Prosecutor vs. Issan Sesay et al.*, Trial Chamber I, Judgment, 02.03.2009, SCSL-04-15T, § 160; *Prosecutor vs. Alex Tamba Brima et al.*, Trial Chamber II, Judgment, 20.06.2007, SCSL-04-16-T, § 709.

507 *V. Oosterveld*, The Gender Jurisprudence of the Special Court of Sierra Leone: Progress in the Revolutionary United Front Judgments, Cornell International Law Journal, 2011, S. 64.

508 *V. Oosterveld*, Lessons from the Special Court for Sierra Leone on the Prosecution of Gender-Based Crimes, Journal of Gender, Social Policy & the Law, 2009, S. 414.

werden können und *„that there is no lacuna in the law which would necessitate a separate crime of „forced marriage" as an „other inhumane act".*[509]

Obwohl die Berufungskammer die Freisprüche im erstinstanzlichen Urteil der drei Angeklagten bezüglich sexueller Sklaverei und Zwangsheiraten als Verbrechen gegen die Menschlichkeit bestätigte, gab sie sich mit der Subsumtion von Zwangsheiraten unter sexueller Sklaverei als ein reines sexuelles Delikt nicht zufrieden[510] und entwarf eine Definition von Zwangsheiraten. Zwangsheiraten seien eine Art geschlechtsspezifisches Verbrechen mit sexuellen, aber auch mit zahlreichen nicht sexuellen Aspekten. Man könne nicht ausblenden, dass Zwangsheiraten eine exklusive Beziehung zwischen einem „Ehemann" und einer „Ehefrau" impliziere und dass es den Frauen unmöglich war, diesen Bund zu beenden, andernfalls drohten Vergeltungsmaßnahmen. Demnach waren die „Buschfrauen" Opfer großer Leiden und schweren Beeinträchtigungen der körperlichen und geistigen Gesundheit unterworfen, was eine systematische Erfassung von Zwangsheiraten, getrennt von den anderen sexuellen Verbrechen, unter unmenschliche Behandlungen rechtfertigte.[511] Die Richter im *RUF*-Verfahren folgten der Einsicht der Berufungskammer bezüglich der Einordnung des Tatbestands des Zwangsheiratens und trugen damit dazu bei, diesem Verbrechen einen eigenen rechtlichen Rahmen zu geben.[512]

Doch im *Taylor*-Urteil wählte die Kammer genau den Weg, den die Berufungsrichter als unvernünftig bezeichnet hatten. Feststellend, dass im Unterschied zu dem *AFRC*- und *RUF*-Verfahren Zwangsheiraten nicht angeklagt worden war, angesichts aber der zahlreichen Aussagen von Opfer zu diesem Thema während des Prozesses, setzte sich die Kammer ausführlich mit diesem Verbrechen auseinander.[513] Sie wies zunächst den Ausdruck „forced marriage" zurück und bevorzugte die Ausdrücke „conjugal form of enslavement" oder "conjugal slavery", denn dieses Verbrechen

509 *Prosecutor vs. Alex Tamba Brima et al.*, Trial Chamber II, Judgment, 20.06.2007, SCSL-04-16-T, § 713.

510 *"No tribunal could reasonably have found that forced marriage was subsumed in the crime against humanity of sexual slavery." Prosecutor vs. Alex Tamba Brima et al.* Appeals Chamber, Judgment, 22.02.2008, SCSL-04-16-A., § 195.

511 *"A perpetrator compelling a person by force or threat of force, through the words or conduct of the perpetrator or those associated with him, into a forced conjugal association with another person resulting in great suffering, or serious physical or mental injury on the part of the victim. Second, unlike sexual slavery, forced marriage implies a relationship of exclusivity between the "husband" and "wife", which could lead to disciplinary consequences for breach of this exclusive arrangement. These distinctions imply that forced marriage is not predominantly a sexual crime." Prosecutor vs. Alex Tamba Brima et al.*, Appeals Chamber, Judgment, 22.02.2008, SCSL-04-16-A, SCSL-04-16-A, § 195.

512 *V. Oosterveld*, The Gender Jurisprudence of the Special Court of Sierra Leone: Progress in the Revolutionary United Front Judgments, Cornell International Law Journal, 2011, S. 68.

513 *Prosecutor vs. Charles Taylor*, Trial Chamber II, Judgment, 18.05.2012, SCSL-03-01-T, §§ 422, 425.

habe nichts mit dem zu tun, was allgemein unter Heirat verstanden wird.[514] Sie definierte Zwangheirat als

> *"the forced conjugal association that was imposed on women and girls in the circumstances of armed conflict, and which involved both sexual slavery and forced labour in the form of domestic work such as cooking and cleaning".*[515]

Darunter fallen beide Elemente von sexueller Sklaverei: Freiheitsentzug und das Aufzwingen von nicht einvernehmlichem Sex.[516] Somit sei diese eheliche Form von Versklavung möglicherweise mehr als sexuelle Sklaverei [durch die unzähligen nicht sexuellen Aspekte] erfülle aber mindestens die Tatbestände von sexueller Sklaverei.[517] Nach Auffassung der Kammer ist insofern Zwangsheiraten kein neues Verbrechen. Vielmehr sei es:

> *"a practice with certain additional and distinctive features that relate to the conjugal aspects of the relationship between the perpetrator and the victim, such as the claim by the perpetrator to a particular victim as his "wife" and the exercise of exclusive sexual control over her, barring others from sexual access to the victim, as well as the compulsion of the victim to perform domestic work such as cooking and cleaning."*[518]

In Kambodscha unter dem Roten Khmer Regime fanden tausende Zwangsheiraten anderer Art statt. Zur beschleunigen Erhöhung der Bevölkerungsanzahl ordnete die Führung der Roten Khmer Massenhochzeiten an. Menschen, die sich fremd waren, mussten heiraten und wurden gezwungen, mehrere Nächte zusammen zu verbringen und unter Kontrolle von Soldaten Geschlechtsverkehr zu haben.[519] Obwohl diese Praktiken allgemein bekannt waren und bis heute Auswirkungen auf die kambodschanische Bevölkerung haben, wurden diese Verbrechen während der ersten Ermittlungen unbeachtet gelassen. Als Gründe dafür wurde die Voreingenommenheit der Anklage bezüglich der Verfolgung von sexuellen Verbrechen unter dem Roten Khmer Regime vorgebracht. Die Anklage ging davon aus, dass die Khmer Rouge unglaubliche Grausamkeit gegen ihr eigenes Volk verübt hatten, aber eine hohe Moral besaßen, was sexuelle Belange betraf.[520] Erst durch die Initiative der Nebenanklage konnte erreicht werden, dass Zwangsheiraten in die Ermittlungen aufgenommen und schließlich Gegenstand der Anklage im Fall 002 vor den Außerordentlichen

---

514 Ebenda, § 427.
515 Ebenda, § 425.
516 Ebenda, § 426.
517 Ebenda, § 428.
518 Ebenda, § 430.,
519 *S. Studzinsky*, Die Roten Khmer befahlen Zwangheiraten und Vergewaltigungen, Streit 2/ 2009, S. 59.
520 *S. Studzinky*, Victims of Sexual and Gender-Based Crimes before the Extraordinary Chambers in the Court of Cambodia: Challenges of Rights to Participation and Protection, in: A.-M. de Brouwer et al. (Hrsg.), Sexual Violence as an International Crime: Interdisciplinary Approaches, 2013, S. 179.

Kammern an den Gerichten von Kambodscha wurden.[521] Zwangsheiraten wurde unter „Vergewaltigung" und „unmenschliche Behandlung" als Verbrechen gegen die Menschlichkeit nach Art. 5 Law on the Establishment of Extraordinary Chambers in the Courts of Cambodia for the Prosecution of Crimes Committed During the Period of Democratic Kampuchea von 2001 angeklagt.[522] Am 22. September 2011 entschied sich jedoch die Kammer, den Fall 002 abzutrennen und zunächst lediglich die ersten zwei Zwangsumsiedlungen zu verhandeln und alle andere Verbrechen einschließlich Zwangsheiraten zu vertagen.[523]

c) Der Einsatz von sexueller Gewalt als Terrormittel

In den *AFRC-*, *RUF-*, und *Taylor*-Urteilen hat das Gericht anerkannt, dass sexuelle Gewaltanwendung eine zentrale Rolle in der Vorgehensweise der Rebellen gespielt hat, um die Herrschaft über die sierra-leonische Zivilbevölkerung zu erobern. Die Richter beider Kammern waren sich einig, dass der Einsatz von sexueller Gewalt gezielt dafür angeordnet wurde, um die Zivilbevölkerung zu entmachten, ein Klima der Angst hervorzurufen und um die Familienverhältnisse zu zerstören.[524] Lediglich im *AFRC*-Urteil wichen die Richter bezüglich des Verbrechens der sexuellen Sklaverei von dieser Auffassung ab. Sie waren der Ansicht, dass die Rebellen dieses Verbrechen nicht begangen hatten, um die Bevölkerung zu terrorisieren und um sie zur Unterwerfung zu zwingen, sondern um ihren Nutzen aus ihrer Kriegsbeute zu ziehen, indem sie die Frauen wie ihr Eigentum behandelten, sie zur Befriedigung ihrer sexuellen Begierde und ehelicher Bedürfnisse benutzten.[525] Demgegenüber betonten die Richter im *RUF*-Urteil, dass Zwangsheiraten und sexuelle Sklaverei durch die hervorgerufene Stigmatisation der Frauen und ihrer Angst, in ihre Gemeinde zurückzukehren, gezielt von den Rebellen zur Verbreitung von Terror eingesetzt wurde.[526] Die Kammer im *Taylor*-Verfahren schloss sich dieser Erkenntnis an.[527] Mit

---

521 Ebenda, S. 181.

522 *Case against Nuon Cheal et al.*, 002/19-09-2007-ECCC-OCIJ/D427, 15.09.2010, §§ 1430–1433, 1441–1447.

523 *S. Studzinky*, Victims of Sexual and Gender-Based Crimes before the Extraordinary Chambers in the Court of Cambodia: Challenges of Rights to Participation and Protection, in: A.-M. de Brouwer et al. (Hrsg.), Sexual Violence as an International Crime: Interdisciplinary Approaches, 2013, S. 183.

524 *Prosecutor vs. Alex Tamba Brima et al.*, Trial Chamber II, Judgment, 20.06.2007, SCSL-04-16-T, § 1445; *Prosecutor vs. Issan Sesay et al.*, Trial Chamber I, Judgment, 02.03.2009, SCSL-04-15T, §§ 1346–1356; *Prosecutor vs. Charles Taylor*, Trial Chamber II, Judgment, 18.05.2012, SCSL-03-01-T, §§ 2033–2038.

525 *Prosecutor vs. Alex Tamba Brima et al.*, Trial Chamber II, Judgment, 20.06.2007, SCSL-04-16-T, § 1459.

526 *Prosecutor vs. Issan Sesay et al.*, Trial Chamber I, Judgment, 02.03.2009, SCSL-04-15T, § 1351.

527 *"It is well established that rape, sexual slavery, forced marriages, and outrages on personal dignity, when committed against a civilian population with the specific*

der Bestrafung von sexuellen Verbrechen als Terrormittel zeigte das Gericht, dass in den heutigen Konflikten sexuelle Gewalt über die einzelnen Taten hinaus in einem breiteren systematischen Zusammenhang gesehen werden muss.[528]

V. Exkurs: Wenn die Justiz versagt: die Frauentribunale

> *"Talk to one another, talk to the world, bring to light the shameful truths that half of humanity is trying to cover up. The Tribunal is in itself a feat. It heralds more to come. I salute this Tribunal as being the start of a radical decolonization of women".*[529]

Mit diesem Worten von Simone de Beauvoir eröffnete im März 1976 das erste *„International Tribunal on Crimes against Women"* in Brüssel. Inspiriert von dem 1966 stattgefundenen ersten sog. *„Russell-Tribunal"* zur Untersuchung und Dokumentation der US-amerikanischen Kriegsverbrechen im Vietnamkrieg (*Vietnam War Crimes Tribunal*) war diese ausdrücklich feministische Veranstaltung ausschließlich darauf gerichtet, die weltweite Unterdrückung der Frauen anzuprangern.[530] Vier Tagen lang trafen sich über 2000 Frauen aus 40 Ländern, um über Verbrechen an Frauen in ihren Ländern auszusagen, um von erzwungener Schwangerschaft, medizinischen Verbrechen wie gefährliche Experimente an Frauenkörpern, Zwangssterilisation, Misshandlungen durch Frauenärzte oder von wirtschaftlichen und juristischen Ungerechtigkeiten und Gewaltbrechen zu berichten.[531] In den neben den Verhandlungen laufenden Workshops wurde die Möglichkeit diskutiert, ein solches nationales Tribunal in Japan oder Indien abzuhalten.[532] 24 Jahre später wurde die Idee wieder aufgegriffen und umgesetzt.

1. *Tokio, Burma und Guatemala*

Auf der Grundlage von Recherchen eines renommierten koreanischen Professors zu den durch die japanische Armee begangenen brutalen Misshandlungen an Frauen in den sogenannten „Comfort Stations" vor und während dem 2. Weltkrieg, welche im Lauf der Zeit immer mehr durch Aussagen von Überlebenden untermauert wurden, fand vom 8. bis zum 12. Dezember 2000 in Tokio "The Women's International War

---

intent to terrorise, amount to an act of terror", Prosecutor vs. Charles Taylor, Trial Chamber II, Judgment, 18.05.2012, SCSL-03-01-T, § 2035.

528 Siehe zu diesem Aspekt der *RUF*-Urteile: *V. Oosterveld,* The Gender Jurisprudence of the Special Court of Sierra Leone: Progress in the Revolutionary United Front Judgments, Cornell International Law Journal, 2011, S. 68–71.

529 Simone de Beauvoir, 1976, bei der Eröffnung des ersten internationalen Frauentribunals. Zitiert in *D. E. H. Russell,* Report on the international Tribunal on crimes against Women, Frontiers: A Journal of Women Studies, Vol. 2, N° 1, 1977, S. 1.

530 *D. E. H. Russell,* Report on the international Tribunal on crimes against Women, Frontiers: A Journal of Women Studies, Vol. 2, N° 1, 1977, S. 1.

531 Ebenda, S. 2.

532 Ebenda, S. 4.

Crimes Tribunal on Japan's Military Sexual Slavery" statt.[533] Im Unterschied zu dem Brüsseler International Tribunal von 1976, das zwar ein riesiges Forum für Opfer von Diskriminierungen und Gewalttaten gegenüber Frauen darstellte, aber wenig von einem ordentlichen Gericht an sich hatte, hatte zumindest formell das Tokio-Tribunal das Aussehen eines Gerichts. Mit vier Richterinnen, darunter die ehemalige Präsidentin des ICTY, zwei Staatsanwältinnen, einer Gerichtskanzlei und einem Statut, sah sich das Gericht als Fortsetzung des IMTFE an,[534] das die Verbrechen an den „Comfort Women" außer Acht gelassen, nicht angeklagt, nicht verurteilt hatte. Nachträglich standen neun während des zweiten Weltkriegs Verantwortliche –darunter Kaiser Hirohito- und der Staat Japan unter Anklage. Mit Hilfe der während des IMTFE-Verfahrens gesammelten Beweise und Aussagen von 35 Opfern konnte das Martyrium der sog. „Trostfrauen" endlich Gerechtigkeit erfahren.

Monatelang, jahrelang mussten sich Frauen und Mädchen in sog. „Comfort Stations" für japanische Soldaten zur Verfügung stellen. Diese Bordelle hatten zum einen den Zweck, die Truppe vor sexuell übertragbaren Krankheiten zu schützen und sollten zum anderen der antijapanischen Stimmung, welche durch die zahlreichen willkürlichen Massenvergewaltigungen der japanischen Soldaten gegenüber Zivilisten entstanden war (wie zum Beispiel in Nanking), entgegenwirken. Des Weiteren sollten die „Comfort stations" vermeiden, dass Kriegsgeheimnisse durch Besuche in lokalen Bordellen verraten und verbreitet werden. Schließlich hatten die Frauen und Mädchen die Aufgabe, die Soldaten im engeren Sinne zu trösten, sie von ihren Kriegsleiden zu befreien.[535]

Entsprechend dem Recht auf ein faires Verfahren wurde die japanische Regierung kurz vor den Verhandlungen aufgefordert, sich zu den Vorwürfen zu äußern. Japan lehnte das Angebot mit der Begründung ab, dieses Tribunal sei kein ordentliches Gericht.[536] Dennoch wurden die zuvor bei dem IMTFE und anderen Gerichten vorgelegten Argumente zu dieser Frage sowie die Antworten der japanischen Regierung zu den Berichten der Sonderbeauftragten der Vereinten Nationen zu dieser Problematik von einem externen Anwalt zusammengestellt und bei den Verhandlungen berücksichtigt.[537]

Am 4. Dezember 2001 wurde das 265-seitige Urteil verkündet. Sowohl der japanische Staat als auch der Kaiser Hirohito als Befehlshaber wurden für schuldig des Kriegsverbrechens und Verbrechens gegen die Menschlichkeit gesprochen.[538] Sie

533 *C. M. Chinkin*, Women's International Tribunal on Japanese Military Sexual Slavery, The American Journal of International Law, Vol. 95, N° 2, 2001, S. 335.

534 *The Prosecutors and Peoples of Asia Pacific Region vs. Hirohito, (...) and the Government of Japan*, Judgment, 04.12.2001, § 81. Abrufbar unter: http://www.asser.nl/upload/documents/DomCLIC/Docs/NLP/Japan/Comfort_Women_Judgement_04-12-2001_part_1.pdf (Stand Mai 2015).

535 Ebenda, § 157.

536 Ebenda, § 40.

537 Ebenda, § 42.

538 Ebenda, §§ 768–1053.

wurden aufgefordert, die Verantwortung für die Verbrechen zu übernehmen, sich zu entschuldigen und den Opfern eine angemessene Entschädigung zu zahlen.[539] Diese rechtlich-unverbindlichen Empfehlungen wurden nur teilweise umgesetzt. Während die Regierung sich in einem Schreiben bei jedem Opfer entschuldigte, warten die Überlebenden immer noch auf einen finanziellen Ausgleich von der Regierung.[540] Auch der Empfehlung, eine Wahrheits- und Versöhnungskommission zu errichten, wurde nicht gefolgt. Das Tribunal riet zudem den Vereinten Nationen dazu, den Internationalen Gerichtshof um ein Gutachten zu der Rechtswidrigkeit und weitergehenden Haftung der japanischen Regierung in Bezug auf die ehemaligen „Comfort Stations" zu ersuchen,[541] was nach jetzigem Stand noch nicht geschah.

Zehn Jahre später im März 2010 tagten innerhalb von drei Tagen gleich zwei Frauentribunale.

In New York veranstalteten die *Nobel Women's Initiative* und die *Women's League of Burma*, zwei Nichtregierungsorganisationen, das „*International Tribunal of Crimes against Women of Burma*". Zwölf Frauen sagten vor 200 Zuschauern aus, vier davon erzählten von ihren Erfahrungen mit sexueller Gewalt: sie wurden vergewaltigt, gefoltert, verkauft. Die vier Richter erklärten die Regierung und die Armee für die begangenen Kriegsverbrechen, Verbrechen gegen die Menschlichkeit und Menschenrechtsverletzungen verantwortlich,[542] ersuchten die birmanische Regierung, das Römische Statut des Internationalen Strafgerichtshofs zu ratifizieren, und appellierten an den Sicherheitsrat der Vereinten Nationen zu handeln.[543] Dieser habe die Macht und sogar die Pflicht zu handeln, um das birmanische Volk durch geeignete Zwangsmaßnahmen zu schützen. In seinen Empfehlungen drängte zudem das Gericht den Sicherheitsrat, die Situation in Burma dem Internationalen Strafgerichtshof zu unterbreiten.[544]

Zur gleichen Zeit brachen Frauen in Guatemala nach 30 Jahren ihr Schweigen und sagten vor dem „*Tribunal de conciencia contra violencia sexual haci las mujeres durante el conflicto armado interno en Guatemala*" über erzwungene Schwangerschaft, Zwangssterilisation, Zwangsheirat, Vergewaltigung und sexuelle Versklavung im Rahmen des über 30 Jahre dauernden Bürgerkrieges aus. Auch in diesem

539 Ebenda, § 1086.

540 1995 wurde zwar der „Asian Women" Fund eingerichtet, da er aber mehrheitlich von privaten Spenden finanziert wurde, lehnten die Frauen eine Entschädigung aus diesem Fond ab.

541 *The Prosecutors and Peoples of Asia Pacific Region vs. Hirohito, (...) and the Government of Japan*, Judgment, 04.12.2001, § 1088–2.

542 *Women's League of Burma und Nobel Women's Initiatives (Hrsg.)*, International Tribunal on Crimes against Women on Burma. March 2, 2010, New York, S. 16. Bericht abrufbar unter: http://nobelwomensinitiative.org/2010/05/report/?ref=299 (Stand Mai 2015).

543 Ebenda, S. 18.

544 Ebenda, S. 21.

Fall, in dem die ordentliche Justiz versagte und kein einziger Täter angeklagt wurde, wurde der Staat für diese Verbrechen von diesem symbolischen Gericht verurteilt.[545]

2. *Die Wirkung der Frauentribunale*

Selbstverständlich können diese Frauentribunale kein offizielles Urteil ersetzen und werden den Frauen nie die Befriedigung und die Sicherheit geben, dass die Täter für ihre Taten büßen müssen und hinter Gittern sitzen werden. Doch aus solchen Initiativen geht viel Positives hervor. Zum einen trauen sich Frauen wie in Guatemala oder in Tokio auszusagen, die jahrelange ihre schmerzlichen Erfahrungen für sich behalten hatten. Nach jahrzehntelanger Qual melden sich Opfer zu Wort, weil sie sich nicht mehr allein gelassen fühlen. Diese Gruppendynamik und der Gedanke, dass ein Tribunal nur dafür errichtet worden ist, das Leid aller Mitbetroffenen zu hören, können Frauen auch ohne Urteil helfen, ihre Erlebnisse zu verarbeiten. Themen, bei denen früher nur Schweigen und „Wegsehen" herrschte, stehen auf einmal im Vordergrund der öffentlichen Anerkennung. Diese Frauentribunale vereinigen damit in einem einzigen Prozess Elemente von Kriegsverbrecherprozessen (Struktur, Verhandlungen, Urteil auf der Grundlage des Völkerstrafrechts, des humanitäres Völkerrechts und der Menschenrechte) und Wahrheits- und Versöhnungskommission (Förderung eines Dialogs zwischen Opfer und Täter, Straflosigkeit der Täter).[546] Die Errichtungen solcher Tribunale sind des Weiteren mit viel Öffentlichkeitsarbeit verbunden. So wurden zum Beispiel alle Verhandlungen des Burma-Tribunals live im Internet übertragen, um möglichst viele Einheimische zu erreichen. In Tokio gehörte die ehemalige Präsidentin des ICTY zu den Richtern, und in Guatemala unterstützte eine Einheit der Vereinten Nationen – UN-Women – das Tribunal de conciencia. Dies erhöht natürlich den Druck auf die betroffenen Staaten, die von den symbolischen Gerichten erlassenen Empfehlungen umzusetzen und sich für die Frauen in Form von Entschädigungen und Entschuldigungen einzusetzen. Diese „Peoples' Tribunals" tragen demnach außenordentlich viel zum öffentlichen Bewusstsein für diese Gewalttaten bei und eignen sich deshalb als Präventionsmittel sehr gut.

3. *Der Beitrag der Vereinten Nationen zu den Frauentribunalen*

Obwohl „People's Tribunals" auf Initiative der Zivilgesellchaft zurückzuführen sind, können die Vereinten Nationen auf mehreren Ebenen zu dem Erfolg dieser Tribunale beitragen. Zum einen -wie in Guatemala- können ihre Einheiten sich an den finanziellen Kosten beteiligen. Zum anderen können sie eine wichtige Unterstützung bei

545 Siehe dazu: http://www.impunitywatch.org/html/index.php?alineaID=52 (Stand Mai 2015).

546 *C. M. Chinkin*, Women's International Tribunal on Japanese Military Sexual Slavery, The American Journal of International Law, Vol. 95, N°. 2, 2001, S. 339.

der Beweisführung und der Umsetzung der Empfehlungen sein. In diesem Zusammenhang ist das Beispiel des japanischen Frauentribunals signifikant.

Am 17. Februar 1992 erreichten die ersten Beschwerden von „Comfort Women" die UN-Menschrechtskommission.[547] In den folgenden Jahren beschäftigte sich die Arbeitsgruppe über moderne Formen der Sklaverei des UN Wirtschafts- und Sozialrats mit diesem Anliegen und empfahl dem japanischen Staat in mehreren Berichten, die Frauen zu entschädigen und die Verantwortung für diese Verbrechen zu übernehmen.[548]

Besonders relevant erscheinen zwei Berichte der Vereinten Nationen, worauf sowohl die Staatsanwältinnen als auch die Richterinnen des japanischen Frauentribunals sich stützen konnten. 1996 verfasste *Radhika Coomaraswamy*, Sonderbeauftragte für Gewalt gegen Frauen, einen Bericht über ihren Besuch in Nordkorea, Südkorea und Japan zum Thema militärische sexuelle Sklaverei in der Kriegszeit. Ihre offizielle Anerkennung der „Comfort stations" als klarer Fall von sexueller Sklaverei[549] erleichterte die Arbeit der Staatsanwältinnen. Dank der in dem Bericht niedergeschriebenen Zusammenfassungen der Stellungnahmen der einzelnen betroffenen Länder[550] konnten die Richterinnen die Position der Staaten zu dieser Problematik berücksichtigen und sich außerdem von den Empfehlungen der Sonderbeauftragten (Anerkennung, Entschuldigung und Entschädigung)[551] inspirieren lassen. Von besonderer Bedeutung erwies sich des Weiteren der im Jahre 1998 veröffentlichte Bericht von *Gay J. McDougall*, damalige Sonderberichterstatterin des Unterausschusses für den Schutz und die Rechte von Minderheiten der UN-Menschenrechtskommission, zum Thema systematische Vergewaltigung, sexuelle Sklaverei und Sklaverei ähnliche Praktiken in bewaffneten Konflikten, dessen Anlage eine ausführliche Analyse der gesetzlichen Verantwortung der japanischen Regierung für die „Comfort Women stations" während des Zweiten Weltkriegs enthält.[552] *Gay J. McDougall* kommt zu dem Schluss, dass *„the Japanese Government remains liable for grave violations of human rights and humanitarian law, violations that amount in their totality to crimes against humanity."*[553] Leider beschloss 2001 die Arbeitsgruppe über moderne Formen der Sklaverei des UN

547 UN Doc. E/CN.4/1992/SR.30/Add.1 v. 23.02 1992, §§ 15–18.

548 Siehe dazu die Berichte dieser Gruppe von 1993 bis 1998: UN Docs. E/CN.4/Sub.2/1993/30 v. 23.06.1993, §§ 81–87; E/CN.4/Sub.2/1994/33 v. 13.06.1994, §§ 89–97; E/CN.4/Sub.2/1995/28 v. 13.06.1995, §§ 108–118; E/CN.4/Sub.2/1996/24 v. 19.07.1996, §§ 86–95; E/CN.4/Sub.2/1997/13 v. 11.07.1997, §§ 66–72; E/CN.4/Sub.2/1998/14 v. 06.07.1998, §§ 80–84.

549 UN Doc. E/CN.4/1996/53/Add.1 v. 04.01.1996, § 8.

550 Ebenda, § 66–124.

551 Ebenda, §§ 136–140.

552 Final Report of the Special Rapporteur of the Working Group on Contemporary Forms of Slavery, on systematic rape, sexual slavery and slavery-like practices during armed conflict, UN Doc. E/CN.4/Sub.2/1998/13 v. 22.06.1998.

553 Ebenda, § 68.

Wirtschafts- und Sozialrats, wegen der sturen Position Japans, sich zukünftig nicht mehr mit dieser Angelegenheit zu befassen. Sie habe ihr Bestes getan, um eine Lösung zu erreichen…[554]

Die Organe der Vereinten Nationen sind nicht nur durch ihre Berichte und Stellungnahmen eine wichtige Hilfe für die Durchführung der Frauentribunale, sie können sich auch für die Umsetzung der Empfehlungen einsetzen. Weil die japanische Regierung zwar ihre Reue geäußert, aber noch nichts unternommen hatte, um die Entschädigung zu gewährleisten, schaltete sich der Frauenrechtsauschuss 2009 ein und verlangte von Japan, dass „es sich dringend um eine dauerhafte Lösung der Situation der „Comfort Women" bemühe, welche eine Entschädigung für die Opfer, Festnahmen der Verbrecher und Information des Volkes einschließt."[555] Dies zeigt, dass diese Tribunale zwar keine rechtlich verbindlichen Entscheidungen erlassen können, auf internationaler Ebene trotzdem mit Respekt wahrgenommen werden, ein hohes Ansehen genießen und auch wenn sie nichts zur Repression beitragen können, zumindest ein effektives Präventionsmittel darstellen und den Opfern ermöglichen, ihre schlimmen Erfahrungen zu verarbeiten.

B. Die Prävention von sexueller Gewalt als Voraussetzung für eine effektive Friedenssicherung

Als der Sicherheitsrat 1992 und 1994 die internationalen *ad hoc*-Tribunale errichtete, konnte er aufgrund mangelnder Informationen in Ruanda nur teilweise Rücksicht auf sexuelle Verbrechen nehmen.[556] Als er am 31. Oktober 2000 die Resolution 1325 einstimmig verabschiedete,[557] durfte ein Hinweis auf sexuelle Gewalt im Krieg nicht fehlen. Nach den Weltkonferenzen von Wien und Peking und der Anerkennung von sexueller Gewalt in bewaffneten Konflikten als Menschenrechtsverletzung (Wien) und sogar als Kriegsverbrechen (Peking)[558] wurde es für den Sicherheitsrat höchste Zeit, sich dem Thema „Frauen, Frieden und Sicherheit" zu widmen. Bis heute hat der Sicherheitsrat sechs Resolutionen in diesem Bereich verabschiedet. Alle wurden einstimmig angenommen. Die bahnbrechende Resolution 1325 widmet sich der Einbeziehung der Frauen in sämtliche entscheidungsrelevante Prozesse in der Friedens- und Sicherheitspolitik[559] und ist die Grundlage fünf weitere Resolutionen. Sexuelle Gewalt wird in der Resolution 1325 zwar erwähnt, gehört aber anders als bei

554 UN Doc. E/CN.4/Sub.2/2001/30 v. 16.07.2001, § 96. „*The Working Group had done its best to reach a solution satisfactory to all parties concerned. The Working Group had therefore fulfilled its mandate and would not deal with any further matter arising from this issue.*"

555 UN Doc. CEDAW/C/JPN/CO/6 v. 07.08.2009, § 38.

556 Siehe dazu oben S. 41 ff.

557 UN Doc. S/Res/1325 (2000) v. 31.10.2000.

558 Dazu oben S. 20 ff.

559 Dazu *J. M.-M. Striek*, Frauenrechte in Friedensabkommen, 2006, S. 51 ff.

der Resolution 1820[560] nicht zum Kern der Resolution. Resolution 1325 wurde 2008 von der Resolution 1889[561] verfestigt, während die Resolutionen 1888[562] und 1960[563] die Resolution 1820 konkretisieren. Die bis heute letzte verabschiedete Resolution 2106[564] bekräftigt die Absicht, die Anstrengungen des Sicherheitsrats im Kampf gegen sexuelle Gewalt in Konflikten zu verstärken. Der folgende Abschnitt beschränkt sich auf die Schilderung der Hintergründe und Neuerungen der Resolutionen. Der nächste Abschnitt (C.) geht dann näher auf die Umsetzung der Resolutionen ein.

Im Vorfeld muss jedoch klargestellt werden, dass die Bindungswirkung dieser Resolutionen nicht eindeutig geklärt ist. In der Literatur wird einhellig anerkannt, dass Beschlüsse, die zur Wahrung und Wiederherstellung des Weltfriedens im Rahmen des Kapitels VII getroffen worden sind und nicht als Empfehlungen gefasst sind, verbindlich für die Mitgliedstaaten im Sinne von Art. 25 UN-Charta sind.[565] Keine der im folgenden Abschnitt erläuterten Resolutionen wurden gestützt auf Kapitel VII beschlossen. Demnach liegt eine Vermutung nahe, dass diese Resolutionen nicht rechtlich-verbindlich sind. Der Internationale Gerichthof war allerdings, in einem am 21. Juni 1971 vorgelegten Gutachten zum Namibia (Südwestafrika)-Fall, zum einen der Auffassung, dass die Kompetenz des Sicherheitsrates, für alle Mitglieder verbindliche Entscheidungen zu treffen, sich nicht auf seine Tätigkeit im Rahmen von Kapitel VII beschränkt.[566] Zum anderen war er der Ansicht, dass es im Einzelfall nach genauer Auslegung des Wortlautes, der vorangegangenen Debatte und der allgemeinen Umstände entscheidend auf die Feststellung ankommt, ob der Sicherheitsrat die Resolution als verbindliche Entscheidung oder als unverbindliche Empfehlung verabschieden wollte.[567] Nach genauer Betrachtung dieser Kriterien, ist festzustellen, dass Resolution 1325, so bahnbrechend und grundlegend diese Resolution ist, lediglich als Empfehlung an die Mitgleidstaaten anzusehen ist. Dafür sprechen der eindeutige „softe" Wortlaut („urges", „calls on" auf englisch, „demande", „engage" auf französisch) und die Tatsache, dass diese von Namibia initiierte Resolution als Bekräftigung der Geschlechtergerechtigkeitspolitik der Vereinten Nationen auf der Friedens- und Sicherheitsebene betrachtet werden kann. Die Situation gestaltet sich anders für die Resolution 1820 und ihre Nachfolgeresolutionen. Zunächst ist der

560 UN Doc. S/Res/1820 (2008) v. 19.06.2008.
561 UN Doc. S/Res/1889 (2009) v. 05.10.2009.
562 UN Doc. S/Res/1888 (2009) v. 30.09.2009.
563 UN Doc. S/Res/1960 (2010) v. 16.12.2010.
564 UN Doc. S/Res/2106 (2013) v. 24.06.2013.
565 *E. Klein/S. Schmahl,* Die internationalen und die supranationalen Organisationen, in: W. Graf Vitzthum/A. Proelß (Hrsg.), Völkerrecht, 6. Aufl., 2013, S. 302; *A. Peters,* Art. 25, in: B. Simma et al. (Hrsg.), The Charter of the United Nations, A Commentary, Vol. I, 2012, Rn. 11.
566 IGH, Legal Consequences for States of the Continued Presence of South Africa in Namibia (South West Africa) notwithstanding Security Council Resolution 276 (1970), Advisory Opinion, ICJ Reports 1971, p. 16, § 113.
567 Ebenda, § 114.

Ton dieser Resolutionen eindeutig schärfer. Der Sicherheitsrat verlangt („demands" auf englisch, „exige" auf französisch) von allen Parteien bewaffneter Konflikte die sofortige und vollständige Einstellung aller sexuellen Gewalthandlungen gegen Zivilpersonen und die Entwicklung geeigneter Schutzmaßnahmen. Ferner werden die Resolutionsentwürfe durchschnittlich von 57 Staaten getragen.[568] Über 70 Staaten waren jedes Mal an der Debatte beteiligt. Das ist dreifach mehr als bei Resolution 1325[569] und zeigt wie viel Bedeutung dem Thema beigemessen wird. In diesen Resolutionen geht es schließlich darum, Frauen vor Übergriffen zu schützen, die als Kriegsverbrechen, Verbrechen gegen die Menschlichkeit und Völkermord bestraft werden. Sinn und Zweck dieser Resolutionen ist nicht die Mitgliedstaaten auf konfliktbezogene sexuelle Gewalt aufmerksam zu machen, sondern ein klares Verbot dieser Verbrechen auszusprechen und die Staaten zu verpflichten, vorbeugende Maßnahmen zu treffen. Aus diesen Gründen ist von einer rechtlichen Verbindlichkeit von Resolution 1820 und ihre Folgeresolutionen auszugehen.

I. Resolution 1325 (2000): Impulsgebung für die Präventionskampagne

Die Resolution 1325 ist die erste Resolution, die sich explizit mit geschlechtsspezifischen Auswirkungen bewaffneter Konflikte auseinandersetzt. Zum ersten Mal wird sexuelle Gewalt im Krieg situationsunabhängig erwähnt. Zum Jahrhundertwechsel hatte der Sicherheitsrat angefangen, Resolutionen über den Schutz der Zivilbevölkerung in bewaffneten Konflikten zu verabschieden und dabei die Frauen immer lediglich als Teil der Zivilbevölkerung betrachtet.[570] Im Unterschied zu den Kindern, deren Schutz in bewaffneten Konflikten bereits Gegenstand spezifischer Resolutionen waren,[571] hatte der Sicherheitsrat bisher keinen besonderen Augenmerk auf die Lage der Frauen während eines bewaffneten Konflikts und ihren möglichen Einfluss nach Konfliktende gerichtet. Zudem wurde in den Resolutionen zum Schutz der Zivilbevölkerung nur der Oberbegriff „Gewalttaten" gegenüber Frauen benutzt, wobei nie von sexueller Gewalt die Rede war und dies obwohl der Generalsekretär in einem Bericht über den Schutz der Zivilbevölkerung in bewaffneten Konflikten kurz vor den dazugehörigen Resolutionen auf frauenspezifische Probleme im Krieg aufmerksam gemacht hatte.[572] Im Paragraph 18 des Berichts wies er darauf hin, dass das durch den Krieg verursachte Zerreißen des sozialen Gefüges zu geschlechtsspezifischer Gewalt einschließlich Vergewaltigung und Zwangsprostitution führt.

---

568 49 Staaten für die Resolution 1820 (2008), UN Doc. S/PV. 5916 v. 19.06.2008; 64 Staaten für die Resolution 1888 (2009), UN Doc. S/PV.6195 v. 30.09.2009; 67 Staaten für die Resolution 1960 (2010), UN Doc. S/PV.6453 v. 16.12.2010; 46 Staaten für die Resolution 2106 (2013), UN Doc. S/PV.6984 v. 24.06.2013.

569 UN Doc. S/PV.4208 v. 24.10.2000.

570 UN Docs. S/Res/1265 (1999) v. 17.09.1999; S/Res/1296 (2000) v. 19.04.2000.

571 UN Docs. S/Res/1261 (1999) v. 25.08.1999; S/Res/1314 (2000) v. 11.08.2000.

572 UN Doc. S/1999/957 v. 08.09.1999.

Die Resolution 1325 stellt demnach eine Neuausrichtung des Sicherheitsrats zum Thema Frauen und bewaffneten Konflikten dar, sie legt den Grundstein für ein neues Arbeitsfeld im Rahmen der Vereinten Nationen und muss deshalb als Grundsatzresolution betrachtet werden.

1. *Förderung einer stärkeren Mitwirkung der Frauen an Friedensprozessen*

Nach langer beharrlicher politischer Lobbyarbeit internationaler Frauenorganisationen vor und nach der Pekinger Weltfrauenkonferenz,[573] wendete sich der Sicherheitsrat im Oktober 2000 die 1995 in Pekinger Aktionsplattform niedergelegten Forderungen zu Frauen und bewaffneten Konflikten endlich zu. Bestärkt von den vereinbarten Schlussfolgerungen der Kommission über die Rechtstellung der Frauen (Agreed Conclusions) über eine verbesserte und schnellere Umsetzung des Kapitel IV E der Pekinger Aktionsplattform[574] konnte er sich zudem auf die im Bericht der Generalversammlung zur Umsetzung des Aktionsprogramms von Peking enthaltenen Empfehlungen stützen.[575] Die Aktionsplattform der Weltfrauenkonferenz in Peking verlangt in dem strategischen Ziel E1 eine "stärkere Beteiligung von Frauen auf leitender Ebene an der Konfliktbeilegung und [den] Schutz von Frauen, die in Situationen des bewaffneten oder sonstigen Konflikts oder unter fremder Besetzung leben".[576] Ergänzend dazu waren die Staaten zur „Förderung des Beitrags der Frau zur Herbeiführung einer Friedenskultur" aufgefordert (strategisches Ziel E4).[577]

Mit der Resolution 1325 erkennt der Sicherheitsrat die unabdingbare Rolle der Frauen, um Konflikte vorzubeugen, Versöhnung anzustoßen, und in dem Wiederaufbau der Gesellschaft an.[578] Alle Mitgliedstaaten werden dazu aufgerufen, *„dafür zu sorgen, dass Frauen in den nationalen, regionalen und internationalen Institutionen und Mechanismen zur Verhütung, Bewältigung und Beilegung von Konflikten auf allen Entscheidungsebenen stärker vertreten sind"*.[579] Die Partizipation von Frauen in allen Bereichen der Friedens- und Sicherheitspolitik auf allen Entscheidungsebenen und die Einbeziehung regionaler und internationaler zivilgesellschaftlicher Frauengruppen stellt die wichtigste Säule der Resolution dar. Damit die Vereinten Nationen als Vorbild gelten, wird der Generalsekretär gebeten, für die Integration einer Geschlechterperspektive in den Friedenseinsätzen und Feldmissionen durch

---

573 *S. Cook,* Frauen, Frieden, Sicherheit, in: B. Lochbilder/Internationale Frauenliga für Frieden und Freiheit (Hrsg.), Frau Macht Veränderung 15 Jahre Pekinger Weltfrauenkonferenz, 2010, S. 15.

574 UN Doc. E/CN.6/1998/12, Kapitel I, B. IV. v. 13.03.1998.

575 UN Docs. E/CN.6/2000/PC/2, 2. Teil, I, E. v. 19.01.2000; A/S-23/10/Rev.1, 2000.

576 Beijing Declaration and Platform for Action, UN Doc. A/CONF.177/20/Rev.1 v. 15.09.1995, § 142.

577 Ebenda, § 146.

578 UN Doc. S/Res/1325 (2000) v. 31.10.2000, Präambel, Abschnitt 9.

579 Ebenda, Ziff. 1.

mehr weibliche Sonderbeauftragte, Blauhelmträgerinnen und Leiterinnen ziviler und militärischer Kontingente sowie eine geschlechtersensible Ausbildung des Einsatzpersonals zu sorgen.[580] Ein erhöhter Anteil von Frauen bei den Friedensverhandlungen und bei der Umsetzung der Friedensabkommen sowie ein energisches Vorgehen gegen Kriegsverbrecher inklusive sexueller Kriegsverbrecher sollen der zweiten Säule der Resolution, der Prävention von bewaffneten Konflikten dienen.[581] Zum Schluss sollen Frauen ausdrücklich vor sexueller Gewalt und durch die Sicherung ihrer Rechte in bewaffneten Konflikten geschützt werden.[582]

Prävention, Schutz und Teilhabe stellen demnach den Kern des ersten verbindlichen Dokuments der Vereinten Nationen zum Thema, Frauen, Frieden und Sicherheit dar und umfassen den ersten Schritt des Sicherheitsrats zu allen Opfern sexueller Gewalt.

2. *Ein geeignetes, aber unzureichendes Instrument zum Schutz vor sexueller Gewalt*

Doch bezüglich sexueller Gewalt beschränkt sich die Resolution nur darauf, alle Parteien bewaffneter Konflikte aufzufordern, *„spezielle Maßnahmen zum Schutz von Frauen und Mädchen vor geschlechtsspezifischer Gewalt, insbesondere vor Vergewaltigung und anderen Formen des sexuellen Missbrauchs und allen anderen Formen der Gewalt in Situationen bewaffneter Konflikte"* zu ergreifen.[583] Diese freilich bahnbrechende Anerkennung sexueller Gewalt im Krieg spiegelt aber nicht den angenommen Platz dieses Thema in der Sicherheitsratssitzung zum Thema Frauen, Frieden und Sicherheit wider.[584] Fast alle Staaten haben bereits damals den Sicherheitsrat an seine Verpflichtungen aus der Wiener und Pekinger Weltfrauenkonferenz diesbezüglich erinnert. Frankreich, das im Namen der Europäischen Union auftrat, und die geschäftsführende Direktorin von UNIFEM sprachen unverblümt von dem Einsatz sexueller Gewalt als Kriegswaffe. Wiederholt wurde darauf hingewiesen, dass das Römische Statut Vergewaltigung, sexuelle Sklaverei und andere sexuelle Verbrechen als Kriegsverbrechen und Verbrechen gegen die Menschlichkeit bestraft. Großes Vertrauen wurde in der Fähigkeit des Gerichts gesetzt, Täter sexueller Verbrechen zu bestrafen, und in der des Sicherheitsrates, eine Schlüsselrolle in der Ergänzung ineffektiver nationaler Gerichtbarkeit zu spielen. Es brauchte jedoch acht weitere Jahre, bis der Sicherheitsrat den nächsten wichtigen Schritt im Engagement gegen sexuelle Gewalt in bewaffneten Konflikten wagte und den an ihn gestellten Erwartungen gerecht wurde.

580 Ebenda, Ziff. 2–6.
581 Ebenda, Ziff. 8, 11.
582 Ebenda, Ziff. 9.
583 Ebenda, Ziff. 10.
584 UN Doc. S/PV.4208 v. 24. und 25.10.2000.

II. Resolution 1820 (2008): Sexuelle Gewalt wird zu einer Dauerangelegenheit des Sicherheitsrates

Mit der Resolution 1820 nimmt der Kampf gegen sexuelle Gewalt eine andere inhaltliche Dimension an und seine öffentliche Wahrnehmung entscheidend zu. Anders als die Resolution 1325 wurde die Resolution 1820 nicht nur von den Frauenrechtsorganisationen, sondern auch „von oben" namentlich von der damaligen US-Außenministerin *Condoleeza Rice* initiiert.[585] Dies könnte eine mögliche Erklärung dafür sein, dass die Resolution große Beachtung in der Weltgemeinschaft fand. Allein die Grundlage der Debatten bestand in einem Resolutionsentwurf, der von 50 Staaten mitgetragen wurde.[586] Über 70 Staaten – immerhin dreifach mehr als bei Resolution 1325 – äußerten sich dazu.[587] Alle nahmen an diesem historischen Moment teil, als der Sicherheitsrat die Bekämpfung von sexueller Gewalt in seinem Aufgabenbereich endgültig aufnahm.

1. Sexuelle Gewalt als Hindernis des Weltfriedens

Als der Sicherheitsrat im ersten Paragraph der Resolution anerkennt, dass *„sexuelle Gewalt, wenn sie als vorsätzlich gegen Zivilpersonen gerichtete Kriegstaktik oder im Rahmen eines ausgedehnten oder systematischen Angriffs auf die Zivilbevölkerung eingesetzt wird oder andere damit beauftragt werden, Situationen bewaffneten Konflikts erheblich verschärfen und die Wiederherstellung des Weltfriedens und der internationalen Sicherheit behindern kann"* und zur sofortigen und vollständigen Einstellung alle sexuellen Gewalthandlungen gegen Zivilbevölkerung aufruft,[588] verwirklichte sich das, wofür Tausende Frauen jahrzehntelang gekämpft haben: die vollständige Berücksichtigung sexueller Gewalt in bewaffneten Konflikten von dem mächtigsten Organ der Welt. Der Hauptverantwortliche für die Wahrung des Weltfriedens und der internationalen Sicherheit (Art. 24 UN-Charta), dessen Maßnahmen von allen UN-Mitgliedern unmittelbar durchzuführen sind (Art. 48 Abs. 2 UN-Charta), erweiterte hiermit seinen Kompetenzbereich und schloss die Anerkennung der Bekämpfung sexueller Gewalt als wesentlichen Bestandteil der internationalen Friedens- und Sicherheitserhaltung mit ein. Als erste Konsequenz erklärt er sich bereit, Sanktionen gegen Parteien, die Vergewaltigung und andere Formen sexueller Gewalt in bewaffneten Konflikten begehen, zu verhängen.[589] Doch der Sicherheitsrat ging eine Stufe weiter, und im Einklang mit den Urteilen der internationalen *ad hoc*-Tribunale und dem Römischen Statut verurteilte er Vergewaltigung und alle anderen Formen von sexueller Gewalt als mögliche Kriegsverbrechen, Verbrechen gegen die

---

585 UN Doc. S/2008/364 v. 04.06.2008.

586 UN Doc. S/PV. 5916 v. 19.06.2008.

587 Ebenda.

588 UN Doc. S/Res/1820 (2008) v. 19.06.2008, Ziff. 1 und 2 (Übersetzung des deutschen Übersetzungsdienstes der Vereinten Nationen).

589 Ebenda, Ziff. 5.

Menschlichkeit und als eine unter Umstände sogar die Tatbestandsmerkmale des Völkermords erfüllende Handlung.[590]

2. Sexuelle Gewalt als Kriegsverbrechen, Verbrechen gegen die Menschlichkeit und als Tatbestandsmerkmal des Völkermords

Die Resolution 1820 diente seitens der Vereinigten Staaten von Anfang an als Folgemaßnahme zu der breiter angelegten Resolution 1325.[591] Somit verstärkt sie diese spezifisch zum Thema sexueller Gewalt und fügt den drei P's der Resolution 1325: „Participation", „Protection" und „Prevention" ein weiteres P für „Prosecution" hinzu. Die Verurteilung sexueller Gewalt als Kriegsverbrechen, Verbrechen gegen die Menschlichkeit und als Bestandteil des Verbrechens des Völkermordes mag angesichts der Entwicklung des humanitären Völkerrechts seit Mitte der 90er Jahre einleuchten, überrascht jedoch, wenn man die Erklärungen des Sicherheitsratspräsidenten zum Thema Frauen, Frieden, Sicherheit seit der Resolution 1325 betrachtet. In den sieben abgegebenen Erklärungen gab sich der Sicherheitsrat jedes Mal mit einer (Standard)Verurteilung sexueller Verbrechen an Frauen in bewaffneten Konflikten als Verletzung des humanitären Völkerrechts und Menschenrechtsverletzung zufrieden.[592] Lediglich 2002 erkannte er einmalig die Anwendung von sexueller Gewalt als strategische und taktische Kriegswaffe an.[593] Umso erfreulicher ist es, dass der Sicherheitsrat mit der Resolution 1820 den Einsatz sexueller Gewalt als Kriegstaktik und die Frauen, Frieden und Sicherheit betreffenden Anliegen endgültig in Verbindung zueinander gebracht hat. Für die strafrechtliche Verfolgung von Vergewaltigung und anderen Formen sexueller Gewalt im Zusammenhang mit bewaffneten Konflikten sollen die Staaten Sorge tragen.[594]

3. Schutz und Präventionsmaßnahme

Alle Konfliktparteien müssen zudem alle geeignete Maßnahme ergreifen, um die Frauen durch militärische Disziplinarmaßnahmen gegen die einfachen Soldaten und die Oberbefehlshaber sowie durch eine verbesserte geschlechtsspezifische Ausbildung und eine genaue Überprüfung der potenziellen Rekruten für die nationalen Streit- und Sicherheitskräfte vor sexueller Gewalt zu schützen.[595]

---

590 Ebenda, Ziff. 4.

591 UN Doc. S/2008/364 v. 04.06.2008.

592 UN Docs. S/PRST/2001/31 v. 31.10.2001; S/PRST/2002/32 v. 31.10.2002; S/PRST/2004/40 v. 28.10.2004; S/PRST/2005/52 v. 27.10.2005; S/PRST/2006/42 v. 26.10.2006; S/PRST/2007/5 v. 07.03.2007 und S/PRST/2007/40 v. 23.10.2007.

593 UN Doc. S/PRST/2002/32 v. 31.10.2002.

594 UN Doc. S/Res/1820 (2008) v. 19.06.2008, Ziff. 4.

595 Ebenda, Ziff. 3.

Aufgrund der im März 2008 stattgefundenen sog. „*Wilton Park*" Konferenz[596] zur Rolle des Friedenssoldaten bei den Auswirkungen von bewaffneten Konflikten auf Frauen wurden der Generalsekretär der Vereinten Nationen und die truppen- und polizeistellenden Länder in der Resolution 1820 (2008) aufgefordert, ihre Bemühungen zur Umsetzung der Null-Toleranz-Politik gegenüber sexueller Ausbeutung und sexuellem Missbrauch bei Friedenssicherungseinsätzen zu verdoppeln. Vor dem Einsatz und am Einsatzort sollten Sensibilisierungstrainings angeboten, mehr Frauensoldaten und weibliche Polizisten zur Verfügung gestellt und im Falle von durch UN -Personal verübten sexuellen Übergriffen sofortige Maßnahmen ergriffen werden, um sicherzustellen, dass die Täter zur Rechenschaft gezogen werden.[597]

4. Systematische Überprüfung, Berichterstattung und Fortschrittsmessung

Die Resolution 1820 ging aus der Feststellung hervor, dass seit der Resolution 1325 *„trotz [der] wiederholten Verurteilung der sexuellen Gewalt in Situationen bewaffneten Konflikts, und trotz [der] Aufrufe an alle Parteien bewaffneter Konflikte, derartige Handlungen mit sofortiger Wirkung zu beenden, solche Handlungen nach wie vor auftreten und in einigen Situationen systematisch und ausgedehnt geworden sind und ein erschreckendes Ausmaß an Brutalität erreicht haben"*.[598] Bezüglich der Bekämpfung sexueller Gewalt konnte mittels der Resolution 1325 nichts erreicht werden. Schuld daran sei, dass die Resolution keinen Mechanismus für eine systematische Überprüfung und Berichterstattung zur Beachtung der Resolution vorsah.[599] [600] Dieser Mangel wurde bei der Resolution 1820 von vornherein behoben. Laut Ziffer 15 der Resolution wird der Generalsekretär ersucht, binnen eines Jahres einen Bericht über die Durchführung der Resolution im Zusammenhang mit den auf der Tagesordnung des Rates stehenden Situationen vorzulegen. Dabei soll der Bericht Informationen über die Verbreitung, die Ursachen und die Tendenzen von sexueller Gewalt in den einzelnen bewaffneten Konflikten enthalten. Des Weiteren werden Vorbeugungsstrategien und Bezugswerte zur Fortschrittmessung der Resolution vom Generalsekretär erwartet. Schließlich wird der Generalsekretär aufgefordert, Informationen über seine Pläne für einen erleichterten Informationsfluss und verbesserte Koordination der Aktionen der Vereinten Nationen vor Ort und

596 "Women targeted or affected by armed conflict: what role für military peacekeepers?", 27–29 Mai 2008, Sussex, Großbritannien. Siehe dazu: UN Doc., S/2008/402 v. 18.06.2008.

597 UN Doc. S/Res/1820 (2008) v. 19.06. 2008, Ziff. 6–9.

598 Ebenda, Präambel, Abschnitt 8; Ähnlich UN Doc. S/2008/364 v. 04.06.2008. (Übersetzung des deutschen Übersetzungsdienstes der Vereinten Nationen).

599 *S. Cook,* Frauen, Frieden, Sicherheit, in: B. Lochbilder/Internationale Frauenliga für Frieden und Freiheit (Hrsg.), Frau Macht Veränderung 15 Jahre Pekinger Weltfrauenkonferenz, 2010, S. 18.

600 Jährliche Berichte zur Umsetzung der Resolution 1325 sind erst ab 2007 vorhanden.

in New York vorzulegen. Besonders die Schaffung eines Systems kontinuierlicher Überprüfung und Berichterstattung in Verbindung mit der Entwicklung präziser Bezugswerte zur Fortschrittmessung der Vorbeugung sexualisierter Gewalt zeigen die Absicht des Sicherheitsrats, sich regelmäßig mit der Thematik zu befassen, und galten als Hoffnungsträger für einen besseren Schutz der Frauen vor sexueller Gewalt. Denn ab jetzt wird jede wiedergegebene Vergewaltigung dokumentiert, jeder Freispruch eines Vergewaltigers veröffentlicht. Das Thema sexuelle Gewalt in bewaffneten Konflikten wird für alle Organe und Organisationen der Vereinten Nationen allgegenwärtig und mindestens einmal im Jahr vor den Augen der Weltgemeinschaft durchleuchtet werden.

III. Follow-up Resolutionen

Ein Jahr nach der Verabschiedung von Resolution 1820 und zwei Monate nach der Veröffentlichung des ersten Berichts des Generalsekretärs über die Umsetzung der Resolution 1820 erließ der Sicherheitsrat zwei Resolutionen zum Thema „Frauen, Frieden und Sicherheit", welche die Resolution 1325 und 1820 in vieler Hinsicht wiederholen und in einzelnen Aspekten konkretisieren.[601] Während Resolution 1889 sich stärker auf die Durchführung von Resolution 1325 bezieht und nichts Neues bezüglich sexueller Gewalt in bewaffneten Konflikten aufbringt, präzisiert Resolution 1888 vor allem Resolution 1820 und erweitert ihre Schutz- und Präventionsmechanismen. Ein Jahr später fügt der Sicherheitsrat mit der Resolution 1960 ein neues Instrument zur Bekämpfung von sexueller Gewalt hinzu und 2013 erhöht er mit Resolution 2106 den Druck auf die internationale Gemeinschaft, der Straflosigkeit von sexuellen Verbrechen in bewaffneten Konflikten ein Ende zu setzten.

1. Resolution 1888 (2009)

Die Resolution 1888 knüpft an die Resolution 1820 an. Den bereits erwähnten Präventions- und Schutzmaßnahmen und der wiederholten Aufforderung, die juristische Verfolgung sexueller Verbrechen zu verbessern, fügt der Sicherheitsrat drei neue Mechanismen für eine effektivere Vorbeugung sexueller Gewalt in bewaffneten Konflikten hinzu. Zum einen ersucht er den Generalsekretär, einen UN-Sonderbeauftragten für sexuelle Gewalt in Konflikten zu ernennen, der für eine kohärente strategische Führung und Koordination der Aktionen insbesondere im Rahmen der interinstitutionellen Initiative „Aktion der Vereinten Nationen gegen sexuelle Gewalt in Konflikten" zu sorgen hat.[602] Dies geschah am 2. Februar 2010 in der Ernennung von *Margot Wallström*, schwedische Politikerin und ehemalige Vizepräsidentin der EU-Kommission. Des Weiteren soll die Sonderbeauftragte bei Regierungen, Vertretern des Militärs und der Justiz, sowie bei allen an einem bewaffneten Konflikt beteiligten Parteien und bei der Zivilgesellschaft Sensibilisierungskampagnen

601 UN Docs. S/Res/1889 (2009) v. 05.10.2009; S/Res/1888 (2009) v. 30.09.2009.
602 UN Doc. S/Res/1888 (2009) v. 30.09.2009, Ziff. 4.

durchführen.[603] Ferner wird der Generalsekretär aufgefordert ein Team aus Sachverständigen (Team of Experts- TOE) zu bilden und es so schnell wie möglich zu Situationen, die in Bezug zu sexueller Gewalt besorgniserregend sind, zu entsenden. Diese Experten werden mit der Aufgabe beauftragt, über die Präsenz der Vereinten Nationen vor Ort und mit Einwilligung der Gastregierung die nationalen Behörden bei der Stärkung der Rechtsstaatlichkeit zu unterstützen.[604] Als dritte neue Maßnahme beschließt der Sicherheitsrat, in die Mandate der UN-Friedensmissionen konkrete Bestimmungen zum Schutz von Frauen und Kindern vor Vergewaltigung und anderen sexuellen Gewalthandlungen aufzunehmen und bei Bedarf Frauenschutzberater zu benennen.[605]

2. *Resolution 1960 (2010)*

Mit der Resolution 1960, die wie Resolution 1820 erneut unter US-amerikanischer Präsidentschaft beschlossen wurde, verschärft der Sicherheitsrat die Instrumente zur Bekämpfung sexueller Gewalt in bewaffneten Konflikten, indem er einen sogenannten „naming und shaming" Mechanismus errichtet. Damit kommt er einer im ersten Bericht des Generalsekretärs über die Umsetzung der Resolutionen 1820 und 1888 enthaltenen Empfehlung nach. Dieser hatte vorgeschlagen, seinen zukünftigen jährlichen Berichten zur Durchführung der Resolutionen 1820 und 1888 eine Liste der Parteien anhängen zu dürfen, welche systematisch sexuelle Gewalt in bewaffneten Konflikten anwenden.[606] Besonders hervorzuheben ist, dass der Sicherheitsrat dieses Mal und im Unterschied zu den Resolutionen 1320 und 1888 sein Ersuchen um detaillierte Informationen über Konfliktparteien, die der sexuellen Gewalt in bewaffneten Konflikten verdächtig sind, nicht mehr nur auf bewaffnete Konflikten, die auf der Tagesordnung des Rates stehen, beschränkt, sondern viel mehr auf alle bewaffnete Konflikte erstreckt. Lediglich das ausdrückliche Benennen der verdächtigen Konfliktpartien in einem separaten Anhang ist auf die Situationen begrenzt, welche auf der Tagesordnung des Rates stehen. Dieses Verfahren soll zum einen den Druck auf alle Konfliktpartien erhöhen, mit der Anwendung sexueller Gewalt aufzuhören. Zum anderen kann die Namensauflistung als Grundlage für weitere gezielte Maßnahmen, wie Sanktionen, gegen Verantwortliche sexueller Gewalttaten herangezogen werden.[607] Den bekannten Maßnahmen, welche der Sicherheitsrat in dieser Resolution wiedergibt und bekräftigt, mischt er ein wichtiges Element bei: die Kommunikation mit der einheimischen Bevölkerung. Diese für die Durchführung der Mandate aller Friedensmissionen grundlegende Komponente erhält im Zusammenhang mit der Bekämpfung sexueller Gewalt umso mehr Bedeutung, als ohne Aussage der Opfer, ohne Unterstützung und Verständnis der örtlichen Gemeinde,

603 Ebenda.
604 UN Doc. S/Res/1888 (2009) v. 30.09.2009, Ziff. 8.
605 Ebenda, Ziff. 12.
606 UN Doc. S/2010/604 v. 24.11.2010, § 46.
607 UN Doc. S/Res/1960 (2010) v. 16.12.2010, Ziff. 3.

ohne Dialog mit den Soldaten kein Fortschritt erreicht werden kann. Es ist nicht übertrieben zu sagen, dass dieser Grundsatz den Kern darstellt, um den sich alle Maßnahmen zum Schutz der Frauen vor sexueller Gewalt in bewaffneten Konflikten drehen müssen. Deshalb ist diese Erwähnung als Grundvoraussetzung für eine erfolgreiche Arbeit aller Mitarbeiter der Vereinten Nationen in der Resolution des Sicherheitsrats sehr begrüßenswert.

3. Resolution 2106 (2013)

Die Resolution 2106 stellt eine Art Zwischenbilanzresolution dar und bringt zudem neue Ansätze mit sich. Der Sicherheitsrat stellt zunächst besorgt die langsamen Fortschritte bei der Umsetzung der Resolution 1960 und die andauernde allgemeine Verbreitung von sexueller Gewalt in bewaffneten Konflikten fest. Er bekräftigt zudem die Schutz- und Präventionsmechanismen der vorherigen Resolutionen, besonders den Einsatz von Frauenschutzberatern und Genderberatern, und fordert die konfliktbetroffenen Staaten auf, mit dem Team of Experts zusammenzuarbeiten. Des Weiteren hebt er die wichtige Rolle der internationalen Strafgerichtshöfe und der nationalen Gerichte in der Bestrafung von sexuellen Verbrechen hervor, erwähnt aber auch für das erste Mal die Bedeutung der transitionalen Justiz sowie der außergerichtlichen Mechanismen in diesem Zusammenhang.[608] Dies ist von Bedeutung, denn wie später besprochen wird, bedeutet für die Frauen ein Urteil nicht unbedingt Gerechtigkeit.[609] Zu der unerwarteten selbstkritischen Betrachtung, der Sicherheitsrat müsse im Rahmen seiner Arbeit den Verpflichtungen zur Unterlassung sexueller Gewalt konsequenter nachgehen und ihre Erfüllung überprüfen,[610] bringt die Resolution 2106 andere neue Ansätze. Die in der Öffentlichkeit am meisten hervorgehobene Neuerung betrifft die erstmalige Einbeziehung von Männern und Jungen in einer Sicherheitsratsresolution zu sexueller Gewalt nicht nur als Täter sondern als Opfer.[611] Damit kommt der Sicherheitsrat einer langjährigen Forderung von Menschenrechtsorganisationen nach. Die Traumatisierung von Verwandten, welche gezwungen werden, bei Vergewaltigung oder anderen Formen sexueller Gewalt zuzusehen, wird auch berücksichtigt.[612] Als letzte Neuerung kann die Verbindung zwischen sexueller Gewalt und der Verbreitung von HIV/AIDS genannt werden.[613] Dies deutet drauf an, dass der Sicherheitsrat die Auswirkungen von sexueller Gewalt immer konkreter angeht, was sehr zu begrüßen ist.

Mit diesen sechs Resolutionen, darunter vier spezifisch zu sexueller Gewalt in bewaffneten Konflikten, gab der Sicherheitsrat den Staaten klare politische und rechtliche Vorgaben im Kampf gegen sexuelle Gewalt im Krieg. Dank des über

608 UN Doc. S/Res/2106 (2013) v. 24.06.2013, Ziff. 4.
609 Dazu unten S. 205 ff.
610 UN Doc. S/Res/2106 (2013) v. 24.06.2013, Ziff. 5.
611 Ebenda, Präambel, Abschnitt 5.
612 Ebenda.
613 Ebenda, Ziff. 20.

Jahrzehnte anhaltenden Einsatzes von Frauenorganisationen und des politischen Engagements besonders der anglo-amerikanischen Staaten konnte ein jahrelang vernachlässigtes Thema bis an die Spitze der Tagesordnung des Sicherheitsrats geraten. Diese endlich erreichte und längst überfällige Aufmerksamkeit des mächtigsten Organs der Vereinten Nationen war aus mehreren Gründen nötig. Zum einen kann heute kein Staat der Welt sexuelle Verbrechen in bewaffneten Konflikten unbestraft lassen. Dies zu tun würde heißen, dass er sie dulde, was ihn wiederum Sanktionen des Sicherheitsrats aussetzen könnte. Ferner bedeuten die Resolutionen für die Opfer sexueller Gewalttaten eine symbolische Anerkennung ihres Leids. Auch wenn der Sicherheitsrat weit weg von ihren alltäglichen Sorgen ist, werden einige Maßnahmen, welche das Leben der Opfer vor Ort erleichtern, dank der in den Resolutionen enthaltenen Aufrufe zur Finanzierung der Aktions-Programme möglich gemacht. Zum Schluss geben die Resolutionen allen Organisationen und Programmen der Vereinten Nationen, welche in die Bekämpfung von sexueller Gewalt involviert sind, einen rechtlichen Rahmen und damit Rückhalt und eine handfeste Grundlage für ihre Arbeit.

C. Konkrete Umsetzung der Resolutionen: Das Gesamtsystem der Vereinten Nationen im Dienst des Schutzes vor konfliktbezogener sexueller Gewalt

Was haben die Sicherheitsratsresolutionen tatsächlich bewirkt? In welchem Ausmaß werden sie in der Arbeit der UN-Menschenrechtsorgane herangezogen? Anhand der „Aktion der Vereinten Nationen gegen sexuelle Gewalt in Konflikten“ (UN Action against Sexual Violence in Conflict – *UN Action*) werden die getroffenen Maßnahmen in den Bereichen Frieden und Sicherheit, Strafverfolgung und humanitäre Hilfe erläutert. Im Anschluss wird der Umgang der UN-Menschenrechtsorgane, die grundsätzlich nicht in die *UN Action* einbezogen wurden, mit dem Thema sexuelle Gewalt in bewaffneten Konflikten untersucht.

I. Die UN Action

Im Vorfeld muss klargestellt werden, dass die *UN Action* nicht erst auf Grundlage der Sicherheitsresolutionen zu sexueller Gewalt in bewaffneten Konflikten geschaffen, sondern am 8. März 2007 anlässlich einer ressortübereingreifenden Podiumsdiskussion zum Thema „The UN working together to respond to sexual violence in conflict“ in Genf ins Leben gerufen wurde.[614] Die Initiative übernimmt Ideen einer Studie von *Elisabeth Rehn* und *Ellen Johnson Sirleaf* „Women War and Peace“, welche zu einer

614 Siehe Eröffnungsrede von Dr. Ala Alwan, Stellvertretender Generaldirektor des Programms „Health Action in Crises“ der Weltgesundheitsorganisation: http://www.who.int/hac/techguidance/pht/womenshealth/iwd_who_statement_sexual_violence_in_conflict.pdf (Stand Mai 2015).

besseren Koordination des ganzen UN Systems aufgerufen hatten, um die Engagements aus Resolution 1325 besser umsetzen zu können.[615] Die Verabschiedung von Resolution 1820 und die Einführung eines Berichterstattungsmechanismus zu den Fortschritten der Bekämpfung gegen sexuelle Gewalt in bewaffneten Konflikten in Resolution 1960 (2010) haben zu einer Intensivierung des Austauschs innerhalb der *UN Action* und Verstärkung der Dokumentationen und Veröffentlichungen geführt. Die ausdrückliche Begrüßung der Arbeit der *UN Action* in jeder Resolution zu sexueller Gewalt im Konflikt hat zudem alle Einheiten darin bestärkt „to work as one".[616]

1. *Einführung*

Die *UN Action* ist ein Zusammenschluss von ursprünglich 10, heute 13 UN-Einheiten aus den Friedens-, Sicherheits-, humanitären und Gesundheitsbereichen.[617] Sie ist aus der Erkenntnis hervorgekommen, dass der Einsatz für eine erfolgreiche Verbannung sexueller Gewalt während und nach bewaffneten Konflikten ganzheitlich und multisektoriell sein muss. Die *UN Action* gilt als Unterstützung vorhandener Mechanismen. Sie verstärkt bereits entstandene Initiativen, koordiniert und rationalisiert die unterschiedlichsten Aktionen der verschiedensten Departements.[618] Ihre Arbeit stützt sich auf drei Grundsäulen: (1) Aktionen auf der nationalen Ebene

---

615 *E. Rehn/E. Johnson Sirleaf*, Women, War and Peace, 2002, S. 7.

616 UN Docs. S/Res/1820 (2008) v. 19.06.2008, Präambel, Abschnitt 13; S/Res/1888 (2009) v. 30.09.2009, Ziff. 4 und 5; S/Res/1960 (2010) v. 16.12.2010, Ziff. 14; S/Res/2106 (2013) v. 24.06.2013, Ziff. 7.

617 Gemeinsames Programm der Vereinten Nationen zu HIV/AIDS (Joint United Nations Programme on HIV/AIDS – UNAIDS), Kinderhilfswerk der Vereinten Nationen (United Nations Children's Fund – UNICEF), Büro des Hohen Kommissars der Vereinten Nationen für Menschenrechte (Office of the High Commissioner for Human Rights – OHCHR), Amt für die Koordinierung humanitärer Angelegenheiten (United Nations Office for Coordination of Humanitarian Affairs – OHCA), Hauptabteilung Friedenssicherungseinsätze (Department of Peacekeeping Operations – DPKO), Hauptabteilung Politische Angelegenheiten, United Nations Department of Political Affairs – DPA), Einheit der Vereinten Nationen für Gleichstellung und Ermächtigung der Frauen – UN Frauen (United Nations Entity for Gender Equality and the Empowerment of Women – UN Women), Entwicklungsprogramm der Vereinten Nationen (United Nations Development Programme – UNDP), Hoher Flüchtlingskommissar der Vereinten Nationen (United Nations High Commissioner for Refugees – UNHCR), Büro der Vereinten Nationen für Drogen- und Verbrechensbekämpfung (United Nations Office on Drugs and Crime – UNODC), Bevölkerungsfonds der Vereinten Nationen (United Nations Population Fund – UNFPA), Weltgesundheitsorganisation (World Health Organization – WHO).

618 Siehe dazu *UN Action against sexual violence in conflict*, Progress Report 2010–2011, Juni 2011, §§ 1–13. http://stoprapenow.org/advocacy-resources/ (Stand Mai 2015) und die einführende Broschüre über die Initiative verfügbar auf der Internetseite der UN Action unter: http://stoprapenow.org/about/ (Stand Mai 2015).

(Country Level Action): hier geht es darum die UN Country Teams und die Friedensmissionen vor Ort bei der Gestaltung und Umsetzung der ausgearbeiteten „Comprehensive Strategies" zur Bekämpfung konfliktbezogener sexueller Gewalt in den jeweiligen Ländern zu unterstützen. (2) Öffentlichkeitsarbeit (Advocacy for Action) und (3) Wissensbildung (Learning by doing bzw. Knowledge Generation) durch die Ausarbeitung und Entwicklung von Instrumenten, die dabei helfen sollen, die Datensammlung von einzelnen Verbrechen, Rechtsprechungen oder effektiven Interventionen auszuwerten und hiermit eine bessere Ausbildung für den Schutz und Prävention der Frauen vor verletzungen in dem Bereich zu ermöglichen.[619]

Die *UN Action* wird von sechs Grundsätzen geleitet

- Vergewaltigung ist keine zwangsläufige Folge eines Konflikts. Sie muss verhindert werden.
- Geschlechtsspezifische Gewalt, einschließlich sexueller Gewalt, ist eine Verletzung der Menschenwürde und der Menschenrechte.
- Versuche, sexuelle Gewalt zu beenden, müssen geschlechtsspezifische Ungleichheiten durch die Ermächtigung der Frauen und den Schutz und die Förderung ihrer Rechte angehen.
- Die konstruktive Beteiligung von Männern und Jungen ist von entscheidender Bedeutung.
- Frauen sollen an Sensibilisierungskampagnen im Kampf gegen sexuelle Gewalt teilnehmen, um den Frieden zu sichern.
- Sexuelle Gewalt in Konflikten stellt eines der meist beschwiegenen Probleme der Geschichte dar. Wir alle haben die Pflicht zu handeln.[620]

Organisatorisch wird die *UN Action* von der Sonderbeauftragten des Generalsekretärs für sexuelle Gewalt im Konflikt mithilfe eines dreiköpfigen Sekretariats geleitet. Die Entscheidungen werden im Rahmen eines mit Vertretern der 13 UN-Einheiten zusammengesetzten Lenkungsausschusses (Steering Commitee) und in Gegenwart der Sonderbeauftragten des Generalsekretärs für Kinder und bewaffnete Konflikte getroffen.

Die *UN Action* wird finanziell von Anfang an hauptsächlich von den skandinavischen Ländern getragen (Finnland: 6 Millionen US Dollars, Norwegen: 4,2 Millionen).[621] Hauptgeldgeber ist jedoch die Swedish International Development Cooperation Agency, die bis 2014 mit 13,6 Millionen US Dollars über die Hälfte des Gesamtbeitrags geleistet hatte. Seit 2012 und 2013 unterstützen auch das Vereinigte Königreich und Japan mit jeweiligen Millionenbeträgen (1,6 und 4,7) die *UN Action*.

---

619 Ebenda.

620 UN Action Strategic Framework 2011–2012, S. 4. http://stoprapenow.org/uploads/images/features/pdf/UNASF_2011-12_final.pdf (Stand Mai 2015). (Übersetzung der Verfasserin).

621 Der aktuellste Finanzierungsstand kann unter http://mptf.undp.org/factsheet/fund/UNA00 abgerufen werden. Die Zahlen berufen auf dem Stand vom 12. Mai 2015.

2014 kam mit einem Million die Regierung der Vereinigten Arabischen Emirate dazu. Mit zusätzlichen geringeren Zuschüssen von den irischen, belgischen, estonischen, luxemburgischen, schweizerischen und türkischen Regierungen standen somit ca. 31 Millionen US Dollars zur Verfügung. Das Geld wird von dem im Dezember 2008 eingerichteten und seit 2009 aktiven Multi-Partner Trust Fund Office (MPTFO) verwaltet. Des Weiteren haben Australien, die Niederlande und die Vereinigten Staaten, UN Women und UNDP Gelder für die Finanzierung von mit der *UN Action* gebundenen Initiativen zur Verfügung gestellt.[622]

Seit 2008 ist *UN Action* Teil der vom Generalsekretär Ban Ki-moon initiierten globalen Kampagne gegen sexuelle Gewalt „UNiTE to end violence against women".[623] Diese Kampagne hat sich bis zur Verwirklichung der Millenium-Entwicklungsziele im Jahre 2015 als fünftes Ziel die Berücksichtigung sexueller Gewalt in bewaffneten Konflikten gesetzt.[624] Ein wenig ambitioniertes Ziel, das mit den Resolutionen 1888 und 1960 weitgehend erfüllt ist. Die Verbindung beider Kampagne von Anfang an war jedoch wichtig und gewiss sinnvoll. Denn es gilt als nachgewiesen, dass in Situation bewaffneter Konflikte die Gewaltmuster der Friedenszeit sich verschärfen. Ein handgreiflicher Mann kann in einer kriegerischen Situation schnell zu einem sexuellen Verbrecher werden. Andersherum: Viele Vergewaltiger der Nachkriegszeit sind Ex-Kombattanten. Der Schutz vor sexueller Gewalt in bewaffneten Konflikten wäre demnach aussichtlos, würde man das Problem nicht an der Quelle ergreifen und alltägliche Gewalt gegen Frauen und Mädchen nicht bekämpfen.[625] Demnach überschneiden sich die Maßnahmen beider Kampagnen besonders in den Bereichen Sensibilisierungskampagne, Menschenrechtsbildung, Verbesserung der Gesetzlage und Gesundheit.

2. *Maßnahmen*

Im Mittelpunkt der Arbeit von *UN Action* stehen acht „priority countries": die demokratische Republik Kongo (RDC), Liberia, Sudan, Südsudan, die Zentralafrikanische

622 Ebenda, S. 7.

623 *UN Generalsekretär Ban Ki-moon*, Remarks to the Commission on the Status of Women, 25.02.2008.

624 Ziel 1 ist die Verabschiedung und Durchsetzung nationaler Gesetzgebungen zur Bekämpfung und Bestrafung Gewalttaten gegenüber Frauen und Mädchen.
Ziel 2 ist die Ausarbeitung und Umsetzung multisektoraler nationaler Aktionsplan.
Ziel 3 sieht die Verstärkung Datenbanken zur Verbreitung der Gewalt gegen Frauen und Mädchen vor.
Ziel 4 betrifft die Notwendigkeit Sensibilisierungskampagne und soziales Engagement.

625 Zu den Formen, Ursachen und Kosten der Gewalt gegen Frauen siehe den umfangreichen Bericht des Generalsekretärs: In-depth study on all forms of violence against women, UN Doc. A/61/122/Add.1 v. 06.07.2006.

Republik, Elfenbeinküste, Kolumbien und Bosnien und Herzegowina.[626] Als Grundlage für die Zusammenarbeit ist eine bereits erwähnten „Comprehensive Strategy" zur Bekämpfung konfliktbezogener sexueller Gewalt vorgesehen. Idealerweise sollten diese Länder eine solche Strategie zusammen mit der *UN Action* entwickeln und dann verabschieden. Sie stellt einen gemeinsamen Rahmen und eine Plattform für Aktionen gegen sexuelle Gewalt dar mit definierten Rollen, Verantwortlichkeiten, Zeitplänen und Aktivitäten für alle Beteiligten (Staat und UN-Einheiten) und wird in Absprache mit den zuständigen UN-Organisationen und UN-Missionen vor Ort, internationalen NGOs und lokalen Initiativen sowie mit den Ministerien meistens der Justiz- und Verteidigung-, des Inneren-, für Gender und Gesundheit ausgearbeitet. Nach den heutigen Erkenntnissen wurden bisher zwei Bekämpfungsstrategien ausgearbeitet (RDC und Elfenbeinküste), wobei lediglich einer mit der Ratifizierung des Parlaments offiziell zugestimmt worden ist (RDC am 1. April 2009).[627] Dies und die dortige akute Situation der Frauen erklärt, warum die Dokumentation zu den in RDC getroffenen Maßnahmen deutlich umfangreicher ist als in anderen Ländern und in dieser Arbeit öfters herangezogen wird.

Die *UN Action* hat vier Hauptarbeitsfelder, welche nacheinander untersucht werden:

- die Vorbeugung sexueller Gewalt durch die Herstellung von Frieden und Sicherheit mithilfe der Friedensmissionen,
- das Ende der Straflosigkeit durch Ausarbeitung entsprechender Strafgesetze und Zugang der Opfer zur Justiz,
- die Versorgung der Überlebenden und
- die Stärkung des lokalen, nationalen und weltweiten Bewusstseins durch eine kontinuierliche Öffentlichkeitsarbeit.

a) Prävention durch Frieden und Sicherheit: Die Rolle der Friedensmissionen

Die UN-Friedensmissionen haben sich zum wichtigsten Instrument des UN-Sicherheitsrats im Rahmen seiner Verantwortung für den Weltfrieden entwickelt. Die heutigen multidimensionalen Friedenseinsätze umfassen vielfältige Aufgaben, die über die ursprüngliche Aufgabe der Wahrung oder Wiederherstellung von Sicherheit hinausgehen[628] und den Schutz der Zivilbevölkerung als zentrales Ziel

---

626 *MPTFO*, Fourth Consolidated Annual Progress Report on Activities Implemented under the UN Action Against Sexual Violence in Conflict Fund, 31.05.2013, S. 9. http://mptf.undp.org/document/download/11388 (Stand Mai 2015). Was einzelne Aktionen in anderen Ländern wie Libyen oder Angola nicht ausschließt (S. 12).

627 Die Strategie von der Elfenbeinküste war im Dezember 2012 ausgearbeitet. Ebenda, S. 11. Ob sie verabschiedet wurde, wird leider in dem darauffolgenden UN-Jahresbericht nicht erwähnt.

628 *M. Eisele*, Friedenssicherung, in: H. Volger (Hrsg.), Grundlagen und Struktur der Vereinten Nationen, 2007, S. 137.

festschreiben.[629] Manche Friedensmissionen wurden unter anderem wegen der systematischen Anwendung von sexueller Gewalt errichtet. In wieweit sexuelle Gewalt in den Mandaten der Friedensmissionen berücksichtigt wird, ist Bestandteil der Untersuchung in Teil aa). Die Friedensmissionen sind durch ihre Mobilität und schnelle Reaktionskraft die ersten vor Ort, wenn Kämpfe oder Gewaltanwendung gegen Zivilisten gemeldet werden. Deswegen müssen sie über den Umgang mit den Opfern sexueller Gewalt ausgebildet werden. Gender- und Frauenangelegenheiten wurden lange Zeit von allen Seiten ignoriert. Früher waren Soldaten mit Fällen sexueller Gewalt konfrontiert und mussten improvisieren. Nun sollen sie mit Hilfe eines Handbuches, welches im Teil bb) dargelegt wird, systematischer handeln können. Prävention von sexueller Gewalt wird im Rahmen der Friedensmissionen durch viele Vorsichtsmaßnahmen in den unterschiedlichsten Bereichen vorgenommen. Diese Politik der kleinen Schritte wird von den Gender Units, den Violence Sexual Units innerhalb der Mission koordiniert. Die entscheidende Rolle dieser Einheiten und der uniformierten Frauen im Rahmen der Friedensmissionen wird unter cc) näher untersucht. Doch die Glaubwürdigkeit der ganzen Mission bei den Einheimischen wird dann in Frage gestellt, wenn Fehlverhalten von Bauhelmen in Form von sexuellen Übergriffen begangen werden. Dagegen haben die Vereinten Nationen eine umfassende Strategie ergriffen, welche im Teil dd) erläutert wird.

aa) Mandat

Zurzeit bestehen weltweit sechzehn UN-Friedensmissionen, darunter acht Missionen, deren aktuelles UN-Mandat einen ausdrücklichen Bezug zur sexuellen Gewalt beinhaltet (MONUSCO[630], MINUL[631], ONUCI[632], UNAMID[633], UNMISS[634],

629 Zu den verschiedenen Arten von Friedensmissionen vgl. *Deutsche Gesellschaft für die Vereinten Nationen* (Hrsg.), UN-Friedensmissionen, UN Basis-Informationen Nr. 39, 2009. *W. S. Heinz/J. Ruszkowska*, UN-Friedensoperationen und Menschenrechte, 2010, S. 5.

630 United Nations Organization Stabilization Mission in the Democratic Republic of the Congo- MONUSCO, UN Doc. S/Res/1925 (2010) v. 28.05.2010, Ziff. 12 c).

631 United Nations Mission in Liberia- MINUL, UN Docs. S/Res/1509 (2003) vs. 19.09.2003, Ziff. 11; S/Res/2066 (2012) v. 17.09.2012, Ziff. 9.

632 United Nations Operation in Côte d'Ivoire- ONUCI, UN Doc. S/Res/1528 (2004) v. 09.03.2004, Ziff. 6 n).

633 African Union/United Nations Hybrid Operation in Darfur- UNAMID, UN Doc. S/Res/1796 (2007) v. 31.07.2007, Ziff. 1 i. V. m. Report of the Secretary-General and the Chairperson of the African Union Commission on the hybrid operation in Darfur, UN Doc. S/2007/307/Rev. 1 v. 05.06.2007, Ziff. 55c (vi).

634 United Nations Mission in the Republic of South Sudan- UNMISS, UN Doc. S/Res/1996 (2011) v. 08.07.2011, Ziff. 24.

MINUSTAH[635], MINUSMA[636], MINUSCA[637]). Alle Missionen wurden aufgrund von Kapitel VII der Charta der Vereinten Nationen ins Leben gerufen. In den Resolutionen, welche die UNAMID und MINUL sowie neulich die MINUSMA und MINUSCA zugrunde legen, wird sogar in der Präambel der Resolutionen der systematische Einsatz von sexueller Gewalt als Grausamkeit gegen die Zivilbevölkerung beklagt, was daraus schließen lässt, dass sexuelle Verbrechen als Bedrohung für den Weltfrieden zur Entstehung der Missionen beigetragen haben. Die Missionen werden damit beauftragt, sexuelle Gewalt nie außer Acht zu lassen und besonders bei den Ermittlungen der Verbrechen den Staat zu unterstützen. Hiermit zeigt sich, dass der Sicherheitsrat konsequenterweise seinen Aufruf aus den Resolutionen 1325 und 1820, spezielle Maßnahmen zum Schutz von Frauen und Mädchen vor geschlechtsspezifischer Gewalt zu ergreifen, in sein eigenes System übertragen hat. Auch in den jährlichen Resolutionen zu den jeweiligen Situationen nimmt das Thema sexuelle Gewalt einen immer größeren Platz ein. Die Resolutionen 1820, 1888 und 1960 werden konkret herangezogen[638] und die Instrumente zur Umsetzung des Mandats immer besser gefeilt, wie die Entwicklung des Mandats der MONUSCO es im Folgenden erkennen lässt.

Diese ursprünglich aufgrund von Kapitel VI der Charta der Vereinten Nationen errichtete Mission ist heute die Mission, welche das robusteste Mandat zum Schutz von sexueller Gewalt innehat.

Die Bevölkerung der demokratische Republik Kongo leidet seit 1996 ununterbrochen unter Kriegsgewalt. Während die Situation sich im Westen des Lands mit der Unterzeichnung des Friedensabkommens von Pretoria im Dezember 2002 beruhigt hat, tobt in den östlichen Provinzen Nord- und Südkiwu weiterhin ein Krieg zwischen der kongolesischen Armee und Dutzenden konkurrierenden Milizen um die Herrschaft über die rohstoffreiche Region.

Nach dem ruandischen Völkermord flohen circa 1,2 Millionen Hutus, darunter zahlreiche für den Völkermord Verantwortlichen, über die Grenze nach Zaire. In den Flüchtlingslagern setzten sich ehemalige Soldaten der *FAR* (*Forces armées rwandaises*) mit der Hutu Organisation *Interahamwe* zusammen und begannen von dort aus Angriffe gegen die von Tutsi geführte ruandische Regierung und die in Zaire lebenden Tutsis zu verüben.[639] 1996 eskalierte die Situation, als sich mehrere

635 United Nations Stabilization Mission in Haiti- MINUSTAH, UN Doc. S/Res/1892 (2009), 13.10.2009, Ziff 19.

636 United Nations Multidimensional Integrated Stabilization Mission in Mali- MINUSMA, UN Doc. S/Res/2100 (2013) v. 25.04.2013, Ziff. 16 c) ii, d) iii.

637 United Nations Multidimensional Integrated Stabilization Mission in the Central African Republic- MINUSCA, UN Doc. S/Res/2149 (2014) v. 10.04.2014, Ziff. 30 e) ii.

638 UN Doc S/Res/2101 (2013) v. 25.04.2013 bezüglich der Lage in der Elfenbeinküste, UN Doc. S/Res/2109 (2013) v. 11.07.2013 und UN Doc. S/Res/ 2104, (2013) v. 29.05.2013 bezüglich der Lage in Sudan und Südsudan.

639 *M. Nest*, The Democratic Republic of Congo: economic dimensions of war and peace, 2006, S. 23.

kongolesische Rebellengruppen zusammenschlossen und die *Alliance des Forces Démocratiques pour la Libération du Congo* (*AFDL*) geführt von Laurent Désiré Kabila bildeten. Mit der Unterstützung von Uganda und Ruanda griffen sie Hutu-Flüchtlingslager an, um die Flüchtlinge zurück nach Ruanda zu drängen und setzten sich als Ziel die Eroberung Kinshasas und den Sturz von Diktator Mobutu Sese Seko. Dies gelang im Mai 1997, führte zur Machübernahme von Laurent Désiré Kabila und zum Ende des ersten Kongo-Krieges.[640]

Laurent Kabila konnte jedoch innenpolitisch nicht überzeugen. Die erhofften politischen Änderungen im Vergleich zu Mobutus Regime fanden nicht statt, die wirtschaftliche Lage konnte nicht angekurbelt werden und die Zusammenstöße zwischen Hutu und Tutsi in den östlichen Provinzen dauerten an.[641] Im August 1998 begann der zweite Kongo-Krieg als Teile der Armee sich in Nord- und Südkiwu von Kabila abwandten.[642] Die Rebellen vereinigten sich in dem *Rassemblement Congolais pour la Démocratie* (RCD) und marschierten bewaffnet, logistisch unterstützt und anzahlmäßig gestärkt (von Ruanda, Uganda und Burundi) rapid gen Westen. Dank dem Rückhalt von Angola, Namibia, Tschad und Zimbabwe gelang es den kongolesischen Streitkräften (*Forces armées de la République démocratique du Congo- FARDC*) die Rebellion in den Ostprovinzen zurückzuhalten.[643]

Im November 1998 trat eine neue Konfliktpartei hervor, als Jean-Pierre Bemba, ein enger Vertrauter Mobutus, die Existenz einer neuen Rebellenorganisation im Norden des Landes (*Mouvement de Libération du Congo- MLC*) verkündete. Geld und die Beliebtheit in der Bevölkerung ermöglichten die schnelle Rekrutierung von vielen Kämpfern.[644] Während die RCD wegen inneren Differenzen schwächelte, übernahm das *MLC* die Kontrolle über weite Teile des Nordens der RDC.[645] „Afrikas erster Weltkrieg" wie der erste Kongo-Krieg aufgrund der ausgeglichenen Kräfte und die Befestigung der Stellungen genannt wird, hatte Hunderttausende Zivilisten zum Opfer und über eine Million Flüchtlinge auf den Weg gebracht.[646] Auf Nachdruck der südafrikanischen Entwicklungsgemeinschaft wurde im Juli 1999 in Lusaka ein Waffenstillstandabkommen ausgehandelt.[647] Zunächst nur von den beteiligten Staaten unterzeichnet, folgten die *MLC* und die *RCD* kurz danach.[648]

640 *D. Johnson*, Kongo: Kriege, Korruption und die Kunst des Überlebens, 2009, S. 73, 76, 80.

641 Ebenda, S. 82. Vgl. Auch *M. Nest*, The Democratic Republic of Congo: economic dimensions of war and peace, 2006, S. 24.

642 *M. Nest*, The Democratic Republic of Congo: economic dimensions of war and peace, 2006, S. 25.

643 *D. Johnson*, Kongo: Kriege, Korruption und die Kunst des Überlebens, 2009, S. 88.

644 *M. Nest*, The Democratic Republic of Congo: economic dimensions of war and peace, 2006, S. 25.

645 *D. Johnson*, Kongo: Kriege, Korruption und die Kunst des Überlebens, 2009, S. 92.

646 *N. Macqueen*, United Nations Peacekeeping in Afrika since 1960, S. 89.

647 UN Doc. S/1999/815 v. 23.07.1999, Annex.

648 *N. Macqueen*, United Nations Peacekeeping in Afrika since 1960, S. 90.

In diesem Zusammenhang wurde am 30. November 1999 die Mission der Vereinten Nationen in der Demokratischen Republik Kongo (United Nations Organization Mission in the Democratic Republic of the Congo – MONUC) im Rahmen von Kapitel VI der Charta der Vereinten Nationen ins Leben gerufen.[649] Ihre ursprüngliche Hauptaufgabe lag darin, die Waffenruhe zwischen RDC und Angola, Namibia, Ruanda, Zimbabwe und Uganda sowie den Truppenabzug zu beobachten und zu überwachen. Doch das Waffenstillstandsabkommen war zunächst gescheitet, als die *MLC* es Anfang November 1999 kündigte und anschließend eine ihrer größten erfolgreichen Offensiven startete.[650] Die Erweiterung des MONUC-Mandats auf die Möglichkeit der Gewaltanwendung nach Kapitel VII und die Entsendung von 5000 UN-Soldaten durch Resolution 1291 im Februar 2000 konnte die Wiederaufnahme der Kämpfe nicht verhindern.[651] Erst das am 30. Juli 2002 unter der Führung Südafrikas geschlossene Friedensabkommen von Pretoria zwischen der Demokratischen Republik Kongo und Ruanda[652] sowie das später im Jahr am 16. Dezember zwischen der kongolesischen Regierung und die Rebellen abgeschlossenen „accord global et inclusif" über die Machtverteilung in der RDC setzten dem vierjährigen Krieg ein Ende.[653] Dieser Krieg hatte zwischen 1998 und 2001 2,5 Millionen Opfer verursacht und ist durch den massiven Einsatz sexueller Gewalt gegen die Zivilbevölkerung gekennzeichnet.[654]

Im Laufe der Jahre und der Resolutionen wurde die Anzahl der Blauhelme (von 500 Militärbeobachtern in 1999 auf 19 292 Soldaten heute (Stand März 2015) und deren Aufgaben erweitert. Die MONUC nahm demnach eine zentrale Rolle in der Entwaffnung, Demobilisierung und Wiedereingliederung der kongolesischen bewaffneten Gruppen beziehungsweise der Entwaffnung, Demobilisierung, Repatriierung, Neuansiedlung und Wiedereingliederung der ausländischen bewaffneten Gruppen (sog. DDRRR-Programme) ein. Am 30. Juli 2006 unterstützte sie zudem die ersten freien Wahlen seit 46 Jahren.[655]

Trotz der Fortschritte stellte die Situation in RDC angesichts der anhaltenden erheblichen Sicherheitsprobleme und der katastrophalen Menschenrechtssituation im Ostgebiet der RDC weiterhin eine Bedrohung des Weltfriedens und der internationalen Sicherheit in der Region dar. Die Pretoria-Friedensvereinbarung bedeutete

---

649 UN Doc. S/Res/1279 v. 30.11.1999.

650 *D. Johnson*, Kongo: Kriege, Korruption und die Kunst des Überlebens, 2009, S. 96.

651 *N. Macqueen*, United Nations Peacekeeping in Afrika since 1960, S. 92.

652 Peace Agreement between the Governments of the Democratic Republic of the Congo and the Republic of Rwanda on the Withdrawal of the Rwandan Troops from the Territory of the Democratic Republic of the Congo and the Dismantling of the ex-FAR and Interahamwe Forces in the Democratic Republic of the Congo, UN Doc. S/2002/914 v. 09.08.2002, Annex.

653 *D. Johnson*, Kongo: Kriege, Korruption und die Kunst des Überlebens, 2009, S. 104.

654 *Human Rights Watch*, The War Within The War: Sexual Violence Against Women and Girls in Eastern Congo, 2002, S. 16–40.

655 UN Doc. S/2006/759 v. 21.09.2006, §§ 5–38.

in der Tat nicht den Abbruch der Gewalt für die Bevölkerung in den Ostprovinzen. Die dortigen Rebellengruppen der *Forces Démocratiques de Libération* du Rwanda (*FDLR*) bestehend aus circa 25000 Kämpfern und Flüchtlingen aus Ruanda, welche sich weigerten, an den DDRRR-Programmen teilzunehmen, wurden in den Friedensverhandlungen nicht einbezogen und wüteten gegen die Tutsi weiter.[656] 2006 gründete Laurent Nkunda eine neue politisch-militärische Bewegung, das *CNDP* (*Congrès national pour la défense du peuple*). Nkunda hatte 2004 die nach dem Friedensabkommen von Pretoria gebildete Übergangsregierung nicht anerkannt, nahm sich 2006 mit den *CNDP*-Milizen den Sturz der Regierung von Joseph Kabila vor und startete eine Offensive gegen die *FARDC*.[657] Unzählige andere Milizen wie die *Forces Patriotiques pour la libération du Congo (FPLC), Forces de Résistance Patriotiques en Ituri/Front Populaire pour la Justice au Congo (FRPI/FPJC),* die *Armée de Résistance du Seigneur (LRA), Maï Maï*-Gruppierungen in Nord- und Süd-Kiwu[658] mischten in der Region mit und kämpfen miteinander gegen die *FARC*, aber auch gegeneinander, um sich einen Zugang zu den Bodenschätzen der Region zu verschaffen und zu sichern.[659] Die RDC ist eines der reichsten Länder an seltenen Rohstoffen wie Diamanten, Gold, Kupfer oder das seltene Mineralien Coltan, ein wesentliches Material für die Mobilfunk-, Computer-, Elektro-, Raumfahrt- und Rüstungsindustrie. Diese Rohstoffe werden illegal ausgebeutet, um Waffen zu kaufen oder sich zu bereichern, und spielen demnach eine zentrale Rolle in dem Konflikt.[660] Diese unerlaubte Ausbeutung der natürlichen Ressourcen führt zu gezielten Angriffen auf die Zivilbevölkerung, zur Einbeziehung und zum Einsatz von Kindersoldaten, zu außergerichtlichen Hinrichtungen und weit verbreiteter sexueller Gewalt, als Einschüchterungsmaßnahme gegen die Zivilbevölkerung, um deren Loyalität zu sichern, oder als Vergeltungsmaßnahmen wegen Zusammenarbeit mit dem Feind.[661] Doch die Milizentruppen sind nicht die einzigen sexuellen Täter im Rahmen dieses Konflikts. Die Soldaten der regulären Truppen zählen heutzutage zu den Hauptvergewaltigern der Region. Grund dafür ist ihre schlechte Ausbildung, die schlechte

---

656 *S. Autesserre*, The trouble with the Congo, local violence and the failure of international peacebuilding, 2010, S. 54f.

657 *D. Johnson*, Kongo: Kriege, Korruption und die Kunst des Überlebens, 2009, S. 157–171.

658 *J. Tshimanga*, Qui est derrière ces groupes opérationnels dans les Kivu ? Echos de la MONUSCO, Vol. 3, Nr. 20, März 2013, S. 5f.

659 *M. Nest*, The Democratic Republic of Congo: economic dimensions of war and peace, 2006, S. 44–53.

660 *S. Autesserre*, The trouble with the Congo, local violence and the failure of international peacebuilding, 2010, S. 62–65. Siehe dazu auch Final Report of the Panel of Experts on the Illegal Exploitation of Natural Resources and other Forms of Wealth of the Democratic Republic of Congo, UN Doc. S/2002/1146 v. 16.10.2002.

661 *S. Autesserre*, The trouble with the Congo, local violence and the failure of international peacebuilding, 2010, S. 65.

Bezahlung, die Frust nach der Niederlage, sowie die Eingliederung ehemaliger Rebellen der *RCD* in den Rang der nationalen Streitkräfte.[662]

Unter Berücksichtigung dieser neuen Situation entschied der Sicherheitsrat im Mai 2010 durch Resolution 1925 die MONUC in eine Stabilisierungsmission der Organisation der Vereinten Nationen in der Demokratischen Republik Kongo, die MONUSCO, umzuwandeln und ihr alle geeigneten Maßnahmen zum Schutz der Zivilbevölkerung und zur Stabilisierung und Friedenskonsolidierung zu erlauben. Ausdrücklicher Teil dieses erweiterten Mandats ist *„die Regierung der Demokratischen Republik Kongo bei ihren Anstrengungen zu unterstützen, den Schutz der Zivilpersonen vor Verstößen gegen das humanitäre Völkerrecht und vor Menschenrechtsverletzungen, namentlich vor allen Formen sexueller und geschlechtsspezifischer Gewalt, zu gewährleisten, die Menschenrechte zu fördern und zu schützen und die Straflosigkeit zu bekämpfen, insbesondere durch die Umsetzung der Nulltoleranzpolitik der Regierung in Bezug auf Disziplinarvergehen, Verletzungen der Menschenrechte und Verstöße gegen das humanitäre Recht, die von Elementen der Sicherheitskräfte, insbesondere ihren neu integrierten Elementen, begangen werden"*.[663] Im April 2012 rebellierten ehemalige in die *FARDC* eingegliederte *CNDP*-Soldaten und gründeten die Bewegung der 23. März (*Mouvement du 23 mars- M23*). Sie warfen der kongolesischen Regierung die Nicht-Einhaltung der am 23. März 2009 vereinbarten Friedensabkommen vor.[664] Diese Bewegung stellte bis zu ihrer Niederlage Anfang November 2013 einen der größten Friedenstörungsfaktoren im Osten der RDC dar. Im November 2012 übernahm sie sogar zeitweilig die Stadt Goma.[665] Eine Großoffensive der *FARDC* mit einer umfangreichen logistischen und militärischen Unterstützung der MONUSCO vom 26. Oktober bis zum 4. November setzte jedoch ihrem Widerstand ein Ende.[666] Die Niederlage der *M23*-Rebellen stellte einen Wendepunkt hinsichtlich der Verstärkung der Sicherheit und Stabilität in der Ostregion der RDC dar.[667] Danach legten ca. 6000 Mitglieder unterschiedlicher Gruppen die Waffen in dieser Region nieder.[668] Eine weitere große Rebellengruppe, die *FDLR*, kündigte am 18. April 2014 an, die Waffen bis zum 30. Mai 2014 niederlegen zu wollen, was allerdings bis jetzt (Stand August 2014) nur teilweise geschehen ist.[669] Trotz solcher Ereignisse muss der Generalsekretär in seinen neuen Berichten immer wieder

---

662 *Human Rights Watch*, Soldiers Who Rape, Commanders Who Condone, 16. Juli 2009, S. 21–35.

663 UN Doc. S/Res/1925 (2010) v. 28.05.2010, Ziff. 12 c). (Übersetzung des deutschen Übersetzungsdienstes der Vereinten Nationen).

664 Congrès pour la défense du peuple, communiqué de presse n° 011/ANC/CNDP/2012, 06.05.2012.

665 UN Doc. S/2013/96 v. 15.02.2013, § 2. *UN News*, „UN Security Council demands Congo rebels pull out of Goma" v. 21.11.2012.

666 UN Doc. S/2013/757 v. 17.12.2013, §§ 20, 40.

667 UN Doc. S/2014/157 v. 05.03.2014, § 82.

668 UN Doc. S/2014/450 v. 30.06.2014, § 88.

669 Ebenda, § 26.

feststellen, dass die M23 weiterhin aktiv ist,[670] dass trotz Demobilisierung einzelner Soldaten die Chefs der Rebellengruppen weiterhin tätig sind und die Rekrutierung von Kämpfern fortsetzen, so dass sie weiterhin eine erhebliche Bedrohung für die Bevölkerung bleiben.[671]

Angesicht der zunehmenden, von fortwährender sexueller Gewalt begleiteten Kampfhandlungen, welche die ohnehin schwache Stabilität der Region bedrohten, und zurückgreifend auf einen Vorschlag des Generalsekretärs in seinem Bericht zur Lage in der RDC und Region der Großen Seen[672] entschied der Sicherheitsrat am 28. März 2013 die Verlängerung des Mandats der MONUSCO und genehmigte die Bildung einer „Interventionsbrigade".[673]

Diese Interventionsbrigade umfasst zur Zeit 3069 Blauhelme aufgeteilt auf drei Infanteriebataillone, eine Artilleriekompanie, eine Kompanie Spezialkräfte und eine Aufklärungskompanie.[674] Mit Hauptquartier in Goma steht sie unter dem direkten Befehl des Kommandeurs der MONUSCO. Sie ist mit der Aufgabe beauftragt, gezielte Offensiveinsätze entweder einseitig oder gemeinsam mit den Streitkräften der Demokratischen Republik Kongo auf robuste, hochmobile und vielseitige Weise durchzuführen, um bewaffnete Gruppen zu neutralisieren.[675] Damit soll die von diesen bewaffneten Gruppen ausgehende Bedrohung für die staatliche Autorität und die Sicherheit von Zivilpersonen im Osten der Demokratischen Republik Kongo gemindert und Raum für Stabilisierungsmaßnahmen geschaffen werden. Die MONUSCO soll zudem auf sie zurückgreifen können, um die Zivilbevölkerung vor sexueller Gewalt zu schützen und notfalls um Kriegsverbrecher festzunehmen und vor Gericht zu stellen.[676] Dieses aktive Eingreifen ins Kriegsgeschehen wurde als notwendiger Schritt für die erfolgreiche Durchführung des Rahmenabkommens über Frieden, Sicherheit und Zusammenarbeit für die Demokratische Republik Kongo und die Region gesehen. Das Abkommen wurde am 24. Februar 2013 in Addis Abeba von Angola, Burundi, der Zentralafrikanischen Republik, der Demokratischen Republik Kongo, Ruanda, Südafrika, Südsudan, Uganda und Tansania unterzeichnet.[677] Darin erklären sich elf Staaten der Großen Seen Region bereit, sich nicht mehr in die Konflikte der Nachbarstaaten einzumischen. Die RDC ihrerseits stimmte wichtigen Reformen in den Bereichen Sicherheit, Dezentralisierung,

670 UN Doc. S/2014/157 v. 05.03.2014, § 2.

671 UN Doc. S/2014/450 v. 30.06.2014, §§ 19, 24.

672 UN Doc. S/2013/119, 27.02.2013, §§ 60–64.

673 UN Doc. S/Res/2098 v. 28.03.2013, Ziff. 9.

674 *UN News*, "Tanzanian troops arrive in eastern DR Congo as part of UN intervention brigade" v. 10.05.2013.

675 Ebenda, Ziff. 12b).

676 Ebenda, Ziff. 12 a) iii), 12d).

677 Peace, Security and Cooperation Framework for the Democratic Republic of the Congo and the region, Addis Ababa, 24.02.2013 https://www.un.org/wcm/webdav/site/undpa/shared/undpa/pdf/PSC%20Framework%20-%20Signed.pdf (Stand Mai 2015).

Aufbau der Infrastruktur und Verbesserung der Grundversorgung zu, und die Vereinten Nationen versprechen eine verstärkte Unterstützung der kongolesischen Regierung zur Ausdehnung ihrer Autorität und im Sicherheitsbereich. Die Bildung der Interventionsbrigade wurde jedoch von der *M23* Bewegung als Kriegserklärung seitens der Vereinten Nationen ausgelegt und führte zur Weigerung der Rebellen, im Mai 2013 bei den laufenden Waffenstillstandverhandlungen in Kampala aufzutreten.[678] Menschenrechtorganisationen wie die *„Fédération Internationale des Droits de l'Homme"* stehen die Interventionsbrigade kritisch gegenüber und befürchten aufgrund der Kämpfe eine Erhöhung der Menschenrechtsverletzungen gegenüber der Zivilbevölkerung.[679] In der Tat stellte der Generalsekretär in dem Bericht über die Lage in der RDC von Juni 2013 fest, dass seit der Bildung der Interventionsbrigaden die M23 Rebellen aggressiver vorgegangen waren.[680] Die Tatsache, dass die Interventionsbrigade nur solange bestehen soll, bis die kongolesische Regierung die Schaffung einer kongolesischen „Schnelleingreiftruppe" geschaffen hat, die in der Lage ist, die Verantwortung für die Erreichung des Ziels der Interventionsbrigade zu übernehmen,[681] gibt angesichts der Lage des Sicherheitssektors der RDC wenig Hoffnung auf eine kurzzeitige Mission der Interventionsbrigade. Angesichts ihres entscheidenden Beitrags bei der Neutralisierung der Miliz M23[682] wurde die Interventionsbrigade zusammen mit der MONUSCO zunächst einmal bis zum 31. März 2016 verlängert.[683]

Diese neue robuste militärische Komponente zum Schutz der Frauen vor sexueller Gewalt kommt als Verstärkung zu bereits als effektiv anerkannten Maßnahmen im Rahmen der Friedensmissionen hinzu.

bb) Bestandaufnahme von erprobten Maßnahmen zur Vorbeugung sexueller Gewalt im Rahmen der Friedensmissionen

2008 wurde für die bereits erwähnte „*Wilton Park*" Konferenz,[684] die kurz vor der Verabschiedung von Resolution 1820 veranstaltet wurde, eine Inventur der Schutzstrategien der Friedensmissionen der Vereinten Nationen, Europäischen Union, Afrikanischen Union, OSCE, NATO und ECOWAS bezüglich sexueller Gewalt erstellt.

---

678 *IRIN*, "M23 Kampala talks set to resume" v. 20.06.2013. http://www.irinnews.org/report/98256/m23-kampala-talks-set-to-resume (Stand Mai 2015).

679 *FIDH*, „DRC: An intervention brigade within MONUSCO would require further human rights protection mechanisms, Pressemitteilung v. 27.03.2008. https://www.fidh.org/International-Federation-for-Human-Rights/Africa/democratic-republic-of-congo/DRC-An-intervention-brigade-within-MONUSCO-would-require-further-human-13106 (Stand Mai 2015).

680 UN Doc. S/2013/388 v. 28.06.2013, § 4.

681 UN Doc. S/Res/2098 (2013) v. 28.03.2013, Ziff. 10.

682 UN Doc. S/2013/757 v. 17.12.2013, §§ 17, 40.

683 UN Doc. S/Res/2211 (2015) v. 26.03.2015, Ziff. 1.

684 Siehe oben S. 142 (Fn. 596).

Daraufhin wurden Maßnahmen erarbeitet und im praktischen Einsatz in Gebieten erprobt, wo sexuelle Gewalt als charakteristisches Merkmal des Konflikts gekennzeichnet werden kann, etwa in Liberia und in der RDC im Rahmen der UNMIL und MONUC sowie in Ruanda.[685] Maßnahmen, welche sich zur Vorbeugung sexueller Gewalt als besonders geeignet erwiesen haben, wurden in dem *Analytical Inventory of Peacekeeping Practice* zusammengestellt und veröffentlicht. Dieses Dokument ist durch die Zusammenarbeit zwischen der DPKO und UNIFEM unter der Federführung von *UN Action* entstanden und wurde von der australischen Regierung finanziert. Seit ihrer Veröffentlichung im Juni 2010 wurde diese Studie weit verbreitet und dient heute in seiner zweiten Auflage (2012) als Grundlage für die Entwicklung von Trainingsszenarien im Rahmen der Ausbildung der Blauhelme.[686] Dieses Dokument ist eines der Hauptinstrumente der *UN Action* im Bereich der *Knowledge Generation.* 2012 wurde es entsprechend einer Forderung von Resolution 1888 (2009) durch eine Matrix von Frühwarnindikatoren von konfliktbezogener sexueller Gewalt ergänzt, die aller UN-Einheiten auf Anzeichen potenzieller, bevorstehender oder aktueller sexueller Gewalt aufmerksam machen soll.[687]

Unterteilt in drei Teile bietet dieses Dokument nicht nur in seinem einführenden Teil eine Bestandsaufnahme konfliktbezogener sexueller Gewalt, es schließt an seine Auflistung der im Feld erprobten Maßnahmen einen Katalog von herausragenden Elementen an, die sich in einer wirksamen Strategie der Friedensmissionen gegen sexuelle Gewalt als entscheidend erwiesen haben.

Dieses Dokument richtet sich sowohl an die militärische als auch an die zivile und polizeiliche Komponente der Friedensmissionen. Anhand der dargestellten Maßnahmen wird deutlich, dass für eine effektive Strategie gegen sexuelle Gewalt in bewaffneten Konflikten der Schutz vor physischer Gewalt nicht ausreicht und dass die Wiederherstellung eines sozialen und wirtschaftlichen Umfelds sowie die Unterstützung bei der Suche einer politischen Lösung des Konflikts eine genauso wichtige Rolle spielen müssen.

Von den 16 Bereichen, in denen Maßnahmen ausgeführt werden, betrifft der ausführlichere Teil den präventiven Schutz der körperlichen Sicherheit der Frauen durch bewaffnete Patrouillen und Eskorten.[688] Vergewaltigungen geschehen öfter, wenn Frauen ihren alltäglichen Beschäftigungen nachgehen: Wenn sie Holzfeuer oder Wasser holen, auf dem Weg zum Markt oder zum Feld sind oder nachts in den Flüchtlingslagern. Bewährte Abschreckungsmaßnahmen in diesen Fällen waren die

---

685 *UN Women, UN DPKO,* Adressing Conflict-Related Sexual Violence: An Analytical Inventory of Peacekeeping Practice, 2012, S. 2.

686 *UN Action against Sexual Violence in Conflict,* Progress Report 2010–2011, 30.05.2011, § 17.

687 UN Doc. S/Res/1888 (2009) v. 30.09.2009, Ziff. 24. *UN Action Secretariat, UN Women, UN DPKO and OSRSG-SVC,* Matrix: Early-warning Indicators of conflict- related sexual violence, 2012.

688 *UN Women, UN DPKO,* Adressing Conflict-Related Sexual Violence: An Analytical Inventory of Peacekeeping Practice, 2012, S. 18–20.

Begleitung der Frauen von bewaffneten Soldaten zu Fuß, im Auto oder sogar aus der Luft, um für die Sicherheit der Frauen auf ihren alltäglichen Wegen zu sorgen. Soldaten halfen, in RDC eine „waffenfreie Zone" um und auf dem Markt einzurichten, damit die Frauen ihren wirtschaftlichen Aktivitäten nachgehen können.[689] Diese Aktionen wurden durch andere Maßnahme untermauert, welche indirekt zur Bekämpfung von sexuellen Verbrechen beitragen können: kraftstoffsparendere Herde und Öfen wurden verteilt, damit Frauen nicht mehr so oft Holz holen müssen.[690] Die MINURCART zerstörte Alkoholvorräte, nachdem herauskam, dass Alkohol ein Grund für die Vergewaltigungen in den Lagern war.[691] Frauen wurden in den Waschanlagen der Lager von den Männern getrennt.[692] Der Bau von Kasernen, um die militärische Landstreicherei zu verhindern und von Straßen, um eine schnellere Versorgung der Frauen zu ermöglichen, wurde angeregt.[693]

Doch auch die Notwendigkeit, ab und zu die Waffen abzulegen und zusammen mit Zivilisten durch Lager oder Dörfer Streifen zu fahren, wurde anerkannt und als positiv bewertet.[694] Blauhelme organisierten zusammen mit freiwilligen Dorfbewohnern Nachtwachen. Auf diese Weise konnte der Kontakt mit der Bevölkerung einfacher hergestellt werden und wichtige Informationen gesammelt werden. In der RDC wurde ein Notrufsystem zwischen Befehlsinhabern der MONUC und Dorfoberhäupter eingerichtet (*911 helpline concept*), das ein schnelleres gezieltes Eingreifen der Friedensoldaten ermöglichen soll.[695]

Manchmal reicht auch bereits eine sichtbare Präsenz aus, um den Frauen ein Sicherheitsgefühl zu geben und die Täter von ihrem Vorhaben abzubringen. So wird von der *Operation Night Flash* berichtet.[696] Ein Lastwagen der MONUC fuhr in den Busch und stand dort die ganze Nacht lediglich mit angeschalteten Scheinwerfern. Am nächsten Morgen wurden zahlreiche Frauen und Mädchen um den Wagen herum gefunden. Sie hatten die Nacht in dem sicheren Bereich des Scheinwerfers verbracht.

In Liberia hat die Friedensmission unterschiedliche Projekte mit potentiellen Tätern durchgeführt.[697] Sie beschäftigte arbeitslose Jugendliche, Ex-Kombattanten mit produktiven Aktivitäten, landwirtschaftlichen Projekten, Maurerarbeiten, Tischlerarbeiten, um sie fern von den Verbrechen und der Rekrutierung der Milizen zu halten. Durch sportliche Aktivitäten konnten sie sich austoben, ihre Aggressivität loswerden und Selbstvertrauen wiedergewinnen. Diese Arbeit wurde durch kulturelle Veranstaltungen wie Open Air Theater, öffentliche Konzerte zum Thema

689 Ebenda, S. 19.
690 Ebenda, S. 22.
691 Ebenda, S. 29.
692 Ebenda, S. 23.
693 Ebenda, S. 28, 32.
694 Ebenda, S. 18, 19, 23.
695 Ebenda, S. 29.
696 Ebenda, S. 23.
697 Ebenda, S. 25.

„stop rape now" ergänzt. Die Zusammenarbeit mit nationalen Prominenten und Radiokampagnen haben sich zudem als wichtige Werkzeuge in der Veränderung der Mentalitäten und des öffentlichen Bewusstseins bezüglich sexueller Gewalt herausgestellt. Die Sicherung der Wahlvorgänge, damit Frauen ungestört zur Wahl gehen und/oder sich zur Wahl stellen können (ein wichtiges Anliegen von Resolution 1325), die Ausbildung von einheimischen Soldaten und Polizisten, sowie die Entwaffnung der Soldaten, Ermittlungen und Beweissicherung von konfliktbezogenen sexuellen Verbrechen gehören auch zu den wichtigen Aufgaben der Friedensmissionen.[698] Näheres zum Beitrag der Friedensmissionen durch Ermittlungen und Beweissicherung von sexuellen Gewalttaten im Rahmen bewaffneten Konflikten wird unter Punkt b) dieses Abschnittes „Ende der Straflosigkeit" erläutert.

Der Schlussfolgerung dieser Studie zufolge müssen zehn Elemente für eine erfolgreiche Bekämpfung konfliktbezogener sexueller Gewalt durch eine Friedensmission vorliegen.[699] Zum einen muss die Strategiebekämpfung der Friedensmission von oben getragen werden. Sie bedarf einer tatkräftigen Unterstützung der Führungsebene durch *starke Kommando- und Kontrollstrukturen* und muss durch klare, erreichbare und ausreichend *robuste Mandate* untermauert werden, um den Zusammenhang zwischen Wiederherstellung des Frieden und der Sicherheit und sexuelle Gewalt klarzustellen. Gleichzeitig müssen die Friedensmissionen *personell und materiell ausreichend ausgestattet* sein, damit sie oft mit den unsichtbaren Bedrohungen in unkonventionellen Orten wie Feldern oder Wäldern fertig werden und Zugang zu den Frauen gewinnen können. Dafür werden etwa nicht nur bewaffnete Soldaten mit Infrarotlampen und Hubschraubern, sondern auch *Frauensoldaten*, weibliche Ärzte und Ingenieure gebraucht. Zudem muss auf eine ausreichende *Ausbildung bzw. Fortbildung* der Soldaten zu dem Thema geachtet und Auffrischungslehrgänge sollten regelmäßig angeboten werden. Es reicht ferner nicht, die einschlägigen Resolutionen in allen möglichen Militärbüchern abzudrucken und zu erläutern. Vielmehr müssen Anregungen zu den Umsetzungsmöglichkeiten der Resolutionen vorgestellt werden. In dieser Hinsicht ist eine *Systematisierung der vor Ort gefundenen Lösung* notwendig. Initiativen engagierter Soldaten oder *Erfolge* ganzer Einheiten in der Bekämpfung sexueller Gewalt sollen obendrein *anerkannt und belohnt werden*, um die Soldaten weiterhin zu ermutigen und den geleisteten Beitrag zum allgemeinen Erfolg der Mission zu honorieren. Des Weiteren wurde betont, dass die verbesserte *Koordination* und Zusammenarbeit der verschiedenen Komponente der Vereinten Nationen untereinander ein, wenn nicht das unerlässliche Element einer erfolgreichen Strategie ist. Auch der Kontakt, die *Kommunikation* mit allen Segmenten der Gesellschaft des Einsatzlandes durch Beratungen und Informationssammlungen zu den Aktivitäten der Friedensoldaten stellt einen wesentlichen Bestandteil der Präventionskampagne dar. Denn die Arbeit mit der Bevölkerung bringt nachhaltige Ergebnisse und verhindert die Schaffung einer Abhängigkeit von externer Präsenz.

698 Ebenda, S. 31, 32.
699 Ebenda, S. 36–39.

Weil die Missionen vor Ort immer zeitlich begrenzt sind, ist schließlich die *Bewusstseinsbildung und Fortbildung der Frauen* von herausragender Bedeutung. Dieser letzte Punkt ist die Aufgabe der Gender Unit der Friedensmissionen.

cc) Gender Unit, Sexual Violence Unit, WPAs und Frauen in Uniform

Die Resolution 1325 (2000) gilt als ausschlaggebend für die Einbeziehung einer Geschlechterperspektive in die Arbeit der Friedensmissionen. Der Generalsekretär wird in der Tat nachdrücklich aufgefordet, die Ausweitung der Rolle und des Beitrags von Frauen bei den Feldmissionen der Vereinten Nationen anzustreben und der Sicherheitsrat bekundet seine Bereitschaft, in die Friedenssicherungseinsätze eine Geschlechterperspektive zu integrieren.[700]

Die Ziffer 6, 7, 8 und 9 von Resolution 1820 (2008) sorgen dafür, dass die Friedensmissionen, durch Ausbildung des Friedenssicherungs- und humanitären Personals zur Erkennung von sexueller Gewalt sowie durch die Verstärkung der Null-Toleranz-Politik gegenüber sexueller Ausbeutung und sexuellem Missbrauch bei Friedenssicherungseinsätzen und durch die Anpassung der Friedensmissionsmandaten an den Schutz der Frauen vor sexueller Gewalt in bewaffneten Konflikten, aktiv miteinbezogen werden.

Fester Bestandteil der Friedensmissionen und besonders von denjenigen, die einen ausdrücklichen Bezug zu sexueller Gewalt enthalten, sind die Genderabteilungen. Sie haben zur Aufgabe, an mehreren Fronten zu arbeiten. Zum einen sollen sie dafür sorgen, dass innerhalb der Mission eine Geschlechterperspektive in die Programme einbezogen wird, und zum anderen sollen sie nach außen zusammen mit nationalen und lokalen Akteuren Aktivitäten zur Förderung der Frauenrechte durchführen.[701] Innerhalb der Mission müssen vor allem die eigenen Soldaten darin ausgebildet sein, dass sie geschlechtsspezifische Aspekte des Konflikts wie sexuelle Gewalt nicht ausblenden. Ihnen werden die Resolutionen 1325 und 1820 erklärt und wie sie diese vor Ort umsetzen beziehungsweise mit geschlechtsspezifischen Problemen umgehen können.[702]

Frauen sollen aber nicht nur geschützt werden, sie sollen auch ermächtigt (empowered) werden, damit sie sich irgendwann vermehrt in das politische Geschehen

700 UN Doc. S/Res/1325 (2000) v. 31.10.2000, Ziff. 4 und 5.

701 *J. Boehme*, Human Rights and Gender Components of UN and EU Peace Operations, 2008, S. 34.

702 Wenn nicht anders gekennzeichnet, wurden alle wiedergegebenen Informationen und dargestellten Aktionen den Internetseiten der jeweiligen Genderbüros entnommen: UNMIL: Office of the gender adviser, http://unmil.unmissions.org/Default.aspx?tabid=3951&language=en-US; ONUCI: unité du genre: http://www.onuci.org/spip.php?rubrique8; MINUSTAH : bureau de la parité: http://www.minustah.org/activites/genre/; UNAMID: gender advisory unit http://unamid.unmissions.org/Default.aspx?tabid=11012&language=en-US; UNMISS: http://unmiss.unmissions.org/Default.aspx?tabid=5468&language=en-US (Stand aller Internetseite: Mai 2015).

einmischen können und ihre Stimme gehört wird. Das im Jahre 2002 eingerichtete Gender Büro der MONUSCO zum Beispiel sieht seine Hauptaufgabe darin, Frauen (besonders diejenigen, die auf dem Land wohnen) auszubilden, ihr Selbstbewusstsein zu stärken, damit sie sich vermehrt in den Friedenskonsolidierungsprozess einbringen und sich für die Achtung der Frauenrechte engagieren.[703] Mithilfe einfacher Mittel wie Radio Okapi werden öffentliche Kampagnen unter anderem gegen sexuelle Gewalt gegenüber Frauen verbreitet.[704] Radio Okapi ist eine seit 2002 laufende Initiative der MONUSCO in Zusammenarbeit mit einer Schweizer NGO- fondation hirondelle. Sie sendet in fünf Sprachen, mehrheitlich jedoch auf Französisch. Es wird geschätzt, dass ein Drittel der Kongolesen den Sender täglich hören.[705] Sie stellt demnach ein bedeutungsvolles Instrument für die Öffentlichkeitsarbeit der MONUSCO und ihres Genderbüros dar. Ähnlich wie 2006 in Liberia[706] startete 2009–2010 das Genderbüro der MONUSCO eine breitgefächerte Kampagne, um die Frauen auf die Strafbarkeit von Vergewaltigung aufmerksam zu machen. Dafür wurden 1000 Lendenschürze mit Botschaften über Gewalt an Frauen und rechtliche Grundlagen in lokalen Sprachen bedruckt und verteilt.[707] Die Resolutionen des Sicherheitsrats werden allgemein verständlich gemacht und Veranstaltungen werden zu ihren Jahrestagen organisiert. Die Genderabteilungen tragen letztendlich maßgebend dazu bei, dass immer mehr Frauen sich in das Wählerverzeichnis eintragen, was in Liberia als ein ausschlaggebendes Element zur Wahl von Ellen Johnson Sirleaf als Präsidentin beitrug.[708]

Zusammen mit anderen Komponenten der Friedenmissionen achten die Genderbüros ferner auf die Umsetzung oder Schaffung der nationalen Aktionspläne für die Durchführung von Resolution 1325, auf die Anwendung der nationalen Gesetze zum Schutz der Frauen, auf die Berücksichtigung einer Geschlechterperspektive in der Reform des Sicherheitssektors und geben den staatlichen Institutionen Impluse für neue Überwachungsmechanismen der internationalen Menschenrechtsverträge. So konnte das Genderbüro der UNMIL die Schaffung eines Komitees unterstützen, das die Umsetzung der Empfehlungen des Frauenrechtsauschusses verfolgen sollte.[709]

703 *E. Effange-Mbella/D.Bassinga*, Bureau Genre de la MONUSCO: partenariat agissant avec la femme congolaise, Echos de la MONUSCO, Februar 2012, Vol. II, Nr. 7, S. 14.

704 Ebenda.

705 *UN News*, „UN envoy disappointed by suspension of Radio Okapi amid situation in eastern DR Congo“ v. 03.12.2012.

706 *J. Boehme*, Human Rights and Gender Components of UN and EU Peace Operations, 2008, S. 34–35.

707 *E. Effange-Mbella/D.Bassinga*, Bureau Genre de la MONUSCO: partenariat agissant avec la femme congolaise, in : Echos de la MONUSCO, Februar 2012, Vol. II, Nr. 7, S. 14.

708 *J. Boehme*, Human Rights and Gender Components of UN and EU Peace Operations, 2008, S. 39.

709 UN Doc. S/2010/429 v. 11.08.2010, § 56.

Der Erfolg der Genderbüros hängt von vielen Faktoren ab. Zunächst brauchen die Büros ausreichend qualifizierte Mitarbeiter, ein gemeinsames Wirken mit den anderen Komponenten der Friedensmission und Rückhalt der Missionschefs.[710] Wenn letzteres aufgrund der dauernden Erinnerung des Sicherheitsrats an Resolution 1325 in den Resolutionen zur Verlängerung der Mandate der Friedensmissionen nicht fehlen dürfte, leiden die Genderbüros öfter unter fehlenden Personalressourcen.[711] Um konkrete Erfolgserlebnisse melden zu können, müssen sie ferner mit dem Beistand der nationalen Institutionen und deren politischem Willen, die punktuell organisierten Aktionen, langfristig, besonders nach dem Rückzug der Truppen zu unterstützen, rechnen können.[712]

In RDC wurde neben dem Genderbüro ein Sexual Violence Unit gebildet, welche als zentrale Koordinationsstelle der globalen Strategie für die Bekämpfung von sexueller Gewalt in RDC zusammen mit dem Genderministerium des Landes fungiert. Die globale Strategie für die Bekämpfung von sexueller Gewalt in RDC wurde infolge der Resolution 1794 (2007) entwickelt[713], ihr wurde am 1. April 2009 mit der Ratifizierung durch die kongolesische Regierung offiziell zugestimmt.[714] Sie umfasst alle Aktionen der verschiedensten Akteure im Bereich der Bekämpfung von sexueller Gewalt in RDC. Sie stützt sich auf vier korrelative Säulen[715], wobei jeder Bereich von einem Programm oder Fond der Vereinten Nationen in Zusammenarbeit mit den betroffenen Ministerien und NGOs betreut wird.

Die *Vorbeugung und der Schutz vor sexueller Gewalt* fallen in die Zuständigkeit der kongolesischen Sozial- und Menschenrechtsministerien (letzteres als Teil des Justizministeriums) und dem Flüchtlingshilfswerk seitens der Vereinten Nationen. Mithilfe der MONUSCO sollen sie ein schützendes Umfeld für die Frauen schaffen, die Bedrohung von sexueller Gewalt verringern sowie die Wiedereingliederung der Opfer in die Gesellschaft und die Reduzierung der Stigmatisierung unterstützen.[716]

Der *Kampf gegen die Straflosigkeit* obliegt den Innen- und Verteidigungsministerien und dem Justiz- und Menschenrechtsministerium sowie dem gemeinsamen Menschenrechtsbüro der Vereinten Nationen in der RDC. Dabei wird das Justizsystem in Bezug auf sexuelle Gewalt unter anderem durch die Ausarbeitung einer Strafrechtspolitik zu sexueller Gewalt verbessert. Im Mittelpunkt dieser Säule stehen zudem die effektive Anwendung des 2006 in Kraft getretenen Gesetzes über sexuelle

---

710 *J. Boehme*, Human Rights and Gender Components of UN and EU Peace Operations, 2008, S. 4.

711 Ebenda, S. 41.

712 Ebenda, S. 43.

713 UN Doc. S/Res/1794 (2007) v. 21.12.2007, Ziff. 18.

714 *UN Action*, Comprehensive Strategy on combating sexual violence in the RDC, 2009, S. 4, http://stoprapenow.org/uploads/features/CSonDRCforweb.pdf (Stand Mai 2015).

715 Ebenda S. 7.

716 Ebenda, S. 34.

Gewalt, der mögliche Zugang zur Justiz für die Opfer und deren Entschädigung vor Gericht.[717]

Die kongolesischen Innen- und Verteidigungsministerien, die nationale Polizei sowie die Europäische Union und der Bereich „security sector development" der MONUSCO sollen dafür sorgen, dass im Rahmen der *Reform des Sicherheitsbereichs* die Streitkräfte eine Ausbildung zu den Ursachen und Auswirkungen von sexueller Gewalt bekommen und dass sich die Zugänge infolge Entwaffnungs-, Demobilisierungs- und Reintegrationsprogramme einer Sicherheitsprüfung hinsichtlich ihres Verhaltens in Bezug zu Menschenrechten unterziehen.[718]

Für die *sektorübergreifende Hilfeleistung für Überlebende* sind das Gesundheitsministerium und UNICEF verantwortlich. Sie dient der optimalen Versorgung der Überlebenden. Darunter fällt auch die Datenerfassung und Bestandaufnahme von sexueller Gewalt, welche von dem Familien-, Kinder- und Genderministerium und dem kongolesischen statistischen Bundesamt mit Hilfe des UNPFA betreut werden.[719]

Eine Gesamtbewertung der im Rahmen der Strategie getroffenen Maßnahmen erweist sich vom Ausland her als schwierig. Die „Sexual Violence Unit", welche laut ihrer Internetseite für die Berichterstattung über die Fortschritte der Strategie zuständig ist, hat ihre Internetseite seit 2012 nicht aktualisiert. Selbst die Internetseite der *UN Action*, die zwar eine Rubrik „Update from Field" enthält, kann keine aktuellen Auskunfte dazu geben. Lediglich die regelmäßigen Berichte des Generalsekretärs über die Situation in RDC geben entsprechend der Resolution 1906[720] spärliche numerische Hinweise über die Anzahl von begangenen sexuellen Verbrechen, abgehaltenen Prozessem, Verurteilungen, der Ausbildung von Streitkräften und verabschiedeten Gesetzen in Bezug zu sexueller Gewalt. Grobe Hinweise finden sich zudem in dem Tätigkeitsbericht der *UN Action*, der jedes Jahr von dem Multi-Partner Trust Fund Office veröffentlicht wird und auch zum Bereich Country Level Action Rechenschaft ablegt.[721] Hervorzuheben ist jedoch ein im April 2014 veröffentlichter ausführlicher Bericht des gemeinsamen Menschenrechtsbüros der Vereinten Nationen in RDC zu den Fortschritten und Hindernissen, im Kampf

717 Ebenda, S. 10–11.

718 Ebenda, S. 57.

719 Ebenda S. 68. Die MONUSCO auf seiner Internetseite spricht von 5 Säulen und betrachtet die Datenerfassung und Bestandaufnahme als eignes Komponente der Strategie.

720 UN Doc. S/Res/1906 (2009) v. 23.12.2009, Ziff. 41.

721 *UN Action*, Progress Report 2010–2011, 30.05.2011; *MPTFO*, Third Consolidated Annual Progress Report on Activities Implemented under the UN Action Against Sexual Violence in Conflict Fund, 31.05.2012; *MPTFO*, Fourth Consolidated Annual Progress Report on Activities Implemented under the UN Action Against Sexual Violence in Conflict Fund, 31.05.2013; *MPTFO*, Fifth Consolidated Annual Progress Report on Activities Implemented under the UN Action Against Sexual Violence in Conflict Fund, 31.05.2014.

gegen die Straflosigkeit von sexuellen Gewalttaten in der Demokratischen Republik Kongo,[722] dessen Auswertung in den nachfolgenden Teil b) hineinfließen wird.

Im Ziffer 12 der Resolution 1888 (2009) beschloss der Sicherheitsrat die Benennung von Frauenschutzberatern (Women Protection Advisors- WPA) von Fall zu Fall aus dem Kreis der Berater für Geschlechter- und Gleichstellungsfragen und der Gruppen für den Schutz der Menschenrechte. Die WPA sind der Sonderbeauftragten des Generalsekretärs für sexuelle Gewalt in bewaffneten Konflikten unterordnet. Sie sollen die vorhandenen menschenrechtlichen und geschlechtsspezifischen Mechanismen zur Vorbeugung und Bekämpfung konfliktbezogener sexueller Gewalt verstärken und die Einrichtung von MARA, ein System der Überwachung, Analyse und Berichterstattung betreffend sexueller Gewalt im Zusammenhang mit Konflikten koordinieren.[723] Abgesehen davon, welche Friedensmission Gelder für ein WPA beantragt hat und wo diese zur Zeit im Einsatz ist, lässt sich leider wenig über ihr tatsächliches Handeln herausfinden. Fest steht, dass die *UN Action* zwei WPA für die ONUCI und die MONUSCO finanziert hat.[724] Ferner war die UNMISS die erste Friedensmission, die Frauenschutzberater eingesetzt hat.[725] 2013 haben die UNMISS-WPA eine Überarbeitung der Vergewaltigungsdefinition des Strafgesetzbuchs sowie die Übertragung der Frauen und Kinder betreffenden Fälle von den traditionellen zu den staatlichen Gerichten empfohlen.[726]

Im Zusammenhang mit der Reform des Sicherheitssektors muss der entscheidende Beitrag der Frauen im Rahmen der Friedensmissionen hervorgehoben werden. Ziffer 4 der Resolution 1325 hatte den Generalsekretär nachdrücklich aufgefordert, „die Ausweitung der Rolle und des Beitrags von Frauen bei den Feldmissionen der Vereinten Nationen anzustreben, insbesondere bei den Militärbeobachtern, der Zivilpolizei [...]“. Zum 10. Geburtstag der Resolution 1325 hat die DPKO einen statistischen Bericht zum Anteil der Frauen in den militärischen und polizeilichen Komponenten der Friedensmissionen veröffentlicht. 2010 betrug der Frauenanteil in den Friedensmissionen insgesamt 3,33%. 2,42 % der Soldaten und 8,70 % der Polizisten waren Frauen.[727] Seit 2006 führt die DPKO eine monatliches Update der Anzahl der Frauen und Männern in Uniform in den Friedensmissionen. Im Oktober 2014 waren die meisten uniformierten Frauen in Liberia (6,2% des uniformierten

722 *UNJHRO*, Report on progress and obstacles in the fight against impunity for sexual violence in the DRC v. 09.04.2014 http://monusco.unmissions.org/LinkClick.aspx?fileticket=Gyh_dUBNGcs%3d&tabid=10770&mid=13783&language=en-US (Stand Mai 2015).

723 UN Doc. S/2012/33 v. 13.01.2012, §§ 10–14. Siehe unten S. 203 ff.

724 Ebenda.

725 *E. O'Gorman*, Review of UN Action Against Sexual Violence 2007–2012 – Final Report, Januar 2013, S. 73.

726 UN Doc S/2014/181 v. 13.03.2014, § 48.

727 *DPKO*, Consolidated Statistical Information on Female Military and Police Personnel from 2005–2010 PDF Document, 2010. http://www.un.org/en/peacekeeping/documents/gender_scres1325_chart.pdf (Stand Mai 2015).

Personals), in Darfur (5,3%), in Haiti (4,9) und in Südsudan (4,8%) unterwegs.[728] Bis heute wurden drei ausschließlich von Frauen zusammengesetzte Polizeieinheiten eingesetzt. Zwei aus Bangladesch gingen jeweils nach Haiti (Juni 2010) und RDC (2011), eine aus Indien nach Liberia (2007).[729] Selbst wenn diesen Polizeieinheiten eher allgemeine Sicherheitsaufgaben zur Aufrechterhaltung der öffentlichen Sicherheit und Ordnung obliegen und sie mit keinen spezifischen Aufgaben bezüglich sexueller Gewalt beauftragt sind,[730] dienen sie als Vorbild für die einheimischen Frauen und können einen entscheidenden Einfluß auf das Leben der Frauen vor Ort nehmen. Die indische Polizeieinheit hat zum Beispiel durch Computerkurse und Aufklärungskampagnen für eine bessere Hygiene und ordnungsgemäße sanitäre Anlagen für eine positive Lebensveränderung der Frauen gesorgt.[731] Durch die Organisation von Selbstverteidigungskursen in Schulen und Gemeindezentren hat sie dazu beigetragen, dass die Frauen ein neues Selbstbewusstsein erlangt und den Schritt gewagt haben, der liberianischen Nationalpolizei beizutreten.[732] Frauen in Uniform sind überaus wichtig für die Ermittlungen bezüglich sexueller Verbrechen. Die Errichtungen von Women's Desk[733] und Women's Forum[734] in den Flüchtlingslagern, wo nur Frauen als Ansprechpartner zur Verfügung stehen, haben sich als wichtiges Instrument für die Aufnahme von sexuellen Verbrechen etabliert. Die Informationssammlung wird durch die Frauen in Uniform vereinfacht, denn weibliche Opfer öffnen sich gegenüber einer Geschlechtsgenossin einfacher. Sie haben zudem weniger Angst vor Frauen in Uniform, selbst vor bewaffneten Frauen, als vor Männern. So wurde festgestellt, dass Überlebende sexueller Gewalt bei Hausdurchsuchungen durch die Anwesenheit von Frauen weniger retraumatisiert werden als wenn nur männliche Blauhelme die Durchsuchung durchführen.[735] Dieser Vertrauensverlust in die männlichen „casques bleus" hängt damit zusammenhängen, dass die UN-Mitarbeiter nicht immer als Retter agieren, sondern in einigen Fällen selbst Täter von sexuellen Verbrechen sind.

---

728 *DPKO*, Gender statistics by Mission for the month of October 2014, 07.11.2014, http://www.un.org/en/peacekeeping/contributors/gender/2014gender/oct14.pdf Weiterhin MONUSCO (3,1%), MINUSMA (1,68%), UNOCI (1,6%) und MINUSCA (1,3%).

729 *DPKO*, Les femmes dans le maintien de la paix, une force qui monte, 2012, http://www.un.org/fr/infographics/pdf_infograph/gender_infographic_fr.pdf (Stand Mai 2015).

730 *UNMIL*, "UN Envoy in Liberia commends India, as she welcomes new all-female police unit", Pressemitteilung v. 08.02.2008.

731 *UN News*, "India's all-female UN police unit serves as inspiration for Liberian women" v. 20.11.2009.

732 *UN Women, UN DPKO*, Adressing Conflict-Related Sexual Violence: An Analytical Inventory of Peacekeeping Practice, 2012, S. 27.

733 Ebenda, S. 25.

734 Ebenda, S. 27.

735 Ebenda, S. 24.

dd) Exkurs: Tausche Essen gegen Sex: das Problem der UN-„Sugar Daddies“

Der Schutz der Menschenrechte zählt heutzutage zu den wichtigsten Aufgaben der Friedenssicherung. Ihre Verteidigung und Beachtung ist ein Kernanliegen der UN-Friedensmissionen geworden.[736] Doch wenn Fehlverhalten von UN Personal in Form von sexuellem Missbrauch oder Förderung der Zwangsprostitution bekannt wird, wird die Legitimität der Friedensmissionen und der Weltorganisation selbst untergraben.[737] Wenn Formationen, welche für die Sicherheit der Bevölkerung eingesetzt werden, die Zwangsprostitution fördern[738] und ihre sexuellen Bedürfnisse mit Einheimischen gegen Geld, Nahrung oder Jobs befriedigen, wenn Vergewaltigungen im Nachhinein mit Geld oder Lebensmittel vertuscht werden wie in Bosnien-Herzegowina, Kosovo, Kambodscha, Osttimor, Westafrika und RDC gemeldet, entstehen Angst, Abhängigkeitsverhältnisse, unerwünschte Kinder und Glaubwürdigkeitsverlust der Friedensmissionen unter der Bevölkerung.[739] Dieses Vertrauen der Einheimischen ist dann sehr schwer zurückzugewinnen, und Ihr Verlust gefährdet den Gesamterfolg der Mission.[740]

Das UN System hat darauf reagiert und Maßnahmen zur Vorbeugung, zur wirksamen Bekämpfung und Ahndung solchen Fehlverhaltens ergriffen. Viele dieser Maßnahmen stammen aus Empfehlungen von *Prinz Zeid Ra'ad Zeid Al-Hussein* in seiner 2005 für den Generalsekretär ausgearbeiteten umfassenden Strategie zur Bekämpfung sexueller Übergriffe und sexueller Ausbeutung in den Friedensmissionen.[741]

Eine Friedensmission besteht aus einer militärischen und einer zivilen Komponente und kann bis zu fünf verschiedene Personalkategorien enthalten: die Blauhelme einerseits und Zivilpolizei, Bedienstete der Vereinten Nationen, Freiwillige und externe Berater anderseits. Jede Kategorie ist einem anderen Rechtsstatus unterworfen.[742] Für das Opfer heißt es, dass je nachdem, wer innerhalb der Friedensmissionen einen sexuellen Übergriff begangen hat, es mehr oder weniger Chance hat, dass der Täter vor Gericht bestraft und das Unrecht wiedergutgemacht wird.

Das Regelwerk einer Friedensmission zur Achtung der Menschenrechte besteht aus der die Friedensmission begründenden Sicherheitsratsresolution, der

---

736 *DPKO*, United Nations Peacekeeping Operations Principles and Guidelines (Sog. “Capstone Doctrine”), 2008, S. 27, 29.

737 *M. L. Fremuth*, Menschenrechte und UN-Friedensmissionen, Vereinte Nationen, Heft 4/2011, S. 153.

738 *M. Bickel*, Serbien und Montenegro – die KFOR fördert die Zwangsprostitution im Kosovo, in: Amnesty International (Hrsg.) AI-Journal, Juni 2004. http://www.amnesty.de/umleitung/2004/deu05/079 (Stand Mai 2015).

739 UN Doc. A/59/710 v. 24.03.2005, §§ 3, 6.

740 *DPKO*, United Nations Peacekeeping Operations Principles and Guidelines, 2008, S. 42.

741 A Comprehensive Strategy to Eliminate Future Sexual Exploitation and Abuse in United Nations Peacekeeping Operations, UN Doc. A/59/710 v. 24.03.2005.

742 Ebenda, §§ A.13–15.

Stationierungsvereinbarung (Status of Forces Agreement-SOFA) zwischen den Vereinten Nationen und dem Einsatzland sowie den Einsatzregeln (Rules of Engagement), dem Memorandum of Understanding (MOU), dem bilateralen Vertrag zwischen den Vereinten Nationen und den Ländern, die Truppen zur Verfügung stellen und den selbstverpflichtenden Dokumenten der Vereinten Nationen.

Leider mangelt es bis heute an einer klarstellenden Grundsatzresolution zur allgemeinen Bindung des Friedenspersonals an die Menschenrechte. Idealerweise sollte sich die Verpflichtung der Friedensmission, die Menschenrechte umfassend zu achten, aus dem Mandat des Sicherheitsrats ergeben. In den neueren Resolutionen des Sicherheitsrats ist in der Tat eine solche Entwicklung festzustellen: bereits 2010 hatte der Sicherheitsrat bei der Umwandlung der MONUC in MONUSCO verlangt, dass bei der Unterstützung der Beendigung der Militärmaßnahmen gegen bewaffnete Gruppen sowie bei der logistischen Unterstützung von regionalen Militärmaßnahmen das humanitäre Völkerrecht und die Menschenrechte beachtet werden.[743] 2011 bei der Gründung der MINUSS betonte der Sicherheitsrat, dass sie ihren Auftrag zum Schutz der Bevölkerung unter Achtung des humanitären Völkerrechts, der Menschenrechte und des Flüchtlingsvölkerrechts zu erfüllen habe.[744] Die neu gebildeten Interventionsbrigaden werden in der Resolution 2098 (2013) aufgefordert, die Neutralisierung der bewaffneten Gruppen unter strikter Beachtung des humanitären Völkerrechts und der Menschenrechte durchzuführen.[745] Auch die letzten errichteten Friedensmissionen in Mali, die MINUSMA, und Zentralafrikanischen Republik, die MINUSCA, werden ersucht, die Resolutionen 1325 (2000), 1820 (2008), 1888 (2009), 1889 (2009) und 1960 (2010) zu berücksichtigen (MINUSMA) und das humanitäre Völkerrecht, die internationalen Menschenrechtsnormen und das Flüchtlingsvölkerrecht einzuhalten (MINUSMA und MINUSCA).[746]

Eine Grundsatzresolution zur Bindung der Friedensmissionen hätte den Vorteil zu klären, welche Menschenrechte anwendbar sind.[747] Dies ist nämlich bis heute umstritten. Die UN-Charta bekennt sich ausdrücklich in Art. 1 Abs. 3 und Art. 55 c zu den Menschenrechten. Obwohl die Vereinten Nationen als internationale Organisationen keine Partei von Menschenrechtsverträgen sind, erscheint die Vorstellung absurd, dass gerade die Organisation, die ein Amt des Hohen Kommissars für Menschenrechte, den Menschenrechtsrat und vertragliche Menschenrechtsausschüsse bereitstellt, nicht an die Menschenrechte gebunden ist. Grundsätzlich gilt, dass die UN-Friedensmissionen bei ihren Ansätzen an die Charta der Vereinten Nationen, das Völkergewohnheitsrecht, das ius cogens und die völkerrechtliche Menschenrechtsverträge, soweit die Regierung des Einsatzlandes diese ratifiziert

743 UN Doc. S/Res/1925 (2010) v. 28.05.2010, Ziff. 12h) und k).

744 UN Doc. S/Res/1996 (2011) v. 08.07.2011, Ziff. 3 b) iv).

745 UN Doc. S/Res/2098 (2013) v. 28.03.2013, Ziff. 12b).

746 UN Docs. S/Res/2100 (2013) v. 25.04.2013, Ziff. 24, S/Res/2149 (2014) v. 10.04.2014, Ziff. 39, 42.

747 *M. L. Fremuth*, Menschenrechte und UN-Friedensmissionen, Vereinte Nationen, Heft 4/2011, S. 155.

hat[748] sowie an Dokumente der Selbstverpflichtung der Vereinten Nationen gebunden sind.[749]

Wie bereits festgestellt fällt das Verbot konfliktbezogener sexueller Gewalt unter das Völkergewohnheitsrecht.[750] Die Geltung des Verbots sexueller Gewalt in bewaffneten Konflikten als ius cogens ist auch von manchen Autorinnen anerkannt.[751]

Die Stationierungsvereinbarungen und die Rules of Engagement, welche Anweisungen an militärische Kräfte sind und die Voraussetzungen und den Umfang der Gewaltanwendung regeln und beschränken,[752] sehen zudem in der Regel nach

---

748 Die Vereinten Nationen als internationale Organisation sind nicht Vertragsparteien der Menschenrechtsverträge. Sie verpflichten sich jedoch in den Stationierungsvereinbarungen das nationale Recht und somit die dazu gehörigen internationalen Verpflichtungen des Einsatzlandes aus den Menschenrechtsverträgen zu achten. Dies kann besonders je nach menschenrechtlichem Vertragsstand des Einsatzlandes problematisch sein (Sudan hat zum Beispiel die Frauenrechtskonvention nicht unterzeichnet). Das Personal könnte dann einen niedrigeren Menschenrechtsstand als in ihrem Heimatland zu achten haben oder an regionale Menschenrechtsverträge gebunden sein, deren Heimatstaaten nicht unterworfen sind. Dieser Zustand wird jedoch durch die prinzipielle Extraterritorialität der internationalen Menschenrechtsverpflichtungen aufgefangen. (Siehe dazu *E. Klein*, Internationale Menschenrechtsinstrumente und extraterritoriale Staatenpflichten, MenschenRechtsMagazin, 2010, S. 20 und *A. Zimmermann/S. Jötten*, Extraterritoriale Staatenpflichten und internationale Friedensmissionen, MenschenRechtsMagazin, 2010, S. 10). Da allerdings die Staatenpflichten der Entsendestaaten unterschiedlich sind, führt es innerhalb einer Friedensmission zu unterschiedlichen Verpflichtungen für die jeweiligen Kontingente und stellt somit die Einheitlichkeit der Friedensmissionen in Frage. (*M. Zwanenburg*, Compromise or Commitment: Human Rights and International Humanitarian Law Obligations for UN Peace Forces, Leiden Journal of international Law, 1998, S. 240).

749 *W. S. Heinz/J. Ruszkowska*, UN-Friedensoperationen und Menschenrechte, 2010, S. 6; *M. Zwanenburg*, Compromise or Commitment: Human Rights and International Humanitarian Law Obligations for UN Peace Forces, Leiden Journal of international Law, 1998, S. 231–237.

750 *J.-M. Henckaerts/L. Doswald-Beck*, Droit international humanitaire coutumier, Vol. 1: Règles, 2006, règle 93, S. 427. Dazu S. 37 ff.

751 Vgl. Dazu *K. D. Askin*, Prosecuting Wartime Rape and Other Gender-Related Crimes under International Law: Extraordinary Advances, Enduring Obstacles, Berkeley Journal of International Law, 2003, S. 349; *A.-M. de Brouwer*, Supranational Criminal Prosecution of Sexual Violence, 2005, S. 222, 434; *M. Eriksson*, Defining Rape: Emerging Obligations for States under International Law?, 2011, S. 335. Andere Meinung, *P. Viseur Sellers*, Sexual Violence and Peremptory Norms: The Legal Value of Rape, Case Western Reserve Journal of International Law, 2002, S. 303.

752 *B. F. Klappe*, International Peace Operations, in: D. Fleck (Hrsg.), The Handbook of international humanitarian Law, 2008, Rn. 1316.

Abschnitt 6 des SOFA-Musters[753] eine Pflicht zur Beachtung des nationalen Rechts vor.[754]

Das Memorandum of Understanding als bilateraler Vertrag zwischen den Vereinten Nationen und den Ländern, die Truppen zur Verfügung stellen, regelt die Verwaltungs-, Logistik- und finanziellen Bedingungen des Beitrags des Staats in personeller und materieller Ausstattung sowie Dienstleistungen und klärt die Frage der Gerichtsbarkeit.[755] Das erste Muster des früher genannten Troop Contribution Agreement von 1991 enthielt eine Regelung zur Beachtung der Grundsätze und des Geistes des humanitären Völkerrechts.[756] Diese Bestimmung wurde in die nachfolgenden Versionen von 1996 und 1997 nicht übernommen, so dass 2007 das Muster des Memorandum of Understanding grundlegend überarbeitet und in Einklang mit der Neuausrichtung der Vereinten Nationen in der Bekämpfung von Straftaten innerhalb der Friedensmissionen gebracht wurde.[757] Als ausdrückliches Ziel dieses Vertrags wurde zunächst die Festlegung des UN-Verhaltensstandards für das bereitgestellte Personal eingeführt.[758] Ferner wurde als Anlage die Erklärung „We Are United Nations Peacekeeping Personnel" hinzugeführt, welche alle Beteiligten an einer Friedensmission unterschreiben müssen. Hiermit verpflichten sie sich, die lokale Bevölkerung zu respektieren und keine sexuelle Ausbeutung und sexuelle Übergriffe zu begehen.[759] Des Weiteren werden die Staaten aufgefordert, für die Verbreitung und das Verständnis der Regelungen zu sorgen.[760]

Die selbstverpflichtenden Dokumente der Vereinten Nationen umfassen ein umfangreiches Regelwerk mit Verhaltensanforderungen, welche im Hinblick auf Sexualdelikte der Blauhelme gegenüber Frauen und Kinder im Aufenthaltsstaat ab 1998 verstärkt aufgestellt wurden.

Für alle Kategorien einer Friedensmission gilt zunächst die sogenannte *Capstone Doctrine*, welche die Grundprinzipien und Orientierungen der Friedensmissionen festhält und betont, dass das ganze Friedenspersonal, sei es militärisch, polizeilich oder zivil, sich im Einklang mit den Menschenrechten verhalten und

---

753 UN Doc. A/45/594 v. 09.10.1990.

754 *W. S. Heinz/J. Ruszkowska*, UN-Friedensoperationen und Menschenrechte, 2010, S. 7.; *M. Zwanenburg*, Compromise or Commitment: Human Rights and International Humanitarian Law Obligations for UN Peace Forces, Leiden Journal of international Law, 1998, S. 238.

755 *Z. Deen-Racsmány*, The Amended UN Model Memorandum of Understanding, Journal of Conflict & Security Law, 2011, S. 9.

756 Ebenda.

757 Ebenda, S. 10, 14.

758 Art. 3 Amended MOU, UN Doc. A/61/19 (Part III) v. 12.06.2007, Annex Ziff. 2.

759 "We Are United Nations Peacekeeping Personnel" http://www.un.org/en/peacekeeping/documents/un_in.pdf (Stand Mai 2015).

760 Art. 7 bis Amended MOU, UN Doc. A/61/19 (Part III) v, 12.06.2007, Annex Ziff. 3.

dass Fehlverhalten zur Rechenschaft gezogen werden muss.[761] Nachfolgend werden anhand der verschiedenen Personalkategorien einer Friedensmission die einschlägigen UN-internen Dokumente zum Schutz vor sexueller Ausbeutung und sexueller Gewalt dargestellt.

Vorerst darf daran erinnert werden, dass die UN-Charta nach Art. 103 Abs. 3 von seinen *Bediensteten* ein Höchstmaß an Ehrenhaftigkeit verlangt. Gleich in der ersten verabschiedeten Personalordnung wurden die Gebote der Integrität, Loyalität, Vorbild und Ehrlichkeit niedergeschrieben.[762] Um sicherzustellen, dass die Bediensteten ihr Statut und die damit verbundenen Hauptrechte und Pflichten verstehen, hat der Generalsekretär 2002 eine Art Kommentar des Statuts herausgegeben.[763] Darin wurde zwar das Verbot der sexuellen Belästigung am Arbeitsplatz oder anlässlich der Arbeit erläutert,[764] das Thema sexueller Missbrauchs blieb leider unangesprochen. Diese Lücke wurde ein Jahr später geschlossen, als der Generalsekretär, nach den Vorfällen von sexueller Ausbeutung von Flüchtlingen in Westafrika, auf Bitte der Generalversammlung[765] einen „Runderlass *(circulaire auf französisch)* über besondere Maßnahmen für den Schutz vor sexueller Ausbeutung und sexuellem Missbrauch im Rahmen von UN-Missionen" ausfertigte.[766] Im Abschnitt drei werden sexuelle Beziehungen mit Kindern unter 18 Jahren, die Annahme sexueller Dienste gegen Geld, Jobs, Sach- oder Dienstleistungen ausdrücklich verboten. Ferner wird allgemein vom Geschlechtsverkehr zwischen dem UN-Personal und Hilfsbegünstigten abgeraten, da sie auf einem ungleichen Verhältnis beruhen. Wenn Fälle gemeldet werden, werden Ermittlungen aufgenommen (Abschnitt 4) und der Fall gegebenenfalls an die zuständigen Nationalbehörden vor Ort übergeben, damit der Täter strafrechtlich zur Rechenschaft gezogen werden kann (Abschnitt 5). UN-intern stellt die Nicht-Beachtung dieser Maßnahmen einen schweren Verstoß gegen die UN Regeln dar und kann zur sofortigen Entlassung führen (Abschnitt 3.2).

Die UN-*Freiwilligen* fallen unter das gleiche Statut wie die Bediensteten und werden demnach den gleichen Vorschriften unterworfen.[767]

Die Verträge der *Berater* sehen vor, dass sie jedes Verhalten und jede Aktivität unterlassen sollen, welche die Organisation diskreditieren könnten und im Widerspruch zu den Zielen und Grundsätzen der Organisation stehen. Verstöße werden mit der Kündigung des Vertrags geahndet.[768]

---

761 *DPKO*, United Nations Peacekeeping Operations Principles and Guidelines, 2008, S. 15.

762 UN Doc. A/Res/13 (I), Annex II v. 01.02.1946.

763 Status, basic rights and duties of United Nations staff members, UN Doc. ST/SGB/2002/13 v. 01.11.2002. S. 16–27.

764 Ebenda, S. 29.

765 UN Doc. A/Res/57/36 v. 22.05.2003, Ziff. 12.

766 Secretary-General's Bulletin: Special measures for protection from sexual exploitation and sexual abuse, UN Doc. ST/SGB/2003/13 v. 09.10.2003.

767 UN Doc. A/ 59/710 v. 25.03.2005, § A.36.

768 Ebenda, §§ A.41f.

Die *Zivilpolizei und die militärischen Beobachter* unterliegen einerseits dem von der Generalversammlung verabschiedeten Verhaltenskodex für die Sachverständigen,[769] in deren Kategorie sie laut Abschnitt 26 des SOFA-Musters aufgenommen werden. Dieser Verhaltenskodex verlangt von ihnen die üblichen Qualitätsmerkmale wie Integrität, Ehrenhaftigkeit, Ehrlichkeit, Handlungen im Einklang mit den Prinzipien der Vereinten Nationen. Andererseits müssen sie als uniformierte Kräfte die Richtlinien zum Verhalten der Blauhelme beachten.[770]

Für die *Blauhelme* wurden bereits 1998 Verhaltensregeln aufgestellt darunter *„Do not indulge in immoral acts of sexual, physical or psychological abuse or exploitation of the local population or United Nations staff, especially women and children.“*[771] Diese klare Richtlinie wurde 1999 von einem Rundschreiben des damaligen Generalsekretärs Kofi Annan zur Einhaltung des humanitären Völkerrechts durch Truppen der Vereinten Nationen ergänzt, in dem der Schutz der Frauen vor allen Angriffen auf ihre körperliche Unversehrtheit insbesondere vor Vergewaltigung, Nötigung zur Prostitution oder jeder anderen unzüchtigen Handlung niedergeschrieben ist.[772] Des Weiteren sind die Blauhelme indirekt an das Rundschreiben von 2003 über besondere Maßnahmen für den Schutz vor sexueller Ausbeutung und sexuellem Missbrauch gebunden. Dieses Dokument gilt zwar ausdrücklich nur für die Bediensteten der Vereinten Nationen.[773] Doch im Abschnitt 2.2 wird den Streitkräften der Vereinten Nationen anhand einer dynamischen Verweisung auf ST/SGB/1999/13 ein Verbot sexueller Ausbeutung und sexueller Übergriffe auferlegt.

Das Jahre 2005 stellt einen Wendepunkt in der Bekämpfung sexueller Verbrechen im Rahmen von Friedensmissionen dar. Es läutete mit einem Brief des Generalsekretärs an den Präsidenten des Sicherheitsrats den Beginn der „Null-Toleranzpolitik“ der Vereinten Nationen[774] und einer umfangreichen Kampagne zur Vorbeugung sexueller Verbrechen ein. Damit sollte laut dem Bericht von *Prinz Zeid Ra'ad Zeid Al-Hussein* „dem gerechtfertigten Eindruck entgegengewirkt worden, dass die Organisation sich nicht ernsthaft bemüht, Maßnahme gegen diesen Schandfleck zu ergreifen.“[775]

Diese Verantwortung fiel in den Bereich der DPKO, welche die *UN Conduct and discipline* Einheit für die Durchführung der Strategie bildete. Diese Strategie stützt sich auf drei Säulen: (1) Prävention durch Bildung, Sensibilisierungskampagne vor

769 UN Doc. A/Res/56/280 v. 25.04.2002. Verhaltenkodex (Proposed regulations governing the status, basic rights and duties of officials other than Secretariat officials and experts on mission and regulations governing the status, basic rights and duties of the Secretary-General) in UN Doc. A/56/437 v. 04.10.2001.

770 UN Doc. A/59/710 v. 25.03.2005, A. 17ff.

771 Ten Rules: Code of Personal Conduct for Blue Helmets, 1998, http://www.un.org/en/peacekeeping/documents/ten_in.pdf (Stand Mai 2015).

772 UN Doc. ST/SGB/1999/13 v. 06.08.1999, Abschnitt 7.3.

773 UN Doc. ST/SGB/2003/13 v. 09.10.2003, Abschnitt 2.1.

774 UN Doc. S/2005/79 v. 09.02.2005.

775 UN Doc. A/59/710, v. 24.03.2005, § 37. (Übersetzung der Verfasserin).

Ort und vorbeugende Maßnahmen, (2) Vollstreckung der UN Verhaltensregeln durch Einforderung des Meldens von Fehlverhalten und Aufnahme von Ermittlungen, die zu möglichen Disziplinar- und Strafmaßnahmen führen können, und (3) Schaffung von Abhilfemaßnahmen für die Opfer.[776] Für die Entwicklung von Ausbildungsmodulen und Präventionsmaßnahmen wird sie von der PSEA Task force (Task Force on Protection from Sexual Exploitation and Abuse by our own staff) des Inter-Agency Standing Committee (IASC) unterstützt. Die PSEA Task force wurde im Januar 2011 im Anschluss an eine Übersicht der IASC zu sexuellen Übergriffen von Mitarbeitern der UN, NGOs, der internationalen Organisation für Migration und der Internationalen Föderation der Rotkreuz- und Rothalbmond-Gesellschaften ins Leben gerufen. Sie stellt auf ihrer Internetseite alle möglichen UN-Dokumente von allen Organen, Programmen, Fonds der Vereinten Nationen und von anderen Organisationen zu dieser Problematik zur Verfügung.[777] Indem sie zudem die einfachen Mitarbeiter getrennt von den Führungskräften anspricht und ihnen ermöglicht, durch die Wiedergabe von Interviews und Praxisbeispielen konkrete Bezüge zu diesem Anliegen zu finden, berücksichtigt sie zudem die unterschiedliche Wissensbedürfnisse je nach Personalkategorie.

Zur Verbreitung und Durchführung der Verhaltensregeln wurden sehr schnell innerhalb der Friedensmissionen „conduct and discipline" Einheiten aufgestellt.[778] Doch laut Internetseite der Friedensmissionen sind zurzeit lediglich im Rahmen der UNMIL, MONUSCO, MINURSO und MINUSTAH seit 2005 bzw. 2007 sowie MINUSMA seit Juli 2013 solche Einheiten im Einsatz. Diese Einheiten führen vor Ort Sensibilisierungskampagnen bei der Bevölkerung durch, bilden die eigenen Soldaten aus und führen vor Ort Ermittlungen. Die MONUC hatte damals sogar einen eigenen Verhaltenskodex zu sexueller Gewalt entwickelt.[779]

Diese Maßnahmen tragen langsam ihre Früchte, denn wenn 2006 357 Fälle sexueller Ausbeutung oder sexueller Übergriffe im Rahmen von Friedenmissionen gemeldet wurden, sank diese Zahl 2013 auf lediglich 66.[780] 80% dieser Fälle sind auf das Friedenspersonal der MONUSCO (23 Fälle), MINUSTAH (17), MINUL (7) und MINUSS (6) zurückzuführen.[781]

Doch was passiert, wenn trotz allen Präventionsmaßnahmen Frauen von dem UN-Friedenspersonal vergewaltigt oder zur Prostitution genötigt werden?

---

776 UN Doc. A/60/862 v. 24.05.2006, §§ 12–22.

777 http://www.pseataskforce.org/en/tools (Stand Mai 2015).

778 UN Doc. A/60/862 v. 24.05.2006, § 8.

779 Code of conduct on sexual exploitation and sexual assault http://monusco.unmissions.org/Default.aspx?tabid=10722&language=en-US (Stand Mai 2015).

780 UN Doc. A/68/756 v. 14.02.2014, § 2.

781 Ebenda, § 8. Diese Zahl zeigt jedoch eine Steigerung der Fälle im Vergleich zu 2012 (60 Fälle), bleibt jedoch unter der Anzahl der gemeldeten Fälle von 2008 (86), 2009 (112), 2010 (85) und 2011 (74), UN Doc. A/68/756 v. 14.02.2014, § 19.

Zunächst ist bei der Verantwortung für das UN-Personal im Einsatzland zwischen der militärischen und der zivilen Komponente sowie zwischen der disziplinarischen und strafrechtlichen Verantwortung zu unterscheiden.

Die disziplinarische Verantwortung für beide Komponenten liegt bei der zivilen Leitung der Friedensoperation, dem besonderen Repräsentant des Generalsekretärs.[782] Gibt es Hinweise auf Fehlverhalten, werden Ermittlungen entweder von den UN, vom Einsatzland oder von dem Entsendestaat aufgenommen.[783] Die Vereinten Nationen haben 2013 Ermittlungen in 29 Fälle aufgenommen.[784] 29 weitere gemeldete Fälle betreffend 44 Soldaten wurden an die jeweiligen Entsendestaaten gemeldet, damit sie Ermittlungen aufnehmen. In 20 Fällen haben dem die Staaten zugestimmt. In 2 anderen Fällen mussten die Vereinten Nationen in Ermangelung einer Antwort selbst Ermittlungen aufnehmen und in 7 Fällen wurde noch kein Ermittler ernannt.[785] Führen die Untersuchungen dazu, dass der Beschuldigte für verantwortlich gehalten wird, werden administrative Maßnahme ergriffen, meistens die Entlassung für die Bediensteten, Freiwilligen und Berater[786] und die Repatriierung für die uniformierte Komponente in Verbindung mit einem strikten Verbot an zukünftigen UN-Friedenmissionen teilzunehmen.[787] Der Entsendestaat kann selbstverständlich weitere Disziplinarmaßnahmen ergreifen und seine Soldaten entlassen.[788] Um das Problem an der Quelle zu fassen, hat der Generalsekretär der Generalversammlung einen Aktionsplan für mehr Glaubwürdigkeit der Organisation durch mehr Transparenz, mehr Verantwortlichkeit und Repression vorgelegt. Darin möchte er zukünftig intern eine Art schwarze Liste mit Namen aller Bediensteten erstellen, welchen wegen sexueller Ausbeutung und sexuellen Übergriffen bereits gekündigt worden ist, damit sie nicht unbemerkt in einem anderen Bereich wiedereingestellt werden.[789] Die Vereinten Nationen haben zudem die Überprüfung ihrer Mitarbeiter vor einem Einsatz auf die Polizisten ausgeweitet, und die Entsendestaaten werden aufgefordert, dasselbe für ihre Streitkräfte zu tun.[790]

---

782 UN Doc. A/45/594 v. 09.10.1990, SOFA-Muster § 40.

783 Siehe dazu: *A. Rassel*, Strafgerichtsbarkeit über Angehörige der Friedenstruppe in UN-geführten Missionen, 2010, S. 189–191. Das geänderte Memorandum of Understanding von 2007 hat die Hauptverantwortung für die Durchführung von Ermittlungen bei den Entsendestaaten gelegt. Lediglich, wenn diese nichts in Bewegung setzen, nehmen die Vereinten Nationen Ermittlungen auf. Siehe dazu: *Z.Deen-Racsmány*, the Amended UN Model Memorandum of Understnding, Journal of Conflict & Security Law, 2011, S. 17–19.

784 UN Doc. A/68/756 v. 14.02.2014, § 10 b).

785 Ebenda, § 10 a).

786 3 Entlassungen im Jahre 2012, UN Doc. A/67/766 v. 28.02.2013, § 14.

787 17 Rapatriierungen im Jahre 2012, Ebenda, § 15.

788 Ebenda.

789 UN Doc. A/67/766 v. 28.02.2013, § 29.

790 Ebenda § 30.

Die Vereinten Nationen haben keine Befugnisse zur Strafverfolgung von UN-Personal. Die strafrechtliche Verfolgung sexueller Verbrechen kann nur entweder vor Ort oder vor den Gerichten des Entsendestaats für die Zivilkomponente oder lediglich vor den Gerichten des Entsendestaats für die Soldaten erfolgen.

Als internationale Organisation genießen die Vereinten Nationen im Hoheitsgebiet jedes Mitgliedes Immunität (Art. 105 Abs. 1 UN-Charta). Dies gilt nach Art. 105 Abs. 2 auch für ihre Bediensteten. Diese Regelungen werden von dem Übereinkommen über die Vorrechte und Immunitäten der Vereinten Nationen konkretisiert.[791] Nach Abschnitt 26 des SOFA-Musters werden Militärbeobachter, Zivilpolizisten der Vereinten Nationen und andere Zivilkräfte, die nicht Bedienstete der Organisation der Vereinten Nationen sind (...) als Sachverständige im Auftrag der Vereinten Nationen angesehen. Der Umfang ihrer Immunität wird nach Abschnitt 22 des Übereinkommens über die Vorrechte und Immunitäten der Vereinten Nationen festgelegt. Demnach genießt die Zivilkomponente einer Friedensmission Immunität vor Festnahme, Haft und Gerichtsbarkeit für Handlungen zur Verwirklichung der mit der Organisation zusammenhängenden Aufgaben[792] oder die Handlungen, welche zur Durchführung des Auftrags vorgenommen wurden.[793]

Vergewaltigung oder Zwangsprostitution gehören keinesfalls zu den Handlungen zur Wahrnehmung von Friedenssicherungsaufgaben und sind von der abgeleiteten Immunität der Vereinten Nationen nicht gedeckt. Demnach kann ein Mitglied der Zivilkomponente -angenommen, das Justizsystem des Einsatzlandes ermöglicht es- vor Ort vor Gericht gestellt werden. Sollte dies nicht der Fall sein und damit die Täter nicht unbestraft davon kommen, hat die Generalversammlung 2007 und 2009 in zwei Resolutionen alle Mitgliedstaaten dazu aufgefordert, ihre Gerichtsbarkeit über Verbrechen, welche von ihren Staatsangehörigen während einer Tätigkeit als Bedienstete der Vereinten Nationen oder Sachverständige im Auftrag der Vereinten Nationen begangen wurden, auszuüben.[794] Für eine effektive strafrechtliche Verfolgung von Bediensteten und Sachverständigen ersucht der Generalsekretär in seinem 2012 vorgelegten Aktionsplan die Generalversammlung, den ihr 2006 vorgelegten Entwurf eines internationalen Übereinkommens zur strafrechtliche Verantwortlichkeit der Bedienstete wiederaufzugreifen.[795] Damit soll, wenn das Justizsystem des Aufenthaltsstaats nicht dazu fähig ist, oder der Heimatstaat es nicht möchte, ein dritter Staat, Vertragspartei des Übereinkommens, die strafrechtliche Verfolgung übernehmen können.

Der militärische Anteil des Friedenssicherungseinsatzes der Vereinten Nationen hat die in den Stationierungsabkommen ausdrücklich vorgesehenen Vorrechte und

791 Convention on the Privileges and Immunities of the United Nations v. 13.02.1946 am 17.09.1946 in Kraft getreten.

792 Art. 102 Abs. 3 UN-Charta für die Bedienstete.

793 Art. 22 a), b) für die Sachverständige.

794 UN Docs. A/Res/62/63 v. 06.12.2007; A/Res/63/119 v. 15.01.2009.

795 UN Doc. A/67/766 v. 28.02.2013, § 37. Entwurf in UN Doc. A/60/980 v. 16.08.2006 enthalten.

Immunitäten.[796] Eine davon ist, dass sie in Bezug auf alle von ihnen im Aufenthaltsstaat begangenen strafbaren Handlungen der ausschließlichen Gerichtsbarkeit des Teilnehmerstaats, dessen Staatsangehörige sie sind, unterliegen.[797] Der Generalsekretär der Vereinten Nationen holt sich Zusicherungen von den Regierungen der Teilnehmerstaaten, dass sie bereit sein werden, ihre Gerichtsbarkeit in Bezug auf strafbare Handlungen auszuüben, die von im Dienste des Friedenssicherungseinsatzes stehenden Mitgliedern ihrer nationalen Kontingente begangen werden.[798] Dies wird in dem Muster des Memorandum of Understanding bekräftigt. Das Muster von 2007 führte die Regelung der ausschließlichen Gerichtbarkeit des Entsendestaats für alle Verbrechen wieder ein[799] und ergänzt sie mit einer Rechenschaftspflicht über den Ausgang der Verfahren.[800]

Doch vielen Staaten widerstrebt es, Fehlverhalten ihrer Soldaten anzuerkennen; sie geben wenige Informationen darüber, ob strafrechtliche Verfahren tatsächlich eingeleitet worden sind. 2012 hat die DPKO Rückmeldungen von 10 Staaten erhalten, welche Informationen über Haftstrafen in 7 Fällen mitteilten.[801] Doch weil das Erlangen von Informationen bezüglich des Ausgangs der Ermittlungen und gegebenenfalls der Prozesse sich trotz Erhöhung der Staatenrückmeldung weiterhin schwierig gestaltet, will der Generalsekretär den Druck auf die Staaten erhöhen und die Anzahl der aufgenommenen oder nicht aufgenommenen Ermittlungen, der verhängten Sanktionen, des Stands der Vaterschaftsanerkennung, der strafrechtlichen Verfolgungen etc, pro Staat in seinem jährlichen Bericht über besondere Maßnahmen zur Bekämpfung sexueller Ausbeutung und sexuellen Übergriffen veröffentlichen.[802]

Ein im Bericht von *Prinz Zeid Ra'ad Zeid Al-Hussein* aufgeworfenes Problem betraf die Versorgung der Opfer und der als Folge der sexuellen Übergriffe geborenen Kinder. Zusätzlich zu der Tatsache, dass die Opfer selten über die Ausgänge der Strafverfahren informiert werden, werden sie mit den Folgen der Straftaten allein gelassen.[803] Die Generalversammlung reagierte 2007 mit der Verabschiedung einer umfassenden Strategie für Hilfe und Unterstützung für Opfer sexueller Ausbeutung und sexuellen Missbrauchs durch Bedienstete der Vereinten Nationen und

---

796 § 27 SOFA-Muster, UN Doc. A/45/594 v. 09.10.1990.

797 Ebenda, § 47 b).

798 Ebenda, § 48.

799 Art. 7 quinquies amended MOU, UN Doc. A/61/19 (Part III) v. 12.06.2007, Annex Ziff. 3. Die Regelung war in dem Muster von 1991 vorhanden und wurde dann in den Veränderungen von 1996 und 1997 aufgehoben. Siehe dazu: *Z. Deen-Racsmány*, the Amended UN Model Memorandum of Understanding, Journal of Conflict & Security Law, 2011, S. 10.

800 Art 7 sexies amended MOU, UN Doc. A/61/19 (Part III) v. 12.06.2007, Annex Ziff. 2.

801 UN Doc. A/67/766 v. 28.02.2013, § 15.

802 Ebenda, § 25.

803 UN Doc. A/59/710 v. 25.03.2005, §§ 52–56, 76.

zugehöriges Personal,[804] welche Unterstützung für die Opfer in Form von medizinischer Versorgung, rechtlichen Diensten oder bei der Verarbeitung der psychischen und sozialen Folgen des Erlebten sowie nach Bedarf materielle Soforthilfe wie Nahrungsmittel, Kleidung, Notunterkunft oder Unterbringung in einer Schutzeinrichtung vorsieht. Für Kinder, die infolge der sexuellen Ausbeutung oder Missbrauchs geboren sind, wurde angeregt, dass die Vereinten Nationen mit den Mitgliedstaaten zusammenarbeiten, um die Verfolgung von Ansprüchen in Bezug auf Anerkennung der Vaterschaft und Unterhaltszahlungen innerhalb ihres Zuständigkeitsbereichs zu erleichtern. Den Vorschlag von *Prinz Zeid Ra'ad Zeid Al-Hussein* über einen von den Vereinten Nationen errichteten und von deren Bediensteten finanzierten Fonds für die Opfer[805] wurde nicht übernommen. Die Berichte des Generalsekretärs weisen auf die Schwierigkeiten der Vaterschaftsanerkennung hin. 2013 waren 12 der gemeldeten Fälle von einer Vaterschaftsanerkennungsanfrage begleitet.[806] Doch die Vereinten Nationen konnten den Frauen keine Auskünfte geben. Diese Frage muss vor den ordentlichen Gerichten des Entsendestaats geklärt werden. Diese befinden sich meistens auf einem anderen Kontinent und haben nicht immer diplomatische Vertretungen im Einsatzland.[807] Zwischen 2010 und 2012 wurden 20 Vaterschaftsanerkennungen angefordert. Nach aktuellem Kenntnisstand der Vereinten Nationen sind sie alle erfolglos gewesen.[808]

Während die Vereinten Nationen sich 1986 ausdrücklich für die sog. Off-Duty Handlungen von Mitgliedern ihrer Peacekeeping-Truppen nicht verantwortlich erklärt haben,[809] stellen sie sich heute ihrer Verantwortung und setzen sich für die Vorbeugung und Ahndung sexueller Verbrechen innerhalb ihrer Friedensmissionen ein.

Viele der Empfehlungen von *Prinz Zeid Ra'ad Zeid Al-Hussein* wurden im Lauf der letzten acht Jahren umgesetzt. Nicht zuletzt die Errichtung der „Conduct and Discipline" Einheit, die sich mit den Fehlverhalten von UN-Personal befasst, umfangreiche statistische Informationen über die Zahl der Beschuldigungen insgesamt und zu einzelnen Friedensmissionen erstellt und veröffentlicht und Verhaltensregeln vermittelt, hat einen bedeutenden Beitrag zum Rückgang der gemeldeten Fälle und Erhöhung der Transparenz seitens der Vereinten Nationen geleistet. Doch dieser hohe Grad an Transparenz ist leider seitens der Entsendestaaten nicht gegeben.

---

804 United Nations Comprehensive Strategy on Assistance and Support to Victims of Sexual Exploitation and Abuse by United Nations Staff and Related Personnel, UN Doc. A/Res/62/214 v. 21.12.2007.

805 UN Doc. A/59/710 v. 25.03.2005, § 55.

806 UN Doc. A/68/756 v. 14.02.2014, § 22.

807 UN Doc. A/67/766 v. 28.02.2013, § 19.

808 UN Doc. A/68/756 v. 14.02.2014, § 22.

809 Liability of the United Nations for claims involving off-duty acts of members of peace-keeping forces—Determination of "off-duty" versus "on-duty" status, Memorandum to the Director, Office for Field Operational and External Support Activities in United Nations Juridical Yearbook, 1986, Part II, Chap. VI, S. 300.

Noch immer gelangen die Vereinten Nationen nur mühsam an die Informationen bezüglich des Ausgangs der Verfahren, wenn diese überhaupt stattfinden. Am Ende der Kette wartet eine Frau, manchmal ein Kind auf Antworten, auf ein Urteil. Um dagegen zu wirken hatte *Prinz Zeid Ra'ad Zeid Al-Hus*sein den Entsendestaaten empfohlen, vor Ort militärische Gerichte einzurichten, um besser und schneller an Beweise und Zeugen zu gelangen und besonders um der Bevölkerung zu zeigen, dass auch in anderen Ländern solche grausamen Taten nicht unbestraft bleiben. Diese immer wieder betonte Notwendigkeit[810] gehört schließlich zu den Elementen, welche die Wahrnehmung der Friedensmission unter der Bevölkerung wesentlich positiv beeinflussen und zu deren Glaubwürdigkeit und damit Erfolg beitragen würden.

b) Ende der Straflosigkeit

Eines der Hauptprobleme bei dem Schutz vor sexueller Gewalt war und ist nach wie vor, dass sexuelle Verbrechen auch auf nationele Ebene nicht oder nicht ausreichend strafrechtlich verfolgt werden. Dabei stellt die Aburteilung dieser Verbrechen vor allem als Abschreckungsmaßnahme ein wesentliches Element der Bekämpfungsstrategien dar. Für die Frauen tragen sie zur Überwindung der Tragödie bei. Der Mangel an Strafverfolgung kann auf mehrere Gründe zurückgeführt werden.

Zum einen trauen sich viele Frauen aus Scham, Angst vor Vergeltung, vor Stigmatisierung nicht auszusagen. Manchmal möchten sie aussagen, doch das Polizei- und Justizpersonal kann mit dem Opfer und mit den Beweisen nicht richtig umgehen, so dass Klagen wegen Mangel an Beweisen eingestellt werden. Ferner fällt im Zuge eines Konflikts des Öfteren ein ohnehin schwacher Justizapparat zusammen, was zu einer Überlastung der noch bestehenden Gerichte und zur Zurückstellung der Klagen führen kann. In manchen Regionen sind sogar die Gerichte für die Frauen unerreichbar. Wenn eine Klage dann bearbeitet und für zulässig erklärt wird, bestehen in manchen Ländern Rechtsunklarheiten über die Tatbestände von sexuellen Verbrechen, was wiederum eine Verurteilung nach milderen Straftaten verursachen kann.[811]

Damit die Frauen Gerechtigkeit erfahren können (dd), wurden Rechtsberatungsstellen geschaffen, um sie auf dem Weg dorthin zu begleiten (cc). Da die Frauen häufig keine Möglichkeiten haben, zu den Gerichten zu gehen, wurden mobile Gerichte errichtet, damit die Justiz zu ihnen kommt (bb). Das Ganze wird von einem Sachverständigenteam (Team of Experts – TOE) unterstützt, dessen Aufgabe darin besteht, die nationalen Behörden bei der Stärkung der Rechtsstaatlichkeit zu unterstützen (aa).

---

810 Zuletzt wieder in dem Bericht UN Doc. A/67/766 v. 28.02.2013, § 19.

811 Siehe dazu *UNJHRO*, Report on progress and obstacles in the fight against impunity for sexual violence in the DRC v, 09.07.2014.

aa) Team of experts

«Aufgrund der besorgniserregenden Feststellung, dass bisher nur wenige Täter sexueller Gewalt vor Gericht gestellt worden sind, jedoch sich dessen bewusst, dass innerstaatliche Justizsysteme in Konflikt- und Postkonfliktsituationen erheblich geschwächt sein können",[812] wurde der Generalsekretär in der Resolution 1888 (2009) vom Sicherheitsrat beauftragt, ein Sachverständigenteam in bereitwillige Länder zu entsenden. In Zusammenarbeit mit den nationalen Behörden soll durch die Stärkung der einzelstaatlichen Kapazitäten und Justizmechanismen die Straflosigkeit bezüglich konfliktbezogener sexueller Gewalt bekämpft werden. Dabei sollen auch Lücken bei der innerstaatlichen Reaktion ermittelt und auf einen ganzheitlichen, besser koordinierten nationalen Ansatz gegen sexuelle Gewalt in bewaffneten Konflikten hingewirkt werden.[813] Das Sachverständigenteam besteht zur Zeit aus 38 Experten der DPKO, OHCHR und UNDP. Dessen Leiter ist dem Büro der Sonderbeauftragten des Generalsekretärs für sexuelle Gewalt in Konflikten unterstellt.[814] Das TOE ist zwar kein Bestandteil der *UN Action*, allerdings mit ihr durch seine personale Besetzung und die Verwaltung seiner Finanzierung (die über den MPTF stattfindet) sehr eng verbunden. Seit ihrer Einsatzbereitschaft im Mai 2011 fokussierte das TOE seine Arbeit zunächst auf die acht Staaten, welche auch im Rahmen der *UN Action* den Status von „Priority Countries" besitzen: Bosnien-Herzegowina, Zentralafrikanische Republik, Kolumbien, Elfenbeinküste, die Demokratische Republik Kongo, Liberia, Südsudan und Sudan (Darfur). 2013 wurden sie zusätzlich in besorgniserregenden Ländern wie Guinea und Somalia tätig.[815] Das TOE hat sechs Arbeitsschwerpunkte entwickelt: (1) strafrechtliche Ermittlungen und Verfolgungen, (2) Sammlung, Analyse und Verwendung von Beweismaterial, (3) Ermittlungen, Verfolgung im Rahmen der Militärgerichtsbarkeit, (4) Reform des Strafrechts und des Prozessrechts, (5) Schutz der Zeugen, der Opfer und des Justizpersonals sowie (6) Einführung eines Aufsichtssystems für das Personal des Sicherheitssektors.[816] Zwei Leitprinzipien lenken seine Arbeitsweise. (1) Für eine nachhaltige Lösung stützt es sich auf bereits vorhandene staatliche Initiativen. Dies soll dazu führen, dass der Staat sich die Sache zu eigen macht und die Leitung einfacher übernimmt. (2) Es ermutigt eine Süd-Süd Kooperation unter den Staaten mit ähnlichen Problemen.[817] Im Juni 2013 wurde ein

---

812 UN Doc. S/Res/1888 (2009) v. 30.09.2009, Präambel, Abschnitt 7.

813 Ebenda, Ziff. 8.

814 *Office of the Special Representative of the Secretary-General on Sexual Violence in Conflict*, Team of experts, rule of law/sexual violence in conflict, Annual Report 2012, S. 7.

815 *Office of the Special Representative of the Secretary-General on Sexual Violence in Conflict*, Team of Experts, Rule of Law/Sexual Violence in Conflict, Annual Report 2013, S. 9.

816 *Office of the Special Representative of the Secretary-General on Sexual Violence in Conflict*, Team of Experts, Rule of Law/Sexual Violence in Conflict, Annual Report 2012, S. 9.

817 Ebenda, S. 50, 51.

Erfahrungsaustausch zwischen der Elfenbeinküste und Sierra Leone organisiert. Letzteres hatte nach dem Krieg Initiativen ergriffen, welche sich als positiv für die Strafverfolgung sexueller Verbrechen gegen Frauen und Kinder ausgewirkt haben. Beispiele dafür sind die Errichtung von „Family Units“ innerhalb der Polizei oder Saturdays courts, die sich ausschließlich mit der Verhandlung von Verbrechen betreffend Frauen und Kinder befassen.[818] Die Staaten in dieser Region könnten auch von den Erfahrungen Liberias profitieren. Dieser Staat verfügt seit der Wahl von *Ellen Johnson Sirleaf* an die Spitze des Landes über strenge gesetzliche Rahmenbedingungen in der Bekämpfung und Strafverfolgung sexueller Gewalt an Frauen. In den 14 Jahren Bürgerkrieg (1989–2003) wurden schätzungsweise zwei von drei Frauen vergewaltigt und sexuelle Gewalt setzte sich nach dem Ende des Konflikts fort.[819] Die Täter waren nicht mehr Soldaten oder Rebellen sondern zunehmend auch Ehemänner, Verwandte oder einfach Gemeindemitglieder. Um diesem Zustand ein Ende zu setzen, wurde 2008 ein gemeinsames Programm zwischen den Vereinten Nationen und der liberianischen Regierung auf Grundlage des 2006 entwickelten Nationalen Aktionsplans über geschlechtsspezifische Gewalt ausgearbeitet.[820] Die Fortschritte im Bereich der Stärkung des Strafrechtssystems sind bemerkenswert. Am 17. Januar 2006, unmittelbar nach dem Amtsantritt von Frau Johnson Sirleaf, wurde ein neues Vergewaltigungsgesetz verabschiedet, welche die Definition von Vergewaltigung präzisierte (Eindringen nicht nur durch Penis sondern auch durch externe Gegenstände), den Schutzbereich erweiterte (unter Einschluss von Massenvergewaltigung und Erhöhung des Alters eines Kinds auf 18 Jahre) und das Strafmaß auf lebenslänglich erhöhte. 2008 wurde der „Criminal Court E“ eingerichtet. Dieses Gericht ist das einzige seiner Art in Liberia. Bestehend aus einer Richterin und 15 Geschworenen ist es nur für die Verhandlung von sexuellen und geschlechtsspezifischen Verbrechen zuständig. Seine Ausstattung ermöglicht die anonyme Aussage des Opfers und der Zeugen durch Einwegspiegel oder per Videoübertragung. Leider lässt sich aus der Literatur wenig über dieses Gericht ermitteln. Trotz all dieser Maßnahmen leidet Liberia weiterhin unter den Folgen von konfliktbezogener sexueller Gewalt.[821] Auf Wunsch von Liberias Staatspräsidentin erstellte das Sachverständigenteam im Mai 2011 ein Gutachten über die hemmenden Faktoren einer effektiven Antwort Liberias auf sexuelle Gewalt und bot seine Unterstützung bei

---

818 *Office of the Special Representative of the Secretary-General on Sexual Violence in Conflict,* Team of Experts, Rule of Law/Sexual Violence in Conflict, Annual Report 2013, S. 19.

819 Medica mondiale, Jahresbericht 2012, S. 8. http://www.medicamondiale.org/fileadmin/redaktion/5_Service/Mediathek/Dokumente/Deutsch/Jahresberichte/2012-Jahresbericht_Langfassung.pdf (Stand Mai 2015).

820 Combating sexual and gender based violence in Liberia, A Joint Programme of the Gouvernment of Liberia and the United Nations, http://stoprapenow.org/uploads/features/SGBVemail.pdf (Stand Mai 2015).

821 *E. O'Gorman*, Review of UN Action Against Sexual Violence in Conflict 2007–2012 – Final Report, Januar 2013, S. 69.

der Entwicklung von „sentencing guidelines"an, damit die Täter eine angemessene Strafe bekommen, und bei der Harmonisierung zwischen dem geschriebenen Recht und dem Gewohnheitsrecht.[822] Des Weiteren sollte jeweils ein Experte die Polizei bei der Durchführung von Ermittlungen und dem Umgang mit Beweisen zu sexuellen Verbrechen beraten, die Gerichte während der Prozesse mit Bezug zu sexueller Gewalt begleiten und den Staatsanwälten im Rahmen der „sexual and gender based violence crimes unit" innerhalb der Bundesstaatsanwaltschaft beistehen.[823] Berichte über die Umsetzung dieser Maßnahmen fehlen in den letzten beiden Berichten der TOE. Die Berichte über das TOE erwecken den Eindruck, dass es leider wenige tatsächliche Änderungen bewirken kann. Seine jetzige Hauptbeschäftigung dürfte darin bestehen, mit der Sonderbeauftragten des Generalsekretärs zu sexueller Gewalt im Konflikt zu reisen und Bestandaufnahmen zu machen, um dann sein mögliches Einschreiten zu verhandeln wie in der zentralafrikanischen Republik, in Sudan (Darfur), Kolumbia und Somalia. Immerhin konnte es in Guinea den infolge des Blutbades vom 28. September 2009 im Stadion von Conakry errichteten „Panel of judges" sowohl materiell mit Computern, Druckern etc, als auch inhaltlich unterstützen.[824] Dieser Panel wurde Anfang 2010 ins Leben gerufen und hat die Aufgabe, Ermittlungen zu den am 28. September 2009 bei der gewaltsamen Unterdrückung friedlicher Proteste gegen die Regierung begangen Verbrechen, darunter zahlreichen sexuellen Verbrechen, zu leiten.[825] Die im Oktober 2009 vom Generalsekretär eingesetzte Internationale Ermittlungskommission konnte 109 Opfer sexueller Gewalt identifizieren.[826] 77 Opfer wurden öffentlich vergewaltigt, hauptsächlich von Regierungssoldaten und Angehörigen der Präsidentengarde.[827] Die Mehrheit der Frauen wurde Opfer von Massenvergewaltigungen.[828] Vergewaltigte Frauen wurden danach auf grausamste Weise durch einen Schuss in die Vagina ums Leben gebracht[829] oder sexuell verstümmelt.[830] Es wurden zudem von zahlreichen Fällen von sexueller Sklaverei berichtet.[831] Die Zusammenarbeit in diesem Zusammenhang

822 *Office of the Special Representative of the Secretary-General on Sexual Violence in Conflict*, Team of Experts, Rule of Law/Sexual Violence in Conflict, Annual Report 2011, S. 12.

823 Ebenda.

824 *Office of the Special Representative of the Secretary-General on Sexual Violence in Conflict*, Team of Experts, Rule of Law/Sexual Violence in Conflict, Annual Report 2012, S. 34.

825 Ebenda, S. 33.

826 Report of the International Commission of Inquiry mandated to establish the facts and circumstances of the events of 28 September 2009 in Guinea, UN Doc. S/2009/963 v. 18.12.2009, § 70.

827 Ebenda, § 102.

828 Ebenda, § 107.

829 Ebenda, § 79.

830 Ebenda, § 110.

831 Ebenda, §§ 112–117.

zwischen der Regierung von Guinea und dem Sachverständigen Team wurden im März 2012 vom dem Menschenrechtsrat begrüßt und anerkannt.[832]

In der Demokratischen Republik Kongo und Südsudan konnte das Team auch bereits Konkretes leisten. Das TOE wirkte bei der Ausarbeitung der am 9. Juli 2011 angenommenen Übergangsverfassung von Südsudan mit. Es sorgte für die Annahme von Bestimmungen zu Gleichberechtigung (Art. 16 Abs. 1, 2, 5), Verantwortung der Frauen durch Teilnahme am öffentlichen Leben (Art. 16 Abs. 3, 4 a), Verbot der Diskriminierungen (Art. 14) und Vorbeugung vor sexueller Gewalt. Art. 16 Abs. 4 b) legt der Regierung nahe, „Gesetze zu erlassen, um Gewohnheiten und Traditionen zu bekämpfen, welche die Würde der Frauen untergraben."[833]

In der RDC wurde das TOE in zweierlei Hinsicht tätig. Zum einen unterstützte es die im Rahmen der MONUSCO errichteten „Prosecution Support Cells- PSC" und das Gemeinsame Menschenrechtsbüro der Vereinten Nationen (United Nations Joint Human Rights Office- UNJHRO) in der RDC.[834]

Die PSC bestehen aus einem militärischen und einem zivilen Staatsanwalt sowie einheimischen Ermittlern. Sie sollen der kongolesischen militärischen Justiz auf technische und logistische Weise helfen, die Strafverfolgung von Soldaten besonders in Bezug auf sexuelle Verbrechen zu verstärken.[835]

Das UNJHRO ist der seit Februar 2008 bestehende Zusammensschluss der Abteilung Menschenrechte der MONUSCO und des Büros des UN Hohen Kommissars für Menschenrechte in der RDC. Eines seiner Arbeitsfelder ist die Vertiefung und Entwicklung von Fortbildungen für die Justizpolizei und die Magistratur über das Nationalgesetz über sexuelle Gewalt von 2006 sowie die Verbesserung der logistischen Ausstattung der Polizei für mehr erfolgreiche Festnahmen und die Ausbildung von Frauen für den juristischen Bereich.[836] Zusammen haben das TOE und das UNJHRO 2012 530 kongolesische Soldaten, 400 Magistrate und 785 Polizeibeamten in der Prävention von sexueller Gewalt oder in den Ermittlungstechniken in Fällen von sexuellen Verbrechen ausgebildet.[837]

---

832 UN Doc. A/HRC/19/L.40 v. 21.03.212, Ziff. 4.

833 *Office of the Special Representative of the Secretary-General on Sexual Violence in Conflict,* Team of experts, rule of law/sexual violence in conflict, Annual Report 2012, S. 40.

834 *MPTFO,* Fifth Consolidated Annual Progress Report on Activities Implemented under the UN Action Against Sexual Violence in Conflict Fund, 31.05.2014, S. 15.

835 UN Doc. S/Res/1925 (2010) v. 28.05.2010 Ziff. 12 d) und Internetseite der MONUSCO/Activities/Justice Support/Military justice http://monusco.unmissions.org/Default.aspx?tabid=10806&language=en-US (Stand Mai 2015).

836 Internetseite der MONUSCO/Activities/Human Rights/Mandate http://monusco.unmissions.org/Default.aspx?tabid=10766&language=en-US (Stand Mai 2015).

837 UN Doc. S/2012/823 v. 14.11.2012, § 59; *Office of the Special Representative of the Secretary-General on Sexual Violence in Conflict*, Team of Experts, Rule of Law/Sexual Violence in Conflict, Annual Report 2012, S. 29.

Zum anderen arbeitet das TOE weiterhin mit der kongolesischen Regierung an einem Entwurf eines Gesetzes zur Errichtung eines Sondergerichts mit Zuständigkeit für die in der RDC seit 1990 begangenen Kriegsverbrechen, Verbrechen gegen die Menschlichkeit und Völkermord unter Teilnahme von nationalen und internationalen Richtern und Staatsanwälten.[838] Eine erste Empfehlung, ein solches Gericht zu errichten, wurde 2011 vom Senat der RDC wegen Bedenken bezüglich potentieller Kollisionen mit den verfassungsrechtlichen Bestimmungen über die Gerichtsbarkeit über das Militär- und Polizeipersonal, sowie wegen möglicher Überschneidung mit der ausschließlichen Zuständigkeit der Court de Cassation und Bedenken wegen Vorrechten und der Immunität bestimmter Beamter verworfen.[839]

bb) Mobile Gerichte

Einer der Partner des TOE in der RDC, das UNJHRO hat eine Arbeitsgruppe gebildet, die sich ausschließlich mit sexueller und geschlechtsspezifischer Gewalt beschäftigt. Das UNJHRO hat als Hauptziel die Vorbereitung der Bevölkerung auf den Rückzug der MONUSCO. Es ermutigt die kongolesische Bevölkerung, Menschenrechtsverletzungen zu erkennen und anzuzeigen und unterstützt die Regierung bei der Ahndung von Menschenrechtsverletzungen. Zusätzlich zu der Lobbyarbeit bei den Politikern zur Wahrnehmung von sexueller Gewalt hilft es den Opfern, den Rechtsweg zu bestreiten und Entschädigungen zu bekommen.[840] In diesem Zusammenhang unterstützt die „Arbeitsgruppe sexueller Gewalt" die globale Strategie in der Bekämpfung der Straflosigkeit von sexuellen Gewalttaten, indem sie Öffentlichkeitskampagnen gegen gütliche Einigungen im Fall von Vergewaltigungen, gegen Stigmatisierung der Opfer und zur Kenntnisverbreitung der möglichen Strafe im Fall einer Vergewaltigung durchführt. Zudem leistet sie logistische Unterstützung bei der Einrichtung von mobilen Gerichten, die in der Tiefe des Landes Recht sprechen oder Beweise und Aussagen aufnehmen.[841] Diese mobilen Gerichte sind auf eine Initiative der *American Bar Association* und *Open Society Justice Initiative* zurückzuführen.[842]

Im Jahre 2010 verhandelten neun mobile Gerichte 186 Fälle, darunter 115 Vergewaltigungsfälle. 95 Verurteilungen führten zu einer Freiheitsstrafe zwischen 3 und 20 Jahren.[843] 2011 verurteilte ein mobiles Gericht erstmalig einen Oberstleutnant und

---

838 *MPTFO*, Fifth Consolidated Annual Progress Report on Activities Implemented under the UN Action Against Sexual Violence in Conflict Fund, 31.05.2014, S. 15.

839 *Office of the Special Representative of the Secretary-General on Sexual Violence in Conflict*, Team of Experts, Rule of Law/Sexual Violence in Conflict, Annual Report 2011, S. 10.

840 Internetseite der MONUSCO/Activities/Human Rights/Mandate http://monusco.unmissions.org/Default.aspx?tabid=10766&language=en-US (Stand Mai 2015).

841 Internetseite der MONUSCO/Activités/Droits de l'homme/Groupes de travail http://monusco.unmissions.org/Default.aspx?tabid=11240&language=fr-FR#Violences_sexuelles (Stand Mai 2015).

842 *UN Women*, Progress of the World's Women: in Pursuit of justice, 2011, S. 93.

843 Ebenda.

zehn andere FARDC- Soldaten, darunter 3 Majore und einen Hauptmann, wegen Verbrechen gegen die Menschlichkeit und verhängte Gefängnisstrafen bis zu 20 Jahre und finanzielle Entschädigungen.[844] Die vor Ort gemeinsam vom Gerichtspersonal und dem UNJHRO durchgeführten Ermittlungen hatten ergeben, dass diese Soldaten in der Silvesternacht während einer Strafexpedition in der Stadt *Fizi* mehr als 40 Frauen und Mädchen vergewaltigt hatten.[845] Das mobile Militärgericht gab den 49 aussagenden Frauen die Möglichkeit, unter Ausschluss der Öffentlichkeit zu berichten und von einem Psychologen betreut zu werden. Diese ersten Verhaftungen und Verurteilungen hochrangiger Soldaten in der RDC wurden von den Vereinten Nationen hoch gelobt, denn sie setzen ein wahres Zeichen an die Bevölkerung und an die Soldaten, dass sexuelle Verbrechen nicht geduldet werden.[846] Für die Frauen kann die Durchführung von Verhandlungen vor Ort und das Verkünden von Urteilen vor der ganzen Gemeinde ihre Wiedereingliederung in die Gesellschaft erleichtern. Hunderte von Menschen aus der näheren Umgebung hören, dass Unrecht getan worden ist.[847] Diese Anerkennung kann zudem Frauen dazu ermutigen, über ihre Erlebnisse zu sprechen und den Rechtsweg zu beschreiten. Dafür wurden sog. „cliniques juridiques" eingeführt, welche die Frauen vor, während oder nach einem Prozess unterstützen.

cc) Cliniques juridiques

Sog. „Cliniques juridiques" wurden bereits 2007 im Sudan errichtet. Es sind Rechtsberatungszentren, welche unter anderem kostenlosen Rechtsbeistand und Rechtsvertretung vor Gericht anbieten.[848] Sie helfen den Frauen dabei, die materiellen Hürden eines Verfahrens zu überwinden, indem sie etwa die damit verbundenen Fahrt- und Übernachtungskosten übernehmen und ihnen hiermit eine Teilnahme an einem Prozess entweder als Opfer oder als Zeugen ermöglichen. Sie tragen zudem durch ihre Öffentlichkeitsarbeit und Übertragung von Prozessen über sexuelle Gewalt im Fernsehen und Radio zur Aufklärung über die Rechtslage zu sexueller Gewalt bei. Seit 2008 konnte das UNJHRO in RDC in Zusammenarbeit mit UNDP und NGOs 36 cliniques juridiques in 9 Provinzen unterstützen.[849] 2011 wurde durch die finanzielle Förderung der schwedischen Agentur für die internationale Entwicklungskooperation die Zusammenarbeit zwischen den cliniques juridiques und den Gemeinden im Rahmen von „journée de formation des relais communautaires" verstärkt. Dabei wurden Standespersonen, Mitglieder der Zivilgesellschaft wie lokale

---

844 Ebenda.

845 *UN News*, « La Monusco confirme de nouveaux viols de l'armée régulière » v. 09.02.2011.

846 *UN News*, "DR Congo mass rape verdicts send strong signal to perpetrators – UN envoy" v. 21.02.2011.

847 *UN Women*, Progress of the World's Women: in Pursuit of justice, 2011, S. 93.

848 Ebenda, S. 92.

849 *DPKO*, Justice Review, Vol. 3, Juni 2012, S. 33.

Politiker, religiöse Oberhäupter, Dorfoberhäupter, Lehrer, Ärzte, Journalisten, die in der Gemeinde einen bestimmten Bekanntheitsgrad genießen, mit dem Thema der sexuellen Gewalt vertraut gemacht, damit sie sensibler mit diesem Thema umgehen und die Aufmerksamkeit der Bevölkerung auf die „cliniques juridiques" ziehen.[850] Diese kostengünstige Arbeit an der Basis könnte seinen Anteil zu einer Erhöhung der gemeldeten und hierdurch vor Gericht verhandelten Fälle beitragen. Zudem könnten diese Vermittler zu einer besseren Erfassung sexueller Verbrechen vor Ort mitwirken und damit dem MARA-System der Vereinten Nationen dienen.

dd) Datenbank

In seiner Resolution 1960 hatte der Sicherheitsrat den Generalsekretär ersucht, ein System der Überwachung, Analyse und Berichterstattung (Monitoring, Analysis and Reporting Arrangements- MARA) betreffend sexueller Gewalt im Zusammenhang mit Konflikten aufzubauen, um eine kohärente und koordinierte Vorgehensweise in der Bekämpfung sexueller Gewalt im Konflikt vor Ort sicherzustellen.[851] Dabei hat er zu einer Zusammenarbeit aller UN Einheiten mit den nationalen Institutionen, NGOs und Frauenorganisation für die Datenerhebung, deren Auswertung und die Prüfung geeigneter Maßnahmen aufgerufen.[852] Für die Versorgung dieses Systems spielen sog. „sgbv-Taskforces", die etwa in Liberia auf County Ebene eingerichtet wurden und aus sowohl UN als auch lokalen Akteuren bestehen, eine wichtige Rolle. Sie sind im Notfall schnell aktiv, überweisen die Frauen in Frauenhäuser (sog. Transit-homes) und stehen in Kontakt mit Polizei und Gerichten. Das UNJHRO in RDC führt zudem eigene Ermittlungen durch, wenn Berichte über massive Menschenrechtsverletzungen ans Licht kommen. Dies tat es unter anderem 2010 und 2011 im Zuge von massiven Vergewaltigungen in Walikale und im Masisi-Gebiet. Im ersteren Fall wurden mindesten 355 Frauen und Mädchen von Mitgliedern der FDLR und Maï Maï Sheka Milizen vergewaltigt[853], im letzteren 47 von den FARDC.[854]

850 *A.Essome/J. Tshimanga*, Kivu : La MONUSCO face au défi des violences sexuelles-MONUSCO, Echos de la MONUSCO, Vol. 1, Nr. 2, Août 2011, S. 9.

851 UN Doc. S/Res/1960 (2010) v. 16.12.2010, Ziff. 8.

852 Ebenda.

853 *UNJHRO*, Final Report of the Fact-Finding Missions of the United Nations Joint Human Rights Office into the Mass Rapes and Other Human Rights Violations Committed by a Coalition of Armed Groups along the Kibua-MPofi Axis in Walikale Territory, North Kivu, from 30 July to 2 August 2010 v. 06.07.2011, §§ 25ff. http://monusco.unmissions.org/LinkClick.aspx?fileticket=Z2Gii38VvJk%3d&tabid=10770&mid=13783&language=en-US (Stand Mai 2015).

854 *UNJHRO*, Report on the Investigation Missions of the United Nations Joint Human Rights Office into the Mass Rapes and Other Human Rights Violations Committed in the Villages of Bushani and Kalambahiro, in Masisi Territory, North Kivu, on 31 December 2010 and 1 January 2011 v. 22.07.2011, §§ 20ff. http://monusco.unmissions.org/LinkClick.aspx?fileticket=rH6C8TgPgbk%3d&tabid=10770&mid=13783&language=en-US (Stand Mai 2015).

Diese Ermittlungen sind nicht zuletzt für die Strafverfolgung wichtig, sie ermöglichen eine genauere Bestandaufnahme der Opfer und der Ursachen und Umstände der Verbrechen. Dabei ist noch einmal wichtig zu betonen, dass der Einsatz von Ermittlerinnen die Anzahl der Aussagen deutlich erhöhen kann. Zur Zeit wird im Rahmen von MARA an einem verbesserten Informationsaustausch zwischen den Friedensmissionen und den humanitären Organisationen gearbeitet.[855] Ergänzend zu MARA arbeitet die *UN Action* auch an einer allgemeinen Datenbank der Vereinten Nationen zur Beseitigung der Gewalt gegen Frauen und Mädchen mit.[856] Das *Global Virtual Knowledge Centre to End Violence against Women and Girls* (GBVIMS) bietet über 800 Daten in 60 Sprachen, um auf Bedürfnisse von Entscheidungsträgern, Projektleitern bei der Organisation und Realisierung von Initiativen gegen sexuelle Gewalt eine Antwort zu geben.[857] Zur Zeit sind neun Programmierungsmodule abrufbar.[858] In den jeweiligen Modulen werden Schlüsselkonzepte, Leitprinzipien, erfolgreiche Initiativen, Monitoring Mechanismen und Literaturvorschläge vorgestellt. Dieses Instrument konnte innerhalb eines Jahres seine Nutzer versiebenfachen[859] und erreichte im März 2013 mehr als 900 000 Besucher.[860] Unter den 25 Staaten, welche diese Datenbank am meisten nutzen, befinden sich drei afrikanische Staaten (Südafrika, Marokko und Kenia) und immerhin auf dem vierten Platz ein Staat, der als Prioritätenstaat im Rahmen der *UN Action* gilt: Kolumbien.[861] Sollte es sich weiterhin so schnell verbreiten, könnte dieses Werkzeug in den von konfliktbezogener sexueller Gewalt betroffenen Ländern eine Inspirationsquelle für positive Initiativen werden.

ee) Gerechtigkeit und Wiedergutmachung für Überlebende sexueller Gewalt

Juristische Prozesse und das Erlangen eines Urteils sind als Zeichen der Anerkennung und Akzeptanz des Unrechts für die Frauen heilsam und äußerst wichtig. Sie sind auch für die gesellschaftlichen Versöhnungsprozesse von hoher Bedeutung. Wenn Täter sexueller Gewalt nicht zur Verantwortung gezogen werden, setzen sich

---

855 UN Doc. S/2013/149 v. 14.03.2013, § 117.

856 *MPTFO*, Fourth Consolidated Annual Progress Report on Activities Implemented under the UN Action Against Sexual Violence in Conflict Fund, 31.05.2013, S. 10.

857 *UN Women*, http://www.endvawnow.org/en/about (Stand Mai 2015).

858 Konflikt/Post-Konflikt, Kampagne, Gesundheit, Justiz, Gesetzgebung, Männer und Junge, sichere Stadt, Sicherheit, Zufluchtsort. (Stand Mai 2015).

859 *UN Women*, Virtual Knowledge Centre to End Violence against Women and Girls 2nd Annual Monitoring Report (March 2011-March 2012), S. 2. http://www.endvawnow.org/uploads/browser/files/vkc12-mo_monitoringreport_june2011.pdf (Stand Mai 2015).

860 *UN Women*, Virtual Knowledge Centre to End Violence against Women and Girls 3rd Annual Monitoring Report (March 2012-March 2013), S. 1. http://www.endvawnow.org/uploads/browser/files/vkc12-mo_monitoringreport_3_year_2013.pdf (Stand Mai 2015).

861 Ebenda.

die Gewaltmuster im Frieden fort. Vergewaltigung und häusliche Gewalt werden dann zu Alltagsproblemen. Doch viele Frauen erleben oftmals Justizsysteme als inadäquat und/oder unerreichbar oder sogar als unfähig oder unwillig, weiblichen Überlebenden von Vergewaltigung und anderen Formen sexualisierter Gewalt Gerechtigkeit widerfahren zu lassen.[862] Denn oftmals wird der sozialökonomische und kulturelle Kontext ignoriert, in dem Frauen leben und sozialisiert werden. Dies ist wie bereits erläutert vor allem im Rahmen der internationalen Strafgerichtsbarkeit der Fall.[863] Doch auch im Rahmen der nationalen und lokalen Möglichkeiten, Gerechtigkeit zu erfahren, werden die Frauen mit vielen Hindernissen, Vorurteilen und Widerstand konfrontiert. Zu der Unerreichbarkeit der Gerichte, die nicht immer durch mobile Gerichte gelöst werden kann,[864] der Inkompetenz und schlechten Ausstattung der Polizisten,[865] Richter und Staatsanwälte und der Korruption kommen kulturelle Hemmungen dazu. In manchen Kulturen ist es inakzeptabel, dass eine Frau selbst vor Gericht auftritt. Aufgrund Sexualtabus fällt es den Frauen schwer, das Wort Vergewaltigung direkt auszusprechen. Die Frauen sprechen oft nicht die nationale Verkehrssprache sondern eine lokale Sprache, und in etlichen lokalen Sprachen gibt es keine Begriffe für diese Gewaltakte. Die Frauen müssen dann Umschreibungen verwenden und es droht die Gefahr, dass die Strafverfolgung schon daran scheitert, dass die Ermittler oder Richter diese Symbolik nicht verstehen (wollen).[866] Weil die nationalen Rechtsinstitutionen oft unerreichbar sind und die Infrastruktur durch den Konflikt vielerorts zerstört ist, sind traditionelle Rechtssysteme oftmals die einzigen, die Frauen zur Verfügung stehen. Diese haben den Vorteil, dass sie vor Ort und zeitnah Recht sprechen können. Das traditionelle Recht gilt jedoch als extrem patriarchalisch, frauenfeindlich und parteiisch und kann

862 Wenn nicht anders gekennzeichnet, stützt sich dieser Teil auf dem Bericht einer im September 2008 von Medica mondiale organisierten Fachtagung zum Thema „Was heißt Gerechtigkeit für Frauen und Mädchen, die sexualisierte Gewalt in bewaffneten Konflikten erfahren haben?“ *R. Schäfer/G. Mischkowski/B. Keller/M. Bode*, Auf der Suche nach Gerechtigkeit, Medica mondiale (Hrsg.), 2009, S. 16–22, 25–28.

863 Dazu oben S. 47 ff.

864 Die Stadt Shabunda im Südkiwu mit 20761 Anwohnern verfügt zum Beispiel über keine Gerichte und Gefängnisse und ist nur über dem Luftweg zu erreichen. Die Täter müssen dann in der 300 Km entfernten Stadt Bukawu vor Gericht gestellt werden. *UN OHCHR*, Report of the Panel on Remedies and Reparations for Victims of Sexual Violence in the Democratic Republic of Congo to the High Commissioner for Human Rights, März 2011, §§ 41, 51.

865 In Bukawu verfügt der für die Ermittlungen von sexuellen Verbrechen zuständigen Polizist, lediglich über ein Motorrad. Demnach ist es ihm unmöglich, Verdächtige ins Gewahrsam zu bringen. In Mbandaka in Hauptstadt der Province de l’équateur hat die polizeiliche Einheit zur Prävention und Strafverfolgung sexueller Verbrechen kein Auto, um zu den Opfern zu gelangen. Ebenda, § 6.

866 *R. Schäfer/G. Mischkowski/B. Keller/M. Bode*, Auf der Suche nach Gerechtigkeit, Medica mondiale (Hrsg.), 2009, S. 19.

nur Zivilisten sanktionieren.[867] Das Hauptanliegen der traditionellen Rechtsinstanzen liegt nicht in der Gerechtigkeitssuche der individuellen Frau, sondern in der Aufrechterhaltung einer als traditionell interpretierten Ordnung. In vielen Ländern werden die Frauen für das Geschehene verantwortlich gemacht, als Prostituierte beschimpft und aus der Gemeinschaft ausgeschlossen. Der Täter wird entlastet, das Opfer im Gegenzug belastet. Deswegen finden selten Prozesse über sexuelle Gewalt vor den traditionellen Rechtsinstanzen statt und wenn doch, dann trägt öfter die Frau die Beweislast und muss beweisen, dass sie unschuldig ist. Diese Instanzen führen deswegen oft zu Re-Traumatisierung, Re-Viktimisierung der Überlebenden. Der durch die Vergewaltigung entstandene Konflikt zwischen Familien wird zudem nicht selten mit einem Viehgeschenk oder durch die Zwangsverheiratung der Vergewaltigten mit dem Täter geschlichtet.[868] Viele Opfer ziehen es deshalb lieber vor zu schweigen, auf Gerechtigkeit zu verzichten, um diesem Zustand zu entgehen. Im Rahmen der UNAMID wird jedoch an einer Reaktivierung dieser traditionellen Justizmechanismen gearbeitet, besonders in den Gebieten, in denen staatliche Gerichte schwer zugänglich sind, weil sie als beste Mittel zur Wiederherstellung familiärer und gesellschaftlicher Beziehungen betrachtet werden.[869] Damit aber Frauen auf dieser Ebene überhaupt eine Chance haben, Gerechtigkeit zu erfahren, erscheint es unerlässlich, dass die Gender-Einheiten der UN Mission, internationale und lokale Frauenorganisationen durch Verbreitung der nationalen Gesetze, durch Informationsveranstaltungen auf einen Einstellungswandel der Dorfoberhäupter und der religiösen Autoritäten hinwirken.

Die Unmöglichkeit der Frauen, Zugang zu einem Gericht zu haben, ihre Entscheidung, auf Gerechtigkeit gänzlich oder lediglich im Rahmen der ordentlichen Gerichtbarkeit zu verzichten, weil eine nach traditionellem Recht gefallene Entscheidung ihnen immer noch weniger Unannehmlichkeiten bereitet als eine Aussage vor Gericht, sind besonders problematisch, wenn man bedenkt, dass alle wesentlichen internationalen und regionalen Menschenrechtskonventionen das Recht auf einen wirksamen Rechtsbehelf bei den zuständigen Gerichten und das Recht auf ein faires Verfahren anerkennen.[870] 2006 hat zudem die Generalversammlung eine Grundsatzresolution verabschiedet, in der Grundprinzipien und Leitlinien betreffend das Recht der Opfer von groben Verletzungen der internationalen Menschenrechtsnormen und schweren Verstößen gegen das humanitäre Völkerrecht auf Rechtsschutz und Wiedergutmachung verdeutlicht werden.[871] Demnach werden die Staaten aufgefordert, alle geeigneten Maßnahmen zu ergreifen, um das

---

867 Ebenda, S. 16.

868 Ebenda.

869 *E. A, Rijal*, Reactiving Traditional Justice Mechanisms, UNAMID, Voices of Darfur, Juli 2012, Vol. 3, Nr. 5, S. 25.

870 U.a. Art 8 AEMR, Art. 2 Abs. 3, Art. 14 ICCPR, Art. 7 Abs. 1 Banjul-Charta.

871 Basic Principles and Guidelines on the Rights to a Remedy and Reparation for Victims of Gross Violations of International Human Rights Law and Serious Violations of International Humanitarian Law, UN Doc. A/Res/60/147 v. 21.03.2006.

Recht auf Zugang zur Justiz und auf ein faires und unparteiisches Verfahren zu gewährleisten.[872]

Andere Konfliktlösungsmechanismen wie die Wahrheits- und Versöhnungskommissionen werden generell nicht als geeignetes Mittel zur Aufarbeitung von sexuellen Verbrechen anerkannt.[873] Zum einen fokussieren sie sich vor allem auf die Aufdeckung massiver Menschenrechtsverletzungen wie Mord, Folter oder Verschwindenlassen von politischen Akteuren und nehmen Vergewaltigungen überhaupt nicht als Gewaltverbrechen in Konflikten wahr.[874] Zum anderen verfügen sie nicht über die nötige Ausstattung, um den Frauen die nötige Diskretion und psychische und körperliche Sicherheit bei ihrer Aussage zu geben.[875]

Die Wiedergutmachung der erlittenen Schäden trägt wesentlich zur Herstellung des Gerechtigkeitsgefühls der Frauen bei und ist ebenfalls völkerrechtlich fest verankert.[876] In den soeben angesprochenen Grundprinzipien und Leitlinien der Generalversammlung kann eine Wiedergutmachung die Form einer Restitution, Entschädigung, Rehabilitierung, Genugtuung oder Garantie der Nichtwiederholung nehmen.[877] Im Fall von sexueller Gewalt bekommen die Frauen Kompensationen und Schmerzensgelder fast überall in Form von Geld.[878] Ein positives Beispiel in diesem Sinne scheint die 2006 vom Parlament Bosnien-Herzegowinas verabschiedete Kriegsversehrtenrente für Vergewaltigte zu sein.[879] Die Umsetzung dieses Gesetzes erweist sich jedoch aufgrund der Intransparenz des Antragsverfahrens und der Anfälligkeit der Behörde für Machtmissbräuche als schwierig.[880] Bosnien-Herzegowina wurde deshalb öfter von den UN Menschenrechtsorganen gerügt.[881] Vom Gericht angeordnete entgeltliche Entschädigungen werden aber nicht immer den Opfern ausgezahlt. 2006 wurden sechs Soldaten von einem mobilen Militärgericht wegen Kriegsverbrechen nach deren Teilnahme an Massenvergewaltigungen am 21. Dezember 2003 in Songo Mboyo (RDC) zu lebenslänglichen Haftstrafen sowie

---

872 Ebenda, § 12.

873 *R. Schäfer/G. Mischkowski/B. Keller/M. Bode*, Auf der Suche nach Gerechtigkeit, Medica mondiale (Hrsg.), 2009, S. 28.

874 Ebenda, S. 26.

875 *UN Women*, Progress of the World's Women: in Pursuit of justice, 2011, S. 93.

876 Art. 8 AEMR, Art. 2 ICCPR, Art. 6 ICERD, Art. 39 CRC, Art. 14 CAT, Art. 3 IV. Haager Abkommen v. 1907, Art. 91 ZPI, Art. 25 Banjul-Charta, Art. 75 Römisches Statuts.

877 Basic Principles and Guidelines on the Rights to a Remedy and Reparation for Victims of Gross Violations of International Human Rights Law and Serious Violations of International Humanitarian Law, UN Doc. A/Res/60/147 v. 21.03.2006, Ziff. 19–23.

878 *R. Schäfer/G. Mischkowski/B. Keller/M. Bode*, Auf der Suche nach Gerechtigkeit, Medica mondiale (Hrsg.), 2009, S. 20.

879 Ebenda, S. 21.

880 Ebenda.

881 Dazu unten S. 229 ff.

zur Zahlung von Schadenersatz in Höhe von 165 317 US Dollars an insgesamt 29 Frauen verurteilt. Leider konnten die Täter aus dem Gefängnis fliehen und die Frauen bekamen nichts von dem versprochenen Geld.[882] Als 2010 das von der Hochkommissarin für Menschenrechte einberufene Panel über die Rechtsschutzmittel und Wiedergutmachungsmöglichkeiten für die Opfer sexueller Gewalt in der RDC Opfer besuchte, äußerten die Frauen ihre Hilflosigkeit, Verzweiflung angesichts der unvollständigen Vollstreckung des Urteils und wie frustriert und gedemütigt sie sich fühlen.[883] Doch statt Geld zu verlangen baten sie das Panel, sich für eine kollektive Entschädigung in Form eines Bootes einzusetzen, damit sie Ihre Feldprodukte zum Verkauf auf dem Markt bringen und so ihre Existenzgrundlage sichern können. Dieses wurde ihnen im Februar 2011 von UN Women feierlich überreicht.[884] Viel mehr als entgeltliche kollektive oder einzelne Entschädigungen, welche nach Erachten des Panels die Beweislast verschärfen, fordert das Panel die Notwendigkeit einer dem Einzelfall angemessenen Wiedergutmachung, welche die Rehabilitierung ermöglichen soll.[885] Eine an Fisteln leidende Frau wird dringend eine Operation brauchen, damit sie wieder ein soziales Leben führen kann, eine HIV infizierte Frau braucht Medikamente, um das Voranschreiten der Krankheit zu bremsen, eine infolge einer Vergewaltigung geschwängerte Frau benötigt die Übernahme der Bildungskosten für ihr Kind.[886] Genauso wichtig für die Wiederherstellung der Würde der Frauen und den Respekt vor der Gesellschaft ist die Genugtuung in Form eines öffentlichen Schuldeingeständnisses des Vergewaltigers und der öffentlichen Anerkennung und Würdigung ihres Leids durch den Staat. Eine öffentliche Entschuldigung des Täters oder des Staates, wenn Streikräfte die Übergriffe begangen haben, kann dazu beitragen, dass den vergewaltigten Frauen geglaubt und sie nicht länger als Lügnerinnen angefeindet werden.[887] Möglicherweise kann dies dazu führen, dass eine Frau in die Gesellschaft wiederaufgenommen wird. Der Bericht des Panels hebt hervor, dass in manchen Fällen das Bedürfnis einer Wiedergutmachung nach einer Vergewaltigung eher aus der daraus folgenden Stigmatisierung und dem Verstoß aus den Familien herrührt als aus der sexuellen Gewalt selbst.[888] Eine verstoßene Frau braucht dann eine Unterkunft und Unterstützung bei der Versorgung ihrer Kinder. Ein immer wiederkehrendes Problem ist die Identifizierung der Täter. In der RDC stehen

---

882 *OHCHR*, Report of the Panel on Remedies and Reparations for Victims of Sexual Violence in the Democratic Republic of Congo to the High Commissioner for Human Rights, März 2011, § 113.

883 Ebenda, § 116.

884 *UN Women*, Progress of the World's Women: in Pursuit of justice, 2011, S. 93.

885 *OHCHR*, Report of the Panel on Remedies and Reparations for Victims of Sexual Violence in the Democratic Republic of Congo to the High Commissioner for Human Rights, März 2011, § 149.

886 Ebenda, § 144; Conclusions § 14.

887 Ebenda, Conclusions §§ 5, 15.

888 Ebenda, § 152.

Reparationen nur Frauen zu, welche ihre Peiniger identifizieren können.[889] Doch viele Frauen können die Täter nicht identifizieren, weil sie in der Nacht vergewaltigt worden sind[890] oder weil sie aufgrund des Traumas Gedächtnislücken haben.[891] Demnach haben viele Frauen keine Möglichkeiten, Gerechtigkeit zu erfahren. In einer ähnlichen Lage befinden sich Frauen, die zwar Anzeige erstattet haben, deren Schänder jedoch noch nicht festgenommen worden sind. Solche Situationen führen im Falle von Massenvergewaltigung wie in Songo Mboyo zu Spannungen zwischen den Opfern, welche die gleichen Grausamkeiten erlebt haben, aber anders behandelt werden.[892] Um solchen Ungerechtigkeiten entgegenzuwirken, empfahl das Panel die Errichtung eines Entschädigungsfonds mit Vertretern des kongolesischen Staates, der Vereinten Nationen, der Geldgeber, der Zivilgesellschaft und der Opfer an seiner Spitze. Als Ausdruck ihrer Verantwortung soll die RDC den Hauptbeitrag in Form von Sachleistungen (Zurverfügungstellen von Bauland), symbolischen Handlungen (Widmungen von Schulen, Krankenhäusern an die Opfer) und Beteiligung an den entgeltlichen Entschädigungen leisten.[893]

2014 veröffentlichte der Generalsekretär der Vereinten Nationen Leitlinien über Wiedergutmachungen für die Opfer konfliktbezogener sexueller Gewalt,[894] welche in vieler Hinsicht mit den Erkenntnissen des Panels übereinstimmen. Besonders die erforderliche Kombination und Interaktion der unterschiedlichen Reparationsarten (gerichtlich/außergerichtlich, individual/kollektiv, symbolisch/entgeltlich) wird hervorgehoben.[895] Im Einklang mit dem Bericht der Sonderberichterstatterin über Gewalt gegen Frauen über die Reparationen für Frauen als Opfer sexueller Gewalt[896] gehören ferner laut diesen Leitlinien die Errichtung seitens des Staates von außergerichtlichen flexiblen und zügigen Reparationsprogrammen (administrative reparation programmes) sowie die Möglichkeit für die Überlebenden, vorläufige dringenden Reparationen zu erhalten, zu den diesbezüglich effektivsten Maßnahmen.[897] Die Vereinten Nationen sollen zudem auf zwei weitere wichtige Punkte achten: die Reparationen sollen Teil eines transformatorischen und partizipatorischen Prozesses sein.[898] Sie sollen dazu beitragen, verankerte Ungleichheiten zu bekämpfen und die gesellschaftliche und wirtschaftliche Situation der Überlebenden zu ändern.

---

889 Ebenda, Conclusion § 7.

890 Ebenda, § 27.

891 Ebenda, § 61.

892 Ebenda, Conclusion § 12.

893 Ebenda, Recommendation § 7.

894 Reparations for Conflict-Related Sexual Violence, Guidance Note of the Secretary General, Juni 2014, http://www.ohchr.org/Documents/Issues/Women/WRGS/PeaceAndSecurity/ReparationsForCRSV.pdf (Stand Mai 2015).

895 Ebenda, S. 6, S. 7f.

896 UN Doc. A/HRC/14/22 v. 23.04.2010, § 36f.

897 Reparations for Conflict-Related Sexual Violence, Guidance Note of the Secretary General (Fn. 894), S. 6f., S. 12f.

898 Ebenda, S. 4f., S. 10f.

In diesen Prozess sollen die Opfer stets einbezogen werden. Diese zwei Punkte der Leitlinien des Generalsekretärs über Reparationen für die Opfer konfliktbezogener sexueller Gewalt stimmen mit zwei Kernprinzipien der Erklärung von Nairobi über das Recht der Frauen und Mädchen auf einen wirksamen Rechtsbehelf und Reparationen überein.[899] Diese Erklärung wurde im März 2007, also genau ein Jahr nach der Resolution der Generalversammlung über die Grundprinzipien und Leitlinien betreffend das Recht der Opfer auf Rechtsschutz und Wiedergutmachung im Falle von Menschenrechtsverletzungen oder Verstößen gegen das humanitäre Völkerrecht, von Vertretern von 34 Menschenrechtsorganisationen aus der ganzen Welt verabschiedet, um mehr Teilnahme von Frauen bei der Festlegung von Maßnahmen, die sie als erste betreffen, hervorzurufen[900] und bildete eine wichtige Grundlage für einen geschlechtsspezifischeren Umgang mit Reparationen.[901] Angemessene verhältnismäßige Reparationen sowie keine Amnestie für sexuelle Verbrechen gehören auch zu den Aspekten, die Mediatoren der Vereinten Nationen bei der Verhandlung von Waffenstillstandsvereinbarungen und Friedensabkommen seit 2012 mitberücksichtigen müssen.[902]

Gegenüber dem Panel äußerten die Frauen in der RDC, dass ihr „sehnlichster Wunsch", „größter Traum", „größte Hoffnung" der Frieden sei.[903] Zusammen mit der Sicherheit, dass es nicht wieder passiert, ist er die Grundvoraussetzung für einen neuen Anfang. Damit könnte Stabilität im Alltag der Opfer einkehren und ihnen die Möglichkeit gegeben werden, sich ins Leben wieder einzufinden.

Doch die Langzeitfolgen sexueller Übergriffe erschweren den Frauen die Wiedereingliederung in die Gesellschaft. Die erlittenen körperlichen und psychischen Schäden können zur Stigmatisierung der Frauen führen. Leider wird dieser Aspekt von sexueller Gewalt in den Programmen, die sich um eine Lösung von sexueller Gewalt bemühen, nicht ausreichend berücksichtigt.[904]

---

899 Nairobi Declaration on Women's and Girls' Right to a Remedy and Reparation, 2007, https://www.fidh.org/IMG/pdf/NAIROBI_DECLARATIONeng.pdf (Stand Mai 2015).

900 *V. Couillard*, The Nairobi Declaration: Redefining Reparations for Women Victims of Sexual Violence, The international Journal of Transitional Justice, Vol. 1, 2007, S. 446.

901 Reparations for Conflict-Related Sexual Violence, Guidance Note of the Secretary General (Fn. 894), S. 4.

902 *UNDPA*, Guidance for Mediators, Addressing Conflict-Related Sexual Violence in Ceasefire and Peace Agreements, 2012, Part IV.

903 *OHCHR*, Report of the Panel on Remedies and Reparations for Victims of Sexual Violence in the Democratic Republic of Congo to the High Commissioner for Human Rights, März 2011, § 4.

904 Ebenda, Conclusion § 17.

c) *Versorgung von Überlebenden*

aa) Gesundheit und Wiedereingliederung in der Gesellschaft

Die durch sexuelle Gewalt entstandenen gesundheitlichen Schäden stellen einen der Bereiche dar, der lange hingenommen wurde, ohne aktiv an einer Verbesserung der Umstände hinzuwirken. Erst mit der Resolution 2106 (2013) geht der Sicherheitsrat eindringlicher auf die Folgen von sexueller Gewalt für die Frauen ein, wenn er die Bedeutung einer rechtzeitigen und umfassenden gesundheitlichen Hilfeleistung für die Überlenden anerkennt und alle Einheiten der Vereinten Nationen, die Mitgliedstaaten sowie die Geldgeber durch die Aufstockung der Mittel und die Stärkung der nationalen Kapazitäten zur Unterstützung der Frauen auffordert.[905] Zudem stellt er erstmalig die Verbindung zwischen sexueller Gewalt in Situationen bewaffneten Konflikts und in Postkonfliktsituationen und HIV-Infektionen fest.[906] Zuvor hatte er sich in den Resolutionen 1820 (2008), 1888 (2009) und 1960 (2010) lediglich darauf beschränkt, ohne weitere Details zum Aufbau des Gesundheitswesens aufzurufen.[907] Folglich blieben die Fortschritte oder die Mängel der Staaten in diesem Bereich in den Berichten des Generalsekretärs zu sexueller Gewalt in Konflikt unerwähnt. Dabei richten sexuelle Gewaltakte solch gravierende langfristige gesundheitliche Schäden an und rufen Traumatisierungen hervor, welche die Rückkehr der Frauen in ein – soweit überhaupt noch möglich – „normales Leben" maßlos erschweren und lebenslange Spuren hinterlassen. Sexuelle Übergriffe verursachen schlimme innere und äußere Körperverletzungen.[908] Durch diese Gewaltakte, des Öfteren mithilfe von Stöcken, Maschinenpistolen oder anderen Fremdkörpern begangen, werden die Reproduktionsorgane der Frauen zerstört und die Frauen leiden unter Fisteln, einem Riss der Gewebe zwischen dem Rektum und der Blase, die eine starke Inkontinenz verursachen. Diese gynäkologischen Probleme, die zur Unfruchtbarkeit und damit in Afrika zur Heiratsunfähigkeit führen können und die Opfer vom Rest der Gesellschaft stark isolieren, werden von psychosomatischen Krankheiten wie Bluthochdruck, Herzkreislauf- und Magen-Darm-Erkrankungen, Kopf und Rückenschmerzen und Erschöpfung begleitet. Die Verbreitung von Geschlechtskrankheiten unter anderem HIV/AIDS ist eine der schwerwiegendsten Folgen der Massenvergewaltigungen. Nicht nur, dass die Täter ihr Opfer infizieren, die Frau steckt dann im schlimmsten Fall ihren Ehemann und ihr ungeborenes Kind weiter an. Die *UN Action* kann zwar in der RDC Protokolle zur Mindestqualitätsanforderungen bei der Versorgung von

---

905 UN Doc. S/Res/2106 (2013) v.24.06.2013, Ziff. 19.

906 Ebenda, Ziff. 20.

907 UN Docs. S/Res/1820 (2008) v. 19.06.2008, S/Res/1888 (2009) v. 30.09.2009 jeweils Ziff. 13, S/Res/1960 (2010) v. 16.12.2010, Präambel, Abschnitt 13.

908 *I. Joachim*, Sexualisierte Kriegsgewalt und ihre Folgen, in: Medica mondiale, K. Griese (Hrsg.), Sexualisierte Kriegsgewalt und ihre Folgen, 2006, S. 63–66.

Opfern sexueller Gewalt entwickeln,[909] vor Ort ist die medizinische Versorgungslage von Frauen im Kontext von Krieg durch den Mangel an Fachpersonal, Material, Medikamenten so stark reduziert, dass Geschlechtskrankheiten nicht behandelt, notwendige Operationen oder Schwangerschaftsabbrüche nicht ordentlich durchgeführt werden können.[910] In manchen Regionen fehlt es schlichtweg an Einrichtungen, so dass Frauen in der RDC manchmal erst nach drei Tagen Fußmarsch die erste medizinische Versorgung bekommen können.[911] Seit 1999 im Panzi Krankenhaus in Bukavu bietet Dr. Denis Mukwege eine kostenfreie Versorgung für Opfer sexueller Gewalt an und stellt die Sexualorgane der Frauen und Mädchen wieder her. Über 40 000 Frauen konnte er bis heute ein Stück Würde zurückgeben.[912] Doch sein Engagement für die Frauen auch auf der internationalen Ebene gefällt nicht jedem, und 2012 musste er kurzeitig die RDC verlassen, nachdem er am 25. Oktober 2012 Opfer eines Attentats geworden ist, was für weltweite Empörung gesorgt hatte.[913] Der Zugang zu den Opfern über die Medizin ist sehr wichtig, und die Vereinten Nationen, die laut Resolution 1960 (2010) an einem verbessertem Datenerhebungssystem der Verbrechen arbeiten, sollten verstärkt in diesem Bereich durch die Ausbildung von Ärzten und Krankenschwestern, welche Hinweise auf sexuelle Gewalt deuten können, investieren. In der Regel nennt eine Frau, die um medizinische Hilfe ersucht, nicht Vergewaltigung als ersten Grund ihres Besuchs. Erst im Lauf der Behandlung kommen die Erlebnisse und hervorgerufenen Traumatisierungen ans Licht.[914] Von allen psychischen Folgen, worunter die Frauen leiden wie Ängste, Phobien, Depressionen, Verlust des Selbstwertgefühls[915] sind die Symptome einer Posttraumatischen Belastungsstörung (PTBS) diejenigen, welche sich hartnäckig über viele Jahre zeigen, mit großer zeitlicher Verzögerung

909 *MPTFO*, Fourth Consolidated Annual Progress Report on Activities Implemented under the UN Action Against Sexual Violence in Conflict Fund, 31.05.2013, S. 10.

910 *M. Hauser, K. Griese*, Umgang mit sexualisierter (Kriegs-)Gewalt und Trauma in der gynäkologischen und Geburtshilflichen Praxis, in: Medica mondiale, K. Griese (Hrsg.), Sexualisierte Kriegsgewalt und ihre Folgen, 2006, S. 301.

911 *OHCHR*, Report of the Panel on Remedies and Reparations for Victims of Sexual Violence in the Democratic Republic of Congo to the High Commissioner for Human Rights, März 2011, § 74.

912 *A. Cojean*, Dans l'est du Congo, les viols comme armes de guerre, Le Monde v. 16.07.2013 http://www.lemonde.fr/afrique/article/2013/07/16/dans-l-est-du-congo-les-viols-comme-armes-de-guerre_3448206_3212.html?xtmc=panzi_hopital&xtcr=1 (Stand Mai 2015).

913 *UN News*, "UN chief condemns attack on home of renowned doctor in eastern DR Congo"v. 26.10.2013; *UN News*: „Attack on Congolese doctor sparks outrage from UN envoy on sexual violence in conflict" v. 27.10.2012.

914 *M. Hauser, K. Griese*, Umgang mit sexualisierter (Kriegs-)Gewalt und Trauma in der gynäkologischen und Geburtshilflichen Praxis, in: Medica mondiale, K. Griese (Hrsg.), Sexualisierte Kriegsgewalt und ihre Folgen, 2006, S. 312–318.

915 *I. Joachim*, Sexualisierte Kriegsgewalt und ihre Folgen, in: Medica mondiale, K. Griese (Hrsg.), Sexualisierte Kriegsgewalt und ihre Folgen, 2006, S. 68–71.

auftreten und sich bei einer fehlenden Verarbeitung verstärken und verändern.[916] Ein Trauma ist die Folge von Ereignissen, bei denen weder Flucht noch Kampf möglich sind und die üblichen Bewältigungsmechanismen zusammenbrechen.[917] Nicht verarbeitete individuelle oder kollektive Traumata können fatale Folgen für die Gesellschaft haben, denn das Urvertrauen zu sich selbst, zu anderen Menschen und in die Zukunft dieser Frauen ist tief erschüttert.[918] Die Frauen erleben wiederholt das Trauma in Form von sich aufdrängenden belastenden Erinnerungen (sog. Flashbacks, die in vielen Kulturen mit Hexereien gleichgestellt werden) oder Albträumen. Die Frauen fürchten sich vor und vermeiden Aktivitäten und Situationen, die Erinnerungen an das Trauma wachrufen können. Dies ist nicht immer möglich, denn oft müssen die Frauen in ihrem Umfeld weiterleben, manchmal mit dem Täter als Nachbarn. Die Frauen haben das Gefühl, nichts mehr empfinden zu können. Sie kommen in einem Gleichgültigkeitszustand gegenüber anderen Menschen und ihrer Zukunft. Sie können sich weder über das Negative ärgern noch über das Positive freuen. Sie sind emotional abgestumpft, betäubt. Weitere Symptome sind die Übererregtheit und übertriebene Wachsamkeit, sowie Schreckhaftigkeit, Reizbarkeit, Konzentrationsstörung und Schlaflosigkeit.[919] Soziale Unterstützung ist einer der wichtigsten Faktoren bei der Verarbeitung traumatischer Ereignisse.[920] Unterstützung durch Nahestehende der Überlebenden kann einer Frau helfen, ihre Gefühle der Scham, des Stigmas und des Beschädigtseins zu entgiften. Umgekehrt wird sich ein Opfer, deren Eltern und Verwandte negative Einstellungen zu Überlebenden sexueller Gewalt im Allgemeinen hegen, verstärkt schuldig fühlen. Leider werden viele Opfer sexueller Gewalt eher stigmatisiert und verstoßen als unterstützt. Diese Ablehnung der Betroffenen durch das soziale Umfeld führt zu einer Verschlechterung der posttraumatischen Symptomatik. Besonders in Kongo und Ruanda besteht ein Konsens in der Gesellschaft, dass die Frauen nicht vergewaltigt worden sind, sondern sich haben vergewaltigen lassen. Wichtig ist deshalb, den kulturellen Entwertungsprozess durch Gespräche mit den Dorfältеren zu mindern. Denn in Gesellschaften, in denen Frauen als minderwertig behandelt werden, stellt die Anerkennung ihres Leids seitens eines Mannes eine unglaubliche Aufwertung dar. Bei der Traumaarbeit geht es des Weiteren darum, ein Klima des Schutzes und der Sicherheit herzustellen, damit die Frauen die Kontrolle über ihr Leben zurückbekommen. Die Wiedereingliederung der Opfer

916 Ebenda, S. 72.

917 *S. Lindorfer*, Welche Wunden schlägt Gewalt, wichtige Begrifflichkeiten und Definitionen der Psychotraumatologie, Arbeitsmaterial bei der Fortbildung Kriegsgewalt und Trauma, Medica mondiale, Sept. 2012.

918 *I. Joachim*, Sexualisierte Kriegsgewalt und ihre Folgen, in: Medica mondiale, K. Griese (Hrsg.), Sexualisierte Kriegsgewalt und ihre Folgen, 2006, S. 58.

919 Ebenda, S. 73, 74 und ff. sowie *Dr. Simone Lindorfer* (Fn. 917).

920 Die folgenden Erläuterungen sind erworbene Kenntnisse im Rahmen der von Dr. Simone Lindorfer und Karin Griese geleiteten Medica Mondiale Fortbildung zum Thema „Kriegsgewalt und Trauma" am 28. und 29. September 2012 in Köln.

sexueller Gewalt in die Gesellschaft ist Gegenstand eines komplexen Prozesses, in dem sich die körperliche, psychische und soziale Ebene wechselweise beeinflussen und deshalb auf allen Ebenen gearbeitet werden muss.[921] Doch die Spuren, die sexuellen Übergriffen hinterlassen, betreffen auch die nächste Generation.

bb) Das Problem der "Vergewaltigerbastards"

Eine erhebliche Anzahl der Frauen, die sexuelle Kriegsgewalt erlebten, wird schwanger und bringt Kinder der Vergewaltiger zur Welt. Offizielle Schätzungen bezüglich Ruanda gehen von zwischen 2000 und 5000 geborenen Kindern infolge von erzwungenen Schwangerschaften und sexueller Gewalt während des Genozids aus, während inoffizielle Quellen von weit über 10 000 Kindern ausgehen.[922] Diese Kinder der Feinde werden in den meisten Fällen von der eigenen Mutter und derer Familie misshandelt, verstoßen und vom Staat ausgegrenzt und diskriminiert. In Ruanda zum Beispiel werden die Kinder der Täter vom Staat nicht anerkannt und bekommen kein Schulgeld. Den Müttern fällt es schwer, eine liebevolle Bindung zu ihren Kindern aufzubauen, weil diese sie ständig an die brutalen sexuellen Gewaltakte erinnern. Diese Kinder erschweren das Loslassen der Vergangenheit, sie erlauben das Vergessen nicht. Demnach sind es eher Hass und Ablehnungsgefühle, welche die Mutter-Kind Beziehung belasten.[923] Schwanger zu werden nach einer Vergewaltigung wird als „lebenslange Folter“ empfunden.[924] Die Frauen versuchen, nach dem Krieg ihr Leben wiederaufzubauen, heiraten Männer, die sie trotz ihrer Vergangenheit annehmen und bekommen weitere Kinder. Doch Kinder, welche Vergewaltigungen entstammen, haben Schwierigkeiten, einen Platz in der Gesellschaft zu finden. Sie werden oft in der eigenen Familie nicht als vollwertiges Mitglied akzeptiert, leben am Rande der Gesellschaft, werden von ihren Mitschülern als „Mörderkinder“ oder „Vergewaltigerbastard“ beschimpft. Sie sind meistens selbst traumatisiert, denn sie werden als Schuldige behandelt.[925] Sie merken, dass etwas nicht stimmt, meistens aber schweigen die Mütter. Gleichzeitig fühlen sich die Mütter alleingelassen, sind oft verbittert und entwickeln Schuldgefühle gegenüber ihrem Kind. Um hier entgegen zu wirken, werden Programme angeboten, um eine Annäherung zwischen Mutter und Kind zu ermöglichen und der Mutter Halt und Trost zu geben. In Ruanda werden im Rahmen von Frauenforen anhand gezielter Rollenspiele, Gesänge, Gebete, traditioneller Tänze in Einzel- und Gruppenberatungen an der Verarbeitung der traumatischen Ereignisse und an der Verbesserung der

---

921 *I. Joachim*, Sexualisierte Kriegsgewalt und ihre Folgen, in: Medica mondiale, K. Griese (Hrsg.), Sexualisierte Kriegsgewalt und ihre Folgen, 2006, S. 58.

922 *M. C. Mukangendo*, Caring Children Born of Rape in Rwanda, in: R. C. Carpenter (Hrsg), Born of war, 2007, S. 40.

923 *S. Keienburg/K. Griese*, „Irgendwann (...) werde ich ihm die ganze Wahrheit sagen“ in Trauma & Gewalt, Heft 2/2012, S. 157, 158.

924 Ebenda, S. 160.

925 Ebenda.

Mutter-Kind Beziehung gearbeitet.[926] 2013 hat der Generalsekretär in seinem Bericht über konfliktbezogene sexuelle Gewalt auf die mangelnden Informationen über diese Kinder und ihre Erlebnisse hingewiesen, mehr Nachforschungen über ihre Lebenslage empfohlen, und zu einer stärkeren Berücksichtigung ihrer Bedürfnisse aufgerufen.[927] Der Sicherheitsrat ließ leider diese Frage in der Resolution 2106 (2013) unangesprochen. Dabei würde sich diese „Investition in die Zukunft" lohnen, denn es sind solche stigmatisierten Kinder, die von den Rebellengruppen gesucht und am Ende Kindersoldaten werden.

d) Advocacy for action

Damit die ganze *UN Action* Erfolge erzielt, muss ihre Botschaft durch die Welt getragen werden. Die „Stimme" der *UN Action* ist die der Sonderbeauftragten des Generalsekretärs für sexuelle Gewalt im Konflikt. Seit Februar 2010 ist sie dafür zuständig, dass die Welt erfährt, dass sexuelle Verbrechen in bewaffneten Konflikten als Kriegsverbrechen, Verbrechen gegen die Menschlichkeit und als ein Tatbestand von Völkermord eine Verletzung des humanitären Völkerrechts und des internationalen Strafrechts darstellen, dass sexuelle Gewalt im Krieg kein Nebenprodukt des Kriegs ist, sondern als Kriegswaffe eingesetzt wird.[928] Ihre Aufgabe liegt sowohl in der Verstärkung des politischen Willens zur Anerkennung dieser Verbrechen, deren Bekämpfung und Strafverfolgung als auch in der Ermutigung der Frauen, diese Verbrechen anzuprangern und Reparationen zu fordern. Durch ihre Teilnahme an politischen Gesprächen trägt die Sonderbeauftragte die Stimme der Überlebenden in Foren, sorgt dafür, dass dieses Thema nie vergessen wird. Der Erfolg dieser Funktion ist natürlich persönlichkeitsabhängig. Während *Margot Wallström*, die erste Sonderbeauftragte eine sehr starke Medienpräsenz zeigte, um das Thema in den Vordergrund zu bringen, setzt ihre seit dem 1. Juni 2012 neuberufene Nachfolgerin, die ehemalige Gesundheitsministerin in Sierra Leone, *Zainab Hawa Bangura*, ihre Arbeit unter anderem mit einem sehr präsenten und starken advocacy nach außen im Internet und in den sozialen Netzwerken fort.[929] Am 11. April 2013 war sie zudem dabei, als die G8 Außenminister in London auf Initiative des britischen Außenministers *William Hague* eine historische Erklärung für ein gemeinsames Vorgehen der G8-Länder bei der Bekämpfung sexualisierter Kriegsgewalt

926 Ebenda, S. 157.

927 UN Doc. S/2013/149 v. 14.03.2013, §§ 12, 130 b).

928 UN Doc. SG/A/1220 v. 02.02.2010.

929 *E. O'Gorman*, Review of UN Action Against Sexual Violence in Conflict 2007–2012 – Final Report, Januar 2013, S. 28. Als positives Beispiel kann die Anfang 2014 freigeschaltete eigene Internetseite der Sonderbeauftragte des Generalsekretärs für sexuelle Gewalt in Konflikt benannt werden, die zwar längst überfällig war, dafür umso informativ ist. http://www.un.org/sexualviolenceinconflict/ (Stand Mai 2015).

einstimmig annahmen.[930] In der Erklärung betonen die Minister, dass Vergewaltigung und andere sexuelle Verbrechen als Kriegsverbrechen und schwere Verletzung der Genfer Konventionen betrachtet und als solche konsequent strafrechtlich verfolgt werden müssen. Die Staaten werden ausdrücklich dazu aufgefordert, im Falle von sexueller Gewalt Ermittlungen aufzunehmen und die Täter vor Gericht zu stellen. Um eine einheitliche Vorgehensweise zu gewährleisten und die internationale Koordination zu verbessern, sollte dafür ein neues Internationales Protokoll zur Erforschung und Dokumentation von sexualisierter Kriegsgewalt auf den Weg gebracht werden. Neben der Bereitstellung von Geldern in Höhe von 27 Millionen Euros für Arbeit von Hilfsorganisationen verpflichten sich die G8-Nationen dazu, politisches Engagement zu zeigen. Sie sollen besonders bei jedem Friedensabkommen, woran die Staaten mitwirken, sich für die Vorbeugung und Bestrafung von sexueller Gewalt und besonders gegen eine Amnestie sexueller Verbrechen aussprechen und auf die Einbeziehung der Frauen in der Friedensicherung im Sinne von Resolution 1325 achten. Zudem werden die Notwendigkeit der Unterstützung von Überlebenden und deren Familie sowie der MenschenrechtsverteidigerInnen und der Ausbildung eigener und ausländischer Streit- und Sicherheitskräfte zu diesem Thema hervorgehoben.

Diese Erklärung der acht mächtigsten Staaten der Welt wurde weltweit begrüßt und erlangte nicht zuletzt dank der Anwesenheit vom Weltstar Angelina Jolie viel Öffentlichkeit. Die Erklärung ist ein eindeutiges politisches Signal im Kampf um die Anerkennung und den Schutz der Rechte von Frauen und Mädchen in bewaffneten Konflikten und zeigt einen wiederbelebten politischen Willen westlicher Staaten, Vergewaltigung und andere sexuelle Verbrechen nicht weiter als Mittel der Kriegsführung zu akzeptieren, die Täter künftig stärker zur Rechenschaft zu ziehen und das Wohlergehen der Überlebenden zu berücksichtigen. Die Erklärung rückte, zwei Wochen vor der Besprechung des jährlichen Berichts des Generalsekretärs über sexuelle Gewalt in Konflikten, das Thema ins Licht und wurde zwei Monate später von der unter dem Vorsitz von Großbritannien verabschiedeten Sicherheitsresolution 2106 (2013) gefolgt.

Es bleibt zu hoffen, dass die G8 –Staaten in der Tat politisches Engagement zeigen und die von ihnen in der Erklärung hochgelobte *UN Action* die Mittel zur Durchführung ihres Auftrags geben werden. Helfen könnte dabei die am 24. September 2013 am Rande der Öffentlichen Debatte zur Eröffnung der 68. Sitzung der UN Generalversammlung vorgestellte *Declaration of Commitment To End Sexual Violence In Conflict.*[931] Diese erneut auf die Initiative des britischen Außenministers *William*

930 Declaration On Preventing Sexual Violence In Conflict, 11.04.2013, London. Abgedruckt in *UK Foreign and Commonwealth Office (Hrsg.),* The Global Summit to End Sexual Violence in Conflict London 2014, Summit Report, Annex C.

931 Declaration of Commitment To End Sexual Violence In Conflict, 24.09.2013, New York. Abgedruckt in: *UK Foreign and Commonwealth Office (Hrsg.),* The Global Summit to End Sexual Violence in Conflict London 2014, Summit Report, Annex D.

Hague und Frau *Zainab Hawa Bangura* zurückzuführende Erklärung bekräftigt inhaltlich die Erklärung vom 11. April 2013, erweitert jedoch mit 122 unterzeichneten Staaten (Stand August 2014) den Kreis der involvierten Staaten erheblich.

Zum Schluss muss auf den ersten organisierten Weltgipfel gegen sexuelle Kriegsgewalt hingewiesen werden. Unter der Leitung des britischen Außenministers und der Schauspielerin Angelina Jolie kamen vom 10. bis zum 13. Juni 2014 rund 1700 Delegierten aus 129 Ländern, darunter 79 Minister, Leiter von UN-Abteilungen und die Chefanklägerin des IStGH, in London zusammen, um Strategien und Aktionen im Bereich der Ermittlungen, der Strafverfolgung und der Versorgung von Überlebenden zu besprechen.[932] Aus diesem Anlass wurde das im April 2013 angekündigte internationale Protokoll zur Dokumentation und Strafverfolgung von konfliktbezogener sexueller Gewalt vorgestellt.[933] Dieses umfassende Regelwerk wurde unter Mitarbeit vieler NGOs und Rechtsexperten erstellt. Es befasst sich im ersten Teil mit den juristischen Aspekten des Verbrechens „sexuelle Gewalt" und zeigt im zweiten Teil auf, was in der Praxis gebraucht wird, um die Verbrechen zu dokumentieren, wie Überlebende ohne Gefahr der Retraumatisierung interviewt werden können etc.

e) Schlussbetrachtung

2007 wurde die *UN Action* mit dem Ziel ins Leben gerufen, vorhandene UN-Mechanismen zu intensivieren, besser zu koordinieren, um eine effizientere Bekämpfung von konfliktbezogener sexueller Gewalt zu gewährleisten.[934] In ihrem Bericht anlässlich des Reviews von 5 Jahren *UN Action against Sexual Violence in Conflict* beobachte die zuständige Überprüferin eine Verschärfung des Profils der Initiative und ihre Etablierung auf zwei Ebenen:

> *"The impact of UN Action as a platform and a network is therefore established at 2 levels: (i) the first level of action is to establish and enhance UN policy and coordination on CRSV at global level (ii) the second level is improved UN coordination to drive concerted and effective actions to combat CRSV at country level."*[935]

Sie stellte ferner fest:

> *„UN Action has proven itself to be a uniquely well-structured, rapidly mobilised, visible and effective mechanism in providing a global platform for advocacy, accountability and*

932 https://www.gov.uk/government/topical-events/sexual-violence-in-conflict (Stand Mai 2015).

933 International Protocol on the Documentation and Investigation of Sexual Violence in Conflict, Basic Standards of Best Practice on the Documentation of Sexual Violence as a Crime under International Law, Juni 2014 https://www.gov.uk/government/uploads/system/uploads/attachment_data/file/319054/PSVI_protocol_web.pdf (Stand Mai 2015).

934 Dazu oben S. 150 ff.

935 *E. O'Gorman*, Review of UN Action Against Sexual Violence in Conflict 2007–2012 – Final Report, Januar 2013, S. 4.

coordination of UN commitments and actions to work as one in addressing conflict-related sexual violence."[936]

Dieser ganzheitliche und integrierte Ansatz zur Bekämpfung von sexuellen Verbrechen in Konflikten hat, gestärkt von den Sicherheitsratsresolutionen, in der Tat viel in Bewegung gesetzt. Von der Einbeziehung sexueller Verbrechen in die Mandate der Friedensmissionen über die Versendung von Sachverständigenteams bei den Regierungen und den Einsatz von mobilen Gerichten bis hin zur Einrichtung von Datenbanken: Wesentliche Grundsteine zur Vorbeugung und Strafverfolgung von sexuellen Verbrechen sind in den letzten sieben Jahre durch die Vernetzung der 13 Einheiten gelegt worden. Seit 2007 hat zudem das Thema „sexuelle Gewalt in bewaffneten Konflikten" dank der Vereinten Nationen beträchtlich an Sichtbarkeit gewonnen. Allerdings sieht sich die *UN Action* internen Strukturproblemen konfrontiert.

Besonders problematisch erscheint zunächst die Tatsache, dass manche der teilnehmenden Einheiten wie UNAIDS oder PBSO sich nicht aktiv beteiligen.[937] Die fehlende Mitwirkung von UNAIDS bestätigt die bereits angesprochene Vernachlässigung des Bereichs „Versorgung der Überlebenden", seitens der Vereinten Nationen, könnte sich allerdings nach der Resolution 2106 (2013) und der Anerkennung der Verbreitung von AIDS durch die Vergewaltigungen zukünftig ändern.[938] Dazu kommt, dass deshalb, weil, das UN Personal vor Ort nicht ausreichend über die *UN Action* informiert und involviert ist, sich innerhalb der teilnehmenden Einheiten wenig Identifizierung mit der *UN Action* entwickelt.[939] Eine bessere Advocacy nach innen, sowie Neu-Mandatierung, Beauftragung der UN-Einheiten, um sich deren Rückhalt zu sichern, wurden deswegen angeregt.[940]

Ferner werden viele Funktionen und Mechanismen geschaffen, welche die *UN Action* unterstützen wie das TOE, die WPA, deren Aufträge sich allerdings mit bereits im Rahmen von Friedensmissionen vorhandenen Abteilungen überschneiden wie die Abteilung Rules of Law oder die Gender-Abteilungen.[941] Daraus entstehen vor Ort Reibungen.[942] Doppelungen und infolgedessen Spannungen wurden auch in der internen Organisation des UN-Gesamtbereichs „Bekämpfung von sexueller Gewalt in Konflikt" festgestellt. Eine Klarstellung der Funktionen, der Rollen und Zuständigkeiten zwischen dem Büro der Sonderbeauftragten für sexuelle Gewalt in bewaffneten Konflikten, dem *UN Action* Sekretariat, TOE, Focal Points groups und Vorstand wurde dringend empfohlen.[943]

---

936 Ebenda, S. 7.

937 Ebenda, S. 20.

938 Siehe oben S. 213 ff.

939 *E. O'Gorman*, Review of UN Action Against Sexual Violence in Conflict 2007–2012 – Final Report, Januar 2013, S. 41, 58.

940 Ebenda, S. 82.

941 Ebenda, S. 41.

942 Ebenda, S. 40, 58.

943 Ebenda, S. 24.

Die größten inhaltlichen Herausforderungen wurden im Bereich *Country Level Action* ermittelt. Klare, konkrete Strategien müssten entwickelt, bessere finanzielle Ausstattung gesichert und mehr Verlinkung zwischen den Situationen gefördert werden, damit eine bessere Effektivität erreicht wird.[944] Eine wichtige Anregung war das Überdenken des Begriffs „priority Country", damit sowohl Staaten als auch vor Ort tätige Programme wissen, was drunter verstanden wird und was damit verbunden ist. [945] Im Ganzen gilt es, das Erreichte zu sichern, sei es für den Bereich *Knowledge Building*, wo die entwickelten Hilfsmittel wie das *Analytical Inventory of Peacekeeping Practice* weiter verbreitet werden müssen,[946] oder vor Ort wie in der RDC, wo das Erreichte aufgrund ständiger Personalwechsel verloren zu gehen droht.[947]

Wenn sich die Arbeit vor Ort aus vielen der geschilderten Gründen schwierig gestaltet, ist doch die Arbeit des aus drei Mitarbeitern bestehenden *UN Action* Sekretariats für die Etablierung des Themas sexuelle Gewalt im Konflikt auf der internationalen Agenda enorm und gelungen.

Der ganzeinheitliche und integrierte Ansatz der Vereinten Nationen zur Bekämpfung von sexuellen Verbrechen in Konflikten wird darüber hinaus von den Menschenrechtsorganen der internationalen Organisation unterstützt.

II. Human Rights Bodies und sexuelle Gewalt im Krieg

Entgegen der Separationstheorie, die lange Zeit unter anderem von den Vereinigten Staaten von Amerika und Israel vertreten wurde und eine klare Trennung zwischen dem Friedensvölkerrecht – und der Anwendung der Menschenrechtsverträge – und dem Kriegsvölkerrecht – und der Anwendung des humanitären Völkerrechts – vorsah,[948] wird heutzutage die kumulative Anwendung von Menschenrechten und humanitärem Völkerrecht im Falle bewaffneter Konflikte einhellig anerkannt.[949] Die regionalen und internationalen Menschenrechtsorgane wagen sich durchaus, und dies obwohl sie sich ursprünglich auf die Überprüfung der Anwendung ihrer jeweiligen Rechtinstrumente beschränken sollten, das humanitäre Völkerrecht

---

944 Ebenda, S. 77 ff.

945 Ebenda, S. 57.

946 Ebenda, S. 37.

947 Ebenda, S. 67.

948 *B. Schäfer*, Zum Verhältnis Menschenrechte und humanitäres Völkerrecht, Studien zu Grund und Menschenrechten, 2006, 13, S. 11.

949 *V. Gowlland-Debbas/G. Gaggioli*, The relations between international human rights and humanitarian law: an overview, in: R. Kolb/G. Gaggioli (Hrsg.), Research Handbook on Human Rights and Humanitarian Law, 2013, S. 79; *S. Sivakumaran*, International Humanitarian Law, in: D. Moeckli et al. (Hrsg.), International Human Rights Law, 2010, S. 530.

als Auslegungshilfe heranzuziehen[950] oder es sogar in konkreten Fällen anzuwenden.[951] Durch diese Konvergenz und die daraus resultierende Verstärkung beider Rechtsgebiete etwa durch Harmonisierung der Auslegung von Rechtsbegriffen des humanitären Völkerrechts und der Menschenrechtskonventionen oder die Konkretisierung der Verpflichtung aus dem Menschenrechtsschutz durch das humanitäre Völkerrecht wird der größtmögliche effektive Schutz des Menschen erstrebt und Lücken der jeweiligen Bereiche geschlossen.[952] So können zum Beispiel Organe des Menschenrechtsschutzes die größte Schwäche des humanitären Völkerrechts, seine Durchsetzungsmechanismen, in gemessenen Umfang auffangen und Opfern von Verletzungen des humanitären Völkerrechts eine Stimme geben.[953] Im folgenden Abschnitt wird untersucht, wie die Human Rights Bodies mit sexueller Gewalt in bewaffneten Konflikten umgehen und inwieweit und mit welchen Mechanismen sie an der Bekämpfung dieser Verbrechen mitwirken können. Besonders der Menschenrechtsrat als intergouvernementales Organ mittels seiner Spezialmechanismen und dem Universal Periodic Review kann einen entscheidenden Beitrag zu der Aufdeckung und Rüge von Menschenrechtsverletzungen und Verletzungen des humanitären Völkerrechts in Zeiten bewaffneter Konflikte leisten.

1. Sexuelle Gewalt als Menschenrechtsverletzung

Wie eben erwähnt gelten die in den internationalen Menschenrechtsverträgen verankerten Menschenrechte – mit Ausnahme derjenigen, die durch Notstandsklausel (etwa Art. 4 ICCPR) derogiert sind – im Falle bewaffneter Konflikte weiter, wenn die Konventionen von den Konfliktparteien ratifiziert worden sind.[954]

1992 stellte der Frauenrechtsausschuss klar, dass geschlechtsbezogene gewalttätige Handlungen eine Diskriminierung im Sinne der Konvention darstellen und dass

950 *W. Kälin*, Universal human rights bodies and international humanitarian law, in R. Kolb/G. Gaggioli (Hrsg.), Research Handbook on Human Rights and Humanitarian Law, 2013, S. 443.

951 Siehe *V. Gowlland-Debbas/G. Gaggioli*, The relations between international human rights and humanitarian law: an overview, 2013, S. 88–93 und *H. J. Heintze*, Konsequenzen der Konvergenz von Menschenrechtsschutz und humanitärem Völkerrecht, in: H. Fischer et al. (Hrsg.), Krisensicherung und humanitärer Schutz, FS für Dieter Fleck, 2004, S. 254–264 für die unterschiedlichen Herangehensweisen des Inter-Amerikanischen Gerichthofs und des EGMR.

952 *H. J. Heintze*, Konsequenzen der Konvergenz von Menschenrechtsschutz und humanitärem Völkerrecht, in: H. Fischer et al. (Hrsg.), FS für Dieter Fleck, 2004, S. 248.

953 Ebenda, S. 251.

954 IGH, *Legality of the Treat or Use of Nuclear Weapons*, Advisory Opinion, 08.07.1996, § 25; IGH, *Legal Consequences of the Construction of a Wall in the Occupied Palestinian Territory*, Advisory Opinion, 09.07.2004, § 106; Case concerning Armed Activities on the Territory of the Congo (Democratic Republic of Congo vs. Uganda), Judgment, 19.12.2005, § 216.

diese Art von Gewalt die Inanspruchnahme unter anderem des Rechts auf Leben, des Rechts, keiner Folter oder anderer grausamer, unmenschlicher oder erniedrigender Behandlung unterworfen zu werden, das Recht auf Freiheit und Sicherheit sowie auf das erreichbare Höchstmaß an körperlicher und geistiger Gesundheit beeinträchtigen oder vereiteln.[955] Erweitert auf andere Menschenrechtskonventionen könnten demnach sexuelle Verbrechen wie Vergewaltigung, erzwungene Schwangerschaft, Zwangssterilisation als Angriffe auf die körperliche Unversehrtheit als Verletzung von Art. 6 und 7 i.V. mit Art. 2 und 3 des Zivilpaktes und Art. 2 der Folterkonvention betrachtet werden. Sexuelle Sklaverei und Zwangsprostitution würden unter Art. 8 und 9 ICCPR, Art. 6 CEDAW sowie Art. 1 der Konvention zur Unterbindung des Menschenhandels und der Ausnutzung der Prostitution anderer fallen, Zwangsheirat erweist sich als Verletzung von Art. 16 Abs. 1 lit b) CEDAW und Art. 23 Abs. 3 ICCPR, erzwungene Schwangerschaft und Zwangssterilisation von Art. 16 Abs. 1 lit e) CEDAW. Im Zusammenhang mit sexuellen Verbrechen, woran ganze Familien zerbrechen, kann eine Verletzung von Art. 10 ICESVR und Art. 23 Abs. 1 ICCPR zum Schutz der Familie als natürliche Kernzelle der Gesellschaft in Betracht gezogen werden, und Art. 12 ICESVR betreffend des Erreichens eines Höchstmaßes an körperlicher und geistiger Gesundheit wird hinsichtlich der unzureichenden Versorgung der Opfer sexueller Gewalt stark vernachlässig. Lediglich Art. 9 (Recht auf persönliche Freiheit und Sicherheit) und Art. 23 (Schutz der Familie) des Zivilpaktes könnten als derogierbare Rechte nach Art. 4 ICCPR unter den Bedingungen eines Krieges oder eines anderen öffentlichen Notstandes, der das Leben der Nation bedroht, und der Einhaltung des Verhältnismäßigkeitsgrundsatzes und des Diskriminierungsverbots außer Kraft gesetzt werden. Andernfalls können sexuelle Gewalttaten in bewaffneten Konflikten eine Verletzung aller aufgelisteten Menschenrechte darstellen.

Das internationale Menschenrechtssystem wurde primär dafür geschaffen, das Verhältnis der Staaten zu ihren Staatsangehörigen zu regeln. Viele Menschenrechtsverletzungen werden jedoch in den heutigen hauptsächlich nicht-internationalen Konflikten von Rebellengruppen oder Milizen begangen. Bezüglich der RDC listete der Generalsekretär 2013 zu den FARDC und der kongolesischen Polizei, die als staatliche Akteure auf jeden Fall an die Menschenrechte gebunden sind, vierzehn bewaffnete Gruppen auf, welche verdächtigt sind, Vergewaltigungen und andere Formen sexueller Gewalt im Rahmen des Konflikts begangen zu haben.[956] Während kein Zweifel darüber besteht, dass nicht-staatliche Akteure zumindest nach den gemeinsamen Art. 3 der Genfer Konventionen und – wenn sie unter einer verantwortlichen Führung die Kontrolle über einen Teil des Hoheitsgebiets der Vertragspartei ausüben – nach Art. 1 des Zweiten Zusatzprotokolls an das humanitäre

955 General Recommendation 19, Violence against Women, UN Doc. CEDAW/C/1992/L.1/Add.15 (1992), UN Doc. A/47/38 v.29.01.1992, §§ 6, 7 (a), (b), (d), (g).

956 UN Doc. S/2013/149 v. 14.03.2013, Annex.

Völkerrecht gebunden sind,[957] wird ihre Menschenrechtsbindung in der Literatur oft debattiert. Letztendlich wird die Menschenrechtsbindung nicht-staatlicher Akteure jedoch anhand einer Untersuchung der Resolutionen des UN-Sicherheitsrats und der Generalversammlung,[958] des Völkergewohnheitsrechts[959] oder mit dem einschlägigen Argument der Gegenseitigkeit – wenn die nicht staatlichen Akteure in den Genuss des Menschenrechtsschutzes gegen den Staat kommen, ist es folgerichtig, dass sie selbst auch diese beachten müssen -[960] bejaht. Gleichwohl betonen die Autoren, dass Menschenrechtsverletzungen nicht-staatlicher Akteure entweder über die nationale oder internationale Strafgerichtsbarkeit,[961] aber keinesfalls über die traditionellen Menschenrechtsverfahren, welche nur gegen Staaten möglich sind, geahndet werden können.[962] Besonders die Individualbeschwerdeverfahren scheiden in diesem Fall aus. Diese Tatsache hindert die Menschenrechtsorgane trotzdem nicht daran, von staatlichen und nicht-staatlichen Akteuren begangene Menschenrechtsverletzungen im Rahmen von den Staaten- oder Themenberichten anzusprechen und zu rügen.

2. Die Vertragsorgane

Für jedes der neun Menschenrechtsabkommen der Vereinten Nationen wurde ein sogenanntes „Vertragsorgan“ (Treaty body) geschaffen, mit der sachlich begrenzten Aufgabe, die Einhaltung der staatlichen Verpflichtungen aus den Konventionen zu überwachen.[963] Dafür stehen ihnen vier Kontrollverfahren zur Verfügung, die nicht in jeder Konvention ihren Niederschlag finden: das Staatenbeschwerdeverfahren, das Individualbeschwerdeverfahren, das Untersuchungsverfahren und das Berichtsverfahren.[964]

---

957 *C. Greenwood*, Scope of Application of Humanitarian Law, in: D. Fleck (Hrsg.), The Handbook of international humanitarian Law, 2008, Rn. 258.

958 *C. Tomuschat*, The Applicability of Human Rights Law to insurgent Movements, in H. Fischer et al. (Hrsg.), FS für Dieter Fleck, 2004, *passim*.

959 *J.M. Henckaerts/C. Wiesener*, Human rights obligations of non-state armed groups: a possible contribution from customary Law, in: R. Kolb/G. Gaggioli (Hrsg.), Research Handbook on Human Rights and Humanitarian Law, 2013, *passim*.

960 *D. Fleck*, Humanitarian Protection Against Non-State Actors, in: J.A. Frowein et al. (Hrsg.), Verhandeln für den Frieden, FS für Tono Eitel, 2003, S. 79.

961 Ebenda.

962 *H. J. Heintze*, Konsequenzen der Konvergenz von Menschenrechtsschutz und humanitärem Völkerrecht, in: H. Fischer et al. (Hrsg.), FS für Dieter Fleck, 2004, S. 589.

963 Art. 8–16 ICERD, Art. 28–45 ICCPR, Art. 17–22 CEDAW, Art. 17–24 CAT, Art. 43–45 CRC, Art. 72–78 ICRMW, Art. 34–39 CRPD, Art. 26–36 CPED, Art. 16–25 ICESCR i.v. mit UN Doc. E/Res/1985/17 v. 28.05.1985 für den Ausschuss für wirtschaftliche und kulturelle Rechte.

964 Zu den Einzelheiten bezüglich den jeweiligen Verfahren siehe *M. Schmidt*, United Nations, in: D. Moeckli et al. (Hrsg.), International Human Rights Law, 2010, S. 404–415.

Von dem Instrument der *Staatenbeschwerde* wie etwa in Art. 21 Folterkonvention oder Art. 41 Zivilpakt verankert, wurde bis heute (Stand Nov. 2014) kein Gebrauch gemacht. Dies ist auf ihre politische Brisanz zurückzuführen. Zum einen belastet eine solche Beschwerde die diplomatischen Beziehungen der Staaten und zum anderen birgt sie die Gefahr einer schweren diplomatischen Niederlage, wenn die Beschwerde zurückgewiesen wird.[965] Dennoch wäre in unserem Fall dieses Instrument durchaus geeignet, den Druck auf die Staaten zu erhöhen, damit sie gegen ihre eigenen Soldaten, Täter sexueller Gewalttaten, wie die FARDC in RDC, schärfer vorgehen. Viele Individuen kennen die Möglichkeit der Gewährleistung ihrer Menschenrechte auf internationaler Ebene nicht, viele können diese Möglichkeit aufgrund der faktischen Lage nicht wahrnehmen, deshalb ist es wichtig, dass die Vertragsparteien ihre Verantwortung zum Gelingen des Vertragszwecks übernehmen und ihre Gleichgesinnten an ihre Verpflichtung aus dem Vertrag erinnern.[966]

Ein *Individualbeschwerdeverfahren* ist vor acht Fachausschüsse (Treaty Bodies) möglich.[967] Vor den für dieses Thema relevanten Ausschüssen: dem Menschenrechtsausschuss, dem Frauenrechtsausschuss und dem Ausschuss gegen Folter wurden nach eigener Untersuchung keine Mitteilungen aufgrund konfliktbezogener sexueller Gewalt eingereicht (Stand November 2013). Dies liegt einerseits daran, dass betroffene Staaten wie Liberia, die Demokratische Republik Kongo dieses Verfahren beispielweise bezüglich der CEDAW nicht anerkennen,[968] ganz zu schweigen vom Sudan, der nicht mal die CEDAW unterzeichnet hat. Anderseits müsste der Beschwerdeführer nachweisen, dass die sexuellen Straftaten dem Staat zuzurechnen sind. Dies wäre der Fall, wenn der Staatschef oder Regierungsmitglieder ausdrücklich zum Einsatz sexueller Gewalt aufrufen würden oder wenn der Staat Kenntnis von den auf seinem Staatsgebiet begangenen sexuellen Verbrechen hat und

---

965 *E. Klein*, Die Verantwortung der Vertragsparteien, Überlegungen zu einer effektiveren Durchsetzung menschenrechtlicher Verpflichtungen, in: H. J. Cremer et al., Tradition und Weltoffenheit des Rechts, FS für Helmut Steinberger, 2002, S. 250.

966 *E. Klein*, Die Verantwortung der Vertragsparteien, Überlegungen zu einer effektiveren Durchsetzung menschenrechtlicher Verpflichtungen, in: H. J. Cremer et al., FS für Helmut Steinberger, 2002, S. 251, 258.

967 Menschenrechtsausschuss (Fakultativprotokoll zum Zivilpakt), Ausschuss für wirtschaftliche und kulturelle Rechte (Fakultativprotokoll zum Sozialpakt), Ausschuss gegen Folter (Art. 22 CAT), Ausschuss für die Beseitigung der Rassendiskriminierung (Art. 14 ICERD), Ausschuss für die Beseitigung jeder Diskriminierung von Frauen (Fakultativprotokoll zur Frauenrechtskonvention), Ausschuss für die Rechte von Menschen mit Behinderungen (Fakultativprotokoll zur Behindertenkonvention), Ausschuss zum Schutz der Rechte aller Wanderarbeitnehmer und ihrer Familienangehörigen(Art. 77 ICRMW), Ausschuss über das Verschwindenlassen (Art. 31 CPED).

968 Die RDC hat das Fakultativprotokoll zum Übereinkommen zur Beseitigung jeder Form von Diskriminierung der Frau vom 6. Oktober 1999 nicht unterzeichnet. Liberia hat es zwar am 22. September 2004 unterzeichnet aber bis heute noch nicht ratifiziert. (Stand Mai 2015).

unterlässt, etwas dagegen zu unternehmen, und damit seine Schutzpflicht (due diligence) verletzt. Erst dann könnte eine Vertragsverletzung festgestellt werden. Kenia, wo sexuelle Verbrechen durch die aufkommende Unruhe nach der Präsidentschaftswahl Ende 2007/Anfang 2008 begangen wurden, hat weder die Zusatzprotokolle des Zivilpaktes noch der CEDAW unterzeichnet und keine Erklärung nach Art. 22 CAT abgegeben.

Mehr als durch Gewährung eines effektiven Rechtsschutzes für Frauen unterstützen die Vertragsorgane den Kampf gegen sexuelle Gewalt dadurch, dass sie anhand des „public blame"-Effekts Druck auf die betroffenen Staaten ausüben.

Das in manchen Konventionen vorgesehene *Untersuchungsverfahren* (Art. 20 Folterkonvention und Art. 8 bis 10 Zusatzprotokoll der Frauenrechtskonvention) ist ein Mittel, welches für diesen Zweck zum Einsatz kommen könnte. Die Untersuchungen finden jedoch nur mit Einverständnis der Staaten statt und die Ergebnisse werden ebenfalls nur mit Zustimmung des Staates veröffentlicht. Dies erklärt, warum der Ausschuss gegen Folter Ermittlungen lediglich in acht Staaten[969] und der Frauenrechtsausschuss lediglich in einem Staat (Mexico) durchgeführt haben.

Ein eher erfolgversprechendes Mittel liegt in dem *Staatenberichtsverfahren,* das für alle Vertragsparteien verbindlich ist. Anhand ihrer abschließenden Bemerkungen (Concluding Observations – CO) nach der Prüfung der Staatenberichte können die Vertragsorgane dem betroffenen Staat konkrete positive und besorgniserregende Punkte auflisten, um ihn somit effektiver in der Verbesserung seiner Menschenrechtsstandards zu begleiten. In den Staatenberichten müssen die Vertragsstaaten über die nationale Gesetzeslage sowie die tatsächliche Rechtsanwendung bei der Durchsetzung der Konventionen unterrichten. Dabei entsteht ein kritischer Dialog zwischen dem Vertragsstaat und dem Überwachungsorgan, an dem die Zivilgesellschaft durch ihre Schattenberichte, welche die Regierungsberichte um wichtige Aspekte ergänzen, teilnimmt.[970] Bei der Prüfung des 6. und 7. Berichts der RDC vor dem Frauenrechtsausschuss ergänzten fünfzehn Schattenberichte den Regierungsbericht, elf davon behandelten die Situation der Frauen, Opfer sexueller Gewalt im Osten des Landes.

Nachfolgend wird anhand der Staatenberichte von drei von konfliktbezogener sexueller Gewalt betroffener Staaten (RDC, Sudan und BIH)[971] und der entsprechenden

---

969 Nepal, Brasilien, Mexico, Sri Lanka, Peru, Türkei, Ägypten, Serbien und Montenegro.

970 *H. B. Schöpp-Schilling*, Bedeutung und Auswirkungen des Frauenrechtsübereinkommens, in: E. Klein (Hrsg.), 20 Jahre Übereinkommen zur Beseitigung jeder Form von Diskriminierung der Frau (CEDAW), Studien zu Grund und Menschenrechten, 2000, 15, S. 23, 24.

971 Die Einbeziehung Liberia als Staat, welcher unter einem hohen Maß an sexuellen Verbrechen während und nach dem Konflikt leidet, erschien anfangs sinnvoll. Die Tatsache jedoch, dass nur eine CO des CEDAW berücksichtigt werden konnte, da dieser Staat keinen Bericht vor den anderen Ausschüssen abgegeben hat, und dass diese CO keinen wichtigen Beitrag zu der Untersuchung leistete, erklären

Stellungnahmen von vier relevanten Überwachungsorganen (Menschenrechtsausschuss, Ausschuss für wirtschaftliche und kulturelle Rechte, Ausschuss gegen Folter, Ausschuss für die Beseitigung jeder Diskriminierung von Frauen) untersucht, inwieweit sexuelle Gewalt in Zeiten bewaffneter Konflikte in die Arbeit der Vertragsorgane einfließt.

Der sich verstärkende Druck des Frauenrechtsauschusses auf die RDC gipfelte 2013 anlässlich der letzten Überprüfung.

Bereits 2000 in ihren ersten CO nahm der Frauenrechtsausschuss von sich aus Bezug auf die Situation der Frauen in bewaffneten Konflikten, insbesondere dahin gehend, dass sie Opfer von Vergewaltigungen und anderen sexuellen Verbrechen sind, und empfahl generell dem Staat, Maßnahmen zu ergreifen, um Frauen vor solchen Verbrechen zu schützen und zu gewährleisten, dass die Menschenrechte auch in Kriegszeiten geachtet werden.[972] Dies geschah, obwohl die RDC in ihrem Bericht zwar schonungslos anerkannt und ausführlich beschrieben hatte, dass Gewalt gegen Frauen, unter anderem Vergewaltigung, zum Alltag der Frauen gehörte, bezüglich des damaligen bewaffneten Konflikts jedoch lediglich Gewalt gegen Frauen und Mädchen seitens der burundischen und ruandischen Angreifer zugegeben hatte.[973] Der zweite Bericht der RDC vor dem Frauenrechtsausschuss enthielt eine ausführliche Bestandsaufnahme kriegsbedingter Gewaltakte gegen Frauen, darunter sexuelle Gewalt, sowie deren Ursache und Konsequenzen. Die Regierung erkannte, dass diese Verbrechen unbestraft bleiben, dass nur wenige Maßnahmen dagegen getroffen wurden und dass deren Ergebnisse noch nicht greifbar sind.[974] In den diesbezüglichen CO geht zwar der Frauenrechtsausschuss auf die Straflosigkeit bezüglich sexueller Straftaten und die fehlende medizinische Versorgung ein, versäumt es jedoch, die Ausübung sexueller Gewalt in Konflikten ausdrücklich miteinzubeziehen.[975] Dieser „faux pas“ wiederholte sich nicht mehr. Am 16. November 2010 verlangte der Ausschuss gemäß § 18 lit. b) CEDAW einen Sonderbericht zu den Behauptungen von Vergewaltigungen und anderen Formen sexueller Gewalt im kongolesischen bewaffneten Konflikt. Die RDC kam der Verpflichtung unter dem Vorwand, dass die Sicherheit keine gewöhnliche Datenerhebung zu den Vorfällen ermögliche, nicht nach.[976] Dementsprechend nahm 2013 das Thema „sexuelle

---

die Nicht- Berücksichtigung dieses Staates. Die CO lobt einerseits die Fortschritte des Staates zur politischen Wahrnehmung sexueller Gewalt und zur Erarbeitung von Maßnahmen, verlangt jedoch sehr allgemein das Erarbeiten eines kompletten juristischen Rahmens zur Bekämpfung sexueller Gewalt und eine bessere Umsetzung, Koordination und Dezentralisation der Maßnahmen. UN Doc. CEDAW/C/LBR/CO/6 v. 07. 08.2009, §§ 22–25.

972 Report of the Committee on the Elimination of Discrimination against Women, in: UN Doc. A/55/38 v. 01.05.2000, §§ 194–238.

973 UN Doc. CEDAW/C/COD/1 v. 18.06.1999, S. 37–39.

974 UN Doc. CEDAW/C/COD/4-5 v. 11.04.2006.

975 UN Doc. CEDAW/C/COD/CO/5 v. 25.08.2006, § 13.

976 UN Doc. CEDAW/C/COD/Q/6-7/Add.1 v. 02.11.2012, § 2.

Gewalt in Konfliktgebieten" einen bedeutenden Platz in der Überprüfung der 6. und 7. Berichte während der 55. Sitzung ein. Gemäß der abschließenden Bemerkung von 2006 behandelte die kongolesische Regierung das Problem der sexuellen und geschlechtsspezifischen Gewalt in einem Sonderpunkt des Berichts. Weil der Bericht jedoch sehr schweigsam zu den getroffenen Maßnahmen im Zusammenhang mit der Verurteilung der Täter sexueller Verbrechen und dem Umgang mit den Folgen von sexueller Gewalt für die Opfer blieb, fragte der Ausschuss penetrant nach. In ihren CO sprach er sexuelle Gewalt in Konfliktsituationen gleich als zweiten Problembereich an und listete davor zahlreiche Lücken eines effektiven Schutzes auf: Straflosigkeit aufgrund fehlender Ermittlungen, fehlender Schutz der Frauen vor Gericht, Angst vor Vergeltung, Mangel an Richterinnen, fehlende Vollstreckung der Urteile, Nicht-Bezahlung der Entschädigungen, unzureichende Mechanismen, um zu vermeiden, dass Menschenrechtsverletzer höhere Positionen beziehen, mangelnde rechtliche und soziale Unterstützung sowie ungenügende medizinische, insbesondere psychische Versorgung der traumatisierten und HIV infizierten Opfer und zum Schluss eine unzureichende Umsetzung von Resolution 1325 des UN-Sicherheitsrates.[977] Demzufolge empfiehl er der RDC zunächst, im Bereich der Prävention, Strafverfolgung und Opferversorgung geeignete Maßnahmen zu ergreifen: eine enge Zusammenarbeit mit der MONUSCO, um einen besseren Schutz der Frauen zu gewährleisten, die Prävention durch Aufklärung, die Ausbildung der Streitkräfte im Rahmen von Menschenrechtstraining zu verstärken, eine effektivere Strafverfolgung und Bestrafung der Täter sicherzustellen, unter anderem durch Fortführung der von den UN- Organisationen geführten Ermittlungen sowie durch Errichtung einer für Kriegsverbrechen, Völkermord und Verbrechen gegen die Menschlichkeit zuständigen Kammer. Ebenso wichtig sei es, den Frauen den Zugang zu der Justiz und zu Gesundheitseinrichtungen zu gewähren.[978]

Je nach Schwerpunkt des Vertragsorgans tritt eher der Bereich Prävention, Strafverfolgung oder Opferversorgung in den abschließenden Bemerkungen hervor. Der Menschenrechtausschuss verlangt eher einen Schutz durch Prävention[979] und geht auf die Beseitigung der Hindernisse einer ordentlichen Strafverfolgung ein, wie -im Fall Sudan- die gesetzlichen Amnestien, die Nicht-Aussage der Frauen aufgrund des Misstrauens der Frauen in der Polizei oder die Verbindung von Vergewaltigung mit dem Ehebruchverbrechen.[980] Der Ausschuss für wirtschaftliche und kulturelle Rechte fordert hingegen die Staaten zur Konkretisierung und Bereitstellung ausreichender Finanzmittel zur Umsetzung der erarbeiteten Strategien zur Bekämpfung sexueller Gewalt auf.[981] Er ist auch das einzige untersuchte Organ, das sich für die Menschenrechtsaktivisten in der RDC einsetzt, die Opfern sexueller Gewalt zur Seite

977 UN Doc. CEDAW/C/COD/CO/6-7 v. 23.07.2013, Ziff. 9.
978 Ebenda, Ziff. 10.
979 UN Doc. CCPR/C/COD/CO/3 v. 26.04.2006 (RDC), §§ 13, 10.
980 UN Doc. CCPR/C/SDN/CO/3 v. 29.08.2007 (Sudan), §§ 9, 14.
981 UN Doc. E/C.12/COD/CO/4 v. 16.12.2009 (RDC), § 25.

stehen und regelmäßig von staatlichen Akteuren und anderen bewaffneten Gruppen unter anderem belästigt oder gar willkürlich inhaftiert werden.[982]

Der Folterausschuss verhält sich zum Thema sexueller Gewalt in der RDC sehr zurückhaltend und beschränkt sich drauf, sein Besorgnis über „die verbreitete sexuelle Gewalt gegen Frauen“ zu äußern und Mechanismen zur Entgegennahme von Anzeigen, zu Ermittlungen sowie Schutz und medizinische Versorgung für die Opfer zu verlangen.[983] Bezüglich Bosnien-Herzegowina hingegen brachte er ein Thema zur Sprache, das bis heute immer noch auf die Tagesordnung aller untersuchten Organe bezüglich dieses Landes steht: der Umgang mit den Opfern kriegsbezogener sexueller Gewalt in der Nachkriegszeit. Bis 2006 wurde in Bosnien-Herzegowina den Opfern sexueller Gewalt der Status eines Kriegsopfers erst zuerkannt, wenn sie entweder eine körperliche Invalidität von 60% nachweisen oder eine Diagnose, ein Gutachten und eine Bewertung ihres Gesundheitszustands durch einen Ärzteausschuss des Instituts für medizinische Gutachten vorweisen konnten.[984] Nur die wenigsten Frauen konnten diese Voraussetzungen erfüllen, womit ihnen das Recht auf eine angemessene Entschädigung ihrer Leiden während des Kriegs entzogen war. Dieser Zustand wurde 2005 von dem Folterausschuss bemängelt[985] und im darauffolgenden Jahr auch von dem Menschenrechtsausschuss nachgefragt.[986] Ab September 2006 hatten die vergewaltigten Frauen als Kriegsopfer zwar einen gesetzlichen Anspruch auf eine monatliche Invalidinnenrente, was für die Frauen auch eine gesellschaftliche Anerkennung bedeutete. Im selben Jahr rügte jedoch der Menschenrechtsausschuss die Tatsache, dass der Betrag dieser Rente deutlich geringer war als die Invalidenrente für die Ex-Kombattanten.[987] Diese Ungleichbehandlung wird im Übrigen immer noch bemängelt.[988] Dank der zahlreichen Schattenberichte, welche alle Berichte Bosnien-Herzegowinas beleuchten,[989] warf der Folterausschuss 2010 weitere Probleme auf: die Nicht-Übereinstimmung der Definition von sexuellen Verbrechen in dem nationalen Strafgesetzbuch mit der internationalen Rechtsprechung und den internationalen Standards[990] sowie die ungewisse Opferzahl sexueller

982 Ebenda, § 12.
983 UN Doc. CAT/C/DRC/CO/1 v. 01.04.2006 (RDC), § 12.
984 UN Doc. CCPR/C/BIH/2 v. 01.02.2011, § 111.
985 UN Doc. CAT/C/BIH/CO/1 v. 15. 12.2005, § 10 d.
986 UN Doc. CCPR/C/BIH/Q/1 v. 27.09.2006, § 11.
987 UN Doc. CCPR/C/BIH/CO/1 v. 22.11.2006, § 15.
988 UN Doc. CCPR/C/BIH/CO/2 v. 13.12.2012, § 8.
989 Dazu *Amnesty International*, Bosnia Herzegovina: Briefing to the UN Committee against Torture, 2010, S. 16–17.
990 Art. 172 und 173 des Strafgesetzbuches bestrafen sexuelle Verbrechen jeweils als Verbrechen gegen die Menschlichkeit und Kriegsverbrechen, wenn die Tat unter Gewaltanwendung oder Gewaltandrohung stattgefunden hat. Doch wie bereits erläutert, reicht es laut Rechtsprechung des ICTY aus, dass die Gewalttat unter Zwangsbedingungen stattgefunden hat. Die in dem Strafgesetzbuch niedergelegte Definition könnte demnach zur Nichtbestrafung vieler Verbrechen führen.

Gewalt während des Krieges,[991] die äußerst geringe Strafverfolgung der Kriegsverbrechen[992] und die unzureichende juristische, medizinische und soziale Begleitung der Opfer.[993] Nachdem das Follow-up der CO zu diesem Punkt aufgezeigt hat, dass mangels politischen Willens nichts geändert wurde,[994] ist dieses Problem bei der nächsten Überprüfung des Landes von dem Frauenrechtsausschuss aufgegriffen und nachgefragt worden.[995] Bosnien und Herzegowina gab an, dass, obwohl diese Änderungen noch nicht wahrgenommen worden sind, der Bundesgerichtshof des Landes, der allein für Kriegsverbrechen zuständig ist, diese Änderungen bereits in seiner Rechtsprechung aufgenommen habe.[996] Aus den zusätzlichen Erläuterungen Bosnien-Herzegowinas wurde bekannt, dass alle kriegsbezogenen sexuellen Verbrechen, welche auf „district and cantonals" Niveau behandelt werden, als „normale Verbrechen" verurteilt werden.[997] Dies wurde von dem Frauenrechtausschuss bemängelt, denn so komme es zu einer uneinheitlichen Rechtsprechung, wonach Frauen, welche die gleichen Grausamkeiten erlebt haben, unterschiedlich behandelt werden und zudem keinen Zeugenschutz wie auf Bundesebene genießen.[998] Ferner wurde eines der Hauptprobleme hinsichtlich der Folgen des Konflikts, das langsame Voranschreiten der Anklagen und Prozesse sowohl vom Frauenrechtsauschuss als auch von dem Menschenrechtsausschuss bemängelt.[999]

Zusammenfassend lässt sich feststellen, dass in der Berichtsprüfung der betroffenen Staaten sexuelle Gewalt in bewaffneten Konflikten und ihre Folgen eine zunehmende Aufmerksamkeit erfahren haben und zu einem der zu allererst angesprochenen Kernprobleme wurden. Die Relevanz dieses Themas vor dem Frauenrechtsausschuss und dem Folterausschuss ist dadurch gekennzeichnet, dass es nun für sich, abgekoppelt von dem Abschnitt „geschlechtsspezifische Gewalt", aufgefasst wird.[1000] Besonders hervorzuheben ist die Zusammenarbeit der Vertragsorgane, die bestimmte von einem Vertragsorgan aufgeworfene Probleme vertiefen und

---

991 UN Doc. CAT/C/BIH/CO/2–5 v. 20.01.2011, § 9.

992 Ebenda, § 12.

993 Ebenda, § 18.

994 *Amnesty International*, Bosnia Herzegovina– Follow-up to Committee against Torture, November 2011. http://tbinternet.ohchr.org/Treaties/CAT/Shared%20 Documents/BIH/INT_CAT_NGS_BIH_12321_E.pdf, Stand Mai 2015) und *Trial et al*, Written information for the follow-up to the concluding observations of the committee against torture on Bosnia and Herzegovina's combined second to fifth Periodic Reports (CAT/C/BIH/CO/2-5), Oktober 2011, http://tbinternet.ohchr.org/Treaties/CAT/Shared%20Documents/BIH/INT_CAT_NGS_BIH_12322_E.pdf (Stand Mai 2015).

995 UN Doc. CEDAW/C/BIH/Q/4-5 v. 02.11.2012, § 4.

996 UN Doc. CEDAW/C/BIH/Q/4-5/Add.1 v. 29.01.2013, § 4.

997 Ebenda.

998 UN Doc. CEDAW/C/BIH/CO/4-5 v. 25.07.2013, §. 9 b) und e).

999 Ebenda, § 9 a) und UN Doc. CCPR/C/BIH/CO/ v. 13.11.2012, § 7.

1000 UN Doc. CEDAW/C/COD/CO/6-7 v. 23.07.2013; UN Doc. CAT/C/BIH/CO/2-5 v. 20.01.2011.

nachfragen, was die Nachverfolgung der Empfehlungen ermöglicht und den Druck auf die Staaten erhöht, um sie irgendwann zum Handeln zu bewegen.

Weitere Instrumente der Vertragsorgane, um Aufmerksamkeit auf bestimmte Anliegen zu lenken, sind die *allgemeinen Empfehlungen* (General Comments oder General Recommendations).

Allgemeine Bemerkungen sind rechtliche Erläuterungen zur Auslegung einzelner Menschenrechtsverträge, die dem Zweck dienen, die gewonnenen Erfahrungen zusammenzufassen und allen Vertragspartien zugänglich zu machen.[1001] Durch die Konkretisierung der einzelnen Menschenrechte geben sie den Staaten Orientierungen für die praktische Umsetzung der Bestimmungen und Hinweise auf den Bewertungsmaßstab bei der Überprüfung der Staatenberichte.[1002]

Von den vier untersuchten Organen war der Menschenrechtsausschuss lange Zeit das einzige Organ, das sexuelle Gewalt in bewaffneten Konflikten in einer seiner allgemeinen Bemerkungen ausdrücklich angesprochen hatte.[1003] 2000 stellte er in seinem General Comment zu Art. 3 ICCPR (Gleichberechtigung von Mann und Frau) fest, dass Frauen in Zeiten internationaler und nicht-internationaler Konflikte besonders gefährdet sind und bat die Staaten *"[to] inform the Committee of all measures taken during these situations to protect women from rape, abduction and other forms of gender-based violence"*.[1004]

1001 *E. Klein*, Schutz von Menschenrechten der Frauen nach dem Internationalen Pakt über bürgerliche und politische Rechte, in: E. Klein (Hrsg.), 20 Jahre Übereinkommen zur Beseitigung jeder Form von Diskriminierung der Frau (CEDAW), 2000, S. 42.

1002 *E. Klein*, General Comments – Zu einem eher unbekannten Instrument des Menschenrechsschutzes –, in: J. Ipsen/E. Schmidt-Jortzig (Hrsg.), Recht-Staat-Gemeinwohl, FS für Dietrich Rauschning, 2001, S. 306ff.

1003 Nicht unerwähnt sollte dennoch die allgemeine Bemerkung von dem Ausschuss über die Beseitigung der rassistischen Diskriminierung sein, die in Anschluss an den Einsatz sexueller Gewalt als Mittel der "ethnischen Säuberung" in Jugoslawienkrieg verfasst wurde. Sie weist darauf hin, dass *"certain forms of racial discrimination may be directed towards women specifically because of their gender, such as sexual violence committed against women members of particular racial or ethnic groups (...) during armed conflict; (...) Racial discrimination may have consequences that affect primarily or only women, such as pregnancy resulting from racial bias motivated rape; in some societies women victims of such rape may also be ostracized. (...)"*. General Recommendation 25, Gender related dimensions of racial discriminations v. 20.03.2000, § 2, in: UN Doc. A/55/18, Report of the Committee on the Elimination of Racial Discrimination v. 17.10.200, S. 152ff.

1004 General Comment 28, Article 3 (The equality of rights between men and women) (Replaces General Comment No. 4), UN Doc. CCPR/C/21/Rev.1/Add.10 v. 29.03.2000, Ziff. 8.

Erst 2013 über 20 Jahre nach der *Allgemeinen Empfehlung Nr. 19* von 1992 (Gewalt gegen Frauen) des Frauenrechtsausschusses[1005] und 13 Jahre nach der Sicherheitsresolution 1325[1006] (Frauen, Frieden und Sicherheit) veröffentlichte der Frauenrechtsausschuss eine *Allgemeine Empfehlung über Frauen in bewaffneten Konflikten.*[1007] In seiner bis jetzt umfangreichsten Allgemeinen Empfehlung untermauert das Überwachungsorgan des wichtigsten völkerrechtlichen Menschenrechtsinstruments für Frauen die eben erläuterten Entwicklungen bezüglich sexueller Gewalt in bewaffneten Konflikten. Der Frauenrechtsausschuss gibt Empfehlungen zur Verbesserung der Frauensituation vor, während und nach Konflikten und beschäftigt sich mit der Teilnahme von Frauen an der Konfliktprävention, mit den von ihnen erlittenen Menschenrechtsverletzungen während des Konflikts und mit den Herausforderungen der Nachkriegszeit. Im Vorfeld setzt er sich jedoch mit der Anwendbarkeit der Konvention in Zeiten bewaffneter Konflikte und ihrer Bindung für staatliche und nichtstaatliche Akteure auseinander. Der Frauenrechtsauschuss betont zum einen die extraterritoriale Anwendung der Frauenrechtskonvention auf Konfliktsituationen, die außerhalb des Staatsgebiets des Vertragsstaats stattfinden.[1008] Zum anderen legt er einen Schwerpunkt auf die Verhinderung und Bekämpfung von Verbrechen gegen Frauen durch nichtstaatliche Akteure. Auf der Linie der zweiten Allgemeinen Bemerkung des Folterausschusses[1009] bekräftigt er, dass Verbrechen von nicht-staatlichen Akteuren dem Vertragsstaat zugerechnet werden können und dass der Staat aufgrund seiner Schutzpflicht solchen Taten vorzubeugen hat.[1010] Der Ausschuss beteuert zudem, dass nicht staatliche Akteure unter bestimmten Umständen, etwa wenn sie bewaffnete Gruppen mit identifizierbarer politischer Struktur sind und eine bedeutende Herrschaftsgewalt über das Territorium und die Bevölkerung eines Landes ausüben, auch an den internationalen Menschenrechtschutz gebunden sind und dass ihre Nicht-Achtung eine individuelle Strafverfolgung zur Folgen haben kann.[1011]

1005 General Recommendation 19, Violence against Women, UN Doc. CEDAW/C/1992/L.1/Add.15 (1992), UN Doc. A/47/38 v. 29.01.1992.

1006 UN Doc. S/Res/1325 (2000) v. 31.10.2000.

1007 General Recommendation 30, Women in conflict prevention, conflict and post-conflict situations, UN Doc. CEDAW/C/GC/30 v. 18.10.2013.

1008 Ebenda, Ziff. 9.

1009 In seiner zweiten allgemeinen Bemerkung erinnerte der Folterausschuss die Staaten daran, dass sie in der Anwendung von Art. 2 auch dafür zuständig sind, gegen von nichtstaatlichen Akteuren begangenen Folterhandlungen oder unmenschliche Behandlungen vorzugehen und dass ihr Unterlassen als Zeichen der Ermutigung bzw. Genehmigung von dem Ausschuss ausgelegt wird. General Comment 2, Implementation of article 2 by States parties, UN Doc. CAT/C/GC/224 v. 24.01.2008, § 8.

1010 UN Doc. CEDAW/C/GC/30 v. 18.10.2013, Ziff. 14 f.

1011 Ebenda, Ziff. 16.

Im Rahmen der Konfliktprävention sieht der Frauenrechtsausschuss eine Wechselbeziehung zwischen der Zunahme von geschlechtsspezifischer Gewalt und dem bevorstehenden Ausbruch eines Konflikts und rief deshalb die Staaten auf, Frühwarnsysteme mit geschlechtsspezifischen Indikatoren einzurichten.[1012] Die Forderung nach einer stärkeren Einbeziehung der Frauen in der Konfliktprävention, Friedenskonsolidierung und in Wiederaufbauprozessen stellt einen der Schwerpunkte der Empfehlung dar.[1013] Ein anderer liegt auf den von den Frauen erlittenen Menschenrechtsverletzungen, darunter geschlechtsspezifische Gewalt und Frauenhandel, deren Folgen und die Unmöglichkeit, Gerechtigkeit dafür zu erfahren. Der Frauenrechtsausschuss betrachtet geschlechtsspezifische Gewalt im Zusammenhang mit bewaffneten Konflikten als eine Verletzung von Art. 1 bis 3 und Art. 5 lit. a) der Konvention. Zu ihrer Vorbeugung empfiehlt er ein ausdrückliches Verbot dieser Verbrechen in der Gesetzgebung,[1014] umfassende Ermittlungen[1015] sowie das Ende der Ungleichheit in Familie und Ehe.[1016] Der Frauenrechtsausschuss sieht in dem schwierigen Zugang der Opfer sexueller Gewalt zu den Gesundheitseinrichtungen eine Gefährdung von Art. 12 Abs. 1[1017] und prangert vehement und ausführlich die Unfähigkeit des Justizapparats und der Mechanismen der Übergangsjustiz wie die Wahrheitskommission und die Hybriden Gerichte an, nach dem Konflikt Menschenrechtsverletzungen an Frauen ordentlich zu verfolgen und ihnen Wiedergutmachungen zu gewähren.[1018] Er setzt sich für einen Versöhnungsprozess ein, der sich nicht durch Generalamnestie von allen Menschenrechtsverletzungen und vor allem von sexuellen Gewalttaten auszeichnet.[1019] Seine Empfehlungen umfassen zudem Maßnahmen zur Berücksichtigung sexueller Gewalttaten an Flüchtlingen und Binnenvertriebenen sowie an ehemalige Kombattantinnen.[1020]

Mit der Allgemeinen Empfehlung 30 des Ausschusses für die Beseitigung der Diskriminierung der Frau erreicht die Arbeit der Vereinten Nationen in der Vorbeugung und Bekämpfung sexueller Gewalt in bewaffneten Konflikten einen weiteren Meilenstein. Mit ihr übernimmt das Überwachungsorgan der Frauenrechtskonvention das Follow-up für die Umsetzung der Sicherheitsratsresolutionen zum Thema „Frauen, Frieden und Sicherheit"[1021] und ist demzufolge aufgerufen, eine entscheidende Rolle in diesem Bereich zu spielen. Diese Allgemeine Empfehlung verstärkt den vom Sicherheitsrat erwünschten ganzeinheitlichen und integrierten Ansatz zur Bekämpfung von sexuellen Verbrechen.

1012 Ebenda, Ziff. 29, 33 lit c) und d).
1013 Ebenda, Ziff. 33 lit a), 42ff., 71.
1014 Ebenda, Ziff. 38 lit. a).
1015 Ebenda, Ziff. 38 lit. b).
1016 Ebenda, Ziff. 62ff.
1017 Ebenda, Ziff. 50.
1018 Ebenda, Ziff. 74, 76ff.
1019 Ebenda, Ziff. 81 lit c).
1020 Ebenda, Ziff. 57 lit. f) und g); Ziff.67.
1021 Ebenda, Ziff. 27, 84.

Die Wiener Erklärung von 1993 bat die Vertragsorgane *"[to] include the status of women and the human rights of women in their deliberations and findings, making use of gender-specific data. States should be encouraged to supply information on the situation of women de jure and de facto in their reports to treaty monitoring bodies."*[1022] Analysen zur Umsetzung dieser Bestimmungen im Rahmen der Überwachung der UN-Menschenrechtspakte haben gezeigt, dass sich, dank sowohl des Umfangs und der inhaltlichen Gestaltung des Normbestandes zum Schutz von Frauen[1023] als auch der Bereitschaft der Überwachungsorgane, sich diesem Thema zu widmen,[1024] die Menschenrechtsstandards für die Frauen beachtlich entwickelt haben. Die Berücksichtigung von sexueller Gewalt in Friedens- und Kriegszeiten durch die Vertragsorgane hat ebenso dazu beigetragen.[1025] Entsprechend der Wahrnehmungsentwicklung im Sicherheitsrat der Vereinten Nationen ist sexuelle Gewalt in Konflikten zu einem Thema geworden, das zu den wichtigsten Angelegenheiten der Vertragsorgane gehört. Das sog. „Soft Law" der Vertragsorgane in Form von Bemerkungen und Empfehlungen ist zwar nicht rechtsverbindlich, doch die Zusammenarbeit der Vertragsorgane erhöht den Druck auf die Staaten. Der politische Wille der Staaten zur Umsetzung der Menschenrechte der Frauen mag in manchen Ländern begrenzt sein, die Empfehlungen der Vertragsorgane fließen aber in den vor Ort von den UN Programmen erarbeiteten Strategien ein und können auf diesem Weg umgesetzt werden.

3. Der Menschenrechtsrat

a) Das Universal Periodic Review

In dem Follow-up ihrer Empfehlungen erhalten die Vertragsorgane Unterstützung vom Menschenrechtsrat. Der Nachfolger der Menschenrechtskommission[1026] wurde 2006 als Nebenorgan der Generalversammlung errichtet und bietet im Rahmen der neuen universellen regelmäßigen Überprüfung der Erfüllung der jedem Staat obliegenden und von ihm eingegangenen Verpflichtungen auf dem Gebiet der

---

1022 UN Doc. A/CONF.157/23 v. 12.07.1993, Teil II § 42.

1023 *E. Klein*, Schutz von Menschenrechten der Frauen nach dem Internationalen Pakt über bürgerliche und politische Rechte, in: E. Klein (Hrsg.), 20 Jahre Übereinkommen zur Beseitigung jeder Form von Diskriminierung der Frau (CEDAW), 2000, S. 42.

1024 *F. van Leeuwen*, Women's Rights are Human rights, The practice of the United Nations Human rights Committee and the Committee on Economic, Social and Cultural Rights, 2010, S. 246.

1025 *A. Edwards*, Violence against Women under International Human rights Law, 2011, S. 318.

1026 Die Menschenrechtkommission wurde 1946 gegründet und 2006 von dem Menschenrechtsrat abgelöst. Sie war als Unterorgan des UN-Wirtschafts- und Sozialrates tätig.

Menschenrechte (Universal Periodic Review- UPR)[1027] die Möglichkeit, den Fortschritten der Staaten in der Umsetzung der abschließenden Bemerkungen nachzugehen. Das Universal Periodic Review ist aus dem Vorwurf der Selektivität der Menschenrechtskommission bei der Behandlung von Ländersituationen und aus der Nicht-Erfüllung der Berichtspflicht der Staaten im Rahmen der Vertragsorgane hervorgegangen.[1028] Er ermöglicht die Überprüfung der Menschenrechtslage jedes Mitglieds der Vereinten Nationen.[1029] Wie die bilaterale Überprüfung durch unabhängige Experten in den Vertragsorganen soll die Überprüfung im Rahmen des UPR in „objektiver, transparenter, nicht-selektiver, konstruktiver, nicht- konfrontativer und nicht-politisierter Weise",[1030] jedoch durch Vertreter der Mitgliedstaaten durchgeführt werden. Auch wenn das Verfahren an sich apolitisch sein soll, der durch andere Staaten erzeugte politische Druck „zur Verbesserung der Menschenrechtslage und zur Erfüllung der Verpflichtungen und Zusagen des Staates auf dem Gebiet der Menschenrechte"[1031] soll dabei helfen, die Implementierung der Empfehlungen der Vertragsorgane und die Aktivitäten der anderen Programme zu unterstützen.[1032]

Sexuelle Gewalt wurde z. B. zu einem der meistangesprochenen Themen bei den beiden Periodic Review der RDC in den Jahren 2009 und 2014. Im Rahmen des ersten Periodic Reviews hatte sich die RDC in dem Staatenbericht lediglich drauf beschränkt, die Verabschiedung einer Null-Toleranzpolitik gegenüber sexuellen Gewaltverbrechen zu nennen[1033] und die Erwartung an die internationale Gemeinschaft zu richten, technische Unterstützung bei der Schaffung eines Fond zur Entschädigung der Opfer sexueller Gewalt zu leisten.[1034] Dank der vom Hochkommissariat für Menschenrechte erarbeiteten Zusammenstellung der Informationen aus allen einschlägigen offiziellen Dokumenten der Vereinten Nationen[1035] und den Stellungnahmen der Zivilgesellschaft[1036] kam das Ausmaß sexueller Gewalt besonders in den Kriegsgebieten und deren weitgehende Straflosigkeit zur Sprache. Demzufolge äußerten viele Staaten ihre Besorgnis angesichts der hohen Zahlen von sexuellen Verbrechen gegen Frauen[1037] und empfahlen der RDC, deutliche Zeichen ihres

1027 UN Doc. A/Res/60/251 v. 15.03.2006, Ziff. 5 e).

1028 *F. Viljoen*, International Human Rights Law in Africa, 2012, S. 60. Vor dem Menschenrechtsausschuss etwa sind 56 Staatenberichte überfällig, darunter 20 Erstberichte http://www.ccprcentre.org/state-reporting/overdue-reports/ (Stand Mai 2015).

1029 Der erste Überprüfungszyklus erfolgte zwischen 2008 und 2011. Seit Juni 2012 hat der zweite Überprüfungszyklus begonnen.

1030 UN Doc. A/HRC/5/1 v. 18.06.2007, Annex, Ziff. 3 g).

1031 Ebenda, Ziff. 4 a), b).

1032 *D. Karrenstein*, Der Menschenrechtsrat der Vereinten Nationen, 2011, S. 234.

1033 UN Doc. A/HRC/WG.6/6/COD/1 v. 03.09.2009, § 118.

1034 Ebenda, § 126.

1035 UN Doc. A/HRC/WG.6/6/COD/2 v 18.09.2009, §§ 10, 22, 29.

1036 Un Doc. A/HRC/WG.6/6/COD/3 v. 09.09.2009, §§ 12, 13, 29.

1037 UN Doc. A/HRC/13/8 v. 04.01.2010, §§ 30, 31, 35, 36, 40, 45, 47, 50, 56, 58, 66, 76, 83.

politischen Willens zur tatsächlichen Umsetzung der Gesetze von 2006 zur Bekämpfung und Strafverfolgung von sexuellen Verbrechen zu setzen.[1038] Die meisten Empfehlungen wurden von der RDC angenommen. Jedoch lehnte die RDC Empfehlungen ab, welche Mechanismen zum Gegenstand hatten, die von den Vereinten Nationen ausdrücklich empfohlen wurden, wie die Überprüfung der Vorgeschichte aller Streitkräfte bei den personellen Auswahlverfahren, um Menschenrechtsverletzer aus den Sicherheitskräften auszuschließen.[1039] Ein Verfahren, das sich angesichts der Eingliederung von Rebellensoldaten in die FARDC als besonders hilfreich erweisen könnte. Eine Prüfung bezüglich der Umsetzung der akzeptierten Empfehlungen etwa durch einen Bericht des Hochkommissariats für Menschenrechte gibt es leider nicht.[1040] Deswegen konnte erst im Rahmen des zweiten Zyklus festgestellt werden, ob den Empfehlungen Taten gefolgt sind. In ihrem Bericht betonte die RDC die im Rahmen der Nationalstrategie gegen sexuelle Gewalt erzielten Fortschritte, erkannte jedoch an, wie schwierig sich die Verbesserung der Menschenrechtslage angesichts der wiederholten bewaffneten Konflikte und geringen Ressourcen gestalte.[1041] Der Bericht der Hohen Kommissarin für Menschenrechte unterstrich seinerseits die erheblichen Anstrengungen des Staates zur Förderung der Menschenrechte, hob jedoch hervor, dass bezüglich sexueller Gewalt der Hohe Flüchtlingskommissar der Ansicht war, dass die Nationalstrategie keine überzeugenden Ergebnisse liefern konnte und dass der Frauenrechtsausschusses den im November 2013 angefragten Bericht über sexuelle Gewalt im Rahmen des Konfliktes im Osten des Landes immer noch nicht bekommen hatte.[1042] Trotz allem fielen die Reaktionen der Staaten bezüglich der Bemühungen der RDC, sexuelle Gewalt zu bekämpfen, positiv aus. Lediglich ein paar Staaten erhielten den Druck auf den Staat aufrecht.[1043] Die Empfehlungen bezüglich sexueller Gewalt nahmen dieses Mal die Form von Ermutigungen für die Fortsetzung und Intensivierung der Maßnahmen an.[1044] Ein besonderes Manko für den Schutz der Frauen ist allerdings die Ablehnung der Empfehlung seitens der RDC, das Zusatzprotokoll der Frauenrechtskonvention betreffend das Individualbeschwerdeverfahren zu unterzeichnen.[1045]

1038 Ebenda, § 94 Ziff. 9, 37–52, 88–90.

1039 Ebenda, § 96, Ziff. 16, 17.

1040 *R. Geiß*, Der Menschenrechtsrat der Vereinten Nationen, Eine Standortbestimmung nach Abschluss des „Review"-Prozesses, in: M. Breuer et al. (Hrsg.), Der Staat im Recht, FS für Eckart Klein, S. 794.

1041 UN Doc. A/HRC/WG.6/19/COD/1 v. 30.01.2014, §§ 9, 35–38, 65.

1042 UN Doc. A/HRC/WG.6/19/COD/2 v. 14.02.2014, §§ 17, 37.

1043 UN Doc. A/HRC/27/5 v. 07.07.2014, §§ 32, 52, 57, 108, 127 (Darunter Norwegen, die ehemalige jugoslawische Republik Mazedonien, Großbritannien und Nordirland, Irland, die Schweiz).

1044 Ebenda, §§ 133.17, 134.31, 134.34, 134.57-134.65, 134.68-134.87.

1045 Ebenda, § 136.3.

Das UPR ist zwar kein ausdrückliches Follow-up der Empfehlungen der Vertragsorgane,[1046] diese werden jedoch in dem Bericht des Hochkommissariats für Menschenrechte berücksichtigt. So können die von den Staaten aufgeworfenen Fragen die von den Vertragsorganen aufgezeigten Probleme übernehmen und den Druck zur Implementierung der Empfehlungen verstärken. Dem Kampf gegen sexuelle Gewalt im Krieg gibt das Periodic Review zudem durch das Ansprechen des Themas in den Arbeitsgruppen und im Plenum eine dringend nötige Öffentlichkeit und trägt dazu bei, dass die Weltgemeinschaft nicht mehr wegsieht und möglicherweise selbst tätig wird, etwa durch das Zurverfügungstellen entsprechender Finanzmittel.

b) Die Sondermechanismen

Für viel Aufmerksamkeit sorgen vor allem die Berichte der Sondermechanismen des Menschenrechtsrats. Eine Schüsselrolle im Kampf zur Beseitigung von sexuellen Gewaltverbrechen übernimmt der *Special Rapporteur on violence against women, including its causes and consequences* (Sonderberichterstatter(in) über Gewalt gegen Frauen). Seit seiner Einführung 1994 im Rahmen der Menschenrechtskommission[1047] haben drei Frauen dieses Amt bekleidet: *Radhika Coomaraswamy* (Sri Lanka, 1994 – Juli 2003), *Yakin Ertürk* (Türkei, August 2003 – Juli 2009) und *Rashida Manjoo* (Südafrika, August 2009 – heute). Ihre Berichte sind in zweierlei Hinsicht von besonderer Bedeutung. Zum einen tragen ihre Rechtsbehauptungen zur Entstehung und Fortentwicklung des Völkergewohnheitsrechts bei.[1048] Als besonders relevant in unserem Zusammenhang kann der bereits erwähnte Bericht über die Wiedergutmachungen für Frauen als Opfer sexueller Gewalt[1049] oder der Bericht über die Verantwortung des Staates zur Beseitigung der Gewalt gegen Frauen,[1050] zwei besonders lückenhafte Bereiche, hervorgehoben werden. Zum anderen ermöglichen die Länderbesuche der Sonderberichterstatterinnen, wie 1998 in Ruanda,[1051] 2004 in Darfur[1052] und 2008 in der Demokratischen Republik Kongo,[1053] dass das Ausmaß der sexuellen Verbrechen im Rahmen der bewaffneten Konflikte von hochrangigen Vertretern der Vereinten Nationen erfasst wird. Nach der Veröffentlichung des Berichts der Sonderberichterstatterin infolge ihres Landesbesuches in RDC über den grausamen Einsatz sexueller Gewalt in kongolesischen bewaffneten Konflikten rief der Menschenrechtsrat im November 2008 eine Sondersitzung zu der Menschenrechtssituation im Osten der RDC auf. Leider werden die gesammelten Informationen vom Sicherheitsrat und

---

1046 *D. Karrenstein*, Der Menschenrechtsrat der Vereinten Nationen, 2011, S. 257.

1047 UN Doc. E/CN.4/RES/1994/45 v. 04.03.1994.

1048 *B. Rudolf*, Die thematischen Berichterstatter und Arbeitsgruppen der UN-Menschenrechtskommission, 2000, S. 53.

1049 UN Doc. A/HRC/14/22 v. 23.04.2010. Dazu oben S. 205 ff.

1050 UN Doc. A/HRC/23/49 v. 14.05.2013.

1051 UN Doc. E/CN.4/1998/54/Add.1 v. 04.02.1998.

1052 UN Doc. E/CN.4/2005/72/Add.5 v. 23.12.2004.

1053 UN Doc. A/HRC/7/6/Add.4 v. 27.02.2008.

UN-Generalsekretär zu wenig genutzt.[1054] Der Sonderberichterstatter wirkt an die Herstellung des Berichts über sexuelle Gewalt in Konflikt nicht mit und wird nicht in die *UN Action* einbezogen. Umgekehrt stützt sich aber der Menschenrechtsrat in seinen themenspezifischen Resolutionen zur „Accelerating efforts to eliminate all forms of violence against women" regelmäßig auf die Sicherheitsratsresolutionen 1325, 1820, 1888, 1889, 1960 und ruft zu derer Umsetzung auf.[1055] Eine Zunahme der Berücksichtigung von sexueller Gewalt in bewaffneten Konflikten ist auch in diesem Rahmen festzustellen. 2013 erfuhr dieses Thema angesichts des in der Resolution festgelegten Schwerpunktes auf die Vorbeugung und Bekämpfung von Vergewaltigung und andere Formen sexueller Gewalt besondere Aufmerksamkeit.[1056]

c) Die Sondersitzungen

Auf Anfrage eines Mitgliedstaates mit Unterstützung von einem Drittel der Ratsmitglieder können Sondersitzungen zu dringenden Menschenrechtssituationen einberufen werden.[1057] Bis heute (Stand November 2014) wurden 22 Sondersitzungen abgehalten: sieben davon betrafen den Konflikt zwischen Israel und Palästina, vier die Menschenrechtslage in Syrien, zwei hatten thematische Schwerpunkte (Auswirkungen der Weltwirtschaftskrise und Welternährungskrise), die anderen Sitzungen beschäftigten sich mit den akuten Krisensituationen in Libyen, Darfur, Haiti, Birma/Myanmar, RDC, Sri Lanka, Elfenbeinküste, Irak und Zentralafrikanische Republik. In vier Resolutionen (Syrien[1058], Elfenbeinküste[1059], RDC[1060] und Zentralafrikanische Republik[1061]) wurden sexuelle Verbrechen an der Zivilbevölkerung scharf verurteilt.

Die Menschenrechtssituation in der RDC stand schon länger im Fokus des Menschenrechtsrats und seiner Vorgängerin. 2004 hatte die Menschenrechtskommission einen unabhängigen Experten in der Person von *Titinga Frédéric Pacéré*, Rechtsanwalt und Schriftsteller aus Burkina Faso damit beauftragt, die Entwicklung der Menschenrechtssituation und die Einhaltung der Verpflichtungen der RDC zu überprüfen.[1062] Bis zum Ende seines Mandats 2008 widmete er einen großen Teil seiner Berichte der Verbreitung der sexuellen Verbrechen besonders in den Konfliktgebieten und deren Straflosigkeit und setzte sich ununterbrochen für die Errichtung eines Sondergerichtes für die RDC oder von hybriden Gerichten vor Ort ein.[1063] 2008

1054 *D. Karrenstein*, Der Menschenrechtsrat der Vereinten Nationen, 2011, S. 106–110.

1055 UN Docs A/HRC/RES/14/12 v. 30.06.2010 Ziff. 17; A/HRC/RES/17/11 v. 14.07.2011 ; A/HRC/RES/23/25 v. 14.06.2013.

1056 UN Doc. A/HRC/RES/23/25 v. 14.06.2013.

1057 UN Doc. A/HRC/60/251 v. 03.04.2006, Ziff. 10.

1058 UN Doc. A/HRC/RES/S-18/1 v. 05.12.2011, Ziff. 2.

1059 UN Doc. A/HRC/RES/S-14/1 v. 04.01.2011, Ziff. 1.

1060 UN Doc. A/HRC/RES/S-8/1 v. 01.12.2008, Ziff. 5.

1061 UN Doc. A/HRC/RES/S-20/1 v. 20.01.2014, Ziff. 3.

1062 UN Doc. E/CN.4/RES/2004/84 v. 21.04.2004, Ziff. 7 a).

1063 UN Docs. E/CN.4/2005/120 v. 07.02.2005 ; E/CN.4/2006/113 v.15.02.2006 ; A/HRC/7/25 v. 29.02.2008.

wurden dann die sieben Sondermechanismen, welche über eine Einladung der RDC verfügen,[1064] gebeten, Empfehlungen zur technischen Hilfe und Kapazitätsausbau der RDC auszuarbeiten.[1065] In ihrem ersten kombinierten Bericht monierten die Sondermechanismen unter anderem die Nicht-Erfüllung der Verpflichtungen der RDC aus den Resolutionen 1325 und 1820 des Sicherheitsrats und die Tatsache, dass dieses Land sexuelle Gewalt ausschließlich als ein konfliktbezogenes Phänomen behandele, das keine Verbindung mit der in der kongolesischen Gesellschaft tief verankerte Ungleichbehandlung aufweise.[1066] Demnach müssten die Schwerpunkte auf eine Reform des Sicherheitssektors, mit einer Überprüfung und Ausbildung der Streitkräfte im Bereich Menschenrechtsschutz, und vor allem auf die soziale und wirtschaftliche Wiedereingliederung Opfer sexueller Gewalt sowie auf einen besseren Zugang zu den Gesundheitsleistungen gelegt werden.[1067] Zudem müsste auf die rechtliche und tatsächliche Gleichberechtigung der Frauen in der Gesellschaft und auf das Ende der Straflosigkeit hingearbeitet werden.[1068] Damit die Frauen den Rechtsweg beschreiten und nicht mehr schweigen, müsste auch anhand eines vom Staat und Geldgeber subventionierten Fonds gewährleistet werden, dass die Frauen angemessene Entschädigungen bekommen.[1069] Zur Überprüfung der Fortschritte rieten die Experten, einen Sondermechanismus für die Menschenrechtslage in der RDC, besonders in den vom Konflikt betroffenen Gebieten, einzurichten.[1070] In ihrem zweiten gemeinsamen Bericht stellten die Sondermechanismen fest, dass kaum Fortschritte erzielt wurden und wiederholten ihre Vorschläge.[1071] In dem dritten und letzten Bericht betonen sie, dass dieser Mechanismus aufgrund der zusätzlichen Belastung, die er für die Sondermechanismen darstelle und der zweifelhaften Bereitschaft der RDC diesen Mechanismus zu unterstützen (keine regelmäßiges interaktives Dialog, keine Verbesserung der Umstände), seine Grenze erreicht habe.[1072] Trotz dieser Umstände fand sich in der drauffolgenden Resolution des Menschenrechtsrats zu der Menschenrechtssituation in RDC keine Spur einer Kritik zu

1064 Sonderberichterstatter über Gewalt gegen Frauen, Sonderberichterstatter über die Unabhängigkeit von Richtern und Rechtsanwälten, Sonderberichterstatter über das Recht eines jeden auf das für ihn erreichbare Höchstmaß an körperlicher und geistiger Gesundheit, Sonderberichterstatter zur Lage von Menschenrechtlern, Sonderberichterstatter über Menschenrechte und transnationale Unternehmen, UN-Sonderbeauftragter für die Rechte von Binnenflüchtlingen, UN-Sonderbeauftragte für Kinder in bewaffneten Konflikten.

1065 UN Docs. A/HRC/RES/7/20 v. 27.03.2008, Ziff. 2; A/HRC/RES/S-8/1 v. 01.12.2008, Ziff. 11.

1066 UN Doc. A/HRC/10/59 v. 05.03.2009, §§ 35, 82.

1067 Ebenda, §§ 96, 97, 102, 111.

1068 Ebenda, §§ 103, 91.

1069 Ebenda, § 94.

1070 Ebenda, § 119.

1071 UN Doc. A/HRC/13/63 v. 08.03.2010.

1072 UN Doc. A/HRC/16/69 v. 09.03.2011, §§ 14–16.

diesem Verhalten.[1073] Die grundsätzlich auf Kooperation und Unterstützung statt auf Verurteilung ausgewählte Methode des Menschenrechtsrats zeigt hier seine Grenze. Der Staat wird für die Entwicklung von Strategien und eines Aktionsplans gelobt, obwohl die Berichte bemängeln, dass diese nicht umgesetzt werden. Die Bereitschaft des Staates, mit dem Hochkommissariat für Menschenrechte und die Sondermechanismen zusammenzuarbeiten, wird begrüßt, obwohl die Berichte den mangelnden Einsatz des Staates in der Zusammenarbeit mit den Experten hervorgehoben haben. Die Demokratische Republik Kongo muss an unzähligen Programmen der Vereinten Nationen über die Fortschritte der Bekämpfung sexueller Gewalt Rechenschaft ablegen. Allen Anschein nach sieht sie den Menschenrechtsrat nicht als Partner in dieser Angelegenheit. Als Nebenorgan der Generalversammlung müsste der Menschenrechtsrat jedoch eine glaubwürdigere Haltung haben und auf die Achtung von Themen, die er in seinen themenspezifischen Resolutionen anspricht, auch in länderspezifischen Resolutionen pochen.[1074]

Als die dem Geschehen am nächsten stehende und mit den kulturellen Besonderheiten am besten vertraute Organisation könnte die Afrikanische Union eine Schlüsselrolle bei der Bekämpfung sexueller Gewalt einnehmen. Mit dem Protokoll zur Afrikanischen Charta über die Rechte der Frauen in Afrika verfügt sie über das am ehesten geeignete Menschenrechtswerk, um diesen grausamen Vorgängen entgegen zu wirken.

1073 UN Doc. A/HRC/RES/16/35 v. 28.03.2011.

1074 Etwa: Die Vorbeugung und Bekämpfung von Vergewaltigung und andere Formen von sexueller Gewalt, in: UN Doc. A/HRC/RES/23/25 v. 14.06.2013.

Dritter Teil: Auswirkungen der Arbeit der Vereinten Nationen auf die afrikanischen Organisationen

A. Zusammenarbeit mit der Afrikanischen Union

Nach der Kinderrechtkonvention ist die CEDAW die Konvention auf universeller Ebene, die den meisten Zuspruch bei den afrikanischen Staaten gefunden hat.[1075] Trotz der vorhandenen Vorbehalte -meistens aufgrund der Scharia-[1076] und wenigen Ratifikationen des Zusatzprotokolls[1077] bleibt die Frauenrechtskonvention eine der einflussreichsten Konvention in Afrika, weil sie auf diesem Kontinent den Weg zur Gleichberechtigung zwischen Mann und Frau durch den Dialog ebnete.[1078] Die CEDAW fand nur begrenzt Einzug in die Afrikanische Charta der Menschenrechte und Rechte der Völker (Banjul-Charta). Das Protokoll zur Afrikanischen Charta über die Rechte der Frauen in Afrika (Maputo-Protokoll) ist hingegen deutlich durch diese gekennzeichnet. Das Protokoll geht aber weit über den Rahmen der Nicht-Diskriminierung hinaus und gilt in vieler Hinsicht als Vorreiter. Es ist zum Beispiel das erste rechtverbindliche Menschenrechtswerk, welches sich den Problemen der medizinischen Abtreibung, HIV/AIDS, häuslichen Gewalt und des Schutzes der Frauen in bewaffneten Konflikten widmet.

Nach einem erstem Teil über die einschlägigen Bestimmungen und Umsetzungsmechanismen der Banjul-Charta und des Maputos Protokolls, die dem Schutz und der Bekämpfung sexueller Gewalt in bewaffneten Konflikten dienen könnten, wird anschließend untersucht, wie die Afrikanische Menschenrechtskommission als Zentralorgan des afrikanischen Menschenrechtsschutzes mit dem Thema konfliktbezogene sexuelle Gewalt umgeht.[1079] Der ersten zwischenstaatlichen Beschwerde der RDC gegen Ruanda, Burundi, Uganda, deren Sachverhalt auch Gegenstand einer Klage vor dem Internationalen Gerichthof war, wird besondere Aufmerksamkeit geschenkt.

1075 96% der afrikanischen Staaten haben die Frauenrechtskonvention ratifiziert. *F. Viljoen*, International Human Rights Law in Africa, 2012, S. 120.

1076 Ebenda, S. 121.

1077 Lediglich 42 % der afrikanischen Staaten haben den CEDAW-Zusatzprotokoll ratifiziert, was unter dem Gesamtdurchschnitt von 53 % liegt. *F. Viljoen,* International Human Rights Law in Africa, 2012, S. 145.

1078 Ebenda, S. 124.

1079 Der Afrikanische Gerichtshof für Menschen- und Völkerrechte hat zu unserer Problematik noch nichts entschieden. (Stand Feb. 2015).

I. Die Banjul-Charta und ihr Protokoll über die Rechte der Frauen

Als 1963 die Organisation Afrikanischer Einheit (Organization of African Unity-OAU) ins Leben gerufen wurde, gehörten zu ihren anfänglichen prioritären Zielen der Schutz der Souveränität und die Nicht-Einmischung in die inneren Angelegenheiten. Demnach ging es im Bereich des Menschenrechtschutzes eher um die Selbstbestimmung der Völker und das Ende des Rassismus als um individuelle Menschenrechte.[1080] Ende der siebziger Jahren, hauptsächlich aus geopolitischen Gründen wie dem Sturz zahlreicher Diktaturen und dem wachsenden internationalen Druck zugunsten der Schaffung eines regionalen Menschenrechtssystems in Afrika,[1081] wurde an einer Afrikanischen Charta gearbeitet, welche am 27. Juni 1981 auf der Versammlung der Staats- und Regierungschefs der OAU angenommen wurde.[1082] Die Afrikanische Charta der Menschenrechte und Rechte der Völker, seit dem 21. Oktober 1986 in Kraft, wurde inzwischen von allen Staaten mit Ausnahme von Südsudan ratifiziert.[1083] Die Banjul-Charta unterscheidet sich von den anderen Menschenrechtsabkommen dadurch, dass sie sowohl bürgerliche und politische Rechte (Art. 2–14) als auch wirtschaftliche, kulturelle und soziale Rechte (Art. 15–17) in einem Dokument vereinigt und keine Derogationsklausel enthält. Vor allem aber sieht sie auch für Völker Rechte (Art. 19–24) und auch für Individuen Pflichten (Art. 27–29) vor.

Lediglich zwei Artikel haben einen ausdrücklichen Bezug zu Frauen: Art. 2 verbietet bei der Ausübung der in der Charta gewährleisteten Rechte Diskriminierungen aufgrund des Geschlechts und Art. 18 Abs. 3 enthält die Pflicht der Staaten zur Beseitigung jeder Diskriminierung der Frauen und zum Schutz der in internationalen Erklärungen und Übereinkommen festgelegten Rechte der Frauen und Kinder. Doch im Falle sexueller Gewalt werden deutlich mehr in der Charta niedergeschriebene Rechte und Pflichten verletzt als diese zwei Artikel. Verletzt werden zum Beispiel das in Art. 16 Abs. 1 verankerte Recht auf Höchstmaß an körperlicher und geistiger Gesundheit sowie die entsprechende Pflicht der Mitgliedsstaaten, die notwendigen Maßnahmen zu ergreifen, um die Gesundheit ihres Volkes zu schützen und zudem sicherzustellen, dass jedermann im Krankheitsfall medizinisch versorgt wird (Art. 16 Abs. 2). Nach Art. 18 Abs. 1 muss die Familie als natürliche Kernzelle der Gesellschaft besonders geschützt werden. Deswegen hat nach Art. 29 Abs. 1 jedermann die Pflicht, für den Zusammenhalt und die Achtung der Familie zu sorgen. Zum Schluss verpflichten sich die Afrikaner zur Achtung der

---

1080 *R. Manjoo*, Women's Human Rights in Africa, in: M. Ssenyonjo (Hrsg.), The African Regional Human Rights System, 2012, S. 139.

1081 *G. Bekker*, The African Human Rights System: an Uphill Struggle, German Yearbook of International Law 52 (2009), S. 48.

1082 African Charter on Human and Peoples' Rights v. 27.06.1981 (Nairobi) am 21.10.1986 in Kraft getreten. OAU Doc. CAB/LEG/67/3 rev. 5, 21 I.L.M. 58 (1982).

1083 Südsudan hat sie am 24. Januar 2013 unterzeichnet.

Mitmenschen und zur gegenseitigen Toleranz (Art. 28). Als besonders bedeutungsvoll für die Vorbeugung von sexueller Gewalt ist die im Art. 25 verankerte Pflicht der Vertragsstaaten, „durch Unterricht, Ausbildung und Publikationen die Achtung gegenüber den in dieser Charta enthaltenen Rechten und Freiheiten zu fördern und sicherzustellen und ferner dafür zu sorgen, dass diese Freiheiten und Rechte sowie die ihnen korrespondierenden Pflichten verstanden werden". Doch die allgemein anerkannte Ungeeignetheit der Banjul-Charta, den Frauen einen umfangreichen Schutz zu gewährleisten, führte bereits 1995 zu der Erkenntnis, dass es dazu ein zusätzliches Instrument bedürfe.[1084] Das Protokoll zur Afrikanischen Charta über die Rechte der Frauen in Afrika (Maputo-Protokoll) wurde am 11. Juli 2003 verabschiedet.[1085] 48 von 54 Staaten haben es unterzeichnet. Nach der 15. Ratifizierung ist es am 25. November 2005 in Kraft getreten. Bis heute zählt es 36 Vertragsparteien (Stand März 2015).

Das Maputo Protokoll wurde als zu „unafrikanisch", „überambitioniert" und „die afrikanischen Werte ignorierend" kritisiert.[1086] Es wurde aber auch dafür gelobt, dass es „in a clearer voice about issues of particular concern to African women" spricht[1087] und dass es die CEDAW in der afrikanischen Realität verankert.[1088] Dass das Maputo Protokoll an die Frauenrechtskonvention angelehnt ist, spiegelt sich in Art. 6 und 7 des Protokolls wider, die Art. 16 der CEDAW übernehmen. Doch das Protokoll geht weit über die CEDAW hinaus. Sein Anwendungsbereich ist viel breiter, viel spezifischer. Es schließt etwa Rechte der sog. „Dritten Generation" wie das Recht auf Lebensmittelsicherheit (Art. 15), auf adäquate Wohnverhältnisse (Art. 16) oder auf nachhaltige Entwicklung (Art. 19) mit ein.

In unserem Zusammenhang erweist sich das Maputo Protokoll in Theorie als das geeignetste Instrument zum Schutz der Frauen vor sexueller Gewalt in bewaffneten Konflikten. Bereits im Art. 1 geht die Definition von sexueller Gewalt gegen Frauen über die Definition der CEDAW in der Allgemeinen Empfehlung Nr. 19 hinaus, indem es Gewalt gegen Frauen als:

> *"all acts perpetrated against women which cause or could cause them physical, sexual, psychological, and economic harm, including the threat to take such acts; or to undertake the*

1084 *R. Manjoo,* Women's Human Rights in Africa, in: M. Ssenyonjo (Hrsg.), The African Regional Human Rights System, 2012, S. 144. Zu der Entwicklung der verschiedenen Entwürfe siehe *F. Banda,* Protocol to the African Charter on the Rights of women in Africa, in: M. Evans/R. Murray (Hrsg.), The African Charter on Human and Peoples' Rights, 2008, S. 445–453.

1085 Protocol to the African Charter on Human and Peoples' Rights on the Rights of Women in Africa v. 11.07.2003 (Maputo) am 25.11.2005 in Kraft getreten.

1086 Siehe dazu *R. Manjoo,* Women's Human Rights in Africa, in: M. Ssenyonjo (Hrsg.), The African Regional Human Rights System, 2012, S. 147f.

1087 *F. Viljoen,* International Human Rights Law in Africa, 2012, S. 253.

1088 Ebenda.

imposition of arbitrary restrictions on or deprivation of fundamental freedoms in private or public life in peace time ***and during situations of armed conflicts or of war;***"[1089]

definiert und erstmalig sexuelle Gewalt in bewaffneten Konflikten mit einschließt.

Betrachtet man das Gesamtprotokoll stellt man fest, dass Gewalt gegen Frauen in all seiner Facetten und Auswirkungen berücksichtigt wird. In Art. 3 Abs. 4 werden die Staaten aufgefordert, geeignete Maßnahmen zum Schutz vor sexueller Gewalt zu treffen, um die Würde der Frauen zu schützen. In Art. 4 zum Recht auf Leben, Unversehrtheit und Sicherheit werden die Staaten aufgerufen, Maßnahmen zur Vorbeugung und Strafverfolgung der Gewalt gegen Frauen zu ergreifen und Art. 14 Abs. 2 c sieht die Möglichkeit einer legalen Abtreibung infolge einer Vergewaltigung vor. Die ausdrückliche Anerkennung eines besonderen Schutzes der Frauen im Rahmen bewaffneter Konflikte ist in Artikel 11 verankert. Während die ersten beiden Absätze die Staaten an ihre Verpflichtungen zum Schutz der Zivilbevölkerung aus dem humanitären Völkerrecht erinnern, verlangt Art. 11 Abs. 3 von den Vertragsparteien

„to protect asylum seeking women, refugees, returnees and internally displaced persons, against all forms of violence, rape and other forms of sexual exploitation, and to ensure that such acts are considered war crimes, genocide and/or crimes against humanity and that their perpetrators are brought to justice before a competent criminal jurisdiction."

Zu Recht wurde angemerkt, dass die Kategorienauflistung der geschützten Frauen sehr begrenzt sei und die einheimischen Frauen, deren Dorf überfallen wird, nicht miteinschließe.[1090] Diese Frauen würden dann unter den Auffangtatbestand des Art. 11 Abs. 2 „Schutz der Zivilbevölkerung" nach dem humanitären Völkerrecht fallen.[1091] Mit der Anerkennung von sexuellen Gewaltverbrechen in Konfliktzeiten als Kriegsverbrechen, Verbrechen gegen die Menschlichkeit und Völkermord trägt das Protokoll die Entwicklung der Rechtsprechung der internationalen Strafgerichtshöfe Rechnung.

Im Zusammenhang mit dem Schutz von Binnenvertriebenen muss auf die Konvention zu Schutz und Hilfe von Binnenvertriebenen in Afrika hingewiesen werden.[1092] Im Oktober 2009 beschlossen trat sie drei Jahre später am 6. Dezember 2012 in Kraft. Dieses erste rechtlich-verbindliche regionale Menschenrechtswerk über Binnenflüchtlinge ergänzt die UN Flüchtlingskonvention von 1951 und verbietet im Rahmen seines Art. 7 zum Schutz und Hilfe für Binnenvertriebene in Situation

---

1089 Art. 1 k) des Maputo-Protokolls. (Hervorhebung der Verfasserin).

1090 *N. Dyani*, Protocol on the Rights of women in Africa: Protection of women from sexual violence during armed conflict, African Human Rights Law Journal, Vol. 6, Nr. 1 (2006), S. 181.

1091 Ebenda.

1092 African Union Convention for the Protection and Assistance of Internally Displaced Persons in Africa v. 22.10.2009 (Kampala) am 06.12.2012 in Kraft getreten.

bewaffneten Konflikten sexuelle Sklaverei.[1093] Ferner werden die Staaten ersucht, auf sexuelle Gewalt darunter Vergewaltigung, sexuelle Sklaverei und Zwangsprostitution zu verzichten und diesen Verbrechen vorzubeugen.[1094] Sie verpflichten sich zudem, den Opfern sexueller Gewalt psychosoziale Unterstützung zu leisten.[1095] Für einen besseren Schutz von Binnenvertriebenen, Asylbewerberinnen und Flüchtlingen werden die Staaten aufgefordert, alle Maßnahmen zu ergreifen, damit die Frauen an der Förderung und Erhaltung des Friedens mitwirken können.[1096] In diesem Sinne steht auch Art. 10 des Maputo-Protokolls (Recht der Frauen auf Frieden). Im Rahmen von diesem Artikel werden die Staaten aufgerufen, ihre Verpflichtungen aus der bereits in der Präambel des Protokolls erwähnten Sicherheitsratsresolution 1325 nachzukommen. Schließlich steht den Frauen im Falle einer Verletzung ihrer Rechte laut Art. 25 a) des Protokolls ein Recht auf eine angemessene Wiedergutmachung zu.

Für die Umsetzung des Protokolls stehen neben der Forderung von gesetzgeberischen Maßnahmen auch konkrete Anweisungen.[1097] So sollen die Staaten lieber die Militärkosten senken, um das Geld in die Frauenförderung zu investieren[1098] und die Initiativen zur Bekämpfung sexueller Gewalt mit ausreichenden Finanzmitteln auszustatten.[1099]

Die Überwachung der Umsetzung erfolgt nach Art. 26 Abs. 1 unter Verweis auf Art. 62 der Banjul-Charta durch die Afrikanische Kommission für Menschenrechte im Rahmen der zweijährlichen Berichtpflicht. Moniert werden kann, dass kein neuer Überwachungsmechanismus geschaffen wurde.[1100] Zum einen wurde anhand des positiven Beispiels des Frauenrechtsausschusses geschildert, wie ein themenspezifisches Überwachungsorgan die Stellung der Frauenrechte durch die ganze Afrikanische Union verstärkt habe.[1101] Zum anderen wurde hervorgehoben, dass dadurch, dass das Protokoll den gleichen Kontrollmechanismen der Charta unterworfen wird,

---

1093 Art. 7 Abs. 5 f) der Konvention zum Schutz und Hilfe von Binnenvertriebenen in Afrika.

1094 Art. Art. 9 Abs. 1 d) der Konvention zum Schutz und Hilfe von Binnenvertriebenen in Afrika.

1095 Art. 9 Abs. 2 d) der Konvention zu Schutz und Hilfe von Binnenvertriebenen in Afrika.

1096 Art. 10 Abs. 1 i.V. m. Abs. 2 c), d) des Maputo-Protokolls.

1097 *F. Viljoen,* International Human Rights Law in Africa, 2012, S. 258.

1098 Art. 10 Abs. 3.

1099 Art. 4 abs. 2 i).

1100 *F. Banda,* Protocol to the African Charter on the Rights of women in Africa, in: M. Evans/R. Murray (Hrsg.), The African Charter on Human and Peoples' Rights, 2008, S. 469; *R. Manjoo,* Women's Human Rights in Africa, in: M. Ssenyonjo (Hrsg.), The African Regional Human Rights System, 2012, S. 149.

1101 *F. Banda,* Protocol to the African Charter on the Rights of women in Africa, in: M. Evans/R. Murray (Hrsg.), The African Charter on Human and Peoples' Rights, 2008, S. 469–471.

ihm die gleichen Probleme entgegen stehen, namentlich die geringe Beachtung der Berichtspflicht, mangelnde Umsetzung der Abschließenden Bemerkungen ins innerstaatliche Recht und der minimale Gebrauch der Individualbeschwerde.[1102] In der Tat haben lediglich 9 der 54 Staaten ordnungsgemäß alle ihre Berichte abgegeben, 56 % der Staaten sind mit mehr als drei Berichten im Verzug oder haben keinen Bericht abgegeben.[1103] Weitere Mankos der Tätigkeit der Kommission liegen darin, dass sie wie alle Überwachungsorgane lediglich Empfehlungen aussprechen kann und dass in ihrem Fall der abschließende Bericht an den betroffenen Staat nicht öffentlich ist. Dies erschwert das Follow-up der Empfehlungen.

An der Umsetzung des Protokolls wirkt auch einer der ältesten Mechanismen der Kommission in der Person der Sonderberichterstatterin über die Rechte der Frauen in Afrika mit. Im Mai 1999 eingerichtet[1104] besteht ihre Hauptaufgabe heute darin -nachdem sie selbst an der Erarbeitung des Protokolls mitgewirkt hat-, die Staaten bei der Umsetzung des Maputo-Protokolls und der Harmonisierung der nationalen Rechtsvorschriften mit den Rechten des Protokolls zu unterstützen und Länderbesuche durchzuführen.[1105] Dieser Mechanismus arbeitet besonders eng mit der UN-Sonderberichterstatterin über Gewalt gegen Frauen zusammen, wird jedoch von der Gender Abteilung der Afrikanischen Union vernachlässigt, so dass die Sonderberichterstatterin in ihrem Tätigkeitsbericht von 2012 ein zu schwaches gemeinsames Wirken beklagt.[1106] Bezüglich der Umsetzung des Protokolls kann sie nur einen Mangel an Umsetzung des politischen Willens in Taten feststellen.[1107] Auch ihre eigenen Wirkungsmöglichkeiten sind aufgrund mangelnder finanzieller Ausstattung und Berücksichtigung seitens der Kommission selbst stark eingeschränkt.[1108]

Für die Auslegung des Protokolls ist auch der Afrikanische Gerichtshof für Menschen- und Völkerrechte zuständig.[1109] Nach Art. 3 Abs. 1 des Protokolls zur Schaffung eines Afrikanischen Gerichtshofs für Menschen- und Völkerrechte ist er für *„cases and disputes concerning the interpretation and application of the Charter, this Protocol and any other relevant Human Rights instrument ratified by the States*

1102 *F. Viljoen*, International Human Rights Law in Africa, 2012, S. 257.

1103 http://www.achpr.org/fr/states/reports-and-concluding-observations/ (Stand Mai 2015).

1104 AU Doc. ACHPR/res.38 (XXV)99, 23. Sitzung v. 26.04.- 05.05. 1999.

1105 http://www.achpr.org/mechanisms/rights-of-women/about/ (Stand Mai 2015).

1106 Intersession Report of the Mechanism of the Special Rapporteur on the Rights of Women in Africa since its Establishments, 52nd Ordinary Session of the African Commission on Human and Peoples' Rights, 9–22 October 2012, S. 15.

1107 Ebenda, S. 17–19.

1108 *R. Manjoo*, Women's Human Rights in Africa, in: M. Ssenyonjo (Hrsg.), The African Regional Human Rights System, 2012, S. 143.

1109 Art. 27.

concerned" zuständig.[1110] Demnach können sich die Klagen sowohl auf Verletzungen der Banjul-Charta als auch des Maputos Protokolls oder der CEDAW und andere internationale Menschenrechtsabkommen stützen. Doch für Individuen und Nichtregierungsorganisationen ist der Zugang zum Gerichtshof sehr schwierig. Nach Art. 5 Abs. 3 i. V. m. Art. 34 Abs. 6 des Protokolls können sie nur vor dem Gerichtshof klagen, wenn der beklagte Staat eine Unterwerfungserklärung abgegeben hat. Bis jetzt haben dies lediglich sechs Staaten getan.[1111] Eine Ausweichmöglichkeit wäre, dass die Individuen ein Verfahren vor der Afrikanischen Kommission für Menschenrechte anstrengen und dass die Kommission die Beschwerde zu dem Gerichtshof weiterleitet.[1112] Die Kommission hatte bereits die Gelegenheit, sich mit Sachverhalten zu beschäftigen, in denen sexuelle Gewalt in Konflikten zum Einsatz gekommen war.

II. Die Afrikanische Kommission für Menschenrechte

Nach Art. 30 und 45 der Banjul-Charta wurde die Afrikanische Kommission für Menschenrechte damit beauftragt, die Menschenrechte in Afrika zu fördern und ihren Schutz zu gewährleisten. Zu Ihren Förderungsmechanismen gehören die Concluding Observations im Anschluss an die Staatenberichte, welche allerdings sehr allgemein gehalten werden und zudem nicht von allen Staaten zugänglich sind,[1113] die Sondermechanismen wie die bereits erwähnte Sonderberichterstatterin für die

1110 Protocol to the African Charter on Human And Peoples' Rights on the Establishment of an African Court on Human and Peoples' Righ v. 10.06.1998 am 25.01.2004 in Kraft getreten.

1111 Burkina Faso, Ghana, Malawi, Mali, Ruanda, Elfenbeinküste, Tansania. http://www.african-court.org/fr/index.php/about-the-court/brief-history (Stand Mai 2015).

1112 *A. Zimmermann/J. Bäumler*, Der Afrikanische Gerichtshof für Menschen- und Völkerrechte, KAS Auslandsinformationen, Heft 7/2010, S. 47.

1113 Von der RDC etwa sind lediglich die CO von 2003 zugänglich und darin wird nicht mal das Wort Frauen verwendet Concluding Observations and Recommendations on the Initial Report of the Democratic Republic of Congo (DRC) Thirty-Fourth Ordinary Session 6–20 November 2003. http://www.achpr.org/files/sessions/34th/conc-obs/1st-1997-2001/achpr34_conc_staterep1_drc_2003_eng.pdf (Stand Mai 2015).
Von Sudan dagegen sind drei von vier CO freigegeben worden. Jedes Mal wird den Zustand der Frauenrechte bemängelt und Sudan wird aufgefordert die CEDAW, das Maputo-Protokoll zu unterzeichnen bzw. zu ratifizieren, sowie Gesetze zur Bekämpfung von Gewalt gegen Frauen zu erlassen.
Concluding Observations and Recommendations on the Third Periodic Report of the Republic of Sudan (2003–2008) Forty-Fifth Ordinary Session 13–27 May 2009 §§ 30, 31, 50–52. http://www.achpr.org/files/sessions/45th/conc-obs/3rd-2003-2008/achpr45_conc_staterep3_sudan_2009_eng.pdf (Stand Mai 2015).
Concluding Observations and Recommendations on the 4th and 5th Periodic Report of the Republic of Sudan, 30 Juli–4 August 2012, §§ 34–39, 69–74.

Rechte der Frauen in Afrika, „promotional State Visits" sowie länder- und themenspezifische Resolutionen. Ihrem Schutzauftrag geht die Afrikanische Kommission für Menschenrechte durch die Überprüfung von individuellen und zwischenstaatlichen Mitteilungen nach. Im nachfolgenden Teil wird untersucht, ob und wie sexuelle Gewalt im Rahmen bewaffneter Konflikte von der Afrikanischen Menschenrechtskommission behandelt wird.

1. *Konfliktbezogene sexuelle Gewalt in Resolutionen und Mitteilungen*

Die Afrikanische Kommission für Menschenrechte hat nur wenige themenspezifische Resolutionen erlassen, welche von der Ausführlichkeit her den General Comments/Recommendations der Menschenrechtsorgane der Vereinten Nationen vergleichbar wären.[1114] Doch regelmäßig lenkt sie in kurzen gezielten Resolutionen die Aufmerksamkeit der Staaten auf ihre Verpflichtungen zu besonderen Problemen. 2005 widmete sie sich anlässlich des Inkrafttretens des Maputo-Protokolls dem Status der Frauen und ersuchte die Vertragsparteien, das Protokoll umzusetzen und die anderen es zu unterzeichnen.[1115] Des Weiteren wurden das Recht der Frauen auf Gesundheit,[1116] die Rechte der indigenen Frauen in Afrika[1117] sowie der Frauenhandel während der Fußballweltmeisterschaft in Südafrika[1118] Gegenstände solcher Resolutionen. Besonders relevant in unserem Zusammenhang sind zwei grundlegende Resolutionen: die 2014 verabschiedete Resolution über die Situation der Frauen und Kinder in bewaffneten Konflikten und die Resolution von 2007 bezüglich des Rechts der Frauen, die Opfer sexueller Gewalt geworden sind, auf einen Rechtsbehelf und Wiedergutmachung.[1119] Vom Inhalt her können diese Resolutionen eher als allgemeine Verurteilung sexueller Verbrechen an Frauen besonders in bewaffneten

---

http://www.achpr.org/files/sessions/12th-eo/conc-obs/4thand5th-2008-2012/concluding_observation_.pdf (Stand Mai 2015).
Concluding Observations and Recommendations on the second Periodic Report of the Republic of Sudan, Thirty-Fifth Ordinary Session, 21 May–4 June 2004, §§ 30, 33, 34. http://www.achpr.org/files/sessions/35th/conc-obs/2nd-1997-2003/achpr35_conc_staterep2_sudan_2004_eng.pdf (Stand Mai 2015).

1114 Siehe Resolution on the Adoption of the Declaration of Principles on Freedom of Expression in Africa (2002), Resolution on Guidelines and Measures for the Prohibition and Prevention of Torture, Cruel, Inhuman or Degrading Treatment or Punishment in Africa (Robben Island Guidelines), 23.10.2002 rev. 2008, Principles and Guidelines on the Right to a Fair Trial and Legal Assistance in Africa, 2011. General Comments on Article 14 (1) (d) and (e) of the Protocol to the African Charter on Human and Peoples' Rights on the Rights of Women in Africa, 06.11.2012.

1115 AU Doc. ACHPR/Res. 85 (XXXVIII), 05.12.2005.

1116 AU Doc. ACHPR/Res.110 (XLI), 30.05.2007.

1117 AU Doc. ACHPR/Res190 (XLIX), 12.05.2011.

1118 AU Doc. ACHPR/Res. 165 (XLVII), 26.05.2010.

1119 AU Doc. ACHPR/Res. 283(LV), 12.05. 2014; AU Doc. ACHPR/Res. 111(XLII), 29.11. 2007.

Konflikten und als Appell an die Staaten betrachtet werden, vorbeugende, strafrechtliche sowie soziale Maßnahmen dagegen zu treffen. Die Kommission stützt sich dabei sowohl auf alle einschlägigen Resolutionen des Sicherheitsrats zu konfliktbezogener sexueller Gewalt als auch auf die Rechtsprechung der *ad hoc*-Straftribunale und das humanitäre Völkerrecht. In beiden Resolutionen verweist die Kommission auf eine ihrer Resolutionen bezüglich der RDC, wo sie sich bereits ausschließlich mit der Verbreitung sexueller Verbrechen in und außerhalb der Konfliktzone beschäftigt hatte.[1120] Eine solche länderspezifische Resolution erließ sie erneut 2014, um ihre Empörung ausdrücken über die 36 ausgesprochenen Freisprüche eines Militärgerichts zu den 39 Anklagen zu sexueller Gewalt in Bezug auf die Massenvergewaltigungen in Minova nach dem Rückzug der kongolesischen Streitkräfte im November 2012.[1121] Zuvor hatte die Kommission 2010 eine Resolution allein zu dem Einsatz sexueller Gewalt im bewaffneten Konflikt im Osten des Landes verabschiedet und sich dafür entschieden, dem Friedens- und Sicherheitsrat der Union den Vorschlag zur Entsendung eines Untersuchungsteams zu den Vorfällen zu unterbreiten.[1122] Leider konnten keine Spuren eines tatsächlichen Einsatzes dieses Teams gefunden werden. Auch in Bezug auf die Menschenrechtssituation im Sudan (Darfur)[1123] oder nach den post-elektoralen oder unabhängigkeitsbedingten Vorfällen jeweils in Guinea[1124] und Mali[1125] gehören sexuelle Verbrechen an Frauen zu den Verbrechen, die öffentlich und ausdrücklich genannt und verurteilt werden. Dies stellt einen wichtigen Beitrag zur öffentlichen Wahrnehmung dieser Verbrechen auf dem afrikanischen Kontinent dar.

Im Rahmen der individuellen Mitteilungen befasste sich die Kommission mit dem Einsatz sexueller Gewalt im Zusammenhang mit politischen Krisen und im Rahmen bewaffneter Konflikte.

Im Vorfeld der fünften Parlamentswahlen in Zimbabwe wurde etwa sexuelle Gewalt eingesetzt, um die Anhänger der Opposition zum Schweigen zu bringen. Doch die Kommission entschied, dass die von den ZANU-Anhängern (Zimbabwe African National Union) begangenen Verbrechen dem Staat nicht zugerechnet werden konnten, weil sie diese politische und militärische Gruppierung als einen nichtstaatlichen Akteur einstufte.[1126] Ein weiterer Fall politisch-motivierten Einsatzes

1120 AU Doc. ACHPR/Res. 103(XL), 29. 11. 2006.

1121 Resolution on the Suppression (auf französisch Répression) of Sexual Violence against Women in the Democratic Republic of Congo, AU Doc. ACHPR/Res. 284(LV), 12. 05. 2014. Siehe auch *UN News*, "UN human rights office 'disappointed' by ruling in DR Congo mass rape trial" v. 06.05.2014.

1122 AU Doc. ACHPR/Res. 173(XLVIII), 24.11. 2010.

1123 AU Docs. ACHPR/Res. 74(XXXVII), 11.05. 2005; ACHPR/Res. 93(XXXVIII), 05.12. 2005.

1124 AU Doc. ACHPR/Res. 146 (EXT.OS/VII), 11.10.2009.

1125 AU Doc. ACHPR/Res 217 (LI), 12.05.2012.

1126 Communication 245/02: Zimbabwe Human Rights NGO Forum/Zimbabwe, 15.05.2006.

von sexueller Gewalt betraf eine massive Gewaltwelle sowie massenhafte Vergewaltigungen nach einem vom Rundfunk übertragenen Aufruf des guineischen Präsidenten im September 2002 gegen die Flüchtlinge aus Sierra Leone. In diesem Fall wurde eine Verletzung der Artikel 2, 4 (körperliche Unversehrtheit) und 5 (Verbot der unmenschlichen Behandlung) der Charta festgestellt.[1127] In zwei weiteren Fällen wurde sexuelle Gewalt als Einschüchterungsmaßnahme gegen Minderheiten eingesetzt: in Mauretanien gegen die Negro-Mauretanier zwischen 1986 und 1992[1128] und in Äthiopien gegen die Ethnie Anuak.[1129] Während die Mitteilung gegen Äthiopien wegen Nicht-Erschöpfung des innerstaatlichen Rechtswegs als unzulässig erklärt wurde, sind die Vergewaltigungen der Frauen in Mauretanien als Verletzung von Art. 5 der Banjul-Charta eingestuft worden.

Drei Situationen, in denen sexuelle Gewalt im Rahmen bewaffneter Konflikte eingesetzt wurden, wurden der Kommission vorgelegt.

Eine Mitteilung bezüglich Djibouti, wo Frauen im Rahmen des innerstaatlichen Konflikts zwischen den nationalen Streitkräften und dem „Front pour la restauration de l'unité et de la démocratie" vergewaltigt worden sind, wurde nach einer gütlichen Einigung frühzeitig abgeschlossen.[1130] Auch wenn gütliche Einigungen prinzipiell im Sinne des von der Kommission angestrebten „konstruktiven Dialogs" und Versöhnungsprozesses sind,[1131] sind sie besonders problematisch, weil sie den Staaten ermöglichen, die Feststellung von schwersten Menschenrechtsverletzungen abzuwenden. Dadurch, dass keine Stellung zu den behaupteten Charta-Verletzungen genommen wird, ist die Rechtsschutzfunktion der Charta nicht gewährleistet. Im vorliegenden Fall beschränkt sich zudem die Kommission darauf, das Vorhandensein („la matérialité") der getroffenen Vereinbarung festzustellen. Ihr Inhalt wird nicht veröffentlicht, so dass zum Schluss nicht klar ist, was die Opfer überhaupt bekommen und ob es im Einklang mit der Charta steht. Dies kann im Hinblick auf das Ungleichgewicht zwischen den Partien nicht zufriedenstellend sein. Die Behandlung der Mitteilung bezüglich der massiven Menschenrechtsverletzungen während des Konflikts zwischen Eritrea und Äthiopien wurde auf unbestimmte Zeit vertagt.[1132]

1127 Communication 249/02: Institute for Human Rights and Development in Africa (on behalf of Sierra Leonean refugees in Guinea)/Guinea, 07.12.2004.

1128 Communication 54/91-61/91-96/93-98/93-164/97-196/97-210/98: Malawi Africa Association, Amnesty International, Ms Sarr Diop, Union interafricaine des droits de l'Homme and RADDHO, Collectif des veuves et ayants-Droit, Association mauritanienne des droits de l'Homme/Mauritania, 11.05.2000.

1129 Communication 299/05: Anuak Justice Council/Ethiopie, 25.05.2006.

1130 Communication 133/94: Association pour la défense des droits de l'Homme et des libertés/Djibouti, 11.05.2000.

1131 *R. Murray*, The African Commission on Human and Peoples' Rights and International Law, 2000, S. 161f., 174ff.

1132 Communication 233/99–234/99: Interights (on behalf of Pan African Movement and Citizens for Peace in Eritrea) v Ethiopia and Interights (on behalf of Pan African Movement and Inter African Group)/Eritrea, 29.05.2003.

Lediglich in der Sache, auf die sich die Mitteilung zu den von den nationalen Streitkräften und der Janjaweed-Miliz begangenen systematischen Menschenrechtsverletzungen in Darfur bezieht, wurde eine Entscheidung in der Sache getroffen.[1133]

Die Kommission rügte die Vergewaltigungen als Verletzung von Art. 5 der Charta (Verbot von Folter und grausamen und unmenschlichen Behandlungen) und die mangelnden Ermittlungen bezüglich dieser Verbrechen als eine Verletzung von Art. 4 (Recht auf Leben). Ferner stellte sie eine Verletzung von Art. 6 (Recht auf persönliche Freiheit und Sicherheit) der Charta fest, weil der Staat keine Maßnahmen zur Gewährleistung der Sicherheit der Frauen und Mädchen innerhalb und außerhalb der Flüchtlingslager getroffen hatte. Den Rückschluss auf eine Verletzung von Art. 12 (Bewegungsfreiheit) begründete sie damit, dass die Frauen sich nicht mehr trauten, das Lager zu verlassen.[1134]

Die Banjul-Charta enthält keinen Hinweis darauf, ob die Kommission infolge der Mitteilungen die Frage von Entschädigung oder Wiedergutmachungsmaßnahmen ansprechen soll. Im Laufe der Zeit haben sich zwei Herangehensweise der Kommission diesbezüglich herauskristallisiert: einerseits offene Empfehlungen, die so generell verfasst sind, dass sie weder dem Staat noch den Individuen weiterhelfen, andererseits für einen effektiveren Schutz besser geeignete klare gezielte Empfehlungen.[1135] Zu unserer Problematik finden sich beide Kategorien wieder.

Nach der Feststellung der Verletzungen beschränkt sich die Kommission in zwei Fällen auf die Empfehlung, entweder eine Untersuchungskommission zur Ermittlung der Ursachen der Gewalt, zur Strafverfolgung der Täter und Identifizierung der Opfer zwecks angemessener Entschädigung (Zimbabwe)[1136] oder eine gemeinsame Kommission zwischen Sierra Leone und Guinea zur Evaluierung „[of] the losses by various victims with a view to compensate the victims" einzusetzen.[1137] Doch wie bereits erwähnt sind „die Verluste" von vergewaltigten Frauen selten messbar.

Zur Wiedergutmachung der Vorfälle in Darfur und Mauretanien listet die Kommission eine Reihe spezifischer Empfehlungen zum Schutz der Opfer auf. Im Vordergrund stehen in beiden Fällen die Eröffnung von Ermittlungen und die Strafverfolgung der Täter. Während die weiteren spezifischen Empfehlungen an Mauretanien unsere Thematik nicht betreffen, wird der sudanische Staat aufgefordert, Friedensverhandlungen zu führen und zum Abschluss zu bringen sowie ein Forum zur nationalen Versöhnung zu errichten, seine Gesetzlage und seinen justiziellen Apparat für eine bessere Ahndung von Menschenrechtsverletzungen zu reformieren und seine wirtschaftlichen und sozialen Infrastrukturen wie Bildung

1133 Communication 279/03-296/05: Sudan Human Rights Organisation & Centre on Housing Rights and Evictions (COHRE)/Sudan, 27.05. 2009.

1134 Ebenda, §§ 151, 153, 154, 157, 177–179.

1135 *F. Viljoen,* International Human Rights Law in Africa, 2012, S. 338.

1136 Communication 245/02: Zimbabwe Human Rights NGO Forum/Zimbabwe, 15.05.2006.

1137 Communication 249/02: Institute for Human Rights and Development in Africa (on behalf of Sierra Leonean refugees in Guinea)/Guinea, 07.12.2004.

und Gesundheit in Darfur wiederherzustellen, um den Binnenvertriebenen und Flüchtlingen die bestmöglichen Bedingungen für eine würdevolle und sichere Rückkehr in der Region zu gewährleisten.[1138] Selbst wenn diese Empfehlungen keinen zwingenden Charakter haben, können die Staaten nicht über sie hinwegsehen. Als Vertragsparteien der Banjul-Charta haben die Staaten die Zuständigkeit der Kommission anerkannt und sich zur Achtung und Umsetzung der in der Charta verankerten Rechte verpflichtet. In diesem Sinn müssen sie die Empfehlungen der Kommission akzeptieren und soweit wie möglich durchführen.[1139] Das Follow-up seiner eigenen Empfehlungen wurde lange Zeit von der Kommission vernachlässigt und erst allmählich in ihre länderspezifischen Resolutionen, CO und „promotional visits" einbezogen.[1140] Erst 2006 ersucht die Kommission die Staaten in einer Resolution *"to indicate the measures taken and/or the obstacles in implementing the recommendations of the African Commission within a maximum period of ninety (90) days starting from the date of notification of the recommendations"*.[1141] 2010 wurde diese Umsetzungspflicht in die Verfahrensordnung der Kommission übernommen und die Frist auf 6 Monate verlängert.[1142] Sollte die Kommission der Ansicht sein, dass ein Staat seine Empfehlungen nicht oder nicht ausreichend umsetzt, kann sie die Mitteilung dem Afrikanischen Gerichtshof für Menschenrechte vorlegen.[1143] Damit könnten zumindest die Empfehlungen bezüglich der Entschädigungen der Opfer konkrete Formen nehmen. Es ist jedoch allgemein bekannt, dass die Afrikanische Menschenrechtskommission finanziell schlecht ausgestattet ist, so dass sie materiell nicht in der Lage ist, ein effizientes Follow-up durchzuführen.

2. RDC gegen Burundi, Ruanda, Uganda

Die erste zwischenstaatliche Beschwerde vor der Kommission wurde am 8. März 1999 von der Demokratischen Republik Kongo gegen Ruanda, Uganda und Burundi wegen durch die Streitkräfte dieser drei Staaten begangener massiver Menschenrechtsverletzungen im Osten der RDC erhoben.[1144] Die RDC beschuldigte diese Staaten unter anderem des Massakers an 856 Personen, vorwiegend Frauen und Kindern

1138 Communication 279/03-296/05: Sudan Human Rights Organisation & Centre on Housing Rights and Evictions (COHRE)/Sudan, 27.05. 2009, § 229.

1139 *F. Viljoen*, International Human Rights Law in Africa, 2012, S. 339.

1140 Ebenda. S. 340, 341.

1141 AU Doc. ACHPR/Res. 97 (XL), 29. 11. 2006.

1142 Rules of procedure of the African Commission on Human and Peoples' Rights, Approved by the African Commission on Human and Peoples' Rights during its 47th ordinary session held in Banjul (The Gambia) from May 12 to 26, 2010, Rule 112(2). http://www.achpr.org/files/instruments/rules-of-procedure-2010/rules_of_procedure_2010_en.pdf (Stand Mai 2015).

1143 Ebenda, Rule 118 (1).

1144 Communication 227/99: Democratic Republic of Congo/Burundi, Rwanda, Uganda, 29.05.2003.

am 24. August 1998 im Südkiwus. Die Frauen wurden vor ihren Tod vergewaltigt, ihr Bauch von der Vagina aus aufgeschlitzt und mithilfe von Messern zerlegt.[1145] Ferner brachte die RDC vor, dass die Armeen aus Ruanda und Uganda absichtlich sexuell übertragbare Krankheiten verbreitet hätten. Dafür wurden 200 ugandische mit HIV infizierte Soldaten in die Dörfern verschickt mit der Aufgabe, eine AIDS-Pandemie auszulösen und dadurch die lokale Bevölkerung zu dezimieren.[1146]

In ihrer Entscheidung ging die Kommission auf diese letzte Behauptung nicht ein. Sie stufte jedoch die Vergewaltigungen ausdrücklich als Verletzungen von Art. 2 und 4 der Banjul-Charta[1147] und von Art. 27 GK IV und Art. 76 ZPI i. V. m Art. 60 und 61 der Banjul-Charta ein.[1148] Sie erwähnte auch flüchtig, dass Vergewaltigungen eine Verletzung der Frauenrechtskonvention darstellen.[1149] Warum die drei Staaten Art. 5 der Charta verletzt haben, erläuterte sie, möglicherweise aufgrund der Offensichtlichkeit der Natur der Verbrechen, in ihrer Entscheidung nicht. In Anbetracht der oberen Ausführungen über konfliktbezogene sexuelle Gewalt in den Resolutionen der Kommission ist jedoch davon auszugehen, dass die auf grausamste Weise begangenen sexuellen Verbrechen eine unmenschliche Behandlung im Sinne von Art. 5 Banjul-Charta darstellen.

Drei Monate nach der Erhebung ihrer Beschwerde bei der Afrikanischen Menschenrechtskommission erhob die Demokratische Republik Kongo Klage ebenfalls gegen Ruanda, Burundi und Uganda vor dem Internationalen Gerichtshof (IGH) wegen bewaffneter Aggressionsakte und daraus resultierenden Verletzungen der territorialen Integrität und des humanitären Völkerrechts sowie massiver Menschenrechtsverletzungen- darunter unzählige Vergewaltigungen von Frauen und Kindern.[1150] Weil die RDC 2001 ihre Klagen gegen Ruanda und Burundi zurückzog, konnte der Gerichtshof nur im Fall gegen Uganda 2005 ein Urteil fällen.

Der Gerichthof kam zu dem Schluss, dass die militärische Intervention von Uganda im Osten der RDC eine Einmischung in die innerstaatlichen Angelegenheiten sowie eine Verletzung der Souveränität und der territorialen Unversehrtheit der RDC darstellte und Uganda dadurch eine schwere Verletzung des in Art. 2 Nr. 4 der UN-Charta verankerten Gewaltverbots begangen hatte.[1151] Im Rahmen der Verletzungen

---

1145 Ebenda, § 4.
1146 Ebenda, § 5.
1147 Ebenda, § 80.
1148 Ebenda, §§ 86, 89.
1149 Ebenda, § 86.
1150 IGH, Armed Activities on the Territory of the Congo, (Democratic Republic of the Congo vs. Rwanda), Application Institution Proceedings, 23.06.1999.
IGH, Armed Activities on the Territory of the Congo, (Democratic Republic of the Congo vs. Burundi), Application Institution Proceedings, 23.06.1999.
IGH, Armed Activities on the Territory of the Congo, (Democratic Republic of the Congo vs. Uganda), Application Institution Proceedings, 23.06.1999.
1151 IGH, Armed Activities on the Territory of the Congo, (Democratic Republic of the Congo vs. Uganda), Judgment, 19.12.2005, I.C.J. Reports 2005, p. 168, Rn. 165.

des humanitären Völkerrechts und der Menschenrechtschutzverträge spricht der Internationale Gerichtshof zwar das spezifische Problem der Kindersoldaten an, geht aber leider nicht auf die Vergewaltigungen der Frauen ein.[1152] Nach einer Bestätigung seiner Rechtsprechung zu der kumulativen Anwendung des humanitären Völkerrechts und der Menschenrechtsverträge während eines bewaffneten Konflikts[1153] schließt der Gerichtshof bei der Aufzählung der anzuwendenden Verträge zwar die UN-Kinderrechtskonvention und deren fakultatives Zusatzprotokoll mit ein, lässt jedoch die Frauenrechtskonvention außer Betracht.[1154] Gleichwohl stellt er eine pauschale Verletzung von Art. 27 GK IV also auch von Abs. 2, der den Schutz der Frauen vor Vergewaltigung vorsieht und 75 Abs. 1 und 2 ZPI sowie Art. 46 Anlage der HLKO, Art. 6 Abs. 1 und 7 ICCPR und Art. 4 und 5 der Afrikanischen Charta fest, worunter ein Vergewaltigungsverbot fallen kann.[1155] Die Tatsache jedoch, dass er keine Verletzung von Art. 76 ZP I zum besonderen Schutz der Frauen feststellt, der ein ausdrückliches Vergewaltigungsverbot enthält, zeigt, dass in diesem Fall keine spezifische Berücksichtigung der sexuellen Verbrechen stattgefunden hat.

Die zweite Klageerhebung der RDC gegen Ruanda hätte zu umfassenderen Ausführungen des Gerichts bezüglich konfliktbezogener sexueller Gewalt an Frauen führen können. Sie scheiterte jedoch frühzeitig an der Zuständigkeit des Gerichtshofs.

Die RDC hatte dabei einen anderen Ansatz gewählt und Ruanda wegen massiven Menschenrechtsverletzungen aufgrund der Aggression angeklagt. In der Klageschrift schilderte die RDC gestützt auf Berichte von Amnesty International, Human Rights Watch und der Sonderberichterstatterin über die Menschenrechtsituation in der RDC auf über drei Seiten den Umfang des Einsatzes von sexueller Gewalt in dem Konflikt.[1156] Da Ruanda keine generelle Unterwerfungserklärung nach der Fakultativklausel von Art. 36 Abs. 2 Statut des IGH abgegeben hat, konnte die Zuständigkeit des Gerichtshofs nur durch die in den völkerrechtlichen Verträgen vorgesehenen Schiedsklauseln, aufgrund derer die Vertragsparteien Streitigkeiten über die Auslegung und Anwendung des Vertrags dem IGH vorlegen können, begründet werden. Die RDC berief sich unter anderem auf Art. IX der Völkermordkonvention und Art. 22 der Konvention zur Bekämpfung von Rassendiskriminierungen. Beide Konventionen schieden jedoch aus, da Ruanda einen entsprechenden Vorbehalt

1152 Ebenda, Rn. 210.
1153 Ebenda, Rn. 216.
1154 Ebenda, Rn. 217.
1155 Ebenda, Rn. 219.
1156 IGH, Armed Activities on the Territory of the Congo (New Application: 2002) (Democratic Republic of the Congo vs. Rwanda), Application instituting proceedings, 28.05.2002, S. 8–11.

abgegeben hatte.[1157] Art. 30 Abs. 1 der Folterkonvention konnte ebenfalls nicht zur Anwendung kommen, weil Ruanda keine Vertragspartei ist.[1158]

Der Gerichtshof lehnte es zudem ab, seine Zuständigkeit auf der Grundlage von Art. 29 Abs. 1 der Frauenrechtskonvention zu begründen.[1159] Die kumulativen Voraussetzungen für eine solche Zuständigkeit wären erfolglose Verhandlungen und ein erfolgloses Schiedsverfahren gewesen. Im Hinblick aufdas Argument der RDC, ihre wiederholten direkten Proteste bei der ruandischen Regierung, ihre Beschwerde bei den Organen der Vereinten Nationen und bei der Afrikanischen Menschenrechtskommission würden den Anforderungen an Verhandlungen genügen,[1160] lässt der Gerichtshof offen, ob dies tatsächlich der Fall ist, stellt aber fest, dass auf keinen Fall Verhandlungen spezifisch über die Auslegung oder Anwendung der CEDAW stattgefunden haben.[1161] Diese restriktive Auslegung der Voraussetzung der Verhandlungen wurde im Rahmen von Erklärungen und persönlichen Meinungen der Richter kritisiert. Sie sei fern jeder diplomatischen Realität und weiche zudem von einer früheren flexibleren Rechtsprechung ab.[1162] Vielmehr sei auf die Relevanz der Konvention für den Fall abzustellen. Die Tatsache, dass die RDC sich bei den Verhandlungen im Rahmen internationaler Organisationen immer wieder über Menschenrechtsverletzungen gegen die Frauen beschwert hatte und der Frauenrechtsausschuss sexuelle Gewalt durch seine Allgemeine Empfehlung Nr. 19 eindeutig in den Anwendungsbereich der Konvention einbezogen hat, genüge zur Erfüllung der ersten Voraussetzung.[1163]

Schlussendlich wäre die Zuständigkeit des Gerichtshofs wegen Nicht-Erfüllung der zweiten Voraussetzung (erfolgloses Schiedsverfahren) sowieso nicht gegeben. Aufgrund der Nicht-Bereitschaft von Ruanda, sich in die Verhandlungen einzubringen, hatte die RDC Ruanda kein Schiedsverfahrensangebot unterbreitet.[1164]

1157 IGH, Armed Activities on the Territory of the Congo (New Application: 2002) (Democratic Republic of the Congo vs. Rwanda), Jurisdiction and Admissibility, Judgment, I.C.J. Reports 2006, p. 6, Rn. 70, 79.

1158 Ebenda, Rn. 16.

1159 Ebenda, Rn. 93.

1160 Ebenda, Rn. 86.

1161 Ebenda, Rn. 91.

1162 Declaration of Judge Kooijmans, Rn. 7, 11; Separate Opinion of Judge Al-Khasawneh, Rn. 7, 9.

1163 Separate Opinion of Judge Al-Khasawneh, Rn. 13. Anders Richter Dugard, der eine Anwendung der CEDAW in diesem Fall von vornherein ausschließt, da die Konvention lediglich die Staaten dazu verpflichten würde, im eigenen Staat Diskriminierungen zu beseitigen und demnach keine extraterritoriale Wirkung hätte. Separate Opinion of Judge ad hoc Dugard, Rn. 17.

1164 IGH, Armed Activities on the Territory of the Congo (New Application: 2002) (Democratic Republic of the Congo vs. Rwanda), Jurisdiction and Admissibility, Judgment, I.C.J. Reports 2006, p. 6, Rn. 92.

Zusammenfassend lässt sich feststellen, dass mit dem an die UN-Frauenrechtskonvention angelehnten Maputo-Protokoll die Afrikanische Union über ein umfangreiches materielles Recht zum Schutz der Frauen vor konfliktbezogener sexueller Gewalt verfügt, welches sogar als das fortgeschrittenste Vertragswerk diesbezüglich betrachtet werden kann.

Die Afrikanische Kommission für Menschenrechte als Überwachungsorgan erinnert mit ihren themen- und länderspezifischen Resolutionen die Staaten an ihre Verpflichtungen bezüglich sexueller Gewalt in bewaffneten Konflikten und stützt sich dabei auf die relevanten Sicherheitsratsresolutionen. Im konkreten Fällen kann sie jedoch nicht mehr als Empfehlungen aussprechen. Auch Verletzungen des Maputo-Protokolls können aufgrund des erschwerten Zugangs zum Afrikanischen Gerichtshof für Menschen- und Völkerrechte nur begrenzt gerügt werden. Besonders irritierend in diesem Zusammenhang ist die Einstellung der Afrikanischen Union zu dem Internationalen Strafgerichtshof. Einerseits haben die Frauen faktisch keine Möglichkeiten auf regionaler Ebene Gerechtigkeit zu erfahren. Andererseits legt die Afrikanische Union den Opfern Steine in den Weg, um ein Urteil auf internationaler Ebene zu erlangen, indem sie dazu aufruft, Haftbefehle gegen unteren anderem wegen sexueller Gewalt angeklagte afrikanische Staatsoberhäupter zu ignorieren bzw. das Ersuchen zum Aufschub des Verfahrens gegen Kenias Staatspräsident *Uhuru Kenyatta* und Vizepräsidenten *William Ruto* zu unterstützen.[1165] Selbst wenn eine solche Einstellung nicht gegen die Opfer konfliktbezogener Gewalt gerichtet ist, könnte sie irgendwann erhebliche Folgen für sie haben. Im Rahmen ihrer 22. ordentlichen Sitzung Ende Januar 2014 zeigte sich die Afrikanische Union enttäuscht über das Scheitern des Ersuchens zum Aufschub des Verfahrens gegen *Kenyatta*.[1166] Am selben Tag unterzeichnete sie ein Rahmenabkommen mit den Vereinten Nationen zur gegenseitigen Verstärkung bei der Bekämpfung konfliktbezogener sexueller Gewalt. Die Zusammenarbeit soll in vier Kernbereichen stattfinden: Ausbildung der Friedenssoldaten, Konsolidierung der nationalen Initiativen, Versorgung der Überlebenden und Bekämpfung der Straflosigkeit.[1167]

1165 Dazu oben S. 106 ff. und *L. Clifford*, Moving beyond the ICC impasse, IRIN v. 07.02.2014 http://www.irinnews.org/report/99610/moving-beyond-the-icc-impasse (Stand Mai 2015).

1166 Decision on the Progress Report of the Commission on the Implementation of the Decisions on the International Criminal Court. Doc. Assembly/AU/13(XXII), Assembly/AU/Dec.493(XXII), 30-31.01.2014, Addis Ababa.

1167 Framework of Cooperation between the United Nations Office of the Special Representative of the Secretary-General on Sexual Violence in Conflict and the African Union Commission Concerning the Prevention and Response to Conflict-Related Sexual Violence in Africa, 31.01.2014, http://www.un.org/sexualviolenceinconflict/wp-content/uploads/joint-communique/joint-communique-with-the-african-union-and-the-united-nations-on-landmark-agreement-to-prevent-and-respond-to-conflict-related-sexual-violence/AU-Framework-of-Cooperation-Signed.pdf (Stand Mai 2015).

Ende September 2014 schlossen die Vereinten Nationen ein weiteres Rahmenabkommen zur Beseitigung sexueller Gewalt in bewaffneten Konflikten: dieses Mal mit einer afrikanischen subregionalen Organisation, der Internationalen Konferenz der Großen Seen.[1168]

B. Einfluss auf die afrikanischen subregionalen Organisationen

Sechs der vierzehn bestehenden afrikanischen subregionalen Organisationen haben die Verwirklichung der Menschenrechte in ihr Aktivitätsspektrum einbezogen und die positive Verbindung zwischen der Einhaltung vom Menschenrechtsstandards und Wirtschaftsentwicklung erkannt.[1169] Während die Ostafrikanische Gemeinschaft (East African Community – EAC), die Westafrikanische Wirtschaftsgemeinschaft (Economic Community of Western African States – ECOWAS) und die Entwicklungsgemeinschaft des südlichen Afrika (Southern Africa Development Community – SADC) umfangreiche Programme im Bereich Gender eingerichtet und sich unter anderem dem Problem sexueller Gewalt in Friedenzeiten zugewendet haben (I), ist die internationalen Konferenz über die Region der Großen Seen die einzige Organisation, welche aufgrund der fortwährenden gewalttätigen Situation in der Region ihren Schwerpunkt auf die Achtung der Menschenrechte hauptsächlich in bewaffneten Konflikten gelegt hat[1170] und dabei über ein gesondertes rechtlich-verbindliches Instrument zur Bekämpfung sexueller Gewalt verfügt (II).

1168 Framework of Cooperation Between the International Conference on the Great Lakes Region and The United Nations Office of the Special Representative of the Secretary-General, 23.09.2014, http://www.un.org/sexualviolenceinconflict/joint-communique/framework-of-cooperation-between-the-international-conference-on-the-great-lakes-region-and-the-united-nations-office-of-the-special-representative-of-the-secretary-general/ (Stand Mai 2015).

1169 *S. T. Ebobrah*, Human Rights Realisation in the African Sub-Regional Institutions, in: M. Ssenyonjo (Hrsg.), The African Regional human Rights System, 2012, S. 284. Diese Organisationen sind: Der Gemeinsame Markt für das östliche und Südliche Afrika (COMESA – Common Market for Eastern and Southern Africa), die Ostafrikanische Gemeinschaft (EAC- East African Community), die Westafrikanische Gemeinschaft (ECOWAS – Economic Community of West African States), die Internationale Konferenz über die Region der Großen Seen (ICGLR – International Conference on the Great Lakes Region), the Intergovernmental Authority on Development (IGAD), die Entwicklungsgemeinschaft des südlichen Afrika (SADC – the Southern Africa Development Community).

1170 Ebenda, S. 292.

I. Die wirtschaftlichen Suborganisationen

Das ursprüngliche Ziel der unterschiedlichen regionalen Zusammenschlüsse ist die Ermöglichung eines wirtschaftlichen Zusammenwachsens durch finanzielle und wirtschaftliche Zusammenarbeit. Auch wenn die Förderung der Menschenrechte deshalb nicht zu den Hauptzielen der subregionalen Organisation gehört, wurde jedoch der klare Zusammenhang zwischen Wirtschaft und sozialen sowie politischen und bürgerlichen Rechten im Laufe der Jahre schnell erkannt und immer stärker berücksichtigt.[1171] Organisationen wie die SADC, die EAC oder die ECOWAS, deren ursprüngliche Gründungsverträge keine Hinweise auf die Achtung von Menschenrechten enthielten, haben bei ihrer Neugründung bzw. Umgestaltung in den neunziger Jahren die Anerkennung, Förderung und dem Schutz der Menschenrechte zu einem ihrer Grundprinzipien gemacht.[1172] Dabei orientieren sie sich vor allem an der Afrikanischen Menschenrechtskonvention. Doch auch die Frauenrechtskonvention findet in den Gründungsverträgen und in dem Soft Law der Organisationen ihren Niederschlag. Vorreiter in dem Bereich ist eine der kleinsten und jüngsten subregionalen Organisation, die EAC, welche in ihrem Gründungsvertrag über das allgemeine Diskriminierungsverbot hinausgeht und als Voraussetzung für die Verwirklichung ihrer Ziele die Bedeutung des *„mainstreaming of gender in all its endeavours and the enhancement of the role of women in cultural, social, political, economic and technological development"* anerkennt.[1173] Diese Bestimmung wird, angelegt an Art. 2 (f) und 5 (a) der CEDAW und durch Art. 121 des Gründungsvertrags konkretisiert:

> *"(...)It is impossible to implement effective programmes for the economic and social development of the Partner States without the full participation of women. To this end, the Partner States shall through appropriate legislative and other measures: (...)*
>
> *(b) abolish legislation and discourage customs that are discriminatory against women; (...)*
>
> *(c) promote effective education awareness programmes aimed at changing negative attitudes towards women;*

1171 *F. Viljoen*, International Human Rights Law in Africa, 2012, S. 482. Die EAC macht sogar ihre Achtung als eine ihrer Beitrittsvoraussetzung. Art. 3 Abs. 3 b) Treaty for the Establishment of the East African Community (EAC-Treaty), geänderte Fassung von 14.12.2006, 20.08.2007, abgedruckt in: *S. Ebobrah/A. Tanoh* (Hrsg.), Compendium of African Sub-Regional Human Rights Documents, 2010, S. 37ff.

1172 Art. 4 g), 33, 34, 35 Treaty of the Economic Community of West African States (ECOWAS-Treaty), 24.07.1993, abgedruckt in: *S. Ebobrah/A. Tanoh* (Hrsg.) (Fn. 1171), S. 183ff; Art. 6 d), Art. 7 Abs. 2 EAC-Treaty; Art. 4 c), Art. 5 Treaty of the Southern Africa Development Community (SADC-Treaty), 17.08.1992, abgedruckt in: *S. Ebobrah/A. Tanoh* (Hrsg.) (Fn. 1171), S. 339ff.

1173 Art. 5 Abs. 3 e) EAC-Treaty.

(e) take such other measures that shall eliminate prejudices against women and promote the equality of the female gender with that of the male gender in every respect."

2009 verabschiedete die gesetzgebende Versammlung der EAC eine Resolution über Gewalt gegen Frauen, in der sie ihre Unterstützung an die *UNITE to end violence against Women* Kampagne des UN-Generalsekretärs aussprach, ihre Mitgliedstaaten an ihre Verpflichtung aus den internationalen und regionalen Verträgen zum Schutz der Frauen erinnerte und zu deren Umsetzung aufrief.[1174] Sexuelle Gewalt in bewaffneten Konflikten wird nicht ausdrücklich erwähnt. Es werden zwar alle Gewalthandlungen, darunter sexuelle Gewalt, verurteilt, doch wird lediglich die Verwundbarkeit der Frauen im Rahmen bewaffneter Konflikte angesprochen.[1175] Die Staaten werden aufgefordert, finanzielle Mittel für die Bekämpfung von Gewalt gegen Frauen und zur Beseitigung ihrer Folgen zur Verfügung zu stellen und Maßnahmen zur Verbesserung der öffentlichen Wahrnehmung dieses Problems zu treffen.

Im März 2012 veröffentlichte die EAC einen strategischen *Plan for Gender, Youth, Children und Persons with Disability, Social Protection and Community Development*, der sich allerdings darauf beschränkt, die Schaffung von Mechanismen zur Bekämpfung geschlechtsspezifischer Gewalt in allen Situationen zu empfehlen.[1176]

Obwohl die Resolution zur Errichtung starker Institutionen zur Bekämpfung sexueller Gewalt aufgerufen hatte und der Strategische Plan die Errichtung einer Gender Unit vorgesehen hat, wurde diese noch nicht eingesetzt. Anders ist es bei der SADC und ECOWAS, welche jeweils seit 1998 und 2003 über aktive Gendereinheiten verfügen.

Die Errichtung der Gender Unit der SADC geht aus der 1997 verabschiedeten *Declaration on Gender and Development* hervor.[1177] Dieses Dokument, das als Synthese der UN-Nairobi Forward-Looking Strategies von 1985, der CEDAW und der Pekinger Erklärung und Aktionsplattform gesehen werden kann,[1178] betrachtet die Gleichberechtigung der Geschlechter als ein grundlegendes Menschenrecht und verpflichtet die Staaten, es in alle Handlungsbereiche der Organisation einzubeziehen.[1179] Im Anschluss an Paragraph H. ix) der Erklärung, der das Ergreifen

---

1174 Resolution of the Assembly urging the East African Community and partner states to take urgent and concerted action to end violence against women in the EAC Region and particularly the partner states, November 2009. http://www.eala.org/key-documents/doc_details/8-resolution-action-to-end-violence-against-women-in-the-eac-region-and-particularly-partner-states.html (Stand Mai 2015).

1175 Ebenda, Präambel, Abschnitt 19 und Ziff. 2.

1176 EAC Strategic Plan for Gender, Youth, Children und Persons with Disability, Social Protection and Community Development (2012–16), März 2012, S. 29. http://www.gender.eac.int/index.php?option=com_docman&task=doc_download&gid=119&Itemid=159 (Stand Mai 2015).

1177 SADC Declaration on Gender and Development, 08.09.1997, abgedruckt in: *S. Ebobrah/A. Tanoh* (Hrsg.) (Fn. 1171), S. 443ff.

1178 *F. Benda,* Women, Law and Human Rights, 2005, S. 54.

1179 SADC Declaration on Gender and Development (Fn. 1177), B. i).

dringender Maßnahmen vorsah, um dem hohen Maß an Gewalt gegen Frauen und Kinder entgegenzuwirken, wurde die Erklärung 1998 um ein Addendum über die Vorbeugung und Beseitigung von Gewalt gegen Frauen und Kinder ergänzt.[1180] Ausgehend von der Wiener Erklärung, welche Gewalt gegen Frauen als schwere Menschenrechtsverletzung einstuft, und davon dass *„Existing measures to protect women and children against violence have proved inadequate, ineffective and biased against the victims"*, werden die Staaten aufgefordert, im gesetzlichen, sozialen, kulturelle, politischen, Bildungsbereich Maßnahme zu treffen, darunter: *„Adopting legislative measures to ensure the protection and removal of all forms of discrimination against, and empowerment of (...) women in armed conflict (...)"* und *„Reviewing and reforming the criminal laws and procedures applicable to cases of sexual offences, to eliminate gender bias and ensure justice and fairness to both the victim and accused"*.[1181] Sexuelle Gewalt in bewaffneten Konflikten wird erneut indirekt eingeschlossen. Angesprochen wird nur Gewalt gegen Frauen in bewaffneten Konflikten, wobei die Definition von Gewalt sexuelle Gewalt miteinschließt.[1182] Das zehn Jahre später von allen SADC -Mitgliedstaaten unterzeichnete *Protocol on Gender and Development* geht einen Schritt weiter und zählt in seiner Definition von geschlechtsspezifischer Gewalt sexuelle Gewalt in Friedenszeiten und in Situationen bewaffneter Konflikte ausdrücklich auf.[1183] Zu den sechs Artikeln zur Vorbeugung, Bekämpfung und Strafverfolgung von geschlechtsspezifischer Gewalt (Art. 20–25), welche die Leitlinien von dem Addendum zur Erklärung über Gender and Development lediglich übernehmen und ergänzen, werden die Staaten in Art. 28 ersucht, die UN Sicherheitsresolution 1325 umzusetzen und *„during times of armes conflict (...) [to] take steps as are necessary to prevent and eliminate incidences of human rights abuses, especially of women and children, and ensure that the perpetrators of such abuses are brought to justice before court of competent jurisdiction"*. Alle in dem Protokoll angeregten Maßnahmen sollten bis 2015 erreicht werden. Unabhängig von der Tatsache, dass das Protokoll bis heute noch nicht in Kraft getreten ist (Stand Oktober 2014), werden die Fortschritte der jeweiligen Länder von der Zivilgesellschaft genau beobachtet. Dafür wurde 2007 das Gender Protocol Barometer eingeführt. Seit sechs Jahren werden jedes Jahr die Verbesserungen, Status quo oder Rückschläge zur Umsetzung des Protokolls umfangreich dokumentiert und erfolgreiche Initiativen hervorgehoben. Bezüglich Art. 28 wird in dem Bericht von 2012 nicht nur der Frauenanteil in den Sicherheitsbereichen der jeweiligen Ländern untersucht, sondern auch die Straflosigkeit von sexuellen Verbrechen im Rahmen des Konflikts im Osten der

---

1180 Prevention and Eradication of violence against Women and Children (Addendum to the SADC Declaration on Gender and Development, 14.09.1998, abgedruckt in: *S. Ebobrah/A. Tanoh* (Hrsg.) (Fn. 1171), S. 445ff.

1181 Ebenda, Ziff. 9.

1182 Ebenda, Ziff. 5.

1183 SADC Protocol on Gender and Development, 17.08.2008, abgedruckt in: *S. Ebobrah/A. Tanoh* (Hrsg.) (Fn. 1171), S. 425ff.

RDC bemängelt.[1184] 2014 wurde auf die Notwendigkeit einer besseren Verlinkung zwischen Frauenrechten und Frieden und Sicherheit gedrängt.[1185] Ermittelt wird auch die Beteiligung der Frauen in den von der SADC gestellten Truppen für die UN-Peacekeeping Missionen. Denn manche subregionalen Organisationen sehen ihre Aufgabe nicht nur in der wirtschaftlichen und politischen Integration in ihrer Region, sondern leisten einen wesentlichen Beitrag zur afrikanischen Friedens- und Sicherheitsarchitektur.[1186]

Die ECOWAS, welche durch ihre Gender Unit, ihre Gender Development Centre an einer Steigerung des Wohlergehens der Frauen als „wesentliche Voraussetzungen für die Entwicklung, den Fortschritt und den Frieden in der Gesellschaft" in ihrer Region arbeitet,[1187] ist unter anderem mit dem ECOMOG (ECOWAS Cease-Fire Monitoring Group) die fortgeschrittenste Organisation im Bereich Friedenssicherung. Der ECOMOG ist eine aus Truppen der Mitgliedstaaten gebildete Streitkraft, die erstmalig punktuell 1990 in Liberia eingesetzt wurde und seit 1999 als ständige regionale Interventionstruppe besteht.[1188] 2011 wurde im Rahmen der 66. Sitzung des Ministerrats der Entwurf eines Verhaltenscodex für Streitkräfte und Sicherheitsdienste der Organisation ausgearbeitet.[1189] Art. 4 und 17 dieses Entwurfes betonen die Bindung der Soldaten und Sicherheitskräfte an die Menschenrechte und an das humanitäre Völkerrecht, während Art. 9 die Verbrechen der Vergewaltigung, sexueller Sklaverei und andere unmenschliche Behandlung verbietet. Begleitend dazu sollen die Streit- und Sicherheitskräfte eine ihrem Status entsprechende Ausbildung im Bereich des Menschenrechtschutzes und humanitären Völkerrechts bekommen.[1190] Bis zum Inkrafttreten dieses Verhaltenskodex sind die Truppen im Rahmen der ECOWAS an das *Protocol Relating to the Mecanism für Conflict Prevention, Management, Resolution, Peace-Keeping and Security* gebunden, welches zwar die

1184 *L. Jambaya Nyakujarah/C. L. Morna* (Hrsg.), SADC Gender Protocol 2012 Barometer, 2012, S. 266.

1185 *C. L. Morna/S. Dube/L. Makamure/K. V. Robinson (Hrsg.),* SADC Gender Protocol 2014 Barometer, 2014, S. 291.

1186 Vor allem die ECOWAS: Art. 4 f), Art. 58 ECOWAS-Treaty, die SADC: Art. 4 b), Art. 5 Abs. 1 c) SADC-Treaty, und die EAC: Art. 5 Abs. 3 e). Siehe dazu: *F. Viljoen,* International Human Rights Law in Africa, 2012, S. 504–505.

1187 Art. 40 Protocol A/SP1/12/01 on Democracy and Good Governance Supplementary to the Protocol relating to the Mechanism For Conflict Prevention, Management, Resolution, Peacekeeping and Security Executive, 21.12.2001, abgedruckt in: *S. Ebobrah/A. Tanoh* (Hrsg.) (Fn. 1171), S. 220ff.

1188 IRIN, Le rôle de la CEDEAO dans le maintien de la paix régional v. 03.06.2012. http://www.irinnews.org/fr/report/95573/briefing-le-r%C3%B4le-de-la-cedeao-dans-le-maintien-de-la-paix-r%C3%A9gionale (Stand Mai 2015).

1189 Acte Additionnel ASA/.../.../11 portant code de conduite des forces armées et services de sécurité de la CEDEAO, projet, August 2011, http://www.dcaf.ch/content/download/431/4500/version/3/file/Acte_additionnel_portant_code_de_conduite_18.08.11.pdf (Stand Mai 2015).

1190 Ebenda, Präambel, Abschnitt 4, Art. 5.

notwendige Ausbildung und die Bindung der Truppen an die Menschenrechte und das humanitäre Völkerrecht betont[1191] aber den Frauen keinen besonderen Schutz gewährleistet. Seine Ergänzung, das *Protocol on Democracy and Good Governance* macht hingegen die Achtung der Rechte der Frauen sowie ihre Gleichberechtigung zum Leitfaden des Protokolls.[1192]

Das Vorhandensein eines dichten Regelungswerks zum Schutz und zur Förderung der Frauenrechte ist umso wichtiger, weil Menschenrechtsverletzungen vor subregionalen Gerichtshöfen im Rahmen der EAC, ECOWAS und SADC gerügt werden können.[1193] Aufgrund der Ferne der UN-Menschenrechtsorgane und der Ineffektivität der Institutionen der AU könnten sich diese Gerichte zukünftig veranlasst sehen, eine größere Rolle bei der Beachtung von Menschenrechten bzw. der Ahndung von Menschenrechtsverletzungen zu spielen.

Zu begrüßen ist zudem das Zusammenwirken der subregionalen Organisationen an einer Erhöhung der Menschenrechtsstandards. 2010 etwa unterzeichneten die EAC und die Internationale Konferenz über die Region der Großen Seen ein Memorandum of Unterstanding, in dem sie sich engagierten: "*to support activities aimed at preventing, managing and resolving conflicts in the Great Lakes Region; promote democracy and good governance; support measures aimed at prevention of sexual violence against women and children and promote measures aimed at improving protection of human rights and the environment, among others.*"[1194] Dadurch, dass Staaten oft Mitglieder mehrerer Subregionalen Organisation sind,[1195] verdoppelt eine Zusammenarbeit in der Bekämpfung von sexueller Gewalt nicht nur den Druck auf die Staaten, die mehrere Organisationen angehören, sie ermöglicht zudem eine Harmonisierung und Verstärkung der getroffenen Maßnahmen und kann wiederum durch einen Schneeballeffekt Einfluss auf die Handlungsbereitschaft anderer Organisation haben. Die im Rahmen der Internationalen Konferenz der Großen Seen (International Conference of the Great Lakes Region- ICGLR) entwickelten Strategien zur Bekämpfung sexueller Verbrechen könnte durchaus eine Inspirationsquelle für die anderen subregionalen Organisationen werden.

1191 Protocol Relating To the Mecanism for Conflict Prevention, Management, Resolution, Peace-Keeping and Security, 10.12.1999, Art. 30 abgedruckt in: *S. Ebobrah/ A. Tanoh* (Hrsg.) (Fn. 1171), S. 203ff.

1192 Präambel, Abschnitte 7 und 8, Art. 2 Abs. 3 (Wahlrecht), Art. 30 Abs. 4, Abs. 5 (Bildung), Art. 40 (allgemeiner Diskriminierungsverbot und Beseitigung von gefährlichen und erniedrigenden traditionellen Praktiken), Art. 43 (Ergreifen von Maßnahme für die Fürsorge der Frauen),(Fn. 1187).

1193 Vgl. dazu *F. Viljoen,* International Human Rights Law in Africa, 2012, S. 487–502.

1194 *EAC*, EAC, ICGLR Sign MoU, Pressemitteilung v. 01.12.2010, http://www.eac.int/news/index.php?option=com_content&view=article&id=316:eac-icglr-sign-mou&catid=48:eac-latest&Itemid=69 (Stand Mai 2015).

1195 Die RDC zum Beispiel gehört fünf Organisationen an: CEPGL, ICGLR, COMESA, ECCAS und SADC.

II. Die Internationale Konferenz der Großen Seen

Die Geschichte der afrikanischen Region der Großen Seen ist seit Jahrzehnten von Bürgerkriegen, Staatszerfall und Flüchtlingskatastrophen geprägt. 1960 gab es in der Region die erste UN-Friedensmission für vier Jahre, um den Frieden nach dem Rückzug der belgischen Armee zu sichern. Seit 1984 und den Beobachtermissionen in Angola sind die Blauhelmsoldaten der Vereinten Nationen bis heute ununterbrochen vor Ort. Flüchtlingsströme und politische Instabilität kennzeichnen die Region der Großen Seen seit dem ruandischen Völkermords. Seit 1994 sind deshalb die Blauhelme als friedenssichernde Truppen in Ruanda (UNAMIR), in Burundi (ONUB, BINUB) und vor allem mit einem der größten friedenssichernden Einsätze der Vereinten Nationen in der Demokratischen Republik Kongo (MONUSCO, bis 2010 MONUC) anwesend. Nicht zu vergessen sind auch die politisch höchst instabilen Regionen um die Zentralafrikanische Republik (MINURCA), den Tschad (MINURCAT) und den Sudan (UNMIS) sowie die Gewaltzone in Darfur (MINURSO), die alle immer noch einen externen Schutz der Zivilbevölkerung benötigen.

Die Idee einer Konferenz, um einen nachhaltigen Frieden in der Region zu erreichen, wurde erstmals im Oktober 1994 nach dem Völkermord in Ruanda im UN-Sicherheitsrat eingebracht.[1196] Kernidee dieser internationalen Konferenz war, einen Zusammenschluss der unterschiedlichen Akteure und Interessenlagen der Region zu unterstützen und dabei zu helfen, gemeinsam vordringliche Problemkreise zu erkennen und auf Lösungswege hin zu arbeiten.[1197] Damit sollten überregional die Voraussetzungen für Frieden, Entwicklung und vor allem Stabilität geschaffen werden, um die soziale und wirtschaftliche Entwicklung der Region zu fordern.

Mit dem Beginn des ersten Kongokrieges im Herbst 1996 bestand erneut der Sicherheitsrat auf die Einrichtung einer solchen Konferenz unter der Schirmherrschaft der UN und der OAU.[1198]

Erst 1999 ernannte der UN-Generalsekretär einen Sonderbeauftragten für die Region der Großen Seen und erteilt ihm das Mandat, mit den Staatsoberhäuptern der Region über die Konferenzidee zu beraten. Diese Beratungen führte zunächst *Berhanu Dinka* und ab 2002 *Ibrahima Fall* mit Sondergesandten der OAU durch.[1199] Trotz anfänglicher Widerstände in der Region[1200] und auf Drängen des Sicherheitsrats[1201] begann nach einem jahrelangen Konsultationsprozess der offizielle

1196 UN Docs. S/1994/1133 v. 06.10.1994, § 64; S/PRST/1994/59 v. 14.10.1994; S/1994/1344 v. 25.11.1994; S/1994/1308 v. 18.11.1994; S/PRST/1994/75 v. 30.11.1994.

1197 UN Doc. S/2003/1099 v. 17.11.2003, § 8.

1198 UN Docs. S/PRST/1996/44 v. 01.11.1996; S/PRST/1997/22 v. 24.04.1997; S/PRST/1998/36 v. 11.11.1998.

1199 UN Doc. S/2003/1099 v. 17.11.2003, §§ 5, 6.

1200 *C. Heyl*, Die Internationale Konferenz Grosse Seen- eine KSZE für Afrika?, KAS Auslandsinformation, Heft 12/2010, S. 99.

1201 UN Docs. S/Res/1291 (2000) v. 24.02.2000; S/Res/1304 (2000) v. 16.06.2000.

Vorbereitungsprozess im Juni 2003.[1202] Als gemeinsames Interesse für die Kooperation hatten sich die beteiligten Staaten Zugang zu weiteren Entwicklungsgeldern versprochen und zeigten dadurch Bereitschaft zur Aushandlung eines Friedensprozesses zur Stabilisierung der Region.[1203]

1. *Die Erklärung von Dar-es-Salaam, der Pakt für Stabilität, Sicherheit und Entwicklung und dessen Protokoll zur Vorbeugung und Strafverfolgung von sexueller Gewalt gegen Frauen und Kinder und die Erklärung von Goma*

Im November 2004 verabschiedeten die 11 Gründungsmitglieder[1204] (Angola, Burundi, die Zentralafrikanische Republik, Kongo, die demokratische Republik Kongo, Kenia, Ruanda, Sudan, Tansania, Zambia, Uganda) *die Erklärung über Frieden, Sicherheit und Entwicklung in der Region der Großen See* (Erklärung von Dar-es-Salaam), wonach sie sich politisch verpflichteten, die wirklichen Ursachen der Konflikte und damit den Entwicklungshindernissen der Region nachzugehen und sie gemeinschaftlich zu lösen.[1205] Dazu werden Maßnahmen in fünf Hauptbereichen ergriffen: Frieden und Sicherheit, Demokratie und Good Governance, wirtschaftliche Entwicklung und regionale Integration sowie humanitäre und soziale Angelegenheiten. Bereits in der Präambel der Erklärung werden sexuelle Gewalt und sexuelle Ausbeutung als humanitäre und soziale Konsequenzen der bewaffneten Konflikte anerkannt und die Notwendigkeit der Bekämpfung von Diskriminierungen auf allen Entscheidungsniveaus der angesprochenen Bereiche geltend gemacht. Doch in der weiteren Folge der Erklärung verpflichten sich die Staaten nur sehr vage, das Problem der sexuellen Gewalt als Gefährdung des Friedens und der Sicherheit in Angriff zu nehmen (Punkt 27), eine gezielte Politik zur Gleichberechtigung zwischen Männer und Frauen zu verabschieden (Punkt 35) und regionale Mechanismen zum psychosozialen, medizinischen und juristischen Beistand Opfer sexueller Gewalt und sexueller Ausbeutung einzurichten (Punkt 67). Was anfänglich als ein zögerliches Zugeständnis an die UN und die Frauenrechtorganisationen erscheinen mag,[1206]

1202 Siehe dazu: *R. Lukunda Vakala-Mfumu*, La Conférence internationale sur la paix, la sécurité, la démocratie et le développement des Grands Lacs : coquille vide ou nécessité impérieuse pour le redécollage du Congo-Démocratique, 2004, S. 22–23.

1203 *C. Heyl*, Die Internationale Konferenz Grosse Seen- eine KSZE für Afrika?, KAS Auslandsinformation, Heft 12/2010, S. 104.

1204 Seit November 2012 ist der Südsudan die ICGLR beigetreten.

1205 Dar-Es-Salaam Declaration on Peace, Security, Democracy and Development in the Great Lakes Region, 20.11.2004, abgedruckt in: *S. Ebobrah/A. Tanoh* (Hrsg.) (Fn. 1171), S. 93ff.

1206 Im Vorfeld des ersten Staatengipfels, anlässlich dessen die Erklärung verabschiedet worden ist, hatte der Sonderbeauftragte des Generalsekretärs für die Region der Großen See sektorspezifische Treffen organisiert, bei denen die Frauen, die Jungen und die NGO Empfehlungen an die Staaten ausdrucken konnten. Pressemitteilung

erwies sich im Laufe der Jahre parallel zu den Bemühungen auf internationaler Ebene (UN- Kampagne gegen sexuelle Gewalt, Sicherheitsresolutionen 1820, 1888, 1889, 1960...) als ein von den Staaten zumindest politisch ernst genommenes und immer wieder in den Vordergrund gestelltes Thema.

2006 bekam die Erklärung einen rechtsverbindlichen Rahmen, als der *Pakt für Stabilität, Sicherheit und Entwicklung* geschlossen wurde.[1207] Am 21. Juni 2008 in Kraft getreten, besteht der Pakt laut Art. 3 aus der Erklärung von Dar-es-Salaam, zehn Protokollen, vier Aktionsprogrammen,[1208] einem regionalen Follow-up-Mechanismus und einem Spezialfond für Wiederaufbau und Entwicklung. Unter den zehn rechtlich verbindlichen Protokollen, dessen Gegenstände von dem Versprechen des Nicht-Angriffs und gegenseitiger Verteidigung über die justizielle Zusammenarbeit, die Repression von Völkermord, Kriegsverbrechen, Verbrechen gegen die Menschlichkeit und andere Diskriminierung, die Bekämpfung illegaler Ausbeutung natürlicher Ressourcen bis hin zu Schutz und Fürsorge von Vertriebenen, Eigentumsrecht von Heimkehrern, Information und Kommunikation sowie Wiederaufbau und Demokratie reichen, befindet sich nach Art. 11 des Paktes auch ein *Protokoll zur Vorbeugung und Strafverfolgung von sexueller Gewalt gegen Frauen und Kinder.*[1209] Obwohl dieses Protokoll der Vorbeugung und Strafverfolgung von sexueller Gewalt in Friedens- und in Kriegszeit dienen soll, wird schnell deutlich, dass der Schwerpunkt dieses Protokoll bei der Strafverfolgung sexueller Verbrechen in Verbindung mit bewaffneten Konflikten liegt.[1210] Von vorbeugenden Maßnahmen wie Aufklärungskampagnen, Sensibilisierung der Gesellschaft und der Soldaten fehlt jedoch jede Spur. Vielmehr wird hier ein gesetzlicher Rahmen zur effektiven

---

des Büro des Sonderbeauftragten des Generalsekretärs für die Region der Großen See, abgedruckt in *R. Lukunda Vakala-Mfumu* (Fn. 1202), S. 116–120.

1207 Pact on Security, Stability and Development in the Great Lakes Region, December 2006, abgedruckt in: *S. Ebobrah/A. Tanoh (Hrsg.)* (Fn. 1171), S. 96ff.

1208 Frieden und Sicherheit, Demokratie und Good Governance, Wirtschaftsentwicklung und regionale Integration, humanitäre, Soziale und Umweltfragen.

1209 Protocol on the Prevention and Suppression of Sexual Violence Against Women and Children, 30.11.2006, abgedruckt in: *S. Ebobrah/A. Tanoh* (Hrsg.) (Fn. 1171), S. 115ff.

1210 Die Erläuterung im Artikel 1 der relevanten Definitionen spiegelt diese Bemühungen die Anforderungen sexueller Gewalt in Friedens- und in Kriegszeit gerecht zu werden.
Unter sexuelle Gewalt werden zum Beispiel nicht nur die „typischen" im Römischen Statut enthaltenen Verbrechen wie Vergewaltigung, sexuelle Sklaverei, Nötigung zur Prostitution, erzwungene Schwangerschaft oder Zwangsterilisation verstanden. Darunter fällt auch die geschlechtsspezifische Gewalt wie in der CEDAW Allgemeine Empfehlung Nr. 19 definiert. So wird die Definition von sexueller Gewalt um die Verbrechen Verstümmelung der Genitalorganen, Menschenhandel zum Zweck der sexuellen Sklaverei oder sexueller Ausbeutung und Anstecken von Frauen und Kindern mit sexuell übertragbaren Krankheiten besonders HIV/AIDS und sogar Erzwingen von Haushaltsarbeiten (Art. 1 Abs. 5j) ergänzt.

überregionalen Strafverfolgung festgelegt. Vorbeugung durch Abschreckung ist die eingeschlagene Linie.[1211] Die Staaten werden dazu aufgefordert, sexuelle Gewalt sowohl in Friedenszeiten als auch in Kriegszeiten zu verfolgen[1212] und sich nicht zu scheuen, diese in Verbindung mit Genozid, Kriegsverbrechen oder Verbrechen gegen die Menschlichkeit zu setzen.[1213] Schuldig gesprochene Täter sollen zu der höchstmöglichen Strafe verurteilt werden und während ihrer Gefängniszeit an Rehabilitationsprogrammen teilnehmen.[1214] In dem Protokoll wird Wert drauf gelegt, dass während eines Prozesses auf die Bedürfnisse der Opfer eingegangen wird. So sollen sie die Möglichkeit haben, per Videokonferenz oder unter Ausschluss der Öffentlichkeit auszusagen.[1215] Die Unverjährbarkeit der Verbrechen sowie das Recht der Überlebenden auf Entschädigung werden betont.[1216] Die Einrichtung eines regionalen Ausbildungszentrums für Gerichts- und medizinisches Personal, Polizisten und Sozialmitarbeiter wird angeregt.[1217]

Dem Protokoll wird der Entwurf eines nationalen Rahmengesetzes für die Umsetzung des Protokolls beigelegt. Unter der politischen Verantwortung eines Ministers ist der Rat zum Schutz der Frauen und Kinder vor sexueller Gewalt die Koordinationsstelle für alle Maßnahmen zum Schutz vor sexueller Gewalt. Bestehend aus Vertretern des Innen-, Außen-, Justiz-, Gender-, Sozial- und Finanzministeriums sowie der Vereinten Nationen, Frauenrechtsorganisationen und der Polizei und Justiz hat der Rat die Aufgabe, für die Ratifizierung und Umsetzung ins innerstaatliche Recht der einschlägigen Texte zum Schutz der Frauen vor allem der CEDAW und des Protokolls der Afrikanischen Charta über die Rechte der Frauen und für die Überwachung der Strafprozesse zu sorgen. Er soll zudem als Anlauf- und Beratungsstelle für Opfer und Vermittler zwischen den Regierungsorganen, den UN-Agenturen, der AU und der Zivilgesellschaft fungieren.[1218] Eine rein weibliche Beschwerde- und Entschädigungskommission für die Opfer sexueller Gewalt soll zudem eingerichtet werden. [1219]

1211 Art. 2 des Protokolls. In diesem Artikel werden als weitere Ziele des Übereinkommen die Aushändigung von sexuellen Verbrechen verdächtigen Flüchtigen und die Errichtung des in der Erklärung von Dar-es-Salaam vorgesehenen regionalen Mechanismus zum psychosozialen, medizinischen und juristischen Beistand Opfer sexueller Gewalt aufgezählt.

1212 Art. 3 Abs. 2.

1213 Art. 4 III, IV, IV.

1214 Art. 5.

1215 Art. 6 Abs. 5.

1216 Art. 6 Abs. 6.

1217 Art. 6 Abs. 9.

1218 Annex to the Protocol on the Prevention and Suppression of Sexual Violence against Women and Children, 30.11.2006, Annex, Art. 6, abgedruckt in: *S. Ebobrah/A. Tanoh* (Hrsg.) (Fn. 1171), S. 120ff.

1219 Ebenda, Art. 7.

Es ist zu bemängeln, dass dieses Gesetz keine konkreteren Maßnahmen enthält. Als Vorlage hätte es präziser, detaillierter sein können, um die Staaten dazu zu ermutigen, sich zu klaren, zeichensetzenden Handlungen per Gesetz zu verpflichten. Als Quelle dieser konkreteren Maßnahmen hätte das im Rahmen des regionalen Aktionsprogramms über humanitäre und soziale Fragen entwickelte Projekt Nr. 4.2.2. „Prävention, Bekämpfung von sexueller Ausbeutung, Übergriffen und geschlechtsspezifische Gewalt und Beistand der Opfer" dienen können. Dieses im August 2006 veröffentlichte Projekt hatte zum Beispiel zusätzlich zu den tatsächlich im Protokoll und in der Gesetzesvorlage übernommenen Maßnahmen die Notwendigkeit, landesweite Sensibilisierungskampagnen im Bereich sexueller Gewalt und Menschenrechte anerkannt und empfohlen, die Gesellschaft über Frauenrechte aufzuklären und dabei besonders die Männer einzubeziehen.[1220] Diese Maßnahme erscheint weder im Protokoll noch in der Gesetzesvorlage. In diesen letzteren Dokumenten geht man den Ursachen der Verbrechen nicht nach. Es wird alles getan, um das Leid des Opfers zu mindern, aber nichts wird unternommen, um die Stellung der Frau in der Gesellschaft zu ändern.

Diese Lücke schloss 2008 zum Zeitpunkt des Inkrafttretens des Paktes samt Protokollen die *Erklärung von Goma zur Beseitigung von sexueller Gewalt und die Bekämpfung der Straflosigkeit in der Region der Großen Seen.*[1221] Diese Erklärung wurde zum Abschluss einer regionalen Konsultation auf hoher Ebene zwischen Ministern, UN-Agenturen, NGO, Vertretern der Zivilgesellschaft sowie religiösen Führern und traditionellen Dorfoberhäuptern angenommen. Dies spiegelt sich besonders bei den sehr konkret und gezielt formulierten Empfehlungen wider. Das Aufheben von bestimmten Hindernissen für den Zugang zur Justiz, wie das Ausstellen einer ärztlichen Bescheinigung in einer angemessen Frist wird genauso angesprochen wie der Zeugenschutz der vor Gericht aussagenden Opfer oder die Verbesserung der medizinischen Ausstattung. Die Staaten werden zudem aufgefordert, mithilfe von Gleichberechtigungsprogrammen auf die ungleichen Beziehungen zwischen Mann und Frauen einzuwirken.[1222] Wichtige bis jetzt unangesprochene Bereiche wie die Öffentlichkeitsarbeit in den Schulen und in den Dörfern, über Menschenrechte und über sexuelle Gewalt zu informieren, werden endlich einbezogen.[1223] Dabei werden die Staaten ausdrücklich aufgefordert, ein gesichertes Arbeitsumfeld für Mitarbeiter von Menschenrechtsorganisationen zu schaffen.[1224] Besonders hervorzuheben ist der Vorschlag, einen Filtermechanismus im Rahmen von Bewerbungsverfahren

---

1220 Projet 4.2.2 Prévention, Lutte contre l'exploitation sexuelle, l'abus et la violence sexuelle et assistance aux victimes, August 2006, Punkt E. 7, 8. http://www.icglr.org/images/pdf_files/SECURITE/projet422.pdf (Stand Mai 2015).

1221 The Goma Declaration on Eradicating Sexual Violence and Ending impunity in the Great Lakes Region, 18.06.2008, abgedruckt in: *S. Ebobrah/A. Tanoh* (Hrsg.) (Fn. 1171), S. 168ff.

1222 Ebenda, Ziff. 24.

1223 Ebenda, Ziff. 14, 25.

1224 Ebenda, Ziff. 7.

bei der Armee, der Polizei und anderen Sicherheitsbereichen zu schaffen, um Menschenrechtsverletzer oder Täter sexueller Gewalt von diesen Arbeitsbereichen auszuschließen.[1225]

Leider unterliegen die Staaten keiner Berichtspflicht über die Umsetzung des Paktes, so dass es an Informationen fehlt, um die Wirkung dieses Protokolls zu bewerten.

2. *Die Umsetzung der Erklärung von Kampala*

Frauenorganisationen wurden von Beginn an in den Entwicklungsprozess der ICGLR einbezogen und haben dabei auf die Gründung eines für geschlechtsspezifische Angelegenheiten zuständigen Organs im Rahmen der Organisation bestanden.[1226] Die Entstehung des „Forum des femmes" ist eine Konkretisierung der in Punkt 35 der Erklärung von Dar-es-Salaam angekündigten entschlossenen regionalen Gleichberechtigungspolitik. Seine Aufgaben werden in dem Aktionsprogramm Demokratie und Good Governance vom August 2006 definiert. Danach dient das Forum als Rahmen für Konsultation und Dialog sowie für den Aufbau von Kapazitäten der Frauen. Er soll auf die Verwurzelung der Grundsätze der Partizipation und Empowerment von Frauen in der Politik der Länder der Region der Großen Seen achten.[1227] Das Forum wurde als « Genderwächter » der ICGLR gedacht, der sich sowohl auf regionaler als auch auf nationaler Ebene tätig wird. In der Tat nahm es seit der Aufnahme seiner Aktivitäten im Dezember 2010 an Wahlbeobachtungen teil, half bei der Errichtung eines Genderobservatoriums, genießt den Beobachterstatus in verschiedenen regionalen Räten, die für die Umsetzung der Protokolle zuständig sind.[1228]. Das Forum versteht sich ferner als Vermittler zwischen Ministerien, Abgeordneten und Frauen aus der Zivilgesellschaft,[1229]und obwohl es ursprünglich mit keinen Aufgaben mit Bezug zu Frieden und Sicherheit betraut wurde, sondern lediglich auf das Feld der „Gestaltung politischer Vorgehensweise" beschränkt war, hat es seinen Aufgabenbereich um ein sehr spezielles Thema, namentlich die Bekämpfung von geschlechtsspezifischer Gewalt, ergänzt. Im Mai 2011 setzte sich

1225 Ebenda, Ziff. 6.

1226 Siehe Fn. 1206.

1227 Programme d'Action Régionale pour la promotion de la Démocratie et de la Bonne Gouvernance, Août 2006, S. 8. http://www.icglr.org/images/pdf_files/Democratie_Bonne_Gouvernance/Programme_d_Action_Dem_Bon-Gouv.pdf (Stand Mai 2015).

1228 Discours prononcé par la présidente du forum régional des femmes à l'occasion de la réunion régionale interministérielle de la conférence internationale sur la région des grands lacs, Brazzaville, 6. Mai 2011, Dieses Dokument befand sich auf der alten Internetseite der ICGLR (https://icglr.org/IMG/pdf/Discours_du_Forum_Regional_des_Femmes.pdf abgerufen am 14.11.2013) wurde jedoch auf die neue Internetseite nicht hochgeladen.

1229 Ebenda.

seine Präsidentin für die Einführung von Indikatoren ein, um eine bessere Überwachung der Umsetzung des Protokolls zur Vorbeugung und Strafverfolgung von sexueller Gewalt gegen Frauen und Kinder zu ermöglichen, und bat die Staaten um regelmäßige Berichte über die erzielten Fortschritte.[1230]

Mit Nachdruck forderte das Forum bereits seit Jahren die Organisation einer außenordentlichen Sitzung der Staats- und Regierungschefs der Großen Seen Region über sexuelle Gewalt. Diese fand schließlich im Dezember 2011 anlässlich des vierten Staats-und Regierungstreffens der ICGLR in Kampala statt. Oberste Priorität der Staaten war, eine dauerhafte Lösung zu finden. Dafür sind sie in der Schlusserklärung, zusätzlich zu den bereits in den vorherigen Dokumenten erwähnten und in der Erklärung erneut wiedergegebenen Maßnahmen, die Verpflichtung eingegangen, diese Maßnahmen zu finanzieren.[1231] Zu diesem Zweck wurde zügig nach Abschluss der Konferenz ein Arbeits- und Finanzierungsplan zur Umsetzung der Kampala-Erklärung veröffentlicht. Doch zwei Jahren später bleibt die Finanzierung immer noch eine große Herausforderung.[1232] Die Justiz- und Genderminister der ICGLR hatten sich am 28. Juli 2012 über die Erklärungspunkte geeinigt, die in den nächsten Jahren Priorität genießen sollten. Damit standen für die ICGLR-Staaten (1) die Ratifizierung und Implementierung der Protokolle über Nicht-Angriff und gegenseitige Verteidigung, über sexuelle Gewalt und über justizielle Kooperation[1233], (2) das Ende der Straflosigkeit sexueller Verbrechen mit der Kampagne „zero Tolerance now"[1234] und (3) die Errichtung von Spezialgerichten, um den Opfern sexueller Gewalt einen besseren Zugang zur Justiz zu gewähren,[1235] an vorderster Stelle.[1236] Dementsprechend sah der Finanzierungsplan für die erste Phase des Projekts (2012/2013) ein Gesamtbudget von US $ 2,195,000 vor, wovon 35% dem Ende der Straflosigkeit dienen sollten.[1237] Die Überwachung der verschiedenen Maßnahmen

1230 Ebenda.

1231 Déclaration des Chefs d'Etat et de Gouvernement des États Membres de la Conférence Internationale sur la Région des Grands Lacs lors de leur Quatrième Sommet ordinaire et Session Spéciale sur les Violences Sexuelles et Basées sur le Genre (VSBG), (Erklärung von Kampala), 15–16. Dezember 2011. https://cirgl.org/spip.php?article113 (Stand Mai 2015).

1232 Information aus einem persönlichen Mailaustausch mit dem Berater der Schweizerischen Eidgenossenschaft bei der ICGLR zuständig für die Überwachung der Umsetzung der Kampala Erklärung. (25. März 2013).

1233 Punkt 2 der Erklärung.

1234 Punkt 7 der Erklärung.

1235 Punkt 8 der Erklärung.

1236 Consultation Régionale de Haut Niveau avec les Ministres en Charge de la Justice et du Genre sur la Déclaration de Kampala sur les Violences Sexuelles et Basées sur le Genre (VSBG), Communiqué final, Kinshasa, 28.07.2012, Punkte I, IV. http://www.icglr.org/images/pdf_files/Communiques_de_presses/Final_Communique_Kinshasa_French_Two_Columns.pdf (Stand Mai 2015).

1237 Die Schwerpunkte haben sich in der Umsetzung bestätigt. In zwei Pilotländern (Burundi und Tansania) wurden bereits special court sessions eingerichtet.

erfolgt durch nationale Koordinationsmechanismen und die „forums des femmes“ in den einzelnen Mitgliedstaaten. Das Konferenzsekretariat der ICGLR ist für die Evaluierung der einzelnen Phasen sowie des Gesamtprojekts und für die Veröffentlichung der erreichten Fortschritte anhand jährlicher Berichte zuständig.[1238] UN-Organisationen, vor allem UN-WOMEN, UNFPA und UNICEF aber auch WHO und UNDP, sind zur finanziellen und logistischen Unterstützung in den Prozess involviert. UN Women finanzierte in den letzten Jahren drei Gender Expertinnen, die am ICGLR-Sekretariat arbeiten.[1239]

Innerhalb der ICGLR scheint die Bekämpfung sexueller Gewalt und besonders die Strafverfolgung sexueller Verbrechen zu einer der Schwerpunkte der ICGLR geworden zu sein. Die schnelle Reaktion auf die Erklärung von Kampala zeigt eine konkrete Handlungsbereitschaft der Konferenz. Die ersten beobachteten Maßnahmen gehen in die richtige Richtung. So wurde in allen Mitgliedstaaten gleichzeitig am 25. November 2012 die Kampagne „Zero Tolerance Now“ im Rahmen der sechzehn „Aktivismustage“ gestartet.

Sie soll zwei Jahren dauern. Ihre Rahmenvorschriften wurden teilweise sehr genau von den Gender- und Justizministern festgelegt.[1240] Im Januar 2013 wurde ein zweitätiges regionales Aufklärungsseminar mit Journalisten aus Ruanda, der Demokratischen Republik Kongo und Burundi veranstaltet. Damit soll erreicht werden, dass sexuelle Gewalt in den Medien öfter und mit der entsprechenden Ernsthaftigkeit angesprochen wird.[1241] Dies ist Teil der in Punkt 15 der Erklärung enthaltenen Medienstrategie gegen sexuelle Gewalt. Des Weiteren ließ die Gewährung des Beobachterstatus an das „Forum des femmes“ in den Verhandlungen zwischen die Demokratische Republik Kongo und die Rebellengruppe M23 erkennen,[1242] dass der

1238 Der Bericht für 2012 wurde tatsächlich verfasst, wenn auch nicht veröffentlicht. Progress report on the implementation of the Kampala Declaration on SGBV, December 2012.

1239 Information aus einem persönlichen Mailaustausch mit dem Berater der Schweizerischen Eidgenossenschaft bei der ICGLR zuständig für die Überwachung der Umsetzung der Kampala Erklärung. (25. März 2013).

1240 Die Minister haben etwa die Inhalte der von den Handyanbietern zu verbreitenden SMS bestimmt. Dazu zählen Nachrichte wie „Nur schwache Männer vergewaltigen“ oder “Vergewaltiger- und wenn es deine Mutter, deine Schwester oder Tochter wäre?„ „Stop sexuelle und geschlechtsspezifische Gewalt“(Fn. 1236), Ziff. 17.

1241 Journalisten sollen damit beitragen, dass sexuelle und geschlechtsspezifische Gewalt als ein zu verbannendes Verbrechen statt als eine Art Vergnügung oder Witz wahrgenommen wird. *ICGLR*, Pressemitteilung vom 18.01.2013, Dieses Dokument befand sich auf der alten Internetseite der ICGLR (https://cirgl.org/spip.php?article197 abgerufen am 14.11.2013) wurde jedoch auf die neue Internetseite nicht hochgeladen.

1242 *ICGLR*, Presse Mitteilung vom 22.01.2013. Dieses Dokument befand sich auf der alten Internetseite der ICGLR (https://cirgl.org/spip.php?article199 abgerufen am 14.11.2013) wurde jedoch auf die neue Internetseite nicht hochgeladen.

Gedanke „Frauen sind für einen andauernden Frieden und damit für die Stabilität der Region unerlässlich" angekommen zu sein scheint.

Das Problem, das sich bei der ICGLR stellt, ist anderer Natur.

Zum einen bestehen Zweifel über die politische Relevanz dieser Organisation seitens zentraler Akteure wie der Afrikanischen Union, was die Glaubwürdigkeit der Organisation nach außen beeinträchtigt.[1243] Diese Aussage kann zwar angesichts der letzten Entwicklungen in der Region, unter anderem wegen der aktiven politischen Rolle der ICGLR in den verschiedenen Gipfeltreffen zur Kongo-Krise, relativiert werden.[1244] Die Nicht-Anerkennung der ICGLR als AU-Partner minimiert jedoch die Aussicht auf eine Zusammenarbeit mit der AU im Bereich der Bekämpfung von sexueller Gewalt.

Zum anderen bilden die Staaten selbst das größte Hindernis an einer erfolgreichen Umsetzung dieser Maßnahmen. Die ICGLR besteht aus Ländern, die massive Probleme mit der Ausübung der staatlichen Funktionen haben. Laut dem Failed State Index 2013 zählen vier Mitglieder der Konferenz zu den ersten fünf vom Zerfall am meisten bedrohten Länder der Welt.[1245] An dem Prozess sind also Regierungen beteiligt, die ihre Staaten nicht unter Kontrolle haben und die Umsetzung der gefassten Beschlüsse nicht garantieren können.

Die Konflikte sind zudem durch viele unterschiedliche Akteure geprägt. Es besteht keine komplette Deckungsgleichheit zwischen Konfliktakteuren und Konferenzakteuren. Ein Staat kann seine Soldaten in dem Bereich ausbilden lassen. Doch die Täter sexueller Gewalt sind nicht nur die regulären Streitkräfte, sondern auch Rebellen, die sich an keine Regeln gebunden fühlen.

Mit der ICGLR entsteht eine zusätzliche Druckquelle für die Staaten und seit dem Arbeitsplan zur Umsetzung der Kampala-Erklärung auch ein

---

1243 Als Indizien dafür werden die Tatsachen gebracht, dass die ICGLR nicht zu den acht von der AU anerkannten Regionalorganisationen zählt, obwohl die AU eine tragende Rolle bei der Initiierung der Konferenz übernommen hat. Zudem hat die bilaterale Annäherung zwischen der RD Kongo und Ruanda 2009 nicht im Rahmen der ICGLR stattgefunden. *C. Heyl,* Die Internationale Konferenz Grosse Seen- eine KSZE für Afrika?, KAS Auslandsinformation, Heft 12/2010, S. 107, 110.

1244 Besonders hervorzuheben ist die Rolle der ICGLR bei dem am 24.Februar 2013 von 11 afrikanischen Staaten (RDC, Südafrika, Angola, Burundi, Zentralafrikanische Republik, Kongo, Uganda, Ruanda, Südsudan, Tansania, und Zambia sowie die Vereinten Nationen, die Afrikanische Union, die ICGLR und die SADC unterzeichneten Rahmenabkommen für den Frieden, die Sicherheit und die Zusammenarbeit für die RDC und die Region, wonach sich die RDC-Regierung für die Weiterführung der angestoßenen Staats- und Wirtschaftsreformen, die Nachbarländern zur Nichteinmischung in die Konflikte der Nachbarländer und die internationale Gemeinschaft zur langfristigen Unterstützung der kongolesischen Regierung verpflichten.

1245 RDC: Rang 4, Sudan: Rang 5, Südsudan: Rang 1, Zentralafrikanische Republik: Rang 3, *The Fund for Peace*, http://ffp.statesindex.org/rankings-2014 (Stand Okt. 2014).

Überwachungsmechanismus hinsichtlich ihrer Fortschritte bei der Bekämpfung von sexueller Gewalt. Viele der Maßnahme finden sich in den unterschiedlichsten Programmen der UN wieder und werden von den Vereinten Nationen mit finanziert. Der Ansatz, sich dem Problem regional und Sektor übergreifend zu nähern, bringt gute Initiativen hervor. Ein Beispiel dafür ist das Regionalzentrum Levy Mwanawasa für Demokratie, Good Governance, Menschenrechte und politische Bildung in Lusaka (Zambia), das über ein Gender Observatorium verfügt und für die Erstellung von Handbüchern zu sexueller Gewalt zuständig ist. Die Errichtung eines regionalen Aus- und Fortbildungszentrums für geschlechtsspezifische und sexuelle Gewalt in Uganda ist auch in Bearbeitung. Die Verbindung der Initiative gegen sexuelle Gewalt mit der Initiative über natürliche Ressourcen ist positiv hervorzuheben.[1246] Frauen werden nicht nur verstärkt in Gegenden, wo natürliche Ressourcen illegal ausgebeutet werden, zum Zweck der Einschüchterung der Bevölkerung vergewaltigt, sie leiden als Arbeitskräfte während und nach der Arbeit unter Bedingungen, die sie zu leichten Opfern sexueller Gewalt machen.[1247] Frauen vor diesem Risiko zu schützen, indem man sie während oder nach einem Konflikt in die Verwaltung und Bewirtschaftung natürlicher Ressourcen miteinbezieht, ist nicht nur für ihre Gesundheit wichtig, es zeigt ihnen, dass sie zu wirtschaftlichen und sozialen Aktivitäten fähig sind.[1248]

Wichtig erscheint, dass alles koordiniert und langfristig mit Hilfe der internationalen Gemeinschaft finanziert wird. Viele afrikanische Staaten verfügen über niedrige Finanzierungskapazitäten. Darunter leidet auch die verbesserungsbedürftige Mitarbeit und Kommunikation der Mitgliedstaaten bei dem Monitoring des Sekretariats.[1249]

Das Protokoll hat den Grundstein zur Beendigung der Straflosigkeit sexueller Verbrechen in der Region gelegt. Mit der Kampala-Erklärung hat die ICGLR eine der fortgeschrittensten regionalen Initiative zur Vorbeugung von sexueller Gewalt und Fürsorge der Überlebenden auf den Weg gebracht. Vieles ist in Bewegung und steht noch am Anfang. Doch mit der vor Ort positiven und aktiven Rolle der Zivilgesellschaft und mit der Unterstützung der Vereinten Nationen muss die positive Entwicklung dieser Initiative voller Zuversicht gesehen werden. Überdies besiegelten am 23. September 2014 die Vereinten Nationen und die Internationale Konferenz der Großen Seen ihre Zusammenarbeit zur Bekämpfung von konfliktbezogener sexu-

1246 Punkt 16 der Kampala Erklärung.

1247 Report on the implementation of the Kampala Declaration on SGBV, December 2012 (nicht veröffentlicht).

1248 *UNEP, UN Women, UN PBSO, UNDP*, Women and natural Resources, Unlocking the Peacebuilding Potential, 2013, S. 8.

1249 Persönlicher Mail Austausch mit dem Berater der Schweizerischen Eidgenossenschaft bei der ICGLR zuständig für die Überwachung der Umsetzung der Kampala Erklärung. (25. März 2013).

eller Gewalt mit einem bilateralen Rahmenabkommen.[1250] Darin werden zahlreiche Kooperationsbereiche aufgelistet, die Sonderbeauftragte des Generalsekretärs für sexuelle Gewalt in bewaffneten Konflikten als Hauptansprechpartnerin festgelegt und die Erarbeitung eines gemeinsamen jährlichen Durchführungsplans mit bestimmten Prioritäten vorgesehen. Damit erhalten die ICGLR Impuls und Rückhalt der internationalen Organisation bei der Umsetzung der Kampala-Erklärung und die Sonderbeauftragte des Generalsekretärs einen wichtigen Partner, um ihre Ziele rechtlich und politisch verbindlich zu machen.

Die Ernennung einer Sonderbeauftragten für die Region der Großen Seen zur Unterstützung der Umsetzung des am 24. Februar 2013 unterzeichneten Rahmenankommens für den Frieden, die Sicherheit und die Zusammenarbeit für die RDC und die Region wird sich zudem als hilfreich für die Bekämpfung von sexueller Gewalt erweisen. Während ihres ersten Staatenbesuchs in der Region von 29 April bis 5. Mai 2013 setzte Frau Robinson ein Zeichen dafür, als sie in Goma ein Krankenhaus besuchte, in dem Frauen und Kinder als Opfer von sexuellen Verbrechen behandelt werden.[1251] Dies spiegelte den Kern des Problems wider: Voraussetzung für die Beseitigung von sexueller Gewalt in bewaffneten Konflikten ist der Frieden. Dessen sind sich alle betroffenen subregionalen, regionalen und internationalen Organisationen bewusst und haben allesamt gezielt und zum Teil erfolgreich auf ein Ende der Kämpfe im Osten der RDC hingearbeitet.

1250 Framework of Cooperation Between the International Conference on the Great Lakes Region and The United Nations Office of the Special Representative of the Secretary-General, 23.09.2014, http://www.un.org/sexualviolenceinconflict/joint-communique/framework-of-cooperation-between-the-international-conference-on-the-great-lakes-region-and-the-united-nations-office-of-the-special-representative-of-the-secretary-general/ (Stand Mai 2015).

1251 *UN News*, "DR Congo: Visiting UN special envoy stresses need for peace, security, development" v. 30.04.2013.

Fazit und Ausblick

Der Ausgangspunkt dieser Arbeit beruhte auf dem Gedanken, dass die Vereinten Nationen eine prädestinierte Plattform zum Vorgehen gegen konfliktbezogene sexuelle Gewalt darstellen sollten. Untersucht wurde, in wieweit sie ihrer in dieser Arbeit unterstellten Schlüsselposition zwischen Prävention und Repression dieser Verbrechen besonders aufgrund ihrer rechtlichen Instrumente gerecht werden. Die beispiellosen Fortschritte, die im Hinblick auf den Schutz der Frauen vor sexueller Gewalt in bewaffneten Konflikten auf internationaler Ebene erzielt wurden, zeigen, dass dem weitgehend zugestimmt werden kann.

Von den Wiener- und Pekinger- Erklärungen und Aktionsprogrammen über die ersten Verurteilungen von Vergewaltigungen und anderen Formen sexueller Gewalt als Tathandlung von Folter oder Genozid durch das ICTY und ICTR, die ersten Sicherheitsratsresolutionen über konfliktbezogene sexuelle Gewalt bis hin zu der kürzlich verabschiedeten General Recommendation 30 des Frauenrechtsausschusses: die Vereinten Nationen haben im Laufe der letzten 20 Jahren gewusst, ihre Macht und ihre Mittel für die Bekämpfung der sexuellen Verbrechen einzusetzen. Von den Blauhelmen über den Zusammenschluss von 13 UN-Organisationen und Programmen im Rahmen der *UN Action* zum Menschenrechtsrat ist es den Vereinten Nationen innerhalb von 10 Jahren gelungen, dass beinahe das Gesamtsystem der Vereinten Nationen im Dienst des Schutzes der Frauen vor sexueller Gewalt in bewaffneten Konflikten tätig wird.

Für die Wahrnehmung sexueller Gewalt in bewaffneten Konflikten boten die Vereinten Nationen vor 20 Jahren den Frauenorganisationen ein Forum zur Öffentlichkeit. Mit dem Krieg im ehemaligen Jugoslawien und dem ruandischen Völkermord wurden die ersten konkreten Handlungen im Rahmen der ***PROSECUTION*** beschlossen. Mit der Errichtung der *ad hoc*-Strafgerichtshöfe ebnete der Sicherheitsrat den Weg für die Verfolgung und Bestrafung von sexuellen Verbrechen im Rahmen bewaffneter Konflikte. Die Rechtsprechung des ICTY und ICTR setzte der Straflosigkeit sexueller Gewalttaten in Kriegszeiten ein Ende und leistete durch die Erarbeitung von Definitionen und die Verurteilung von sexuellen Verbrechen als Kriegsverbrechen, Verbrechen gegen die Menschlichkeit und Völkermord einen entscheidenden Beitrag zur Entwicklung des humanitären Völkerrechts. Die Aufnahme sexueller Verbrechen in das Römische Statut und die Festlegung ihrer Definition in den Verbrechenselementen vervollständigten die Arbeit der *ad hoc*-Straftribunale. Mit der Auflistung von sexuellen Verbrechen unter den schweren Verletzungen der Genfer Konventionen haben die Vertragsparteien zudem ein deutliches Zeichen gesetzt: die Charakterisierung von sexuellen Verbrechen als Ehrverbrechen ist endgültig vorbei. Sexuelle Gewalt gehört zu den schwersten Verbrechen, die analog zu Art. 146 der IV. Genfer Konvention nach dem Weltrechtsprinzip geahndet werden müssen. Dies müsste allerdings konsequenterweise eine Anpassung der Genfer Konventionen zur Folge haben. Einen bedeutenden Fortschritt für die Überlebenden auf der Suche nach Gerechtigkeit stellte zudem die Aufnahme von umfangreichen Schutzmaßnahmen im Römischen Statut und in der Beweis- und Verfahrensordnung des IStGHs dar, um den Opfern eine Aussage vor Gericht zu erleichtern sowie die Ausarbeitung von Strategien, um mehr Effizienz zu erreichen.

Diese positiven Entwicklungen sollen nicht verhehlen, dass das Völkerstrafrecht vor weiteren Herausforderungen steht. Die schwierigste davon ist die Verurteilung hochrangiger Vertreter. Die ersten Freisprüche vor dem Internationalen Strafgerichtshof zeigen, wie schwierig es sich gestaltet, den von Befehlshabern angeordneten, zielgerichteten Einsatz von sexueller Gewalt zu beweisen. Ein weiteres Hindernis stellt die mangelnde Einigkeit über eine einheitliche Definition von Vergewaltigung auf internationaler Ebene dar. Die abweichenden Definitionen zwischen den internationalen Gerichten geben kein klares Signal an die nationalen Gerichte, welche sowieso dazu tendieren, diese Verbrechen ungeahndet zu lassen. Um der weitgehenden Straflosigkeit dieser Verbrechen auf nationaler Ebene entgegen zu wirken, haben die Vereinten Nationen TOE eingesetzt sowie „cliniques juridiques" und mobile Gerichte eingerichtet, um den Frauen den Zugang zur Justiz zu ermöglichen. Hinterfragt wurde jedoch, ob ein Urteil immer das geeigneteste Mittel für die Frauen darstellt, Gerechtigkeit zu erfahren. Bemängelt wurde zudem, dass die internationale Gemeinschaft die gesundheitlichen und persönlichen Folgen von Vergewaltigungen noch zu sehr vernachlässigt.

Als der Sicherheitsrat im Jahre 2008 die Resolution 1820 verabschiedete, erkannte er die Prävention von konfliktbezogener sexueller Gewalt als Voraussetzung für eine effektive Friedenssicherung an. Deswegen werden viele Maßnahmen der *UN Action* in Bereichen der ***PREVENTION*** und ***PROTECTION*** im Rahmen der Friedensmissionen getroffen. Handbücher mit konkreten vorbeugenden Maßnahmen wie das *Analytical Inventory of Peacekeeping Practice* werden herausgegeben und Aufklärungskampagnen von den Genderabteilungen durchgeführt. Die Aufnahme der Bekämpfung sexueller Verbrechen in den Mandaten der Friedensmissionen, die Schaffung der Interventionsbrigade im Rahmen der MONUSCO, um die Frauen vor Ort vor solchen Verbrechen zu schützen und zu helfen, ihre Peiniger vor Gericht zu bringen, sind positive Zeichen, die aufzeigen, dass die Bekämpfung sexueller Verbrechen in bewaffneten Konflikten zu einer Dauerangelegenheit des Sicherheitsrats geworden ist. Dabei müssen die Vereinten Nationen darauf achten, vor Ort nicht ihre Glaubwürdigkeit aufgrund der vom Friedenspersonal begangenen sexuellen Übergriffe zu verlieren. Die Entwicklung eines umfangreichen internen Regelwerks zur Bestrafung solcher Verbrechen, hindert leider nicht, dass die Vereinten Nationen diesbezüglich hinsichtlich einer strafrechtlichen Verfolgung der Täter relativ machtlos sind, da sie hierzu auf die Zusammenarbeit mit den Entsendestaaten angewiesen sind.

Zur Verstärkung des vom UN-Sicherheitsrat erwünschten ganzeinheitlichen und integrierten Ansatzes zur Bekämpfung sexueller Verbrechen tragen weiterhin die Human Rights Bodies bei. Die Untersuchung hat gezeigt, dass auch dieser Zweig der Vereinten Nationen, welcher ursprünglich für Menschenrechtsverletzungen in Friedenszeiten zuständig war, sich zunehmend mit dem Thema sexueller Gewalt in bewaffneten Konflikten befasst und im Rahmen der Staatenberichtsverfahren einen zusätzlichen Druck auf die betroffenen Staaten ausübt. Mit der Allgemeinen Empfehlung 30 des Ausschusses für die Beseitigung der Diskriminierung der Frau erreichte 2013 die Arbeit der Vereinten Nationen in der Vorbeugung und Bekämpfung sexueller Gewalt in bewaffneten Konflikten einen weiteren Meilenstein. Mit ihr übernimmt das Überwachungsorgan der Frauenrechtskonvention das Follow-up für die Umsetzung der Sicherheitsratsresolutionen zum Thema „Frauen, Frieden und Sicherheit". Ein weiterer Schritt und klares präventives Zeichen für die Bekämpfung konfliktbezogener sexueller Gewalt wäre die Ausarbeitung eines Zusatzprotokolls zum Übereinkommen der Vereinten Nationen zur Beseitigung jeder Form von Diskriminierung der Frau über Frauen in bewaffneten Konflikten nach dem Modell des Fakultativprotokolls zum Übereinkommen über die Rechte des Kindes betreffend der Beteiligung von Kindern an bewaffneten Konflikten. Bis dahin ist zunächst die vermehrte Berücksichtigung von sexueller Gewalt im Konflikt in breiteren Zusammenhängen zu begrüßen. Besonders hervorzuheben ist der erzielte Durchbruch mit dem am 01. April 2013 unterzeichneten und am 24. Dezember 2014 in Kraft getretenen UN Vertrag über den Waffenhandel. Dieser Vertrag legt international verbindliche Regeln für den Export von Rüstungsgütern fest und verbietet Waffentransfers, wenn sie zu Kriegsverbrechen und Völkermord oder zu Verstößen gegen internationale Verpflichtungen beitragen können (Art. 6). Art. 7 verlangt weiterhin, dass die Lieferstaaten vor dem Export prüfen, ob mit den Waffen Menschenrechte bzw. das humanitäre Völkerrecht verletzt werden können und besonders *„to take into account the risk of the conventional arms [...] being used to commit or facilitate serious acts of gender-based violence or serious acts of violence against women and children."* Wichtige Ansprechpartner der Vereinten Nationen für die Bekämpfung sexueller Gewalt sind die subregionalen Organisationen. Durch ihre Nähe am Geschehen und ihre eigenen Schwerpunkte eignen sie sich mehr als die regionalen Organisationen, um spezifische Probleme anzugehen, wie am Beispiel der Internationale Konferenz der Großen Seen dargelegt. Die Internationale Konferenz der Großen Seen, deren Schwerpunkte auf Frieden und Sicherheit liegen, hat mit der Erklärung von Dar-es-Salaam, dem Pakt für Stabilität, Sicherheit und Entwicklung und dessen Protokoll zur Vorbeugung und Strafverfolgung von sexueller Gewalt gegen Frauen und Kinder sowie der Erklärung von Goma und der Erklärung von Kampala eine der fortgeschrittensten regionalen Initiativen zur Vorbeugung von sexueller Gewalt und Fürsorge der Überlebenden auf den Weg gebracht. Aufgrund der finanziellen Ausstattung und politischen Lage ihrer Mitglieder ist sie allerdings auf eine enge Zusammenarbeit mit den Vereinten Nationen für die Umsetzung der Maßnahmen angewiesen. Die beständige Arbeit der Sonderbeauftragten des Generalsekretärs für sexuelle Gewalt im Konflikt unterstützt diese subregionalen Bemühungen, indem sie anhand gemeinsamer Kommuniqués und Rahmenabkommen die Zusammenarbeit einzelner Staaten fördert und dafür sorgt, dass der politische Wille nicht nachlässt, den Frauen vor Ort einen effektiveren Schutz vor sexueller Gewalt in bewaffneten Konflikten zu gewährleisten.

Die Bekämpfung konfliktbezogener sexueller Gewalt ist nach wie vor ein langwieriger Weg. Dieses Thema kam erst vor 20 Jahren auf internationaler Ebene auf und ist erst seit 2008 und den Resolutionen des Sicherheitsrates auf der internationalen Agenda verankert. Die Vereinten Nationen haben es in der kurzen Zeit geschafft, dass konfliktbezogene sexuelle Gewalt im öffentlichen Bewusstsein präsent geworden ist und immer öfter berücksichtigt wird. Da wo früher sachgerechte Normen gefehlt haben, wurden solide Grundlagen in Form von Vorschriften, effektiven Präventionsmechanismen und Rechtsmitteln in den Bereichen ***PREVENTION, PROTECTION*** und ***PROSECUTION*** geschaffen. Allerdings müssen diese Maßnahmen, wie so oft im Menschenrechtsbereich, größtenteils noch von den einzelnen Staaten und regionalen Organisationen stärker politisch und finanziell unterstützt und umgesetzt werden, damit die Körper der Frauen nie wieder als Schlachtfelder dienen.

Literaturverzeichnis

Ambos, Kai, Sexuelle Gewalt in bewaffneten Konflikten und Völkerstrafrecht, Zeitschrift für Internationale Strafrechtsdogmatik, Heft 5/2011, S. 287–299.

Amnesty International, Bosnia-Herzegovina: Rape and sexual abuse by armed forces, AI Index: EUR 63/001/1993, veröffentlicht am 21. Januar 1993.

Amnesty International, Rwanda: "Marked for Death", rape survivors living with HIV/AIDS in Rwanda, AI Index: AFR 47/007/2004, veröffentlicht am 6. April 2004.

Amnesty International, Sierra Leone: Getting reparations right for survivors of sexual violence, AI Index: AFR 51/005/2007, veröffentlicht am 1. November 2007.

Amnesty international, Länderbericht, Sierra Leone, 2008.

Amnesty International, Bosnia Herzegovina: Briefing to the UN Committee against Torture, London 2010, AI Index: EUR 63/005/2010.

Amnesty International, Bosnia Herzegovina– Follow-up to Committee against Torture, November 2011.

Antonioni, Antonio, Le Viol et le Droit de la guerre dans la doctrine : De Vitoria à Vattel, Journal of the History of International Law, Vol. 4 (2002), S. 100–113.

Askin, Kelly Dawn, War Crimes against Women: Prosecution in International War Crimes Tribunals, Den Haag 1997.

Askin, Kelly Dawn, Women and international humanitarian Law, in: Kelly D. Askin / Dorean M. Koenig (Hrsg.), Women and International Human Rights Law, Vol. 1, New York 1999, S. 41–87.

Askin, Kelly Dawn, Crimes within the Jurisdiction of the International Criminal Court, Criminal Law Forum 10 (1999), S. 33–59.

Askin, Kelly Dawn, Prosecuting Wartime Rape and Other Gender-Related Crimes under International Law: Extraordinary Advances, Enduring Obstacles, Berkeley Journal of International Law, Berkeley Journal of International Law, Vol. 21, Issue 2, 2003, S. 288–349.

Autesserre, Séverine, The trouble with the Congo, local violence and the failure of international peacebuilding, New York 2010.

Banda, Fareda, Women, Law and Human Rights, an African Perspective, Oxford, Portland 2005.

Banda, Fareda, Protocol to the African Charter on the Rights of women in Africa, in: Malcolm Evans / Rachel Murray (Hrsg.), The African Charter on Human and Peoples' Rights, 2. Auflage, Cambridge 2008, S. 441–474.

Barstow, Anne Llewellyn, The United Nations' Role in defining War Crimes against Women, in: Anne Llewellyn Barstow (Hrsg.) War's dirty secret: rape, prostitution, and other crimes against women, Cleveland, Ohio 2000, S. 234–242.

Barthe, Christoph, Joint Criminal Enterprise (JCE), ein (originär) völkerstrafrechtliches Haftungsmodell mit Zukunft?, Berlin 2009.

Bekker, Gina, The African Human Rights System: an Uphill Struggle, German Yearbook of International Law 52 (2009), S. 45–73.

Bensouda, Fatou, Gender and Sexual Violence Unter the Rome Statute, in: Emmanuel Decaux / Adama Dieng / Malick Sow, From Human Rights to International Criminal Law, Studies in Honour of an African Jurist, The Late Judge Laïti Kama, Leiden, Boston 2007, S. 401–417.

Bickel, Markus, Serbien und Montenegro – die KFOR fördert die Zwangsprostitution im Kosovo, in: Amnesty International (Hrsg.) AI-Journal, Juni 2004.

Blanchi, Linda, The Prosecution of Rape and Sexual Violence: Lessons from Prosecutions at the ICTR, in: Anne-Marie de Brouwer / Charlotte Ku / Renée Römkens / Larissa van den Herik (Hrsg.), Sexual Violence as an International Crime: Interdisciplinary Approaches, Cambridge, Antwerp, Portland 2013, S. 123–149.

Boehme, Jeannette, Human Rights and Gender Components of UN and EU Peace Operations, Putting Human Rights and Gender Mandates into Practice, Deutsches Institut für Menschenrechte (Hrsg.), Berlin 2008.

Boot, Machtheld, revised by Christopher K Hall, Article 7, in: Otto Triffterer (Hrsg.), Commentary on the Rome Statute of the International Criminal Court, 2. Auflage, München 2008.

Brownmiller, Susan, Gegen unseren Willen, Vergewaltigung und Männerherrschaft, Frankfurt am Main 1994 (erste deutsche Auflage, 1978).

Brunch, Charlotte, Frauenrechte und Geschlechtsintegration in den UN, Vereinte Nationen, Heft 5/2009, S. 195–203.

Chinkin, Christine M., Women's International Tribunal on Japanese Military Sexual Slavery, The American Journal of International Law, Band 95, Nr. 2, 2001, S. 335–341.

Clifford, Lisa, Moving beyond the ICC impasse, IRIN v. 07.02.2014.

Cojean, Annick, Le viol, arme de destruction massive en Syrie, französische Zeitung le Monde v. 04.03.2014, S. 20–21.

Cook, Sam, Frauen, Frieden, Sicherheit, Die Resolution 1325 des UN-Sicherheitsrats stärkt Frauen im Kampf gegen Gewalt in Kriegs- und Nachkriegsgesellschaften, in: Barbara Lochbilder / Internationale Frauenliga für Frieden und Freiheit (Hrsg.), Frau Macht Veränderung 15 Jahre Pekinger Weltfrauenkonferenz – 15 Jahre Frauenfriedenszug: Bilanzen und Perspektiven, Bonn 2010, S. 15–24.

Couillard, Valérie, The Nairobi Declaration: Redefining Reparations for Women Victims of Sexual Violence, The international Journal of Transitional Justice, Vol. 1, 2007, S. 444–453.

De Brouwer, Anne-Marie L. M., Supranational Criminal Prosecution of Sexual Violence: The ICC and the Practice of the ICTY and the ICTR, Antwerpen, Oxford 2005.

Deen-Racsmány, Zuszsanna, The Amended UN Model Memorandum of Understanding: A New Icentive for States to Discipline and Prosecute Military Memeers of National Peacekeeping Contingents? Journal of Conflict & Security Law, 2011, S. 1–35.

Deutsche Gesellschaft für die Vereinten Nationen (Hrsg.), UN-Friedensmissionen, UN Basis-Informationen Nr. 39, 2009.

Deutsches Institut für Menschenrechte (Hrsg.), Die General Comments zu den VN-Menschenrechtsverträgen. Deutsche Übersetzung und Kurzeinführungen, 2005.

De Vattel, Emer, Le droit des gens ou principes de la loi naturelle appliqués à la conduite et aux affaires des Nations et Souverains; das Völkerrecht oder Grundsätze des Naturrechts, angewandt auf das Verhalten und die Angelegenheiten der Staaten und Staatsoberhäupter (1758), übersetzt von Dr. Wilhelm Euler und eingeleitet von Dr. Paul Guggenheim, Tübingen 1959.

Dörmann, Knut, Elements of War Crimes under the Rome Statute of the International Criminal Court, Sources and Commentary, Cambridge 2004.

Dyani, Ntombizozuko, Protocol on the Rights of women in Africa: Protection of women from sexual violence during armed conflict, African Human Rights Law Journal, Vol. 6, Nr. 1(2006), S. 166–187.

Ebobrah, Solomon T., Human rights Realisation in the African Sub-Regional Institutions, in: Manisuli Ssenyonjo (Hrsg.), The African Regional Human Rights System, 30 Years after the African Charter on Human and Peoples' Rights, Leiden, Bosten 2012, S. 283–300.

Ebobrah, Solomon T. / Tano, Armand (Hrsg.), Compendium of African Sub-Regional Human Rights Documents, Pretoria 2010.

Edwards, Alice, Violence against Women under International Human rights Law, Cambridge 2011.

Effange-Mbella, Elsie / Bassinga, Dominique, Bureau Genre de la MONUSCO: partenariat agissant avec la femme congolaise, Echos de la MONUSCO, Vol. II, Nr. 7, Februar 2012, S. 14–15.

Eisele, Manfred, Friedenssicherung, in: Helmut Volger (Hrsg.), Grundlagen und Struktur der Vereinten Nationen, München, Wien 2007, S. 131–161.

Essome, Alexandre / Tshimanga, Joseph, Kivu: La MONUSCO face au défi des violences sexuelles, Echos de la MONUSCO, Vol. 1, Nr. 2, August 2011, S. 8–9.

Eriksson, Maria, Defining Rape: Emerging Obligations for States under International Law, Leiden, Boston 2011.

Fleck, Dieter, Humanitarian Protection Against Non-State Actors, in: Jochen Abr. Frowein / Klaus Scharioth / Ingo Winkelmann / Rüdiger Wolfrum (Hrsg.), Verhandeln für den Frieden, Festschrift für Tono Eitel, Berlin 2003, S. 69–94.

Fremuth, Michael Lysander, Menschenrechte und UN-Friedensmissionen, Vereinte Nationen, Heft 4/2011, S. 153–158.

Gardam, Judith / Jarvis Michelle J., Women, Armed Conflict and International Law, Den Haag 2001.

Geiß, Robin, Der Menschenrechtsrat der Vereinten Nationen, Eine Standortbestimmung nach Abschluss des „Review"-Prozesses, in: Marten Breuer / Astrid Epiney / Andreas Haratsch / Stefanie Schmahl / Norman Weiß (Hrsg.), Der Staat im Recht, Festschrift für Eckart Klein, Berlin 2013, S. 783–796.

Gettleman, Jeffrey, Frauenkörper als Schlachtfeld, Massenvergewaltigungen marodierender Milizionäre entlarven das Versagen der UN Soldaten im Ostkongo, Weltkompakt v. 07.10.2010, S. 7.

Gowlland-Debbas, Vera / Gaggioli, Gloria, The relations between international human rights and humanitarian law: an overview, in: Robert Kolb / Gloria Gaggioli (Hrsg.) Research Handbook on Human Rights and Humanitarian Law, Cheltenham, Northampton 2013, S. 77–103.

Goldstone, Richard J, Prosecuting Rape as a War Crime, Case Western Reserve Journal of International Law, 2002, S. 277–285.

Greenwood, Christopher, Scope of Application of Humanitarian Law, in: Dieter Fleck (Hrsg.), The Handbook of international humanitarian Law, Oxford 2008, S. 45–78.

Greve, Kathrin, Vergewaltigung als Völkermord. Aufklärung sexueller Gewalt gegen Frauen vor internationalen Strafgerichten, Baden-Baden 2008.

Grotius, Hugo, De jure belli ac pacis, Libri tres; Dreibücher vom Recht des Krieges und des Friedens, Paris 1625, neuer deutscher Text und Einleitung von Dr. Walter Schätzel, Tübingen 1950.

Hauser, Monika / Griese, Karin, Umgang mit sexualisierter (Kriegs-)Gewalt und Trauma in der gynäkologischen und Geburtshilflichen Praxis in: Medica mondiale e.V., Karin Griese (Hrsg.), Sexualisierte Kriegsgewalt und ihre Folgen, Frankfurt am Main 2006, S. 299–339.

Heinsch, Robert, Die Weiterentwicklung des humanitären Völkerrechts durch die Strafgerichtshöfe für das ehemalige Jugoslawien und Ruanda. Zur Bedeutung von internationalen Gerichtsentscheidungen als Rechtsquelle des Völkerstrafrechts, Berlin 2007.

Heintze, Hans Joachim, Konsequenzen der Konvergenz von Menschenrechtsschutz und humanitärem Völkerrecht, in: Horst Fischer, Ulrike Froissard / Wolff Heintschel von Heinegg / Christian Raap (Hrsg.), Krisensicherung und humanitärer Schutz, Festschrift für Dieter Fleck, Berlin 2004, S. 243–265.

Heinz, Wolfgang S. / Ruszkowska, Joanna, UN-Friedensoperationen und Menschenrechte, Deutsches Institut für Menschenrechte (Hrsg.), Berlin 2010.

Henckaerts, Jean-Marie / Doswald-Beck, Louise, Droit international humanitaire coutumier, Vol. 1: règles, Bruxelles 2006.

Henckaerts, Jean-Marie / Cornelius Wiesener, Human rights obligations of non-state armed groups: a possible contribution from customary Law, in: Robert Kolb / Gloria Gaggioli (Hrsg.), Research Handbook on Human Rights and Humanitarian Law, Cheltenham, Northampton 2013, S. 146–169.

Heßbrügge, Jan Arno, Frauen im Krieg, Krieg gegen Frauen, Die Vereinten Nationen und der Kampf gegen sexuelle Gewalt in bewaffneten Konflikten, Vereinte Nationen, Heft 5/2009, S. 212–216.

Heyl, Charlotte, Die Internationale Konferenz Grosse Seen- eine KSZE für Afrika?, KAS Auslandsinformation, Heft 12/2010, S. 93–113.

Hiéramente, Mayeul, der Internationale Strafgerichtshof und die Vereinten Nationen: ein ungeklärtes Verhältnis, Vereinte Nationen, Heft 6/2010, S. 255–259.

Hübner, Gregor, Die Mechanismen zur Durchsetzung von Frauenrechten im Rahmen der CEDAW und ihres Fakultativprotokolls, in: Sabine von Schorlemer (Hrsg.), Die Vereinten Nationen und neuere Entwicklungen der Frauenrechte, Frankfurt am Main 2007, S. 163–201.

Human Rights Watch / Nizich, Ivana, War Crimes in Bosnien-Hercegovina, Vol. 2, New York April 1993.

Human Rights Watch / Nowrojee, Binaifer, Shattered Lives: Sexual Violence during the Rwandan Genocide and Its Aftermath, New York September 1996.

Human Rights Watch, The War Within The War: Sexual Violence Against Women and Girls in Eastern Congo, New York Juni 2002.

Human Rights Watch, Soldiers Who Rape, Commanders Who Condone, Sexual Violence and Military Reform in the Democratic Republic of Congo, New York Juli 2009.

Human Rights Watch, "We 'll kill you if you cry" Sexual violence in the Sierra Leone conflict, Vol. 15, N°. 1 (A), New York, Januar 2003.

ICC, Office of the Prosecutor, Policy Paper on Sexual and Gender Based Crimes, 05.06.2014, 50 Seiten.

ICC, Office of the Prosecutor, Strategic plan June 2012–2015, 11.10.2013, 43 Seiten.

ICTR (Hrsg.), Prosecution of sexual violence, Best Practices Manual for the Investigation and Prosecution of sexual Violence Crimes in Post-Conflict Regions: Lessons Learned from the Office of the Prosecutor for the International Criminal Tribunal for Rwanda, 2014, 138 Seiten.

IKRK, Aide-Mémoire, 03.12.1992.

Jambaya Nyakujarah, Loveness / Morna, Colleen Lowe (Hrsg.), SADC Gender Protocol 2012 Barometer, 2012.

Jarvis, Michelle / Martin Salgado, Elena, Future Challenges to Prosecuting Sexual Violence Under International Law: Insights from ICTY Practice, in: Anne Marie de Brouwer / Charlotte Ku / Renée Römkens / Larissa van den Herik (Hrsg.), Sexual Violence as an International Crime: Interdisciplinary Approaches, Cambridge, Antwerp, Portland 2013, S. 101–122.

Joachim, Ingeborg, Sexualisierte Kriegsgewalt und ihre Folgen, in: Medica mondiale e.V., Karin Griese (Hrsg.), Sexualisierte Kriegsgewalt und ihre Folgen, Frankfurt am Main 2006, S. 57–93.

Johnson, Dominic, Kongo: Kriege, Korruption und die Kunst des Überlebens, 2. Auflage, Frankfurt am Main 2009.

Kälin, Walter, Universal human rights bodies and international humanitarian law, in: Robert Kolb / Gloria Gaggioli (Hrsg.), Research Handbook on Human Rights and Humanitarian Law, Cheltenham, Northampton 2013, S. 441–465.

Karrenstein, Daniela, Der Menschenrechtsrat der Vereinten Nationen, Tübingen 2011.

Keienburg, Stefanie / Griese, Karin, Irgendwann (...) werde ich ihm die ganze Wahrheit sagen", in: Trauma & Gewalt, Heft 2/2012, S. 156–161.

Klappe, Ben F., International Peace Operations, in: Dieter Fleck (Hrsg.), The Handbook of international humanitarian Law, Oxford 2008, S. 635–673.

Klein, Eckart, Schutz von Menschenrechten der Frauen nach dem Internationalen Pakt über bürgerliche und politische Rechte, in: Eckart Klein (Hrsg.), 20 Jahre Übereinkommen zur Beseitigung jeder Form von Diskriminierung der Frau (CEDAW), MenschenRechtsZentrum, Studien zu Grund und Menschenrechten, Heft 5, Potsdam 2000, S. 31–52.

Klein, Eckart, General Comments – Zu einem eher unbekannten Instrument des Menschenrechsschutzes –, in: Jörn Ipsen / Edzard Schmidt-Jortzig (Hrsg.), Recht-Staat-Gemeinwohl, Festschrift für Dietrich Rauschning, Köln 2001, S. 301–311.

Klein, Eckart, Die Verantwortung der Vertragsparteien, Überlegungen zu einer effektiveren Durchsetzung menschenrechtlicher Verpflichtungen, in: Hans Joachim Cremer Thomas Giegerich / Dagmar Richter / Andreas Zimmermann (Hrsg.), Tradition und Weltoffenheit des Rechts, Festschrift für Helmut Steinberger, Berlin 2002, S. 242–258.

Klein, Eckart / Schmahl, Stefanie, Die Internationalen und die Supranationalen Organisation, 4. Abschnitt, in: Wolfgang Graf Vitzthum / Alexander Proelß (Hrsg.), Völkerrecht, 6. Auflage, Berlin 2013, S. 237–349.

Klein, Eckart, Internationale Menschenrechtsinstrumente und extraterritoriale Staatenpflichten, MenschenRechtsMagazin, Heft 1/2010, S. 18–21.

Koenig, Dorean M. / Askin, Kelly D., International Criminal Law and the International Court Statute: Crimes against Women, in: Kelly D Askin / Dorean M. Koenig (Hrsg.), Women and International Human Rights Law. Vol. 2, New York 2000, S. 3–29.

Kuo, Peggy, Prosecuting Crimes of Sexual Violence in an International Tribunal, Case Western Reserve Journal of International Law, 2002, S. 305–321.

Lamp, Nicolas, Der Beitrag der Vereinten Nationen zur Entwicklung des Völkerstrafrechts zu sexueller Gewalt, in: Sabine von Schorlemer (Hrsg.), Die Vereinten Nationen und neuere Entwicklungen der Frauenrechte, Frankfurt am Main 2007, S. 369–426.

Lindorfer, Simone, Welche Wunden schlägt Gewalt, wichtige Begrifflichkeiten und Definitionen der Psychotraumatologie, Arbeitsmaterial bei der Fortbildung Kriegsgewalt und Trauma, Medica mondiale e.V, Sept. 2012.

Lukunda Vakala-Mfumu, Richard, La Conférence internationale sur la paix, la sécurité, la démocratie et le développement des Grands Lacs: coquille vide ou nécessité impérieuse pour le redécollage du Congo-Démocratique, Quelques considérations sur le Processus, Kinshasa 2004.

Macqueen, Norrie, United Nations Peacekeeping in Africa since 1960, London 2002.

Manjoo, Rashida, Women's Human Rights in Africa, in: Manisuli Ssenyonjo (Hrsg.), The African Regional Human Rights System, 30 Years after the African Charter on Human and Peoples' Rights, Leiden, Bosten 2012, S. 137–154.

Maystre, Magali / Rangel, Nicole, Analytical and Comparative Digest of the ICTY, ICTR and SCSL Jurisprudence on international Sex Crimes, in: Morten Bergsmo / Alf Butenschøn Skre / Elisabeth J. Wood (Hrsg.), Understanding and Proving International Sex Crimes, Beijing 2012, S. 511–778.

Meron, Theodor, Rape as a Crime under International Humanitarian Law, American Journal of International Law, Vol. 87, 1993, S. 424–428.

Merry, Sally Engle, Human Rights and Gender Violence: translating international law into local justice, Chicago 2006.

Mischkowski, Gabriela, „Damit die Welt es erfährt", Sexualisierte Gewalt im Krieg vor Gericht. Der Foča Prozess vor dem Internationalen Kriegsverbrechertribunal zum ehemaligen Jugoslawien, Bundesministerium für Familie, Senioren, Frauen und Jugend / Medica Mondiale (Hrsg.), Bonn, Köln 2002.

Mischkowski, Gabriela, Sexualisierte Gewalt im Krieg, eine Chronik, in: Medica mondiale e.V., Karin Griese (Hrsg.), Sexualisierte Kriegsgewalt und ihre Folgen, 2. Auflage, Frankfurt am Main 2006, S. 15–56.

Mischkowski, Gabriela, Strafverfolgung und Wahrheitsfindung, in: Medica mondiale e.V., Karin Griese (Hrsg.), Sexualisierte Kriegsgewalt und ihre Folgen, Frankfurt am Main 2006, S. 94–114.

Mischkowski, Gabriela, Rechte, Schutz und Beratung von Opfern und Zeuginnen in internationalen Strafprozessen, in: Medica mondiale e.V., Karin Griese (Hrsg.), Sexualisierte Kriegsgewalt und ihre Folgen, Frankfurt am Main 2006, S. 415–431.

Morna, Colleen Lowe / Sifiso Dube / Lucia Makamure / Katherine V Robinson (Hrsg.), SADC Gender Protocol 2014 Barometer, 2014, 416 Seiten.

Mühlhäuser, Regina, Sexuelle Gewalt als Kriegsverbrechen: eine Herausforderung für die internationale Strafgerichtsbarkeit, in: Jens-Rainer Ahrens / Maja Apelt / Christiane Benders (Hrsg.), Frauen im Militär, Wiesbaden 2005, S. 243–264.

Möller, Christina, Sexuelle Gewalt im Krieg, in: Jana Hasse / Erwin Müller / Patricia Schneider (Hrsg.), Humanitäres Völkerrecht, 1. Auflage, Baden-Baden 2001, S. 280–303.

Mukangendo, Marie Consolée, Caring Children Born of Rape in Rwanda, in: R. Charly Carpenter (Hrsg), Born of war, Protecting children of Sexual Violence Survovors in Conflict Zones, Bloomfield 2007, S. 40–52.

Murray, Rachel, The African Commission on Human and Peoples' Rights and International Law, Oxford-Portland 2000.

Nest, Michael, The Democratic Republic of Congo: economic dimensions of war and peace, Boulder and London 2006.

Njikam, Ousman, The Contribution of the Special Court for Sierra Leone to the Development of International Humanitarian Law, Berlin 2013.

O'Gorman, Eleanor, Review of UN Action Against Sexual Violence 2007–2012 – Final Report, Januar 2013, 89 Seiten.

Oosterveld, Valerie, Lessons from the Special Court for Sierra Leone on the Prosecution of Gender-Based Crimes, Journal of Gender, Social Policy & the Law, Vol. 17, Issue 2, 2009, S. 407–428.

Oosterveld, Valerie, The Gender Jurisprudence of the Special Court of Sierra Leone: Progress in the Revolutionary United Front Judgments, Cornell International Law Journal, Vol. 44, 2011, S. 49–74.

Peters, Anne, Art. 25, in: Bruno Simma / Daniel-Erasmus Khan / Georg Nolte / Andreas Paulus (Hrsg.), The Charter of the United Nations, A Commentary, 3. Auflage, Vol. I, 2012, S. 787–854.

Pichon, Jakob, Internationaler Strafgerichtshof und Sicherheitsrat der Vereinten Nationen. Zur Rolle des Sicherheitsrats bei der Verfolgung völkerrechtlicher Verbrechen durch den IStGH, Heidelberg u. a. 2011.

Pictet, Jean S. (Hrsg.), Commentary on III Geneva Conventions Relative to the Treatment of Prisoners of War, Genf 1958.

Pictet, Jean S. (Hrsg.), Commentary on IV Geneva Convention Relative to the Protection of Civilians in Time of War, Genf 1958.

Rassel, Arlett, Strafgerichtsbarkeit über Angehörige der Friedenstruppe in UN-geführten Missionen unter besonderer Berücksichtigung von sexual Straftaten,

Dresdner Schriften zu Recht und Politik der Vereinten Nationen, Sabine von Schorlemer (Hrsg.), Band 11, Frankfurt am Main 2010.

Reanda, Laura, Human Rights and Women's Rights: The United Nations Approach, Human Rights Quarterly, Vol. 3 Nr. 2, 1981, S. 11–31.

Rehn, Elisabeth / Sirleaf, Ellen Johnson, Women, war and peace, The Independent Experts' Assessment on the Impact of Armed Conflict on Women and Women's Role in Peace-building, New York 2002.

Rijal, Emadeldin Ali, Reactiving Traditional Justice Mechanisms, UNAMID, Voices of Darfur, Juli 2012, Vol. 3, Nr. 5, S. 24–25.

Rousseau, Jean-Jacques, Du contrat social (1762), Edition établie par Pierre Burgelin, Paris (Flammarion), 1966.

Rudolf, Beate, Die thematischen Berichterstatter und Arbeitsgruppen der UN-Menschenrechtskommission: ihr Beitrag zur Fortentwicklung des internationalen Menschenrechtsschutzes, Berlin 2000.

Russell, Diana E. H., Report on the International Tribunal on Crimes against Women, Frontiers: A Journal of Women Studies, Band 2, Nr. 1, 1977, S. 1–6.

Russell-Brown, Sherrie L., Rape as an Act of Genocide, Berkeley Journal of International Law, Vol. 21, Issue 2, 2003, S. 350–374.

Schabas, William A., Article 6, in: Otto Triffterer (Hrsg.), Commentary on the Rome Statute of the International Criminal Court. Observers' Notes, Article by Article, 2. Auflage, München 2008, S. 143–158.

Schabas, William A., Genocide in International law, The Crime of Cimes, 2. Auflage, Cambridge 2009.

Schäfer, Bernhard, Zum Verhältnis Menschenrechte und humanitäres Völkerrecht, MenschenRechtsZentrum, Studien zu Grund und Menschenrechten, Heft 13, Potsdam 2006.

Schäfer, Rita / Mischkowski, Gabi / Keller, Bonnie / Bode, Malin, Auf der Suche nach Gerechtigkeit, Was heißt Gerechtigkeit für Frauen und Mädchen, die sexualisierte Gewalt in bewaffneten Konflikten erfahren haben?, Medica mondiale (Hrsg.), Köln 2009.

Schmidt, Markus, United Nations, in: Daniel Moeckli / Sangeeta Shah / Sandesh Sivakumaran (Hrsg.), International Human Rights Law, Oxford 2010, S. 391–432.

Schöpp-Schilling, Hanna Beate, Bedeutung und Auswirkungen des Frauenrechtsübereinkommens, in: Eckart Klein (Hrsg.), 20 Jahre Übereinkommen zur Beseitigung jeder Form von Diskriminierung der Frau (CEDAW), MenschenRechtsZentrum, Studien zu Grund und Menschenrechten, Heft 5, Potsdam 2000, S. 13–30.

Schulz, Sabine, Transitional Justice und hybride Gerichte, Zur strafrechtlichen Verfolgung von völkerstrafrechtlichen Verbrechen unter besonderer Berücksichtigung des kambodschanischen Sondergerichts (Extraordinary Chambers), Berlin 2009.

Schulz, Sabine, Das Rothe-Khmer Strafgericht in Kambodscha, Über die völkerstrafrechtliche Aufarbeitung des Massenmordes, DIAS-Analyse Nr. 41, Düsseldorf, Juni 2009.

Sivakumaran, Sandesh, International Humanitarian Law, in: Daniel Moeckli / Sangeeta Shah / Sandesh Sivakumaran (Hrsg.), International Human Rights Law, 2010, S. 521–539.

Staggs Kelsall, Michelle / Stepakoff, Shanee, "When We Wanted to Talk About Rape": Silencing Sexual Violence at the Special Court for Sierra Leone, The International Journal of Transitional Justice, Vol. 1, 2007, S. 355–374.

Striek, Judith Marion-Manuela, Frauenrechte in Friedensabkommen: Eine Analyse der Abkommen von Dayton, Arusha und Petersberg, Diss. Potsdam 2006.

Studzinsky, Silke, Victims of Sexual and Gender Based Crimes Before the Extraordinary Chambers in the Courts of Cambodia: Challenges of Rights to Participation and Protection, in: Anne-Marie de Brouwer / Charlotte Ku / Renée Römkens / Larissa van den Herik (Hrsg.), Sexual Violence as an International Crime: Interdisciplinary Approaches, Cambridge, Antwerp, Portland 2013, S. 173–186.

Studzinsky, Silke, Die Roten Khmer befahlen Zwangsheiraten und Vergewaltigungen, Streit 2/ 2009, S. 59.

Tshimanga, Joseph, Qui est derrière ces groupes opérationnels dans les Kivu? Echos de la MONUSCO, Vol. 3, Nr. 20, März 2013, S. 5–6.

Tomuschat, Christian, The Applicability of Human Rights Law to insurgent Movements, in: Horst Fischer / Ulrike Froissard / Wolff Heintschel von Heinegg / Christian Raap (Hrsg.), Krisensicherung und humanitärer Schutz, Festschrift für Dieter Fleck, Berlin 2004, S. 573–591.

Trial et al, Written information for the follow-up to the concluding observations of the committee against torture on Bosnia and Herzegovina's combined second to fifth periodic reports, Genf Oktober 2011.

Trittin, Antje / Weiß, Norman, Das Sondergericht in Sierra Leone, MenschenRechtsMagazin, Heft 3/2003, S. 173–182.

UK Foreign and Commonwealth Office (Hrsg.), The Global Summit to End Sexual Violence in Conflict London 2014, Summit Report, 68 Seiten.

United Nations Department of Public Information (Hrsg.), The United Nations and the Advancement of Women 1945–1996, The United Nations Blue Books Series, Volume VI, New York 1996, 845 Seiten.

UN Women (Hrsg.), Progress of the World's Women: in Pursuit of justice, 2011–2012, New York 2011, 166 Seiten.

Van Leeuwen, Fleur, Women's Rights are Human rights, The practice of the United Nations Human Rights Committee and the Committee on Economic, Social and Cultural Rights, Utrecht 2010.

Viljoen, Frans, International Human Rights Law in Africa, 2. Auflage, Oxford 2012.

Viseur Sellers, Patricia, Sexual Violence and Peremptory Norms: The Legal Value of Rape, Case Western Reserve Journal of International Law, 2002, S. 287–303.

Viseur-Sellers, Patricia, Die anderen Stimmen, Übersetzer und Ermittler sexueller Gewalttaten in der Internationalen Strafverfolgung, Mittelweg 36, Nr. 1, 2009, S. 53–66.

Werle, Gerhard, Völkerstrafrecht, 3. Auflage, Tübingen 2012.

Wharton, Sara, The Evolution of International Criminal Law: Prosecuting „New" Crimes before the Special Court for Sierra Leone, International Criminal Law Review, 2011, S. 217–239.

Williams, Sarah, The Cambodian extraordinary Chambers: a dangerous precedent for international justice?, International and Comparative Law Quarterly., Vol. 53 (1), 2004, S. 227–245.

Williams, Sharon A. / Schabas, William A., Article 13, in: Otto Triffterer (Hrsg.), Commentary on the Rome Statute of the International Criminal Court. Observers' Notes, Article by Article, 2. Auflage, München 2008, S. 563–574.

Women's Initiatives for Gender Justice (Hrsg.), Gender Report Card on the International Criminal Court, Den Haag 2012.

Women's Initiatives for Gender Justice (Hrsg.), Gender Report Card on the International Criminal Court, Den Haag 2013.

Women's League of Burma und Nobel Women's Initiatives (Hrsg.), International Tribunal on Crimes against Women on Burma, New York März 2010.

Zimmermann, Andreas / Bäumler, Jelena, Der Afrikanische Gerichtshof für Menschen- und Völkerrechte, KAS Auslandsinformationen, Heft 7/2010, S. 41–58.

Zimmermann, Andreas / Jötten, Sara, Extraterritoriale Staatenpflichten und internationale Friedensmissionen, MenschenRechtsMagazin, Heft 1/2010, S. 5–17.

Zwanenburg, Marten, Compromise or Commitment: Human Rights and International Humanitarian Law Obligations for UN Peace Forces, Leiden Journal of International Law, 1998, S. 231–237.

Pressemitteilungen (chronologisch angeordnet)

UNMIL, "UN Envoy in Liberia commends India, as she welcomes new all-female police unit"v. 08.02.2008.

ICC, "Prosecutor appoints Prof. Catharine A. MacKinnon as Special Adviser on Gender Crimes v. 26.11.2008, ICC-OTP-20081126-PR377.

UN News, "India's all-female UN police unit serves as inspiration for Liberian women" v. 20.11.2009.

EAC, EAC, ICGLR Sign MoU v. 01.12.2010.

UN News, «La Monusco confirme de nouveaux viols de l'armée régulière» v. 09.02.2011.

UN News, "DR Congo mass rape verdicts send strong signal to perpetrators – UN envoy" v. 21.02.2011.

UN News, „ICC informs Security Council about Malawian failure to arrest Sudanese leader" v. 12.12.2011.

ICC, "Prosecutor Fatou Bensouda Appoints Brigid Inder, Executive Director of the Women's Initiatives for Gender Justice, as Special Gender Advisor" v. 21.08.2012, ICC-OTP-20120821-PR833.

UN News, „Attack on Congolese doctor sparks outrage from UN envoy on sexual violence in conflict" v. 27.10.2012.

UN News, „UN Security Council demands Congo rebels pull out of Goma" v. 21.11.2012.

UN News, „UN envoy disappointed by suspension of Radio Okapi amid situation in eastern DR Congo" v. 03.12.2012.

ICC, "ICC Prosecutor Fatou Bensouda appoints Patricia Sellers, Leila Sadat and Diane Marie Amann as Special Advisers" v. 12.12.2012, ICC-OTP-20121212-PR861.

UN News, "DR Congo: Visiting UN special envoy stresses need for peace, security, development" v. 30.04.2013.

UN News, "Tanzanian troops arrive in eastern DR Congo as part of UN intervention brigade" v. 10.05.2013.

UN News, « Security Council must urgently take action to end impunity in Darfur – ICC prosecutor » v. 05.06.2013.

UN News, „ICC requests Nigeria to arrest Sudan's President during visit to Abuja" v. 16.07.2013.

UN News, "UN chief condemns attack on home of renowned doctor in eastern DR Congo"v. 26.10.2013.

UN News, « La Procureur fustige l' «inaction» du Conseil de sécurité devant la situation au Darfour » (Security Council must urgently take action to end impunity in Darfur – ICC prosecutor) v. 11.12.2013.

UN News, „La RDC n'a pas coopéré quant à l'arrestation d'Omar Al Bashir, selon la CPI" v. 10.04.2014.

UN News, "UN human rights office 'disappointed' by ruling in DR Congo mass rape trial" v. 06.05.2014.

Verzeichnis der wichtigsten Dokumente der Vereinten Nationen zum Schutz der Frauen vor sexueller Gewalt in bewaffneten Konflikten

Meilensteine zur Wahrnehmung von konfliktbezogener sexueller Gewalt

Declaration on the Elimination of Discrimination against Women, UN Doc. A/Res. 2263 (XXII). v. 07.11.1967.

Final Act of the International Conference of Human Rights, Teheran, 22 April- 13 May 1968, Resolution I (Respect for and implementation of human rights in occupied territories), 07.05.1968, Resolution XXIII (Human rights in armed conflict), 12.05.1968, UN Doc. A/CONF.32/41.

CSW Resolution 4 (XXII), Protection of Women and Children in Emergency or War Time, Fighting for Peace, National Liberation and Independence v. 03.02.1969.

Declaration on the Protection of Women and Children in Emergency and Armed Conflict, UN Doc. A/Res/3318 (XXIX) v. 14.12.1974.

The Nairobi Forward-looking Strategies for the Advancement of Women, World Conference to review and appraise the achievements of the United Nations Decade for Women: Equality, Development and Peace, Nairobi, 15–26 July 1985. UN Doc. A/CONF.116/28/Rev.1 v. 26.07.1985.

Vienne Declaration and Programme of Action, World Conference on human Rights, Vienna, 14–25 June 1993, UN Doc. A/CONF.157/23 v. 12.07.1993.

Declaration on the Elimination of Violence against Women, UN Doc. A/Res/48/104 v. 20.12.1993.

Report of the Fourth World Conference on Women, Beijing, 4–15 September 1995, Chapter I, Resolution 1, Beijing Declaration and Platform for Action, UN Doc. A/CONF.177/20/Rev.1 v. 15.09.1995.

Resolutionen des Sicherheitsrates

UN Doc. S/Res/808 (1993) v. 22.02.1993.
UN Doc. S/Res/955 (1994) v. 08.11.1994.
UN Doc. S/Res/1966 (2010) v. 22.12.2010.
UN Doc. S/Res/1325 (2000) v. 31.10.2000.
UN Doc. S/Res/1820 (2008) v. 19.06.2008.
UN Doc. S/Res/1889 (2009) v. 05.10.2009.
UN Doc. S/Res/1888 (2009) v. 30.09.2009.

UN Doc. S/Res/1960 (2010) v. 16.12.2010.
UN Doc. S/Res/2106 (2013) v. 24.06.2013.
UN Doc. S/Res/2272 (2016) v. 11.03.2016.*Report of the Secretary-General on Conflict-related sexual violence*
UN Doc. S/2015/203 v. 23.03.2015.
UN Doc. S/2014/181 v. 13.03.2014.
UN Doc. S/2013/149 v. 14.03.2013.
UN Doc. S/2012/33 v. 13.01.2012.

Report of the Secretary-General on women and peace and security

UN Doc. S/2013/525 v. 04.09.2013.
UN Doc. S/2012/732 v. 02.10 2012.
UN Doc. S/2014/693 v. 23.09.2014.
UN Doc. S/2011/598 v. 29.09.2011.
UN Doc. S/2010/498 v. 28.09.2010.
UN Doc. S/2010/173 v. 06.04.2010.
UN Doc. S/2009/465 v. 16.09.2009.
UN Doc. S/2008/622 v. 25.09.2008.
UN Doc. S/2007/567 v. 26.09.2007.
UN Doc. S/2006/770 v. 21.09.2006.
UN Doc. S/2005/636 v. 10.10.2005.
UN Doc. S/2004/814 v. 13.10.2004.
UN Doc. S/2002/1154 v. 16.10.2002.

UN Action

UN Women, UN DPKO, Adressing Conflict-Related Sexual Violence: An Analytical Inventory of Peacekeeping Practice, 2012.

UNDPA, Guidance for Mediators, Addressing Conflict-Related Sexual Violence in Ceasefire and Peace Agreements, 2012.

UN Action against Sexual Violence in Conflict, Progress Report 2010–2011 v. 30.05.2011.

UN Action Secretariat, UN Women, UN DPKO and OSRSG-SVC, Matrix: Early-warning Indicators of conflict- related sexual violence, 2012.

MPTFO, Third Consolidated Annual Progress Report on Activities Implemented under the UN Action Against Sexual Violence in Conflict Fund, 31.05.2012.

MPTFO, Fourth Consolidated Annual Progress Report on Activities Implemented under the UN Action Against Sexual Violence in Conflict Fund, 31.05.2013.

MPTFO, Fifth Consolidated Annual Progress Report on Activities Implemented under the UN Action Against Sexual Violence in Conflict Fund, 31.05.2014.

Office of the Special Representative of the Secretary-General on Sexual Violence in Conflict, Team of Experts, Rule of Law/Sexual Violence in Conflict, Annual Report 2011.

Office of the Special Representative of the Secretary-General on Sexual Violence in Conflict, Team of experts, rule of law/sexual violence in conflict, Annual Report 2012.

Office of the Special Representative of the Secretary-General on Sexual Violence in Conflict, Team of Experts, Rule of Law/Sexual Violence in Conflict, Annual Report 2013.

E. O'Gorman, Review of UN Action Against Sexual Violence 2007–2012 – Final Report, January 2013.

Sugar Daddies

Ten Rules: Code of Personal Conduct for Blue Helmets, 1998.

Secretary-General's Bulletin: Observance by United Nations forces of international humanitarian law, UN Doc. ST/SGB/1999/13 v. 06.08.1999.

Status, basic rights and duties of United Nations staff members, UN Doc. ST/SGB 2002/13 v. 01.11.2002.

Secretary-General's Bulletin: Special measures for protection from sexual exploitation and sexual abuse, UN Doc. ST/SGB/2003/13 v. 09.10.2003.

Letter dated 9 February 2005 from the Secretary-General addressed to the President of the Security Council, UN Doc. S/2005/79 v. 09.02.2005. Beginn der Null-Toleranzpolitik.

A Comprehensive Strategy to Eliminate Future Sexual Exploitation and Abuse in United Nations Peacekeeping Operations, UN Doc. A/59/710 v. 24.03.2005. Bericht von *Prinz Zeid Ra'ad Zeid Al-Hussein.*

United Nations Comprehensive Strategy on Assistance and Support to Victims of Sexual Exploitation and Abuse by United Nations Staff and Related Personnel, UN Doc. A/Res/62/214 v. 21.12.2007.

DPKO, United Nations Peacekeeping Operations Principles and Guidelines (Sog. "Capstone Doctrine"), 2008.

Report of the Secretary-General on special measures for protection from sexual exploitation and sexual abuse

UN Doc. A/70/729 v. 16.02.2016.
UN Doc. A/69/779 v. 13.02.2015.
UN Doc. A/68/756 v. 14.02.2014.
UN Doc. A/67/766 v. 28.02.2013.
UN Doc. A/66/699 v. 17/02/2012.
UN Doc. A/65/742 v. 18/02/2011.

UN Doc. A/64/669 v. 18/02/2010.
UN Doc. A/63/720 v. 17/02/2009.
UN Doc. A/62/890 v. 25/06/2008.
UN Doc. A/61/957 v. 15/06/2007.
UN Doc. A/60/861 v. 24/05/2006.
UN Doc. A/59/782 v. 15/04/2005.
UN Doc. A/58/777 v. 23/04/2004.

Beiträge der Menschenrechtsorgane

General Recommendation 30, Women in Conflict Prevention, Conflict and Post-Conflict Situations, UN Doc. CEDAW/C/GC/30 v. 18.10.2013.

General Recommendation 19, Violence against Women, UN Doc. CEDAW/C/1992/L.1/Add.15 (1992), UN Doc. A/47/38 v. 29.01.1992.

General Comment 28, Article 3 (The equality of rights between men and women), UN Doc. CCPR/C/21/Rev.1/Add.10 v. 29.03.2000.

Report of the Special Rapporteur on systematic rape, sexual slavery and slavery-like practices during armed conflict, UN Doc. E/CN.4/Sub.2/1998/13 v. 22.06.1998.

In-depth study on all forms of violence against women, UN Doc. A/61/122/Add.1 v. 06.07.2006.

Reparationen Report of the Special Rapporteur on violence against women, its causes and consequences, UN Doc. A/HRC/14/22 v. 23.04.2010.

Weitere Dokumente

Basic Principles and Guidelines on the Rights to a Remedy and Reparation for Victims of Gross Violations of International Human Rights Law and Serious Violations of International Humanitarian Law, UN Doc. A/Res/60/147 v. 21.03.2006.

Reparations for Conflict-Related Sexual Violence, Guidance Note of the Secretary General, Juni 2014.

STUDIEN ZUM ÖFFENTLICHEN RECHT, VÖLKER- UND EUROPARECHT

Herausgegeben von Prof. Dr. Eckart Klein

Band 1 Ulrike Suchsland-Maser: Menschenrechte und die Politik multilateraler Finanzinstitute. Eine Untersuchung unter völkerrechtlichen Gesichtspunkten an den Beispielen der Weltbank, des Währungsfonds und regionaler Entwicklungsbanken. 1999.

Band 2 Jean Angelov: Grundlagen und Grenzen eines staatsbürgerlichen Informationszugangsanspruchs. 2000.

Band 3 Norman Weiß: Objektive Willkür. Zu einem Prüfungskriterium im Verfahren der Urteilsverfassungsbeschwerde. 2000.

Band 4 Eva Tanuschev: Entwicklung, Stand und Perspektiven eines freien Personenverkehrs in Europa. 2001.

Band 5 Heiner Baab: GATT und WTO im Recht der USA. Die Integration des Völkervertragsrechts in die Rechtsordnung der USA am Beispiel der GATT-Abkommen und der WTO-Übereinkommen. 2001.

Band 6 Malte Graßhof: Die Vollstreckung von Normenkontrollentscheidungen des Bundesverfassungsgerichts. Ein Beitrag zum Verhältnis zwischen Bundesverfassungsgericht und Gesetzgeber. 2003.

Band 7 Christof Berthold: Die Europäische Politische Gemeinschaft (EPG) 1953 und die Europäische Union (EU) 2001. Eine rechtsvergleichende Betrachtung. 2003.

Band 8 Felix Bark: Das gemeinschaftsrechtliche Defizitverfahren. Reformansätze und ihre rechtlichen Umsetzungsmöglichkeiten. 2004.

Band 9 Astrid Ihns: Entwicklung und Grundlagen der europäischen Rechtsangleichung. 2005.

Band 10 Stefanie Klein: Recht zu erben - Pflicht zu teilen. Das Grundrecht Angehöriger auf Nachlaßteilhabe. Zugleich ein Beitrag zur Dogmatik des Verfassungserbrechts. 2006.

Band 11 Matthias Schlotmann: Interessenvertretung bei der Europäischen Kommission. Am Beispiel des Rechtsetzungsverfahrens im Bereich der Umweltpolitik. 2006.

Band 12 Claudia Kissling: Die Interparlamentarische Union im Wandel. Rechtspolitische Ansätze einer repräsentativ-parlamentarischen Gestaltung der Weltpolitik. 2006.

Band 13 Marten Breuer / Norman Weiß (Hrsg.): Das Vertragswerk von Locarno und seine Bedeutung für die internationale Gemeinschaft nach 80 Jahren. Ergebnisse eines interdisziplinären Rundtischgesprächs. 2007.

Band 14 Franca Fülle: Embryonenforschung und Embryonenschutz. Rechtliche Rahmenbedingungen sowie nationale, regionale und internationale Standards der pränatalen Biomedizin. 2007.

Band 15 Andreas Lach: Umgekehrte Diskriminierungen im Gemeinschaftsrecht. Eine Analyse der Rechtsprechung des EuGH zum Merkmal des grenzüberschreitenden Bezugs unter besonderer Brücksichtigung der Unionsbürgerschaft. Zugleich ein Beitrag zur Dogmatik der Grundfreiheiten. 2008.

Band 16 Dorothee Höch: Beschäftigungspolitik im Gemeinschaftsrecht. Die Kompetenzen der Europäischen Gemeinschaft im Kampf gegen die Arbeitslosigkeit. 2009.

Band 17 Roxana Heinrich: Befristung und Bedingung baulicher und sonstiger Nutzungsrechte nach § 9 Abs. 2 BauGB. 2009.

Band 18 Runhild Solveig Vogel: Die Außenfischereibeziehungen der Europäischen Gemeinschaft. Schutz und Bewirtschaftung kommerziell genutzter Fischbestände in der Europäischen Gemeinschaft. 2009.

Band 19 Bernhard Plamper: Die Nichtigkeit völkerrechtlicher Gerichtsentscheidungen. Unter besonderer Berücksichtigung von Entscheidungen zu Staatenstreitigkeiten. 2010.

Band 20 Jan Thiele: Auslandseinsätze der Bundeswehr zur Bekämpfung des internationalen Terrorismus. Völker- und verfassungsrechtliche Aspekte. 2011.

Band 21 Manuela Ludewig: Beendigungstatbestände als notwendige und dynamische Elemente der Mitgliedschaft in internationalen Organisationen unter besonderer Berücksichtigung von Art. 50 EUV. 2015.

Band 22 Oxana Syuzyukina: Einreise und Integration von Ausländern in der Bundesrepublik Deutschland und der Russischen Föderation. Eine rechtsvergleichende Untersuchung. 2015.

Band 23 Eliette Mirau-Gondoin: „Protection, Prevention, Prosecution“: Die Vereinten Nationen und der völkerrechtliche Schutz der Frauen vor sexueller Gewalt in bewaffneten Konflikten. 2016.

www.peterlang.com